国家社科基金
后期资助项目

都铎时期英国农村土地确权研究

A Study of Rural Land Ownership Confirmation in Tudor England

吉喆 著

社会科学文献出版社
SOCIAL SCIENCES ACADEMIC PRESS (CHINA)

国家社科基金后期资助项目
出版说明

后期资助项目是国家社科基金设立的一类重要项目，旨在鼓励广大社科研究者潜心治学，支持基础研究多出优秀成果。它是经过严格评审，从接近完成的科研成果中遴选立项的。为扩大后期资助项目的影响，更好地推动学术发展，促进成果转化，全国哲学社会科学工作办公室按照"统一设计、统一标识、统一版式、形成系列"的总体要求，组织出版国家社科基金后期资助项目成果。

全国哲学社会科学工作办公室

目　　录

序 ··· 1

导　言 ·· 1

　一　研究缘起 ··· 1
　二　研究动态 ··· 3
　三　内容与框架 ··· 20
　四　资料与方法 ··· 22
　五　相关概念界定 ·· 24

第一章　中世纪英格兰土地产权 ···························· 28
　第一节　中世纪英格兰土地"占有权" ···················· 28
　第二节　敞田制对农民土地产权的保护和制约 ········ 48

第二章　都铎时期英国农民土地确权 ······················ 63
　第一节　农民个体力量的成长 ······························· 63
　第二节　农民土地确权的方式与规模 ···················· 72
　第三节　农民土地产权的变革 ······························· 104

第三章　都铎时期英国领主土地确权 ······················ 113
　第一节　领主财富的危机 ······································ 113

第二节　领主土地确权的方式和规模 …………………… 117
　　第三节　领主土地产权的变革 …………………………… 143

第四章　都铎政府与土地确权 ………………………………… 152
　　第一节　土地确权与社会问题 …………………………… 152
　　第二节　都铎政府的调控 ………………………………… 175
　　第三节　都铎政府对土地确权的认可 …………………… 201

第五章　土地确权与英国社会转型 …………………………… 210
　　第一节　土地确权与资本主义农业的开启 ……………… 210
　　第二节　土地确权与共同体生活方式的消解 …………… 227

第六章　近代早期法国农村土地确权
　　　　　——兼与都铎时期英国农村土地确权比较 ……… 242
　　第一节　中世纪及近代早期法国农村土地产权 ………… 242
　　第二节　英法土地确权进程差异的原因分析 …………… 260

结　语 …………………………………………………………… 278

附　录 …………………………………………………………… 282
　　附录1　凯特起义者的29条请愿——《请求和要求》 …… 282
　　附录2　都铎时期《反圈地法令》 ………………………… 285

参考文献 ………………………………………………………… 288

后　记 …………………………………………………………… 305

序

  吉喆是我在南京大学带的博士研究生，2015年取得历史学博士学位，后到河南师范大学任教。今闻她的第一部专著，也是国家社科基金后期资助项目成果《都铎时期英国农村土地确权研究》即将问世，不胜欣慰，在此致以由衷的祝贺！

  吉喆的博士学位论文是以《16世纪英国圈地与私人土地产权》为题，其在学位论文答辩时，就以思路清晰、史料丰厚、将老话题做出新意而获得答辩委员会的充分肯定。可是她没有满足这样的评价，更没有放弃这个题目，入职后，一边教书，一边笔耕不辍，若干年后不论是论题的深度、广度还是篇幅，都获得明显的进展，成就了一部学术专著！这样算来，这部书共用去了10年光阴。如果博士学位论文选择了有生命力、不那么狭窄又可不断开拓的题目，并且坚持做下去，不失为一条有效的治学之路。稳定的研究方向不一定意味着成功，但它一定是产生精品力作的必要条件。世界史研究特别是欧美史研究尤其如此。我曾说过，西方文明是距离我们最远的文明，无论在地理上、心理上还是文化色带上，莫不如此。浅尝辄止，不甚了了，如同雾里看花，水中望月，即便简单、具体一件事的判断和描述，也可能似是而非，甚至张冠李戴，何况都铎圈地运动这样繁复的课题？因此，学习外国史非下苦功夫不可。其实，西方人观察研究中国问题同样不易，所以他们将中国文化、历史等方面的学问视为一个特殊领域，有相当难度的研究领域，称为汉学，从事汉学研究的人被称为汉学家。

  在中国，人们对英国圈地运动并不陌生，尽管已经过去四五百年，但从学界到坊间，仍然会提起它、议论它，似乎耳熟能详，可是人们果真了解它吗？一般的"圈地印象"，认为"圈地"因羊毛生意刺激而兴起，领主利欲熏心，残忍地驱逐佃户，圈占耕地为牧场，因而圈地运动被称为"羊吃人"运动。与之相关的另一个"圈地印象"维度，认为欧洲的现代化就是工业化，而工业化就是对农民的剥夺；圈地运动促进了资本主义发展，但是也牺牲了很多无辜的农民，他们被迫离开自己的土地，成为消失的阶层。人们相信这样的"圈地印象"，而且相信那样的"牺牲"是必要的，因为英国人成功了，他们率先完成工业化！苏联曾理直气壮地用"挤压"农民和消灭富农的办法改造传统农业，吃了亏；我们在历史上也有过类似的教训，大概都与这种非真实的历史误导有关，以为西方就是这样走过来的。

国际学界的百年学术史、国内学界近 40 年的研究成果，正在揭开圈地运动的历史真相，吉喆这部著作是这些成果的一部分。根据这些研究，以往我们的"圈地印象"应该受到质疑，从而得到矫正。

首先，16 世纪圈地规模有限，不像莫尔所描绘的那样铺天盖地，"把每寸土都围起来做牧场，房屋和城镇给毁掉了，只留下教堂当作羊栏"。[①] 实际上，土地被围圈的比例，保守的研究不过百分之几，最大胆的估计也没有达到一半，历史学家得出这样的结论，依据当年都铎政府圈地调查报告以及大量的案例，而不像莫尔仅凭一腔义愤。托马斯·莫尔身居高位却为弱者发声，值得尊重；圈地运动初期国王也是反对者，政府着眼于社会稳定颁布《反圈地法令》，也是可以理解的。不过历史事实不容更改。经过几个世纪的沉淀，我们可以有把握地说，16 世纪只有少部分土地被围圈，17、18 世纪"议会圈地"才是圈地的主要部分，那时圈地已完全被纳入法律轨道。

其次，圈地主要不是用于养羊业。长期以来，"圈地"总是与"养羊"连在一起，圈地主要用于牧羊吗？非也。19 世纪末利达姆的研究就明确否认了这一点。以史实和相关数据为依据，利达姆明确指出，那一时期的作者显然夸大了耕地变牧场的现象，错误地将其认作圈地运动的总方

---

① 〔英〕托马斯·莫尔：《乌托邦》，戴镏龄译，商务印书馆，1996，第 21 页。

向。不能否认，国际市场对羊毛的需求推动了养羊业的发展，并导致大片耕地变为牧场，然而并非所有圈地都变成了牧场。H. R. 托尼，20 世纪英国最伟大的历史学家之一，提供了英格兰农牧业用地比例——种植谷物的耕地仍高达 87.7%。① 圈地后只有少部分变成牧场。

最后，也是最重要的一点，领主非法暴力圈地确实存在，是赤裸裸的掠夺，暴露了早期资本的失范与贪婪，他们对失地小农造成的痛苦应受到道义上的谴责；不过合法圈地才是圈地运动的主流。一般有如下几种圈地方式。通常的方式是"契约圈地"：双方依据此前领主与佃户签订的土地契约，契约详细陈述双方的土地权利，存放在庄园法庭档案中，其副本由佃户自己持有。还有"法庭圈地"，即依据法庭判决圈地。在这种圈地方式中，土地契约仍是诉讼中最重要的凭据，即便官司打到王室法庭，其也要派专员来到所在庄园法庭，在看似故纸堆实则珍贵的档案中查阅契约，并以此判定圈地是否成立。领主败诉并被命令拆除非法圈地的案例屡见不鲜。诉讼双方不一定是佃户与领主，领主与领主、领主与乡绅、佃农与佃农之间也常常因圈地走进法庭。再者就是"协议圈地"，16 世纪中叶后越来越多地被采用。协议双方是圈地当事人，也可能是村庄共同体一致达成协议。其中有可能通过货币补偿方式达成协议，即圈地者买断所有争议的产权，进而达到圈地目的。最后是"非法暴力圈地"，即靠强制和欺骗手段圈地，确实存在，但不是普遍现象。非法暴力圈地是圈地运动的污点，却不是圈地运动的标识，事实上这种行为一直受到佃农的强烈抵制和社会舆论的批评，并最终被圈地运动本身所抛弃，下一阶段圈地运动走向法律程序严密的"议会圈地"即是明证。

谁是圈地运动的主要角色？历史的本来面目逐渐清晰起来。领主无疑是圈地运动的重要参与者，不过这仅仅是整个画面的一部分；事实上佃农也在圈地，富裕农民更是举足轻重。具有经济实力、最先开拓农村资本主义雇佣经济的大农，更急于摆脱共同体田制的束缚，因而更热衷于围圈条田、扩张土地。对此，20 世纪初的盖伊，其后的沃勒斯坦和摩尔皆持相

---

① R. H. Tawney, *The Agrarian Problem in the Sixteenth Century*, New York: Burt Franklin, 1912, p. 226, table X.

同的观点。巴林顿·摩尔特别重视大农的开拓作用,他认为推动农业变革的"真正先驱",恰恰是这些大土地承租人和富裕的个人资产拥有者,而不是"那些被追捧的少数有进取心的领主"。① 有资料证明,圈地的主要部分是由大农—乡绅阶层完成的。值得注意的是,即使文献上明确记载为"领主"的圈地人,相当一部分已经不是原来意义上的封建庄园领主,而是新兴的大农和商人,他们从土地市场购置土地后成为乡绅,进而成为庄园领主。当治安法官将圈地者名单提交给圈地调查委员会时,所谓的乡绅或庄园领主名单中,隐藏了这样一个事实:不久之前他们还是一个普通的农夫。总之,包括大农在内的农民也在圈地,不可小觑,农民圈地亦为历史真相,以往鲜有提及。

说到农民圈地,不得不说一下"圈地"概念本身,这有助于理解圈地何以不能离开农民的普遍参与。所谓"圈地",是相对于"敞田"而言。什么是敞田(open fields)? 其一,它由庄园内分散成数百条乃至更多的狭长状的条田构成,条田之间仅用草垄分割,没有永久的围垣。每个佃农的耕地不是集中在一起的,而是分散在不同的地块上。其二,采取轮耕制。这些条田不是永远归属某个佃户,而是定期轮换,所以人们指着一块地说,今年它是自己的,明年就是别人的了,而现在是别人的那块明年则是自己的。这就是所谓"轮耕制"。其三,实行共同放牧制。在轮耕过程中,当某一地块休耕时,其成为所有村民皆可使用的公共牧场。不难看出,敞田制具有明显的村庄共同体背景,村民有相当程度的协作,具有悠久的日耳曼传统;另外,当生产力和市场经济发展到一定水平时,这种统一的制度安排势必限制村民的积极性和主动性,遭到村民的抱怨。所谓"圈地",在形式上就是将自己分散的条田集中起来,宣示圈地者对这块土地的权利。佃农分散的条田逐渐走向集中,绝非朝夕之功,没有农民的普遍认同和参与是不可想象的。

至于圈地运动最大的贡献是什么,人们可以说它为农业和农民开拓了

---

① Immanuel Wallerstein, *The Modern World System I: Capitalist Agriculture and the Origins of the European World Economy in the Sixteenth Century*, New York: Academic Press, 1974, p. 249;〔美〕巴林顿·摩尔:《专制与民主的社会起源——现代世界形成过程中的地主与农民》,王茁、顾洁译,上海译文出版社,2012,第25页。

更广阔的市场化、社会化的前景，无论是内在结构还是外在景观都不可同日而语。在田野上，条田形成的旧式"蛛网"布局，被改造成不规则的棋盘式现代农业景观；中间阶层和新型农场的兴起，也改变了乡村的社会结构和生产结构，无论是经营者还是耕作者，都第一次具备了现代风貌。乡村更加充满活力，它以不断减少的人口向城市和工业提供越来越丰富的生活物资、生产原料，甚至一部分工业资金；同时乡村条件一次一次地获得改善，人们仍然自豪地说，"英国人的灵魂在乡村"，"最美丽的英国在乡村"。换言之，这场农业变革没有让农民和农业沦为工业化的祭品，恰恰相反，虽然过程漫长而曲折，经历了一定程度的混乱甚至冲突，但它最终使农业成为工业革命和工业社会的基石。

　　以上所说皆为事实，而且是经过历史检验的事实。历史学的基本任务就是揭示历史真相，还要在此基础上挖掘表象背后的本质性要素。吉喆这部著作试图回答历史表象背后的制度和观念诉求，将都铎时期圈地运动聚焦在土地产权确立问题上，可谓切中要害。欧洲财产权观念源远流长，财产权元规则于中世纪中期确立，然而真正使私人财产权利进入千家万户的生活，在英国大地上扎根并受到法律保护，还是在16世纪这场土地产权变革之后。土地产权变革是圈地运动最重要的历史遗产。建议大家读一读《都铎时期英国农村土地确权研究》一书，关键词是"确权"二字，此不赘言。

　　资本主义胚胎于西欧封建社会母体之中，其起源的历史离我们很遥远，但似乎又很近。历史学的魅力就在于，它可以帮助你解读生活。

天津师范大学资深教授、南京大学特聘教授 侯建新
于2022年仲夏

导　言

一　研究缘起

土地是农业最基本的生产资料，也是农民的生存之源、发展之本。从古至今，土地问题一直是一个国家历史发展中的根本性问题，而其根源在于产权问题。土地权利归属明晰不仅关系到农民利益的保障，同时也是农业发展和社会转型的重要前提。

在世界历史上，英国是最早完成农村土地确权的国家。1925年，英国《土地登记法》的颁布标志着农村土地确权的完成。然而，英国的土地确权不是一蹴而就的，而是经历了一个漫长的发展历程。早在都铎时期，英国农民就已通过圈地的方式把封建土地保有制和敞田制下的混合土地产权界定为私人土地产权，改变了英国农村土地长期以来权属不清的情况，迈出了土地确权的第一步。

英国历史证明，圈地是将土地权属界定清楚的最优选择。长期以来，人们混淆了现象与本质、合法圈地和非法圈地等区别，对圈地的认识陷入了图示化误区，一提起圈地就与"羊吃人"的画面联系在一起。事实上，托马斯·莫尔（Thomas More）在《乌托邦》中对圈地运动的描述仅呈现了冰山一角，而被掩盖在海平面之下的则是圈地运动的本质。圈地是人类历史上第一次具有市场指向的土地确权运动，[①] 其根本目的在于对土地资

[①] 侯建新：《圈地运动与土地确权——英国16世纪农业变革的实证考察》，《史学月刊》2019年第10期。

源建立明确的权利归属关系。澄清长期以来被误解的历史，对客观、公正地认识圈地运动以及理解人类历史上第一次土地产权变革具有非常重要的意义。

英国农村土地确权离不开现实中人的作用。人是历史发展的第一推动力。一切根本性的社会变革都是当变革成为人们普遍的迫切需要并且要求变革的人们的物质力量和精神力量积累到一定的程度时，才可能实现。① 土地产权变革也是如此。以主体权利为核心的西欧法律赋予了佃农依法抵抗的权利，限制了大小领主对佃农过度和任意的掠夺，保证了农民经济连续、稳定的有效积累，农民个体力量普遍增强。他们早已摆脱了卑贱和蒙昧的过去，成为具有新的观念和新的品格的生产者。他们迫切要求打破传统土地产权的束缚，建立一种与自身发展相适应的土地产权制度。在这一过程中，富裕农民群体起到了中坚的作用，他们是英国农村土地确权的主导者和推动者。

一个制度是否有生命力，除了看它的适应性外还要看它是否有先进的导向性，即看它是否有利于社会生产力的发展，其中最重要的是看它是否有利于调动劳动者的生产积极性。② 明晰的土地产权对农民是一种激励。在这种激励下，农民有很强的动力去寻求能够带来最高价值的土地使用方法，他们渴望突破传统农业的窠臼，尝试采用新的农业生产组织形式——资本主义租地农场制。资本主义租地农场面向市场、雇用雇工、规模化地进行生产，提高了农业劳动生产率。据统计，16世纪英国的农业劳动生产率大概比13～14世纪提高1倍以上。③ 在一个农本社会里，只有农业经济获得长足发展，有了足量的农产品剩余，才可能出现稳定的市场，才可能养活那一部分不再自给衣食的工商业人口。从这个意义上说，超过人口增长的农业剩余的增长，是商业和工业发展的基础，也是资本主义产生的基础。因此，英国最先发展资本主义几乎完全在于它的农业，在于它成

---

① 侯建新：《现代化第一基石——农民个体力量与中世纪晚期社会变迁》，天津社会科学院出版社，1991，第31页。
② 侯建新：《现代化第一基石——农民个体力量与中世纪晚期社会变迁》，第33页。
③ 侯建新：《现代化第一基石——农民个人力量与中世纪晚期社会变迁》，第57～58页。

功地发展了经营性农业。① 经营性农业的发展是与土地产权的明晰密不可分的，这也解释了为什么土地产权变革是推动英国社会转型的原动力。

土地确权和社会稳定密切相关，并直接影响到国家政权的安全，这对于刚刚结束了中世纪的贵族混战、欧洲强敌环伺的都铎王朝来说尤其重要。长期以来，学界关于英国土地确权的研究热点一直集中在18、19世纪的议会圈地，而忽视了都铎时期。事实上，都铎时期作为英国农村土地确权的重要起始阶段，由于缺乏成熟的理论准备和系统的制度设计，在土地确权的进程中出现了一系列的纠纷和冲突，引发了社会动荡。面对土地确权引发的社会问题，都铎政府建立了一套法治和德治有机结合的调处机制，妥善地处理了土地权属纠纷，保证了农村社会的安定有序。

二 研究动态

（一）国外学界相关研究成果综述

英国是世界历史上最早完成农村土地确权的国家，因此，英国的土地确权问题吸引了大量学者的关注。自19世纪70年代以来，历史学家、新制度经济学派以及法律史学者分别从不同角度对这一课题进行了广泛而深入的研究，表明了国外学界对英国农村土地确权问题经久不衰的关注。

1. 历史学家的研究

都铎时期英国农村土地确权是通过圈地进行的，因此历史学家的研究主要集中在这一时期的圈地运动上。最早对都铎时期圈地运动进行研究的学者是德国历史学家纳西（Erwin Nasse）。作为德国波恩大学的一名学者，纳西的学术专著《中世纪农村共同体与16世纪英格兰圈地运动》②于1869年作为波恩大学校庆的一批成果之一以德文出版发行，后于1871年被翻译为英文在英国出版发行。纳西写作此书的目的在于针对以往人们对于都铎时期圈地运动的忽视，希望能够引起学界对这一问题的关注，以便能够推动学界对这一问题进行更为深入系统的研究。对于以往人们所认为的都铎时期圈地运动仅仅是变耕地为牧场、对小农进行驱逐这一传统看

---

① 侯建新：《富裕佃农：英国现代化的最早领头羊》，《史学集刊》2006年第4期。
② Erwin Nasse, *On the Agricultural Community of the Middle Ages and Inclosures of the Sixteenth Century in England*, London and Edinburgh: Williams and Norgate, 1871.

法，纳西明确指出在英格兰的大部分地区并不存在变耕地为牧场、非法驱逐小农的现象。纳西作为最早研究都铎时期圈地运动的学者，更正了人们对于圈地运动的传统认识，指出了圈地运动的多样性，为后来学者的研究奠定了基础。

继纳西的研究之后，1887年，剑桥大学出版了斯克拉顿（Thomas Edward Scrutton）的《平民与公地》① 一书。该书的前身是斯克拉顿的毕业论文，该论文曾作为优秀毕业论文获得1886年剑桥大学约克奖。斯克拉顿从历史和法律的角度研究英国的公地以及圈地运动。他把以往历史学家对公地权利的描述作为参照来检验公地权利起源的法律理论是否准确，并通过描述公地转变为私人土地的历史过程来追寻相关立法和实践的发展演变轨迹。斯克拉顿的研究既不是单一的历史叙事，又不同于法学家的枯燥研究，做到了历史和法律的结合，具有较高的学术价值。然而，美中不足的是，对于都铎时期的圈地运动，斯克拉顿过于强调这一时期的圈地是为了养羊和狩猎，给贫穷的小农带来伤害，从而忽视了圈地运动的实质。

19世纪末20世纪初，学术界对都铎时期圈地运动的研究集中在圈地规模上，代表人物是英国历史学家利达姆（I. S. Leadam）和美国历史学家盖伊（Edwin Francis Gay）。利达姆根据1517年圈地调查委员会的《给大法官的报告》，于1897年出版了《1517～1518年圈地调查清册》② 一书，详细统计了圈地调查委员会在1517～1518年对英格兰各郡的圈地调查情况，包括圈地面积、被驱逐人数以及被毁坏的房屋等内容，涉及北安普敦、沃里克、伯克、白金汉、牛津、什罗普、诺福克、约克、汉普和怀特岛等郡。利达姆虽然没有统计整个英格兰的圈地规模，但他所记载的英格兰多个郡的圈地情况开创了圈地规模研究的先河。

紧随其后的是美国历史学家盖伊。20世纪初，盖伊根据1517年和1607年圈地调查报告，进一步研究了都铎时期的圈地规模，发表了《16

---

① Thomas Edward Scrutton, *Commons and Common Fields*, Cambridge: Cambridge University Press, 1887.
② I. S. Leadam, *The Domesday of Inclosures 1517 – 1518*, 2 Vols, London & New York: Longmans, Green and Co., 1897.

世纪英国圈地》① 一文。由盖伊的统计可以看出，都铎时期英格兰整体圈地规模不大，1455～1607年共圈地516673英亩，占所统计的24个郡总面积的2.76%。都铎时期英国圈地运动主要集中在米德兰地区，其次是东部和西部，圈地规模最小的地区是北部和南部。尽管盖伊所得出的数据是经过假设推算的，在某种程度上低估了圈地程度，但他认为这些数据已经很接近真实情况，比当时一些文学作品中的夸张描述要可靠得多。

利达姆和盖伊的研究引发了西方学界对于都铎时期圈地运动的第一次研究热潮。在20世纪的前两个十年里，学界涌现了一批著名的研究者，主要有约翰逊（Arthur H. Johnson）、托尼（Richard Henry Tawney）、宫纳（Edward Carter Kersey Gonner）以及柯迪勒（William Henry Ricketts Curtler）。这一时期对于都铎时期圈地运动的研究不再局限于圈地规模，而是把研究重点放在了圈地与农民、圈地与公地以及对圈地运动的整体考察上。

1909年，牛津大学出版了约翰逊的《小土地所有者的消失》②，作者站在农民的立场上认为圈地运动造成了土地的日益集中，导致小土地所有者消失。约翰逊认为小土地所有者的没落不是从18世纪的议会圈地时期开始的，而是始于都铎时期。由于都铎时期资本主义农业的发展，农业生产需要先进的技术以及大规模的经营方式。在这种情况下，领主更愿意把土地租给成功的大租地农场主，因而开始合并和围圈土地，导致小土地所有者逐渐走向没落。

1912年，托尼的《16世纪农业问题》③ 一书出版。该书用了大量笔墨描写了16世纪的圈地运动，集中反映了托尼对于16世纪圈地运动的认识。托尼认为圈地运动有多种形式，农民自发地互换条田、零星地围圈土地是一种积极的圈地活动，而领主和租地农场主为了追求更多利润将耕地变为牧场的做法则会对农民造成伤害。领主把分散的土地合并成大农场租给租地农场主，租地农场主在利润增多的同时也在不断压榨小农，自给自

---

① Edwin Francis Gay, "Inclosures in England in the Sixteenth Century," *The Quarterly Journal of Economics*, Vol. 17, No. 4, 1903, pp. 576 - 597.

② Arthur H. Johnson, *The Disappearence of the Small Landowner*, Oxford: The Clarendon Press, 1909.

③ Richard Henry Tawney, *The Agrarian Problem in the Sixteenth Century*, New York: Burt Franklin, 1912.

足的农民经济被资本主义农业取代,形成了地产主—租地农场主—雇工这种新的生产结构。托尼认为16世纪农业问题的关键是小农能否保护自己。由于圈地可以获利,领主和租地农场主希望尽可能多地获得佃农的持有地,这样一部分公簿持有农和契约租地农受到伤害,他们在租约到期续约时通常会面临高额的地租和入地费,因此不得不放弃其持有地。托尼对于16世纪农业问题的研究影响深远,因此后来的学者把16世纪称为"托尼的世纪"。

就在托尼专著出版的同一年,宫纳的《公地与圈地》[①] 一书在伦敦出版发行。宫纳在斯克拉顿对公地研究的基础上,进一步阐释了圈地运动如何导致公地的消失以及公地权利的废除。对于都铎时期的圈地运动,宫纳把圈占公地提到了一定高度,认为16世纪中叶出现的人们对圈地的抱怨以及反圈地农民起义的爆发并不仅仅是变耕地为牧场所导致的,对公地的圈占以及对公地权利的剥夺也是重要原因。

1920年,牛津大学出版了著名农业史学者柯迪勒的《圈地与土地的再分配》[②]。该书描写了英格兰圈地运动的全部历史,从都铎时期一直写到19世纪。在描写都铎时期的圈地运动时,柯迪勒认为这一时期的圈地不仅仅是为了把耕地变为牧场,也是为了更好地种植粮食;圈地者不仅限于领主,个体农民也参与了圈地。除上述内容外,柯迪勒还描述了都铎时期圈地的主要方式,认为当时的作家夸大了圈地所造成的痛苦。整体而言,柯迪勒的这本著作向人们展示了都铎时期圈地运动的复杂性和多样性,具有较高的学术水准。

经历了一段时间的沉寂,20世纪中叶以后,英国史学界再度掀起研究都铎时期圈地运动的热潮,这一时期的学者主要有贝雷斯福德(Maurice Beresford)、瑟斯克(Joan Thirsk)、坎贝尔(Mildred Campbell)、克里奇(Eric Kerridge)、耶林(J. A. Yelling)和泰特(W. E. Tate)。这些学者进一步拓宽了都铎时期圈地运动的研究领域,把研究重点放在圈地与

---

① Edward Carter Kersey Gonner, *Common Land and Inclosure*, London: The Macmillan Press, 1912.

② William Henry Ricketts Curtler, *The Enclosure and Distribution of Our Land*, Oxford: The Clarendon Press, 1920.

人口减少、圈地与暴力、圈地与政府、圈地与约曼以及圈地与农民土地权利这几个方面。

1954年，贝雷斯福德的《消失的村庄》[①]一书研究了都铎时期圈地运动所引发的村庄荒废和人口减少问题。贝雷斯福德统计了1518~1568年出现在财政法庭的人口减少案例，其中98%来自米德兰各郡：北安普敦、牛津、沃里克、白金汉、伯克、莱斯特、贝德福德、诺丁汉和德比。他尤为关注大规模的人口减少现象，即整个村庄完全荒废或仅剩下少数农场和农舍。他认为这一现象与当时的圈地运动有很大关系，这是因为大规模人口减少主要发生在敞田地区，并且通常与"统一财产权利"的完全圈地有关。这种类型的圈地通常是由领主进行的，废除了土地的共有产权，导致村庄荒废和人口减少。

瑟斯克是研究英国农业史的著名学者，她对都铎时期圈地运动做过深入研究，认为这一时期的圈地运动并不必然伴随暴力。1959年，瑟斯克在伦敦出版的小册子《都铎圈地》[②]对都铎时期圈地运动进行了细致的区域化研究，考察了不同地区不同类型的圈地：在一些地区，圈地是为了变耕地为牧场，伴随着驱逐农民，导致农村人口减少；在另一些地区，圈地没有什么破坏性，反映了当地独特的农业结构。1967年，在瑟斯克主编的《英格兰与威尔士农业史》[③]的第四卷中，她对英格兰农业的多样性以及都铎时期的圈地运动有着更为详尽的描述。瑟斯克在《都铎圈地》一书的基础上，进一步把都铎时期的圈地类型分为两种：一种是暴力圈地，另一种是协议圈地。她认为暴力圈地主要发生在16世纪中叶之前，而16世纪中叶之后按照协议进行的和平圈地是都铎时期圈地运动的主流。瑟斯克的这一观点后来得到了英国历史学家耶林的赞同，耶林在1977年出版的《英格兰的公地与圈地（1450~1850）》[④]一书中认为自16世纪中叶起，按照协议进行的和平圈地成为圈地运动的主要形式。

---

① Maurice Beresford, *The Lost Villages of England*, London: The Lutterworth Press, 1998.
② Joan Thirsk, *Tudor Enclosure*, London: Historical Association, 1959.
③ Joan Thirsk, *The Agrarian History of England and Wales*, Vol. IV, 1500-1640, Cambridge: Cambridge University Press, 1967.
④ J. A. Yelling, *Common Field and Enclosure in England 1450-1850*, London: The Macmillan Press, 1977.

1967年，泰特的《英格兰乡村共同体与圈地运动》① 一书考察了英格兰整个圈地运动的历史，把圈地运动分为中世纪圈地、都铎圈地、17世纪圈地和议会圈地四个阶段。对于都铎时期的圈地运动，泰特着重分析了都铎政府对待圈地运动的态度，认为都铎政府之所以反对圈地是出于对农村人口减少和社会骚乱的担忧，具有一定的启发性。

1968年，坎贝尔的《伊丽莎白和早期斯图亚特时期的英国约曼》② 一书重点研究了富裕农民约曼在圈地运动中所扮演的角色。坎贝尔把约曼看作历史的积极参与者和创造者，认为都铎时期的约曼不仅在经济上获得了成功，而且在政治领域发挥了越来越重要的作用。他们具有强烈的进取心，不放过每一个能够获取利润的机会。在都铎王朝这一经济变革的时代，他们投身于土地市场，成为圈地运动的主要参与者。

1969年，克里奇的《16世纪及以后的农业问题》③ 出版。克里奇写作此书主要是为了反驳托尼所认为的在16世纪圈地运动中公簿持有农容易受到伤害的观点。克里奇认为16世纪暴力圈地现象并不多见，农民的持有地能够得到法律的保护。他从法律角度论述当时各种身份农民土地保有的安全性，尤其是公簿持有农。他认为16世纪的法律给公簿持有农提供了有力的保护，只有意愿保有农（tenant at will）没有土地保有的安全性；在面对领主非法驱逐和提高地租时，公簿持有农受到法律保护。

20世纪80年代之后，学界对于都铎时期圈地运动的研究重点又重新回到圈地规模上来。一些学者对以往关于圈地规模的统计提出了异议，认为盖伊按圈地面积占该郡总面积百分比的计算方法未能充分显示圈地的真正影响，这种计算方法忽略了圈地分布的不平衡性，因为有些地区圈地严重，有些地区仅是轻微圈地。新西兰历史学家约翰·马丁（John E. Martin）认为应计算圈地面积占耕地面积的百分比而不是占该郡总面积的百分比，他于

---

① W. E. Tate, *The English Village Community and the Enclosure Movement*, London: Victor Gollancz Ltd., 1967.
② Mildred Campbell, *The English Yeoman under Elizabeth and the Early Stuarts*, New York: Augustus M. Kelley, 1968.
③ Eric Kerridge, *Agrarian Problem in the Sixteenth Century and After*, London & New York: Routledge, 1969.

1983年出版了《从封建主义到资本主义：英国土地发展中的农民与地主》[1]一书，在盖伊的基础上重新估算了米德兰地区的圈地规模。马丁计算了圈地程度最为严重的米德兰10个郡的圈地情况，据他统计，1485～1607年米德兰地区共有21.1%的耕地被圈占，这意味着米德兰约1/5的耕地脱离了敞田制。

除了马丁之外，英国历史学家沃迪（J. R. Wordie）于同一年在《经济史评论》上发表《英国圈地进程（1500～1914年）》[2]一文，也对盖伊统计的圈地规模进行了修正。根据盖伊的统计，1455～1607年英格兰圈地面积总共为516673英亩，占1517年圈地调查报告中所记载的24个郡总面积的2.76%。根据沃迪的统计，当时英格兰土地总面积为3250万英亩，按照盖伊统计的数字计算，圈地面积占整个英格兰土地总面积的1.6%。沃迪认为这一数字有些偏低，原因是当时的圈地调查委员会忽略了一些"有益"的圈地，这些圈地并没有统计在内。为了弥补这些被忽略了的圈地所造成的缺失，沃迪又做了一些适当的推算，最终得出的数据是1455～1607年圈地面积总共为643469英亩，占英格兰土地总面积的2%（精确数字是1.98%）。如果说盖伊的"圈地面积"占"圈地的郡总面积"比例的计算方法饱受诟病，那么沃迪的"圈地面积"占"英格兰土地总面积"比例的计算方法更加令人难以接受。因此，沃迪的这一数据几乎没有被后来学者所采用。

虽然沃迪得出1455～1607年英格兰的圈地面积占英格兰土地总面积的2%，但他认为到1600年为止，英格兰已有47%的土地被圈占。其中，1500年之前圈占的土地占45%。这是因为"圈地"作为一个概念，它的历史非常久远。早在10～11世纪英格兰就已出现圈地，13世纪的垦荒运动大面积开垦林地和荒地，开垦后的土地往往被圈占。由此可见，在16世纪之前英格兰已有大面积土地被圈占。正如瑟斯克所说，"东南部的埃塞克斯、萨里、萨塞克斯、萨福克以及西南部的德文和康沃尔在1500年几乎找不到敞田"，[3]这也反映了早期圈地已具备一定的规模。因此，沃

---

[1] John E. Martin, *Feudalism to Capitalism: Peasant and Landlord in English Agrarian Development*, London: The Macmillan Press, 1983.

[2] J. R. Wordie, "The Chronology of English Enclosure, 1500-1914," *The Economic History Review*, New Series, Vol. 36, No. 4, 1983, pp. 483-505.

[3] Joan Thirsk, *The Rural Economy of England, Collected Essays*, London: The Hambledon Press, 1984, p. 66.

迪认为早在16世纪之前英格兰就已经完成了大面积的圈地。

综上所述，国外历史学家的研究丰富了都铎时期圈地运动的研究内涵，揭示了都铎时期圈地运动是一个非常复杂的历史事件：圈地者除了领主之外还有农民；圈地采用多种形式并出于不同目的；圈地规模没有人们想象中的那么夸张；圈地运动对小农的影响有限，小农的没落是一个长期的历史过程。

2. 新制度经济学派的研究

新制度经济学是20世纪五六十年代诞生的新学科，它起源于产权经济学。1960年科斯（Ronald H. Coase）的《社会成本问题》一文发表，激发了经济学家对产权的研究热情，产权经济学开始逐步形成。产权经济学主要着力于产权、激励与经济行为的关系的研究，尤其探讨了不同的产权结构对收益—报酬制度及资源配置的影响。[①] 产权经济学后来被命名为"新制度经济学"。新制度经济学派的代表人物是科斯、德姆塞茨（Harold Demsetz）和诺斯（Douglass C. North），他们从产权角度出发，认为圈地是将土地权利界定清楚的最优选择。

第一，交易费用理论。引入交易费用进行经济学分析是新制度经济学对经济学理论的一个重要贡献。科斯揭示了这样一个道理：不存在交易费用时，有无权利安排对资源配置效率没有影响；而当交易费用为正时，不同的权利安排将有不同的配置效率。权利安排是一种制度形式，只要存在交易费用，制度就是至关重要的，因为制度可以降低交易费用，优化资源配置。有效率的制度自然是交易费用较小的制度。[②] 科斯的原创性贡献使经济学从零交易费用的新古典世界走向正交易费用的现实世界，从而获得了对现实世界较强的解释力。

科斯认为，产权的本质就在于通过确定和实施规章与约定，力图降低社会内部的交易费用的水平，从而增加和实现经济的剩余。在一些产权尚不明确的领域，重新分配所有权简化了交易方式，节省了人力和社会资源。此外，设立和明确一些规章制度，其目的是强制人们遵守、履行共同

---

① 〔美〕R. 科斯、A. 阿尔钦、D. 诺斯等：《财产权利与制度变迁——产权学派与新制度学派译文集》，刘守英等译，上海三联书店、上海人民出版社，1994，第3页。

② 葛亮：《试论新制度经济学的主要理论贡献》，《福建教育学院学报》2009年第1期。

的准则，以简化交换和谈判中的交往，节省交易费用。圈地运动是一个节省交易费用的典型案例。假设某村庄共同体共有100户人家，其中某一成员在公地上放牧了比其同乡多一倍的牲畜，人们本来可以召集一次全体大会讨论如何处理，然而这种做法代价太高，如果每人都发言讨论的话，要花费大量时间。为了避免麻烦，最好的方法是把权利以私有形式分给每个人，并允许违章者同其他99名成员协商，事实上，为了避免交易费用过高，他只会与一两个人谈判，进行土地合并或集中的交易。①

由此看来，圈地反映了产权的本质。圈地运动这一历史事件得到了历史学家的详细解释，直到今天人们头脑里仍然把圈地运动看作外部事件作用的结果，即毛纺织业的日益发展加剧了对羊毛的需求，进而开拓了养羊业的广阔前景，于是人们纷纷把土地围圈起来，通过养羊来获得更多利润。实际上，产权的本质是节省交易费用，而圈地是将土地权利界定清楚的最优选择。

第二，产权激励理论。影响和激励行为，是产权的一个基本功能。新制度经济学认为，产权安排直接影响资源配置效率，一个社会的经济绩效如何，最终取决于产权安排为个人行为所提供的激励。对此，德姆塞茨认为"产权的一个主要功能是引导人们实现将外部性②较大地内在化的激励"。③ 也就是说，一种产权安排是否有效率，主要取决于它是否能为在它支配下的人们提供将外部性较大地内在化的激励。

德姆塞茨把产权分为共有产权和私有产权。共有产权意味着共同体内的每一个成员都有权分享这些权利，但它排除了共同体外的成员对共同体内任何成员行使这些权利的干扰；私有产权就是将资源的使用与转让以及收入的享用权授予一个特定的人，他对这些权利的使用不受限制。④ 在德姆塞茨看来，共有产权具有一大缺陷，就是导致了巨大的外部性。他曾对

---

① 〔法〕亨利·勒帕日：《美国新自由主义经济学》，李燕生、王文融译，北京大学出版社，1985，第12页。
② "外部性"（externality）是一个经济学名词，是指一个人的行为直接影响他人的福利，却没有承担相应的义务或获得回报，又称为"外部成本"或"外部效应"。
③ 〔美〕R. 科斯、A. 阿尔钦、D. 诺斯等：《财产权利与制度变迁——产权学派与新制度学派译文集》，刘守英等译，第97页。
④ 〔美〕R. 科斯、A. 阿尔钦、D. 诺斯等：《财产权利与制度变迁——产权学派与新制度学派译文集》，刘守英等译，第6页。

"公地"一类的土地进行研究。他假定土地是公有的,每个人都具有在土地上狩猎、耕作或开采的权利,这种形式的所有者没能将任何人实施他的共有权利时所带来的成本集中于他身上。如果一个人最大化地追求他的共有权利的价值,由于他这样做的一些成本是由其他人来承担的,他将会在土地上过度狩猎和过度劳作,动物的存量及土地的丰沃程度就会迅速下降。① 在共有产权下,一个人的活动对他的邻里和后代的效应在这里不会被全部考虑进去,并且不可能排斥其他人分享他努力的果实,所有成员联合达成一个最优行为的协议的谈判成本非常高,由此导致了巨大的外部性。

德姆塞茨认为将共有产权外部性内在化的办法就是确立私有产权,他认为私有产权能更经济地使用资源,因为它排除了其他人的权利。"土地私有制的结果会使与共有制相联系的许多外部成本内在化,因为对现在的所有者来讲,他能凭借排除其他人的权利,对有关的可实现的报酬进行全面的计算。这种收益与成本向所有者的集中,产生了更有效地使用资源的激励。"②

根据德姆塞茨的产权理论,产权的界定不清是产生"外部性"和"搭便车"行为的主要根源。土地确权保障了个人对土地的独占,引导人们实现将外部性较大地内在化的激励,激发了土地所有者的积极性。因此,产权激励理论可以使我们更好地理解土地确权。

第三,制度变迁理论。制度变迁理论是新制度经济学的一个重要内容,其代表人物是道格拉斯·诺斯(又译道格拉斯·诺思)和罗伯特·托马斯(Robert Thomas)。诺斯和托马斯是美国著名经济学家和经济史学家,同时也是新经济史学的代表人物。他们在解释历史时,感到传统理论的解释力很弱,但又不满足于历史学家和经济史家仅仅对历史事件的描述。因此,他们一方面将影响历史进程的一些重要变量(尤其是制度)扩充到已有模型中,另一方面又用这些扩充了的变量来解释历史事实。③

---

① 〔美〕R. 科斯、A. 阿尔钦、D. 诺斯等:《财产权利与制度变迁——产权学派与新制度学派译文集》,刘守英等译,第105页。
② 〔美〕R. 科斯、A. 阿尔钦、D. 诺斯等:《财产权利与制度变迁——产权学派与新制度学派译文集》,刘守英等译,第107页。
③ 〔美〕R. 科斯、A. 阿尔钦、D. 诺斯等:《财产权利与制度变迁——产权学派与新制度学派译文集》,刘守英等译,第14页。

《西方世界的兴起》就是新经济史学的代表作,体现了"经济理论与经济史的统一"。

在《西方世界的兴起》一书中,诺斯强调技术的革新固然为经济增长注入了活力,但人们如果没有制度创新和制度变迁的冲动,并通过一系列制度构建把技术创新的成果巩固下来,那么人类社会的长期经济增长和社会发展是不可设想的。诺斯认为制度的变迁促成了西方世界的兴起,"一个有效率的经济组织在西欧的发展正是西方兴起的原因所在。有效率的组织需要在制度上作出安排和确立所有权以便造成一种刺激,将个人的经济努力变成私人收益率接近社会收益率的活动"。① 其中,产权制度的作用最为突出。无论是封建庄园制度的兴起和衰落,还是近代产业革命的发生,都与产权制度的变迁有直接的关系。

诺斯认为人口增长与资源的相对短缺是引发制度变迁的原因之一。只有当资源相对于社会需要变得日益短缺时,才会出现改变所有权的压力。10世纪土地充足时,不值得耗费精力发明利用土地的专有权。随着人口增长、土地短缺,限制使用公共地产的压力增大了。对一块土地的专有权更加吸引人,专一的土地私有财产带来了比以往任何时候都大的收益。圈地现象和各种自愿协定出现,消除了地权中的许多公有制成分,提高了耕作者利用更有效的技术的收益。②

诺斯认为引发制度变迁的另一原因是节约交易费用,即降低制度成本,提高制度效益。所以,制度变迁可以理解为一种收益更高的制度对另一种收益较低的制度的替代过程。诺斯认为制度变迁的成本与收益之比较对制度变迁起了关键作用。建立有效率的经济组织,无论是政府的还是民间的,都需要实际费用。考虑到实际费用,除非创建新的制度安排所带来的私人收益可能超过成本,否则新的制度安排是不会被提出的。③ 以法国圈地为例,除诺曼底外,法国没有发生大规模的圈地运动。一个有限市场

---

① 〔美〕道格拉斯·诺思、罗伯特·托马斯:《西方世界的兴起》,厉以平、蔡磊译,华夏出版社,1989,第1页。
② 〔美〕道格拉斯·诺思、罗伯特·托马斯:《西方世界的兴起》,厉以平、蔡磊译,第166页。
③ 〔美〕道格拉斯·诺思、罗伯特·托马斯:《西方世界的兴起》,厉以平、蔡磊译,第6~7页。

带来的刺激和变革由官僚充塞的合法制度的费用超过了任何单个地主或自愿团体所得的收益。①

在制度变迁的过程中，国家起了重要作用。按韦伯的定义，国家是一种在某个给定地区内对合法使用强制性手段具有垄断权的制度安排。国家的基本功能是提供法律和秩序，并保护产权以换取税收。② 由于产权须由国家界定，因而国家理论是根本性的。"国家的存在是经济增长的关键，然而国家又是人为衰退的根源。"③ 因此，国家要对造成经济增长、停滞和衰退的产权结构负责。诺斯在制度变迁的研究中，把国家作为新兴有效产权兴起过程中的重要力量。17 世纪的荷兰和英国顺利完成了土地从共有产权向私人产权的转化，国家从此强大起来。相比同一时期的西班牙，由于国王早已授予羊主团以其惯用的方式放牧羊群的专有权，地主不享有土地专有权，因而拖慢了土地产权变革的脚步，于是就在竞争中落伍。国家对待新兴有效产权态度的差异决定了国富民强步伐的快慢。国家这一"唯一可以合法使用暴力的组织"在一定程度上决定了新兴有效产权的普遍化。自愿的组织可以在有限范围内保护所有权，但是很难想象没有政府权威而可以推广实施这种所有权。离开国家的保护，新兴产权不可能普遍化。

由此可见，新制度经济学派为英国土地确权的研究提供了一个新的视角，使后人能够从产权角度做更为深入的思考。

3. 法律史学者的研究

西方法律史学者从法律角度出发研究英国农民的土地权利，他们认为中世纪土地产权与欧洲封建制度联系在一起，不同于古代罗马的所有权。西方法律史学者的著作对研究都铎时期英国农村土地确权具有重要的参考价值。

英国法律史的研究是从 19 世纪末以梅特兰（Frederic William Maitland）为代表的第一代学者开始的。梅特兰是英国法律史学的开创者，他与

---

① 〔美〕道格拉斯·诺思、罗伯特·托马斯：《西方世界的兴起》，厉以平、蔡磊译，第 136 页。
② 〔美〕R. 科斯、A. 阿尔钦、D. 诺斯等：《财产权利与制度变迁——产权学派与新制度学派译文集》，刘守英等译，第 394 页。
③ 〔美〕道格拉斯·C. 诺思：《经济史中的结构与变迁》，陈郁等译，上海三联书店、上海人民出版社，1994，第 20 页。

波洛克（Frederick Pollock）合著的《爱德华一世之前的英国法律史》[1]是研究英国法律史的经典作品。该书分为两编，第一编是关于爱德华一世之前英国法律史的总体概略；第二编是关于部门法的历史，涉及了封建保有制度、不动产法、契约、侵权行为、刑法和诉讼程序等。在梅特兰眼中，土地保有法是整个封建法的基本点，第二编就是从土地保有开始的，作者把土地保有方式分为六种：自由教役保有、骑士役保有、大侍君役保有、小侍君役保有、自由农役保有和农奴保有。整部书以土地法为核心，叙述了英国以普通法为核心的法令制度的形成和发展过程。

除了梅特兰的著作之外，研究英格兰土地法律史的著作有：波洛克的《土地法》[2]、霍兹沃斯（William Holdsworth）的《土地法导论》[3]、密尔松（Stroud Francis Charles Milsom）的《普通法的历史基础》[4]、迪戈比（Kenelm Edward Digby）的《不动产法律史导论》[5]、辛普森（Alfred William Brian Simpson）的《土地法律史》[6]等。这些著作都是英国土地法律史研究中的经典，每一部著作都详细论述了特定历史时期英国土地法的发展脉络，为研究中世纪英格兰土地产权状况提供了重要参考。

哈罗德·J.伯尔曼（Harold J. Berman）是当代美国最具世界影响力的法学家之一，他在其著名的《法律与革命》一书中认为，中世纪英格兰土地产权不同于古代罗马的所有权，"在罗马法中，所有权被看做一个统一的概念：一个人要么享有所有权，要么不享有所有权；如果该人享有所有权，他就有占有、使用和处分的全权"。[7]伯尔曼更倾向于一种独立

---

[1] Frederick Pollock and Frederic William Maitland, *The History of English Law Before the Time of Edward I*, Cambridge: Cambridge University Press, 1968.
[2] Frederick Pollock, *The Land Law*, London: Macmillan & Co., 1896.
[3] William Holdsworth, *An Historical Introduction to the Land Law*, Oxford: Oxford University Press, 1927.
[4] Stroud Francis Charles Milsom, *Historical Foundation of the Common Law*, London: Butterworths, 1981.
[5] Kenelm Edward Digby, *An Introduction to the History of the Law of Real Property with Original Authorities*, London: The Clarendon Press, 1892.
[6] Alfred William Brian Simpson, *A History of the Land Law*, Oxford: The Clarendon Press, 1986.
[7] 〔美〕伯尔曼：《法律与革命：西方法律传统的形成》第1卷，贺卫方等译，法律出版社，2010，第442页。

于所有权的特定占有权概念,即"实际占有权"或"依法占有权",也就是"seisin":"土地不为任何人'所有',它只是在阶梯形的'占有权'结构中为由下至上直到国王或其他最高领主的上级所'持有'。"① 伯尔曼特别强调"seisin"这一概念,他对"seisin"的研究为剖析中世纪领主和农民的土地产权提供了重要依据。

伯尔曼对封建法和庄园法着力颇深。在对封建法的研究中,伯尔曼认为西欧领主附庸关系的两个重要特征是权利的互惠性和互制性,后者更为重要。"如果一方违背其义务并由此给另一方造成严重损害,那么另一方就有权通过一种称之为 diffidatio ('撤回忠诚')的庄严的蔑视性表示解除相互关系……撤回忠诚是从 11 世纪开始的西方封建关系的法律特性的一个关键。"② 正是由于领主与附庸之间的权利可以博弈,领主不能随意没收附庸的封地,附庸的土地权利具有一定保障。伯尔曼认为封建法和庄园法这两种体系是彼此紧密联系着的。③ 正是因为封建法和庄园法具有同构性,所以,在封建社会上层,附庸对采邑拥有稳定的"占有权";同样,在封建社会下层,佃农对庄园土地也拥有稳定的"占有权"。伯尔曼关于封建法和庄园法的论述对研究都铎时期英国农村土地确权非常重要。

(二) 国内学界相关研究成果综述

国内世界史学科起步较晚,学界对都铎时期英国农村土地确权的研究主要集中在圈地运动上。改革开放前,学者们的研究成果描绘了圈地运动的来龙去脉,其中明显受托马斯·莫尔等人著述的影响,往往夸大了圈地运动的暴力程度,忽视了圈地运动的本质。④ 改革开放之后,国内世界史研究进入繁荣期,一批关于圈地运动的研究成果问世。20 世纪 80 年代初,程西筠教授的《关于英国圈地运动的若干资料》⑤ 一文首次向国内学界介绍了美国历史学家盖伊对 16 世纪圈地规模的统计,开拓了人们对圈

---

① 〔美〕伯尔曼:《法律与革命:西方法律传统的形成》第 1 卷,贺卫方等译,第 307 页。
② 〔美〕伯尔曼:《法律与革命:西方法律传统的形成》第 1 卷,贺卫方等译,第 374 页。
③ 〔美〕伯尔曼:《法律与革命:西方法律传统的形成》第 1 卷,贺卫方等译,第 311 页。
④ 耿淡如:《英国圈地运动》,《历史教学》1956 年第 12 期。
⑤ 程西筠:《关于英国圈地运动的若干资料》,《世界史研究动态》1981 年第 10 期。

地运动认知的空间。王乃耀、陈曦文教授还发表了相关论文，例如《英国早期圈地运动》和《英国都铎王朝早期的圈地运动试析》①，但由于时代的局限，仍然在一定程度上表现出传统研究的痕迹。

80年代末90年代初，国内关于圈地运动的研究进入了一个新的历史时期，人们越来越从整体上、历史的长时段上观察和分析圈地运动。1987年，侯建新教授在《历史研究》上发表了《中世纪英国农民个人力量的增长与自然经济的解体》②一文。从个体农民的经济生活角度出发，侯建新教授认为中世纪晚期英国农民劳动生产率、商品率和产品的剩余与积累都有了实质性的增长，农民个体力量已得到比较充分的发展。农民个体和群体的发展以及经济与社会的总体发展是圈地运动最重要的历史条件。这是一场社会重大变革，暴力不过是促进剂。1989年，侯建新教授在《世界历史》上发表了《个人的发展与英国农村阶级结构的变迁》③一文，从社会生活和社会交往的角度出发，再次说明普通民众的发展是制度变迁也是土地产权变迁的推动力。1991年，侯建新教授在其代表作《现代化第一基石——农民个体力量与中世纪晚期社会变迁》④一书中进一步强调，正是由于生产者物质和精神力量长足的孕育与发展，他们对土地的占有不断强化，因而能够比较自由地处置土地。土地频繁地买卖、转租和交换损害了敞田制原有的对称性，促使敞田制逐渐瓦解，个人土地所有制开始形成。因此，侯建新教授认为私人土地产权并不是原始掠夺的结果，而是在经济力的作用下逐渐形成的，而那样的经济力本身又主要是由农村普通的生产者们推动的。

侯建新教授在20世纪80年代撰写的一系列文章中指出，农民群体物质和精神力量的普遍发展使西欧农村分化出一批富裕农民，他们以资本主义生产方式经营土地，逐渐成为英国的中产阶级。进入21世纪，侯建新教授进一步明确指出富裕农民是圈地运动的发起者，他在

---

① 王乃耀：《英国早期圈地运动》，《北京师范学院学报》（社会科学版）1989年第1期；陈曦文：《英国都铎王朝早期的圈地运动试析》，《史学集刊》1984年第2期。
② 侯建新：《中世纪英国农民个人力量的增长与自然经济的解体》，《历史研究》1987年第3期。
③ 侯建新：《个人的发展与英国农村阶级结构的变迁》，《世界历史》1989年第1期。
④ 侯建新：《现代化第一基石——农民个体力量与中世纪晚期社会变迁》，第31页。

《富裕佃农：英国现代化的最早领头羊》①一文中认为富裕农民是启动资本主义农业的领头羊，他们一心扩大耕地和牧场，或买卖或转租或垦殖，很早就以零敲碎打的方式进行圈地，圈地运动就是由富裕农民发起和推动的。

90年代末，赵文洪教授从财产权利角度出发，在其代表作《私人财产权利体系的发展：西方市场经济和资本主义的起源问题研究》②中，认为圈地运动发生的原因是公地制度与私人财产权利及其行使的自由之间的矛盾。对于未开发的荒地来说，在公地制度下，未开发地的归属从来就未明确过，领主、自由农和不自由农一直在共同使用未开发地。公地制度拒绝未开发地的权利归属的明确化，未开发地的权利归属问题悬而未决，领主、自由农和不自由农对未开发地都没有私人所有权。赵文洪教授认为圈地改变了未开发地所有权缺位的状况，并使条田使用权集中到个人手中，实现使用权向所有权的趋近，个人获得行使土地财产权利的自由。

向荣教授从社会心理角度对16世纪英国圈地进行研究，他的《"茶杯里的风暴"？——再论16世纪英国的土地问题》③一文首先提出了一个问题：16世纪英国圈地规模并不大，为何会引起民众强烈的反圈地情绪？为了解答这个问题，向荣教授从当时英国民众的社会心理角度进行分析，认为16世纪中叶反圈地情绪的高涨与这一时期传统道德的强化有关。英国的基督教人文主义者和新教徒提倡建立一个名为"Commonwealth"的基督教道德共同体，共同体的整体利益高于个人私利。圈地是为了个人私利公然损害社会整体利益的行为，因而受到共同体思想家的谴责。1476年，印刷术传入英国，新教思想家出版了大量反对圈地的小册子、布道集和通俗文学作品等，他们反对圈地的思想和言论大多是在这一时期见诸文字的。英国民众反圈地情绪的高涨反映的是这一时期社会心理和舆论导向

---

① 侯建新：《富裕佃农：英国现代化的最早领头羊》，《史学集刊》2006年第4期。
② 赵文洪：《私人财产权利体系的发展：西方市场经济和资本主义的起源问题研究》，中国社会科学出版社，1998年。
③ 向荣：《"茶杯里的风暴"？——再论16世纪英国的土地问题》，《江汉论坛》1999年第6期。

的变化,而不是当时圈地运动的实际情况。

进入21世纪之后,钱乘旦教授、许洁明教授的《英国通史》[①]和阎照祥教授的《英国史》[②]都论及英国的土地产权制度。沈汉教授的《英国土地制度史》[③]运用了大量个案资料,系统地探讨了从中世纪一直到19世纪英国土地产权制度的发展变迁历程。其中,沈汉教授对16世纪圈地运动进行了较为详细的研究,除了对圈地原因、圈地方式和圈地规模进行考察之外,还对米德兰地区一些圈地问题较严重的郡进行了具体研究。此外,咸鸿昌教授的《英国土地法律史——以保有权为视角的考察》[④]以土地保有权为基本视角将各项复杂繁难的法律制度统合起来加以分析,从总体上揭示了英国土地权利秩序的形成、演变规律,其中对都铎时期英国农民的土地权利也做了相关梳理。

2019年10月,侯建新教授在《史学月刊》发表的八万字长文——《圈地运动与土地确权——英国16世纪农业变革的实证考察》[⑤],是英国土地产权研究的标志性创新成果。该文首次对"圈地运动"作出定义,然后对长期以来学界所忽视的"农民圈地"以及饱受诟病的领主圈地做了实证性考察,并重新估算了广受关注的16世纪英国圈地规模,直接对话外国同行,发出了中国学者的声音。该文将对圈地运动的研究推向了前所未有的高度,对客观、公正地认识圈地运动以及理解人类历史上第一次土地产权变革具有非常重要的意义。

整体而言,自改革开放以来,国内学界虽然对英国圈地运动与土地确权的研究成果不断增多,研究内涵也不断扩展,但与国外学界相比仍然不够深入和丰富。对英国圈地运动与土地确权的国内外研究状况进行回顾与反思,对于进一步拓展研究领域和思路、加深对土地确权的理解是非常必要的。

---

① 钱乘旦、许洁明:《英国通史》,上海社会科学院出版社,2002。
② 阎照祥:《英国史》,人民出版社,2003。
③ 沈汉:《英国土地制度史》,学林出版社,2005。
④ 咸鸿昌:《英国土地法律史——以保有权为视角的考察》,北京大学出版社,2009。
⑤ 侯建新:《圈地运动与土地确权——英国16世纪农业变革的实证考察》,《史学月刊》2019年第10期。

三 内容与框架

本书的研究对象是都铎时期英国农村土地确权。都铎王朝从1485年开始到1603年伊丽莎白一世去世，长达118年，共有五位君主统治：亨利七世、亨利八世、爱德华六世、玛丽一世和伊丽莎白一世。都铎时期是英国从封建主义农业社会向资本主义工业社会的转型时期，这一时期见证了一系列大事件的发生：地理大发现、宗教改革、行会发展、商业扩张……人们往往把这些大事件视为英国社会转型的标志，殊不知，长时段、静悄悄的土地财产权的变化才是孕育这些大事件的沃土。如果把这些大事件比作绽放在欧洲文明星空的绚烂烟花，那么，以圈地运动为表现形式的土地产权变革则是助推烟花升空的原动力。因此，研究都铎时期英国农村土地确权具有非常重要的历史意义。

虽然本书的研究对象是都铎时期英国农村土地确权，但本书的研究时段并不局限于1485～1603年。首先，了解中世纪英格兰的土地产权状况非常重要，它更能说明安全、稳定的"占有权"是都铎时期英国农村土地确权的基础。因此，中世纪英格兰的土地产权也是本书研究的内容之一。其次，1607年米德兰地区发生了一场有组织的反圈地农民起义，作为应对，斯图亚特王朝国王詹姆斯一世派出一个圈地调查委员会，详细调查了米德兰地区圈地问题较严重的6个郡。在圈地调查基础上形成的1607年圈地调查报告涵盖了1578～1607年米德兰六郡的圈地情况，是研究都铎晚期英国农村土地确权问题非常有价值的史料。因此，1607年米德兰农民起义和政府圈地调查虽处于斯图亚特王朝时期，但也属于本书的研究内容。最后，都铎时期的协议圈地对17世纪圈地影响极大，17世纪圈地基本上是对都铎时期协议圈地的完全继承。为了使本书的研究案例更加丰富，本书特意选取了17世纪圈地的几个典型案例作为对都铎时期协议圈地案例的补充。当然，本书的研究时段主要是都铎时期，内容也主要是都铎时期英国农村土地确权。

本书正文除导言、结语外共分为六章。第一章作为本书的背景，主要写中世纪英格兰的土地产权。中世纪英格兰土地制度是封建土地保有制与敞田制的结合，是一种私人"占有权"与共用权混合的产权模式。在这种混合产权下，农民虽然拥有稳定的"占有权"，但受到敞田制的制约，使用权不具有排他性，经营权不具有自主性。

第二章和第三章是本书的研究重点，分别论述了生活在英国农村的两种人——农民与领主在土地确权进程中所发挥的作用。农民个体力量的成长是农民土地确权的根本前提。随着农民个体力量的成长，他们迫切要求打破传统土地产权的制约，建立一种与自身发展相适应的土地产权制度。通过圈地，他们脱离了村庄共同体的束缚，消除了土地的共有产权，强化了占有权，获得了经营自主权。在这一过程中，富裕农民群体起到了中坚的作用，他们是英国农村土地确权的主导者和推动者。除了农民之外，领主也参与了土地确权。都铎时期领主阶层普遍面临财富危机，出于对竞争性地租的渴望以及对富裕农民圈地的不甘，他们通过圈地明确土地的产权归属，退出了直接生产领域，成为根据市场行情获得收益的新型地产主。

第四章主要写都铎政府与土地确权。针对土地确权所引发的社会问题，都铎中央政府通过颁布法令、司法诉讼以及舆论监督的方式进行调控。与此同时，都铎地方社会由乡绅自愿担任治安法官进行管理，他们通过季审法庭对失地小农进行援助，在一定程度上维护了社会的稳定。随着土地确权经济效益的显现，再加上议会下院对土地确权的支持，最终都铎政府从法律层面对土地确权予以认可。

第五章主要写土地确权与社会转型。明晰的土地产权为资本主义生产方式的产生提供了保障，资本主义租地农场制得以出现和发展。资本主义租地农场面向市场、雇用雇工、规模化地进行生产，提高了劳动生产率，为英国从传统农业社会向现代工业社会转型奠定了基础。与此同时，中世纪英格兰农村传统的生活体制被打破，人们世代以来的生活方式发生了巨大变化。村民的职业出现了分流，村庄的布局也发生了变化。这些迹象表明，村庄共同体生活方式开始消解，"以个人为本位"的生活方式逐渐形成。

第六章主要写近代早期法国农村土地确权，并与都铎时期英国农村土地确权做比较。都铎时期，英国通过圈地初步确立了私人土地产权。法国作为欧洲大陆的代表，紧紧追随英国的脚步，于近代早期也开启了土地确权进程。由于英法两国农村商品化进程、社会结构以及法律机制的不同，两国的土地确权进程呈现出很大的差异。在土地确权的时间上,英国农村商品化进程起步较早且发展迅速,使得英国早在都铎时期就已初步确立了私人土地产权;法国则由于农村商品化进程缓慢,直到大革命后才确立了以个人所有权为核心的所有权体系。在土地确权的方式上,英国走的是一条和平、渐进的道路;与之相比,法国农民用暴力推翻了长期剥夺、压榨他们的封建特权和封建制度,从而获得了土地所有权。在土地确权的结果上,与英国法能够及时回应农民的圈地需求相比,法国法在面对社会经济急剧变化时缺少及时和有效的回应,导致法国私人财产权虽然在法律上予以确立,但公共权利尚未完全退出历史舞台,并没有像英国农村土地确权那样彻底。

四 资料与方法

(一) 研究资料

本书所利用的史料主要来源于《维多利亚郡志》①。《维多利亚郡志》是为了纪念维多利亚女王而编纂的一部资料集,由伦敦大学历史研究所负责总体编纂工作,具体各郡历史则是由英格兰各郡的历史学家编写。《维多利亚郡志》始编于1899年,堪称英格兰地方史的一部巨著,其内容包括英格兰各郡从上古时期一直到维多利亚时期的自然地理、气候、宗教、经济社会史以及各个百户区的历史,其中有关经济社会史的内容包括都铎时期,这对于研究都铎时期英格兰各郡的圈地运动具有非常高的史料价值。由于国内没有一所高校拥有集齐的《维多利亚郡志》,对于该郡志的收集工作颇有难度,需要从国内各高校和科研机构例如中国国家图书馆、北京大学图书馆和天津师范大学欧洲文明研究院收集。其中一些郡志(例如莱斯特郡和沃里克郡的郡志)国内并没有,需要从英国复印。这些来之不易的史料奠定了本书写作的基础。

除了《维多利亚郡志》以外,本书还运用了一个非常重要的原始资料集——《王室法令》②。《王室法令》是英王乔治三世下令编纂的,目

---

① *The Victoria History of the Counties of England*, Published for Institute of Historical Research.
② *The Statutes of the Realm*, Buffalo and New York: William S. Hein & Co., Inc., 1993.

的是更好地记载议会下院所颁布的每一项法令。《王室法令》根据原始记录和真实手稿编纂而成,由于其珍贵性和稀缺性,该法令集于1993年由纽约的威廉·海因出版公司再版印刷。《王室法令》对中古晚期和近代早期英格兰出台的各项法令均有较为详细的记载,本书所研究的都铎时期的反圈地法令均来自《王室法令》。

此外,本书还利用了丰富的数据库资料,主要包括以历史、哲学等人文社会学科主题为中心的西文过刊数据库(JSTOR)、早期英文图书在线数据库(EEBO)、学术期刊文摘及全文数据库(EBSCO)、英国期刊数据库(British Periodicals Collection)以及剑桥期刊在线数据库(Cambridge Journals Online)。

(二)研究方法

1. 历史学研究方法

历史学研究方法主要分为两种:一种是以时间为顺序,纵向论述某一研究客体的历史演进过程;另一种是以该研究客体发展历程中的某一时间点为考察对象,横向探讨该客体的历史特点及相应的历史背景。本书结合这两种研究方法,以时间为序,从中世纪英格兰的土地产权状况入手,一直写到都铎时期土地确权之后的土地产权状况,描绘这一历史事件的发展演变进程。与此同时,本书还考察了近代早期法国农村土地确权,并与都铎时期英国农村土地确权做比较。横向对比英法两国土地确权进程的差异,能更加凸显英国土地确权的独特之处。

2. 注重经济社会史的观察视角

经济社会史是一个交叉学科,提倡整体史观,倡导从个人特别是普通人的实际生活出发,从经济与社会的互动中叙述和诠释社会的发展。

本书将经济社会史提倡的整体史观作为写作视角。马克·布洛赫(Marc Bloch)认为任何时代的社会都是一个整体,从时间上来说是一个不断运动的整体。因此,从古至今的历史不能割断,不论是对哪一段历史的研究都不能画地为牢,必须看到别的时代,上下古今互通生气。[①]本书的主题虽然是都铎时期英国农村土地确权,但了解中世纪英格兰的

---

① 〔法〕马克·布洛赫:《法国农村史》,余中先等译,商务印书馆,1997,中译本序言 iv。

土地产权状况是非常必要的。厘清了这段历史，更能说明在英格兰从混合产权迈向明晰产权的漫长道路上，都铎时期土地确权究竟起到了怎样的作用。只有做到"上下古今互通生气"，才能更好地理解英国土地确权。

经济社会史提倡从普通人的实际生活出发，从经济与社会的互动中叙述和诠释社会的发展。本书从普通人——个体农民在庄园中的实际生活出发，探讨了他们在经历了较普遍和较充分的发展后，要求打破敞田制的束缚，建立新的土地产权制度。可见，现实人的个人自主活动能力，即个人本身力量，是推动历史发展的深层次因素。此外，一个时期的社会总体情况是多种因素相互作用的结果，其中，经济和社会因素无疑十分重要。都铎时期英国农村土地确权是与当时经济和社会因素的共同作用密不可分的。只有从普通人的实际生活出发，从经济与社会的互动中叙述历史的发展，才能更好地诠释都铎时期英国农村土地确权问题。

五　相关概念界定

（一）土地产权

"产权"一词是20世纪60年代西方经济学界产权经济学兴起后用以分析经济组织替代形式的一个专业技术名词。"产权"是"财产权利"（property rights）一词的缩写，这一概念最早由法学家提出，经济学家出于解释经济现象的需要而又未找到更合适的名词，就借用本属于法学的这一术语并提出了自己的理解。

人们常常把"产权"与"所有权"混淆，实际上二者是有区别的。所有权是一项独立完整的权利，是诸种权利的集合体，因而英文中可用单数形式（property right）。而财产权利是存在于所有权中的每一项权利和全部权利，因而英文中用复数形式（property rights）。所有权是财产权利的最高形式，包含于所有权中的其他权利则是财产权利的低级形式。[①] 产权的权能是否完整，主要可以从所有者对它具有的排他性和可转让性来衡

[①] 赵文洪：《私人财产权利体系的发展：西方市场经济和资本主义的起源问题研究》，第26页。

量，如果权利所有者对他所拥有的权利有排他的使用权、收入的独享权和自由的转让权，就称他所拥有的产权是完整的。如果这些方面的权能受到限制或禁止，就称为产权的残缺。①

"产权"最普遍的用法之一与土地有关，称为"土地产权"。"土地产权"是指以土地所有权为核心的土地财产权利的总和，是当事人对土地的一组权利，包括土地所有权以及与其相联系的和相对独立的各种权利。土地所有权是指土地所有者在法律规定的范围内自由使用和处理土地的排他性权利。著名法学家霍诺耐（A. M. Honore）对某物"完全所有权"的定义，列举了关于土地的完全所有权，包括以下六种权利：（1）使用土地的权利；（2）租入或出租土地的权利；（3）买卖土地的权利；（4）安全行使上述三种权利的权利；（5）在土地持有者一生中行使以上权利的权利；（6）土地持有者有权将这些权利在其死后转移给其他人。② 土地产权是存在于所有权中的每一项权利和全部权利，区别于所有权。

对于英国而言，在封建土地保有制下，一块土地上往往涵盖着佃农与领主乃至多人的权利关系，土地的归属没有唯一性和绝对性，没有现代意义上的所有权。无论是封建社会上层的领主，还是封建社会下层的佃农，对土地所拥有的都只是一种"占有权"。与此同时，诺曼征服后马尔克公社仍是庄园的基础，庄园土地的使用要遵从村庄共同体③的耕作制度——敞田制。敞田制下的土地产权是一种共有产权，故中世纪英格兰土地处于封建土地保有制有限和有条件的"占有权"以及敞田制的共有产权之下，是一种混合产权，产权关系模糊不清。在这一历史背景下，都铎时期的"土地确权"指的是把具有村庄共同体性质的混合土地产权转变为具有排

---

① 〔美〕R. 科斯、A. 阿尔钦、D. 诺斯等：《财产权利与制度变迁——产权学派与新制度学派译文集》，刘守英等译，第 6 页。
② 转引自 Robert Carson Allen, *Enclosure and the Yeoman: The Agricultural Development of the South Midland, 1450–1850*, Oxford: The Clarendon Press, 1992, p. 58.
③ 村庄共同体，即 village community。村庄共同体是西欧中世纪乡村社会的重要基层组织。它不仅在组织农业生产、制定村规等方面发挥着重要的作用，而且，它也为西欧社会孕育了民主因素、自治因素以及法律因素。在西文史学专著中，有时 village 本身就意指村庄共同体。在中文语境下没有与"村庄共同体"严格对应的历史术语。参见侯建新《西欧中世纪乡村组织双重结构论》，《历史研究》2018 年第 3 期；陈立军《历史学语境下的西欧村庄共同体——概念的解析与界定》，《史学理论研究》2015 年第 2 期。

他性的私人土地产权。

（二）圈地

"圈地"一词是针对"敞田"而来的，主要是针对敞田制土地持有分散、土地产权模糊而进行的产权变革。关于"圈地"这一概念，比较权威的是斯莱特（Gilbert Slater）和明格（Gordon Edmund Mingay）的定义。斯莱特把圈地分为三个阶段：首先，把分散的条田集中；其次，废除土地的公共权利；最后，用篱笆把个人的土地围圈起来。[1] 明格对圈地的定义为："取消教区耕地和公地上的共有产权，打破条田的分散状态，以整块持有的方式重新分配土地，往往伴随着各块土地之间的物理分界线，即用栅栏和篱笆围圈起来。"[2] 由此可见，圈地在自然意义上是指用篱笆封闭一块土地，在法律意义上是指消除土地上的公共权利并把这块土地转变为单独占有的地产。[3]

英国农业史学者瑟斯克认为圈地包含两种含义，一种是大规模圈地，通常是富裕农民或土地所有者在未经小农的同意下进行的，这种圈地会造成村庄荒废和人口减少；另一种是小规模圈地，通常是小农自发地进行的，不会造成人口减少。"圈地"一词通常包括上述两种活动，而"蚕食土地"则专指后者。[4]

具体而言，圈地主要针对两种类型的土地，一种是条田，另一种是公地。所谓"条田"（strip），是指在敞田制下耕地被分为一些平行的条状地，每块条田平均长 200 米、宽 20 米，面积约等于 1 英亩。农民的份地以条田形式持有，分散在庄园的东头、西头和南头。[5] 圈占条田就是把分散的条田集中起来，以整块的方式持有，目的是便于自己更好或更系统地耕种。所谓"公地"（common land），就是每个教区那些终年处于闲置状

---

[1] Gilbert Slater, *The English Peasantry and the Enclosure of Common Fields*, London: Archibald Constable & Co. Ltd., 1907, p. 85.

[2] Gordon Edmund Mingay, *Parliamentary Enclosure in England, An Introduction to Its Causes, Incidence and Impact 1750–1850*, London and New York: Longman, 1997, p. 7.

[3] Roger J. P. Kain, John Chapman and Richard R. Oliver, *The Enclosure Maps of England and Wales 1595–1918*, Cambridge: Cambridge University Press, 2004, p. 1.

[4] Joan Thirsk, *The Agrarian History of England and Wales*, Vol. IV, 1500–1640, p. 406.

[5] 〔英〕亨利·斯坦利·贝内特：《英国庄园生活：1150—1400 年农民生活状况研究》，龙秀清、孙立田、赵文君译，上海人民出版社，2005，第 34 页。

态中的敞地，因其大多处于未开垦的状态，也可被称为荒地。① 圈占公地就是消除公地上的公共权利，把它变成私人的土地。

通常意义上的"圈地"用"enclosure"一词指代，除此之外，圈地还有以下几个专门术语。

"approvement"，即依据"圈占荒地权"圈地。"圈占荒地权"源于1235 年《默顿法令》，该法令"允许庄园领主在荒地上给佃户保留充足牧场的前提下圈占剩余土地，但领主必须确保佃户有充足的牧场，并且有自由进出牧场的权利"。由此，《默顿法令》使领主获得了"圈占荒地权"，领主有权依据"圈占荒地权"圈地。

"intake"，即"合法蚕食荒地"，指佃农自发地圈占领主的小部分荒地，但事先已得到领主的许可，这种圈地形式是"approvement"的特殊情况。

"encroachment"，即"非法蚕食荒地"，指擅自居住在公地上的人小规模地圈占荒地。这种类型的圈地没有得到领主的许可并且没有支付租金，通常是临时现象，因为一旦被发现，他们或是被揭发，或是从领主那里获得许可从而变成"合法蚕食荒地"。对于"非法蚕食荒地"，领主有权强制收回。

"partition"，即"分割公地"，是指把庄园之间共同的公地划分为领主独自占有的荒地。在划分之后，每个领主的自由持有农只能在他们领主的荒地上行使公共权利。这种领主独自拥有的荒地并没有在物理上彼此分开，也没有在任何意义上"围圈"。但是，在许多情况下，"partition"是"approvement"的第一步，因为如果荒地不是领主独有的财产，领主则不能圈占。

---

① 〔法〕保尔·芒图：《十八世纪产业革命：英国近代大工业初期的概况》，杨人楩等译，商务印书馆，1983，第117页。

第一章
中世纪英格兰土地产权

中世纪英格兰土地制度是封建土地保有制与敞田制的结合,是一种"占有权"与共有产权混合的产权模式。在这种产权模式下,土地持有者并不享有排他性的所有权。本章旨在考察中世纪英格兰的土地产权,通过描述"占有权"的发展状况以及敞田制对农民土地产权的保护和制约,说明安全、稳定的"占有权"是农民土地确权的必要前提。

第一节 中世纪英格兰土地"占有权"

在英格兰封建制度下,一块土地上往往涵盖着佃农与领主乃至多人的权利关系,土地的归属没有唯一性和绝对性,没有现代意义上的所有权。英格兰土地产权是一种"占有权"。

一 "占有权"的产生

"seisin"一词源于拉丁语"seisina"和"seisire",是伴随着威廉征服进入英国的,意味着对土地的"占有权"。在普通法语境中,一个拥有"seisin"的人,就是一个"蹲踞在土地上"(sitting on land)的人,以此来形容对土地的牢固占有。梅特兰认为土地法是发展中的普通法的核心内容,在土地法中再没有比"占有权"这一概念更为重要的了,整个英格兰土地法体系就是关于"占有权"及其结果的法律。[1]

---

[1] Frederick Pollock and Frederic William Maitland, *The History of English Law before the Time of Edward I*, Vol. II, Cambridge: Cambridge University Press, 1978, pp. 29–30.

英格兰土地"占有权"是一个不断演进的概念。1066年诺曼征服后，征服者将土地连同土地上的居民一起以封建土地保有制（tenure）的形式封赐给各级领主。封建土地保有制是指土地的持有人以向其领主提供特定的劳役或服务为代价而持有领主土地的制度。① 根据封建土地保有制，全英格兰的土地最终都是向国王领有的，国王是全国土地名义上的所有者。在封建土地保有制下，有权依靠这块土地生存并对它加以开垦的人叫封臣，他所保有的土地来自他的领主。如果该领主是国王，那么这个封臣就被称为直属封臣（tenants in chief）。但在一般封臣和国王之间可能还会有许多人，A可能从B处保有土地，B则从C处保有，C的土地又来自D，如此直到Z，Z直接从国王那里保有土地，是直属封臣。位于A和国王之间的人被称为中层领主，对于这些中层领主来说，相对于其下的人他是领主，相对于其上的人他则是封臣。②

土地的保有是以一定义务为条件的，封臣保有土地后应完成规定的义务。封臣通过特定的方式保有土地，通常分为五种：自由教役保有（frankalmoin）、骑士役保有（knight service）、侍君役保有（serjeanty）、自由农役保有（free socage）和维兰保有（villeinage）。③ 前四种保有方式被称为自由保有，最后一种保有方式被称为非自由保有。

自由教役保有是指教会或神职人员以提供宗教服务为条件向领主持有土地的保有方式。保有人向领主提供宗教服务，一般是祈祷或做弥撒。自由教役保有人还可以其他方式保有土地，但非神职人员不能以自由教役保有土地。自由教役保有制最大的特点是保有人不需要向领主承担任何世俗役务，与其他类型的保有方式相比，领主在此种保有制下获得的经济利益最少。因此，他们一般不愿意把土地随意封赐给教会，1279年《土地死手律》（Statute of Mortmain）的颁布就是为了阻止把土地随意转让给教会，目的在于终止自由教役保有的继续发展。④

---

① 高富平、吴一鸣：《英美不动产法：兼与大陆法比较》，清华大学出版社，2007，第37页。
② 〔英〕梅特兰：《英格兰宪政史》，李红海译，中国政法大学出版社，2010，第17页。
③ William Holdsworth, *An Introduction to the Land Law*, p. 23.
④ William Holdsworth, *An Introduction to the Land Law*, p. 24.

骑士役保有是英国乃至欧洲封建制度中最主要、最典型的保有形式，英格兰的绝大部分土地都是以骑士役的方式从国王处保有的。在12世纪，单份骑士役封地所应承担的义务是在战时为国王的军队提供1名可以作战40天的、全副武装的骑士。随着雇佣兵的日渐流行，亨利二世要求以骑士役保有土地的封臣把他们的军事役务折算成一笔钱，就是后来的盾牌钱。① 军事役务和盾牌钱在16世纪时已或多或少不复存在，但骑士役土地保有者的另一项沉重负担依然存在，这就是无论其领主是国王还是其他中层领主，骑士役土地保有者都必须向其领主行臣服礼并宣誓效忠，要向领主缴纳协助金和继承金，领主享有监护和婚姻、没收和收回土地等权利。②

侍君役保有包含了一种服务的性质，尽管所有的保有方式都在某种程度上暗含了服务性质，但侍君役保有与其他保有方式的区别是它是由一些杰出的人所履行的役务。12、13世纪，侍君役保有所涵括的内容很广泛，王室的高级官员一直履行世代相传的侍君役，例如担任国王军队的司令官、国王的御剑侍卫或国王的管家。在13世纪，与其他自由保有相比，侍君役保有被视为一种更加有尊严和地位的保有方式。此外，还有一部分人对国王和其他领主履行一些细微的役务，其中一些役务与军事役务有关，他们要为国王的军队提供后备军，为骑士提供随从，为军队提供军需并负责运输，等等。随着14世纪雇佣仆人的出现，侍君役保有逐渐衰落，其种类也仅剩下两种，一种是大侍君役保有（grand serjeanty），专门在隆重的场合为国王提供礼仪性役务，另一种是小侍君役保有（petit serjeanty），履行一些微小的军事役务。侍君役保有并没有受到1660年颁布的有关废除骑士役保有法令的影响，它成为最后的幸存者。③

自由农役保有是指中世纪晚期除了自由教役保有、骑士役保有以及侍君役保有之外的所有自由土地保有，又称为索克保有制。中世纪英国法学家利特尔顿（Thomas Littleton）认为这种保有方式带有一种消极色彩，人们能够说出很多役务不属于自由农役保有，但很少能说出哪些役务属于自由农役保有。显然，自由农役保有的役务是非军事性质的，不必履行监护

---

① William Holdsworth, *An Introduction to the Land Law*, p. 25.
② Eric Kerridge, *Agrarian Problem in the Sixteenth Century and After*, p. 33.
③ William Holdsworth, *An Introduction to the Land Law*, pp. 27 – 28.

权和婚姻制定权这两项义务。一般说来，自由农役保有主要包含租金役务，有时还需要为领主完成一定量的农活。租金可能是实物地租，例如一磅胡椒粉，也可能仅仅是名义上的，例如一枝玫瑰，也可能没有租金，仅仅是向领主宣誓效忠。自由农役保有者身份庞杂，既包括缴纳实物地租的保有人，也包括服劳役的保有人。然而，自由农役保有具有其他几种自由保有方式无法比拟的优点，它不必缴纳盾牌钱，不用履行监护权和婚姻制定权两项义务，能很好地适应现代财产观念，即土地持有是一种财产形式，因此，在1925年《财产法》改革后，自由农役保有取代了其他所有的自由保有方式。[1]

非自由保有是指维兰保有。不管是以什么方式从国王处保有，英格兰大部分土地最终的保有形式都是维兰保有。维兰农奴是一个人数众多的阶层，他们在人身上并不自由。他们不得离开领主的土地，如果逃跑，领主可将其捕获并带回。农奴一般也保有土地，条件是履行某些比较卑贱或很不体面的义务。一个不是农奴的人也可以维兰保有的方式持有土地。维兰土地保有人的义务是确定的：一周就是这么多天的劳动，耕地、耙地、收割等等，都在领主的直领地中完成。[2]

通过上述土地保有方式，土地保有人从上级领主那里保有土地，而他又能以另外设定的条件把该土地转封给另一个人，并且还可依次转封下去，三四级阶梯是常见现象。例如，甲以骑士役保有方式从国王那里保有一块土地，然后再把这块土地以侍君役保有方式转封给乙，乙再把这块土地以自由农役保有方式转封给丙。土地如此层层封授，导致几个不同的人持有同一块土地，一块土地上聚合了多种权利与义务，多重所有权混合在同一块土地上。因此，封建土地保有制是一种分割的所有权，谁都有权利，但谁都没有完全的权利。任何权利都不意味着那种属于罗马法所有权概念的固定的专有排他性。[3] 在罗马法中，所有权被看作一个统一的概念：一个人要么享有所有权，要么不享有所有权；如果该人享有所有权，

---

[1] William Holdsworth, *An Introduction to the Land Law*, pp. 28–29.
[2] 〔英〕梅特兰：《英格兰宪政史》，李红海译，第23~24页。
[3] 〔法〕马克·布洛赫：《封建社会》上卷，张绪山译，商务印书馆，2007，第205页。

他就有占有、使用和处分的全权。① 可是在封建制度中,这种土地关系的权利被分割,所有权被共享。对此,伯尔曼更倾向一种独立于所有权的特定占有权概念,即"实际占有权"或"依法占有权",也就是"seisin"。他认为"土地不为任何人'所有',它只是在阶梯形的'占有权'结构中为由下至上直到国王或其他最高领主的上级所'持有'"。②

在领主附庸关系语境下,能够更好地理解"占有权"的产生。西罗马帝国覆灭后,欧洲公共权力分散,面对内外安全威胁,在特定的历史条件下,社会产生了一种自下而上的、以个人关系为纽带的军事防御体系,即欧洲封建制度(feudalism)。③ 领主附庸关系是欧洲封建制的核心内容,领主要尽保护和守卫之责,封臣则要对封君行臣服礼和效忠礼。臣服礼是指封臣与封君对面而立,封臣合掌置于封君双手中,有时由一种跪拜姿势加以强化。封臣宣布一个非常简短的宣言,承认自己是封君的"人",然后主仆双方以唇相吻,表示双方的和谐和友谊。④ 接下来,封臣要行效忠礼,即封臣把手放在《圣经》或圣物上,做出宗教性忠诚宣誓,保证对他的领主忠诚。在封臣宣誓效忠之后,领主要对封臣做出某种象征性的封地仪式,他把诸如一面旗、一个十字架或一把钥匙等递交给封臣,以此象征授予采邑。⑤ 宣誓效忠把封臣身份与采邑相联系,成了法兰克封建习惯的特征。

西欧领主附庸关系的两个重要特征是权利的互惠性和互制性,后者更为重要。对此,伯尔曼高度重视并高度评价,他认为"附庸或领主基于足够严重的刺激因素而解除效忠或忠诚契约,这不仅从理论的观点看是至关重要的,而且在特殊情况下也具有实质性的实际重要性。如果一方违背其义务并由此给另一方造成严重损害,那么另一方就有权通过一种称之为diffidatio('撤回忠诚')的庄严的蔑视性表示解除相互关系……撤回忠诚是从11世纪开始的西方封建关系的法律特性的一个关键"。⑥ 由此可见,尽管

---

① 〔美〕伯尔曼:《法律与革命:西方法律传统的形成》第1卷,贺卫方等译,第442页。
② 〔美〕伯尔曼:《法律与革命:西方法律传统的形成》第1卷,贺卫方等译,第307页。
③ 侯建新:《抵抗权:欧洲封建主义的历史遗产》,《世界历史》2013年第2期。
④ 〔法〕马克·布洛赫:《封建社会》上卷,张绪山译,第250~251页。
⑤ 〔美〕伯尔曼:《法律与革命:西方法律传统的形成》第1卷,贺卫方等译,第294页。
⑥ 〔美〕伯尔曼:《法律与革命:西方法律传统的形成》第1卷,贺卫方等译,第374页。

领主与附庸地位不平等，但他们之间存在双向的制约性，任何一方违背约定，另一方可以"撤回忠诚"。附庸背叛失信的领主是合法的，这就是欧洲"抵抗权"的起点。① 正是由于附庸拥有抵抗权，他可以在某块土地上享有有效对抗他的领主的一定权利，而这个领主也可以在同一块土地上享有有效对抗他的领主的一定权利，以及享有有效对抗领主的领主乃至国王的权利。② 因此，领主不能随意没收附庸的封地，附庸具有稳定的"占有权"。

像规定封臣与领主关系和独立的土地"占有权"的封建法一样，调整领主与农民关系和农业生产关系的庄园法也开始形成一种法律体系。这两种体系是彼此紧密联系着的。③ 封建法和庄园法具有同构性，在封建社会上层，附庸对采邑拥有稳定的占有权，同样，在封建社会下层，佃农对庄园土地也拥有稳定的占有权。对此，梅特兰也认为农奴根据庄园习惯拥有"占有权"，这种"占有权"受到庄园法庭的保护，当农奴在庄园法庭提起诉讼时，他会因自己是根据庄园习惯占有土地而受到保护。梅特兰进一步解释领主和佃农是一种"双重占有"（dual seisin）关系，领主根据普通法和王室法庭的保护占有土地，佃农根据庄园习惯和庄园法庭的保护占有土地。④ 由此看来，无论是人身依附性较强的农奴，还是相对自由的佃农，都拥有稳定的占有权。

庄园制度最主要的特征之一就是强调一个人为取得承租庄园份地的权利，必须为领主服劳役。庄园内除了领主的直领地之外，还有自由土地和农奴份地。⑤ 自由佃农从领主那里保有土地，向领主尽各种义务；农奴承担着每周繁重的劳动及其他类似义务，领主的直领地也由他们耕种。⑥ 农奴的劳役主要包括耕种领主庄园的土地、周工、无偿奉献的劳役、搬运劳役、伐木、运送肥料和修路。⑦ 农奴的负担首先表现在劳役

---

① 侯建新：《抵抗权：欧洲封建主义的历史遗产》，《世界历史》2013年第2期。
② 〔美〕伯尔曼：《法律与革命：西方法律传统的形成》第1卷，贺卫方等译，第307页。
③ 〔美〕伯尔曼：《法律与革命：西方法律传统的形成》第1卷，贺卫方等译，第311页。
④ Frederick Pollock and Frederic William Maitland, *The History of English Law before the Time of Edward I*, Vol. II, p. 36.
⑤ George Caspar Homans, *English Villagers of the Thirteenth Century*, Cambridge: Harvard University Press, 1941, p. 228.
⑥ 〔英〕梅特兰：《英格兰宪政史》，李红海译，第33页。
⑦ 〔美〕伯尔曼：《法律与革命：西方法律传统的形成》第1卷，贺卫方等译，第316页。

的不确定性上,正如 13 世纪法学家布拉克顿 (Henry de Bracton) 下的定义:"如果一个人提供的是不确定的劳役,即今天晚上还不知道明天早晨要干什么,那他肯定是个农奴。"① 除了服劳役之外,农奴还有其他一些负担,例如缴纳塔利税、婚姻捐、遗产税和死手捐等等。尤其是塔利税,征收数额不固定,征收时间也不固定,领主有权力对农奴任意征收。自 13 世纪起,塔利税被视为人身不自由的标志之一。②

在封建社会上层,领主与附庸之间的权利具有互惠性和互制性;同样,在封建社会下层,领主与佃农之间的权利也具有互惠性和互制性。在这里,重点谈论一下领主与农奴之间权利的互惠性和互制性。关于互惠性,农奴有义务对领主服劳役和其他役务,原则上这些役务不得增加,人们认为这是由习惯限定的。对于农奴的忠诚,领主的回报是愿意遵守他或他的前辈授予的特许权,并在需要时授予新的特许权,以及公正地对待他们。③ 关于互制性,农奴可以抵制领主的任意掠夺。附庸乃至农奴依法抵抗,是欧洲封建制一个十分显著而独有的特征。④ 每一个庄园,都是领主与农奴为了各自利益而争斗的舞台。一方是强悍的领主,另一方是倔强的农奴群体,他们之间相互抗争,逐渐形成了庄园习惯。⑤ 由于农奴的斗争,他们的劳役量逐渐确定:服劳役地租时,对每周劳役时间严格限定;缴纳货币地租时,对货币数量严格限定。⑥ 由于对劳役的规定通常十分明确,所以任何想增加劳役量的企图都难以如愿,这就使农奴利益受到了保护。任何增加佃户负担量的企图都会遭到佃户本人和他所有伙伴的激烈反对。随着农奴用货币赎买这种义务而获得自由,他们的劳役义务总量在逐渐减少。⑦ 农

---

① 〔英〕亨利·斯坦利·贝内特:《英国庄园生活:1150—1400 年农民生活状况研究》,龙秀清、孙立田、赵文君译,第 81 页。
② 〔英〕亨利·斯坦利·贝内特:《英国庄园生活:1150—1400 年农民生活状况研究》,龙秀清、孙立田、赵文君译,第 116 页。
③ 〔美〕伯尔曼:《法律与革命:西方法律传统的形成》第 1 卷,贺卫方等译,第 317~318 页。
④ 侯建新:《抵抗权:欧洲封建主义的历史遗产》,《世界历史》2013 年第 2 期。
⑤ 〔英〕亨利·斯坦利·贝内特:《英国庄园生活:1150—1400 年农民生活状况研究》,龙秀清、孙立田、赵文君译,第 78~79 页。
⑥ 侯建新:《社会转型时期的西欧与中国》,高等教育出版社,2005,第 51 页。
⑦ 〔英〕亨利·斯坦利·贝内特:《英国庄园生活:1150—1400 年农民生活状况研究》,龙秀清、孙立田、赵文君译,第 83 页。

奴通过不断的斗争，最终使塔利税具有了一定的确定性。塔利税征收的数额以及征收的频率也逐渐被确定下来。①

正是由于领主权利与佃农权利具有互惠性和互制性，农奴的权利具有一定的独立性，他们对其持有地也拥有稳定的"占有权"。农奴持有领主土地，他们在耕作领主土地的剩余时间耕作自己的土地，为直接生产者改进生产力留下了余地。

由"seisin"产生的历史可以看出，由于封建土地保有制的层层封授，一块土地上聚合了多种权利与义务，土地所有权被分割，并不具有罗马法所有权的专有排他性。因此，无论是封建社会上层的领主，还是封建社会下层的佃农，对土地所享有的权利都只是在阶梯形"占有权"结构中的一种"占有"。

二 "占有权"的发展

英格兰土地"占有权"自产生之日起，一直处于发展中。无论是自由土地保有人还是非自由土地保有人，他们的"占有权"都愈发具有安全性，这主要体现在依法占有的土地不能被非法侵占。

普通法强调和保护"占有权"，由亨利二世创立的"新近侵占之诉"保护了自由土地保有人对土地的占有。对于那些处于封建社会下层的农奴来说，他们虽然不受普通法的保护，但受到庄园习惯法的保护。随着农奴制的瓦解，农奴演变为公簿持有农，公簿持有农在15、16世纪也被纳入普通法的保护范围。

"普通法"一词的本义是指普遍适用的法律，对此，法国比较法学家勒内·达维德（Rene David）认为"普通法"作为英国法的名称根源于诺曼征服后英格兰王国法律逐渐形成的普遍适用性，与大征服前的地方割据、法律分散的局面相对应。② 约翰·哈德森（John Hadson）也强调"在整个王国的普遍适用性是普通法的一个根本性特征"。③ 诺曼征服是普

---

① 〔英〕亨利·斯坦利·贝内特：《英国庄园生活：1150—1400年农民生活状况研究》，龙秀清、孙立田、赵文君译，第116页。
② 〔法〕勒内·达维德：《当代主要法律体系》，漆竹生译，上海译文出版社，1984，第294页。
③ 〔英〕约翰·哈德森：《英国普通法的形成——从诺曼征服到大宪章时期英格兰的法律与社会》，刘四新译，商务印书馆，2006，第247页。

通法形成的历史契机,在征服者强势王权的主导下,本土的盎格鲁-撒克逊传统法律和外来的诺曼法律相融合,使得普通法的基本要素在1135年得以确立。①

斯蒂芬王朝时期,王室开始了立法和司法领域的改革,这些改革贯穿随后的亨利二世王朝并延续到后来各个国王统治时期。亨利二世司法改革的目标之一是把其他司法权审理的案件逐渐纳入王室法庭中。② 王室法庭不断拓展自己的司法管辖权,并最终在与众多法庭的竞争中取得压倒性优势。与此同时,王室法庭自身不断完善,建立了由专业法官主持的固定法庭,巡回审判、陪审制和令状制也相继出现。令状制是普通法的一项重要特征,王室法庭受理的各种案件都必须有国王颁布的令状。亨利二世时期创立了一个原则:"任何人在没有王室令状的情况下都无须就其自由地产应诉。一个被不公正地且未经审判就被剥夺自由地产的人可以在王室法庭提起诉讼。"③ 亨利二世把传统的陪审团制度与国王的司法令状制度结合起来,臣民向国王提出司法救济,国王颁布令状给自己的法官并召集陪审团,使诉讼程序得以启动。

自由土地保有人受到普通法的保护,他们可以得到一种国王的令状,以约束领主,使其正确对待他们。如上所述,自由保有包括自由教役保有、骑士役保有、侍君役保有以及自由农役保有。自由土地保有人既包括封建社会上层的封臣,也包括封建社会下层的自由佃农。自由土地保有人与领主之间的争议在一个级别更高的、自由土地保有人自身就是法官的法庭中处理。这种法庭被称为庄园民事法庭。在此类争讼转由王室法庭直接审理后,它们便停止存在了。④ 安茹王朝时期,土地案件的诉讼重心逐渐转向了王室法庭,自由土地保有人得到王室法庭常规性的司法保护。1215

---

① 〔英〕约翰·哈德森:《英国普通法的形成——从诺曼征服到大宪章时期英格兰的法律与社会》,刘四新译,第V页。
② Paul R. Hyams, *King, Lords and Peasants in Medieval England: The Common Law of Villeinage*, Oxford: The Clarendon Press, 1980, p.54.
③ Frederic William Maitland, *The Forms of Action at Common Law*, Cambridge: Cambridge University Press, 1936, p.109.
④ 〔英〕S.F.C.密尔松:《普通法的历史基础》,李显冬等译,中国大百科全书出版社,1999,第13页。

年《大宪章》明确规定"任何一个自由人都不能被剥夺占有权",除非是由与他同等级别的人合法裁判或根据土地法的规定。①

王室法庭切实保护每一个自由土地保有人的"占有权",这种保护具体体现为自由土地保有人可以使用由亨利二世创立的一系列"占有令状"(possesssary action)。"占有之诉"是针对自由土地保有人土地被非法侵占所做出的救济,其核心是"新近侵占之诉"(assize of novel disseisin)。"新近侵占之诉"的制定得益于教会法"夺回诉讼"的启发。12世纪中叶,格拉提安提出"归还原则"(cannon redintegranda),他宣布任何人都有权追回他被掠夺的任何东西,不论是土地、财物还是权利,也不论这种掠夺是通过武力还是通过欺诈进行的。后来的注释者把"归还原则"不仅认作确认性的保护,而且也适用于独立的诉讼程序,即"夺回诉讼"(actio spolii)。② 从教会法发展出来的"夺回诉讼"原则在英格兰非常适用。

"新近侵占之诉"关心的是在一定期限内被告是否不正当地且未经合法判决就剥夺了原告对土地的占有,这一诉讼适用的是侵占人仍然在世且尚未将争议土地转让他人、自己还亲自占有的情况。该令状不仅适用于返还通过武力侵夺的土地,也适用于对抗通过欺诈行为的非法侵占者以及用于对抗后来的占有者。诉讼中,原告只需证明先前的占有成立和这种占有被非法侵夺。例如,曾去朝圣的原告能够通过"新近侵占之诉"对抗他离开后非法占有他土地的人,从而恢复他的占有。③ "新近侵占之诉"一开始采用即形成了自己的风格,很快成为一种非常流行的诉讼形式。

除了"新近侵占之诉"外,"占有之诉"还包括"收回继承地之诉"(assize of mort d'ancetor)和以"进占令"(writ of entry)开始的占有之诉。"收回继承地之诉"适用的是被侵占人死亡,可以由其继承人提起诉讼,要求返还占有。"进占令"适用的是土地被转手的情况,无论土地现行占有人的权利多么合法,只要它的获得经过了侵占人之手,那么土地就应该

---

① Frederick Pollock and Frederic William Maitland, *The History of English Law before the Time of Edward I*, Vol. II, p.36.
② 〔美〕伯尔曼:《法律与革命:西方法律传统的形成》第1卷,贺卫方等译,第549页。
③ 〔美〕伯尔曼:《法律与革命:西方法律传统的形成》第1卷,贺卫方等译,第308页。

返还给原告。① 此外，王室法庭还采用一项名为"恢复土地权"的法令，有效保护了自由土地保有人的"占有权"。例如，12世纪末一位名叫萨姆森的修道院院长承认：他不得不依法处理此事，如果没有法庭的判决，他不能对任何自由人保有多年的任何土地和收益予以剥夺，不管自由人的这种保有是合理的还是不合理的。如果他果真剥夺了自由人的财产，那么他将会受到巡回法庭的处罚。②

正是普通法对"占有权"的保护，使得自由土地保有人拥有安全的"占有权"。正如约翰·哈德森所说："极少看到采邑内部发生过佃户失去土地的实例，这不仅仅是由于史料证据有限，也可能反映出当时确实很少实际发生佃户失去土地的情况。"③

在自由和非自由土地保有人之间，有着非常明确的界限。王室法庭不受理非自由土地保有人的诉讼，因为根据王室法庭的法律，非自由土地保有人的土地是属于领主的，他们是根据领主的意愿占有土地，因而在这样的土地上无权利可言，无法庭可言，亦无法官可言；仅有一种发布和记录领主意愿的集会，渐渐地被人们看作习惯法庭（customary court）。虽然习惯法庭受到了王室法庭愈益增强的控制，但还是延续了下来。④

非自由保有主要是维兰保有。对于农奴来说，庄园法庭与他们的生活息息相关，他们可以利用庄园法庭保护自己的"占有权"。庄园法庭大约出现于12世纪，即诺曼征服不列颠一个世纪以后。庄园中曾存在两种类型的法庭，即审理自由人诉讼的领地法庭和受理维兰诉讼的庄园法庭。领地法庭出现得更早，在自由人和依附农民之间的界限尚未十分明确时，维兰可以同自由人一道出席领地法庭。但随着这种分野日益明朗化，维兰只能参加庄园法庭，接受习惯法保护。另外，领地法庭几乎在同一时期一蹶不振，亨利二世旨在加强中央集权的司法改革，使王室法庭接管了自由人

---

① 李红海：《普通法的历史解读——从梅特兰开始》，清华大学出版社，2003，第113～114页。
② 〔英〕约翰·哈德森：《英国普通法的形成——从诺曼征服到大宪章时期英格兰的法律与社会》，刘四新译，第205～206页。
③ 〔英〕约翰·哈德森：《英国普通法的形成——从诺曼征服到大宪章时期英格兰的法律与社会》，刘四新译，第108页。
④ 〔英〕S. F. C. 密尔松：《普通法的历史基础》，李显冬等译，第13页。

的诉讼案件，由此领地法庭名存实亡。于是，在庄园里，庄园法庭成为司法审理中心。①

庄园法庭由封建主主持，封建主本人一般不参加，而由他的大总管（steward）代理，为此大总管几乎不停顿地从一个庄园走到另一个庄园，力所不能及的时候也可由总管（bailiff）代理主持。如果是拥有一两个庄园的小领主，他可能会亲自主持。开庭时，全体成年男性维兰均须出席，事先有专人通知。出席法庭是佃户义务的一部分，如同他缴纳地租和提供其他服役一样，所以缺席者要被罚款，除非他事先请假并得到允许。农民们一般不拒绝出席，因为法庭与他们的日常生活息息相关：即使诉讼不直接与本人有关，他也需要经常获得这方面的信息，以不断调整自己的行为；何况法庭常常涉及一些公共事务，往往关系到每家每户切身利益，例如，有关轮作制的协调、草地的分派、牧场的使用等庄园管理方面的重大事宜都要在法庭上讨论和宣布。②

在保护农奴的土地权利方面，庄园法庭也起到了重要作用。中世纪的西欧人认为，由习惯限定的权利和义务，包括农奴占有土地的权利，都具有法律效力，一旦发生争议，都应依据法律在法庭范围内解决。在一个案件中，庄园领主试图剥夺一个农奴的土地，理由是该农奴持有的土地超过了他有权持有的数量。这个农奴争辩说其他佃户也有类似情况。该案件的处理意见是这样的："将这个问题搁置起来，直到达成更充分的协商。"③从该案件中可以看出，领主不能直接处置农奴的土地，庄园法庭最起码暂时抵制了领主收回土地的意图。

农奴在庄园法庭上会得到与自由人同样的公正，因为对农奴的判决不是由领主做出的，而是由至少与其身份地位相当的人集体做出的。④ 13世纪前后，庄园法庭开始从王室法庭引进陪审制。陪审员从庄园农民中推选，身份一般为农奴，偶尔也由自由人充任。陪审员最早仅仅是事实的见

---

① 侯建新：《现代化第一基石——农民个体力量与中世纪晚期社会变迁》，第93页。
② 侯建新：《现代化第一基石——农民个体力量与中世纪晚期社会变迁》，第94页。
③ 〔美〕伯尔曼：《法律与革命：西方法律传统的形成》第1卷，贺卫方等译，第321页。
④ Frederick Pollock and Frederic William Maitland, *The History of English Law before the Time of Edward I*, Vol. I, p. 593.

证人或目击者，后来，陪审员成为事实的裁判官，他们要亲自对犯罪事实或争讼双方的实际情况进行调查，据此向法庭提出公诉，并作出判决。① 陪审团制度的发展有效遏制了地方领主的不法行为，保障了农奴的切身利益，同时也保护了农奴的"占有权"。

当农奴的权利受到领主侵犯时，农奴可以依据习惯法在庄园法庭与领主周旋。事实上，在庄园法庭中，农奴与领主的权利博弈往往能够保障农奴的利益，例如土地持有的租期、地租、劳役以及土地进入费等，都是可以讨价还价的。农奴讨价还价的权利不容忽视。② 庄园法庭对农奴土地权利的保护，使农奴拥有安全的"占有权"。

随着庄园制的瓦解，原来的农奴演变为公簿持有农。公簿持有农（copyholder）即土地持有者从庄园法庭取得一份文书记录副本（copy），作为他们对土地享有权利的证据。③ 16世纪公簿持有农是一个为数众多且非常重要的群体，从亨利八世、爱德华六世和伊丽莎白一世时期的118个庄园档案中可以看出，当时土地持有者中的2/3是公簿持有农。④ 在与领主的关系方面，农民与领主之间的人身依附关系转变为以法庭公簿为依据的契约关系；在法律保护方面，维兰保有制由各地庄园法庭依据地方习惯法加以规范，自16世纪起公簿持有制逐渐被纳入普通法的管辖范围，王室法庭开始受理公簿持有农的诉讼。

公簿持有农的土地权利是否受到法律保护问题，一度引起了学者们的争论。阿什利（William James Ashley）教授认为公簿持有农在当时没有法律保障，容易遭到非法驱逐。虽然爱德华四世时期的两位法官布莱恩和丹比认为，"如果公簿持有农依照庄园习惯服劳役还被领主驱逐的话，他应该采取行动反对领主"，但阿什利怀疑这两位法官站在同情穷人的立场上，因此他认为公簿持有农没有法律保障。约翰逊反对阿什利的观点，他认为到了爱德华·柯克（Edward Coke）所处的时代，公簿持有农已完全

---

① 侯建新：《现代化第一基石——农民个体力量与中世纪晚期社会变迁》，第98页。
② Paul R. Hyams, *King, Lords and Peasants in Medieval England: The Common Law of Villeinage*, pp. 49–50.
③ 〔英〕梅特兰：《英格兰宪政史》，李红海译，第34页。
④ William Henry Ricketts Curtler, *The Enclosure and Redistribution of Our Land*, p. 75.

得到普通法的保护。从亨利七世到伊丽莎白一世的年鉴中非常清晰地表明公簿持有农受到普通法的保护。① 1481年，利特尔顿在他重要的法律论文中认为"领主不能违反庄园习惯侵占公簿持有农的土地"。同样，利达姆认为自1467年起，所有公簿持有农和自由持有农一样，都拥有完全的法律保障。② 现代观点更倾向于公簿持有农是具有法律保障的群体，任何驱逐他们的行为都是违法的。尽管当时确实存在驱逐公簿持有农的行为，但只是少数。③

自15世纪末开始，公簿持有农受到普通法的正式承认与保护。普通法对公簿持有农的保护分为两个阶段。第一阶段，确立普通法对公簿持有农的保护。1468年，普通法首次允许公簿持有农以普通法上的"侵占之诉"程序起诉侵占其持有地的领主。16世纪50年代，普通法明确规定当领主无端侵占公簿持有地时，公簿持有农可以用侵占令状起诉领主。伊丽莎白一世时期，当公簿持有农的土地被领主侵占时，他可以用侵占令状向王室法庭提起诉讼，要求恢复被侵占土地。自此，普通法正式确立了对公簿持有农的保护，普通法开始作为比庄园习惯更强大的法律力量保护公簿持有农。④

保护公簿持有农的第二阶段是消除不合理的庄园习惯，在这方面普通法起了重要作用。普通法在保护公簿持有农的土地权利时，并没有简单地把普通法原则适用于公簿持有制，而是将公簿持有制赖以存在的各庄园习惯保留下来，因此大量的地方庄园习惯被纳入普通法中。但这些习惯在各地之间存在巨大差异，不合理的庄园习惯将不被普通法法庭认可。因此，普通法在将公簿持有制纳入自己管辖范围的同时，也不断消除各地不合理的庄园习惯。例如，侵占令状使公簿持有农恢复其被侵占的土地之后，公簿持有农能够转租土地，但转租违反了一些庄园的习惯。对此，普通法法庭认为这种庄园习惯是不合理的，于是宣布允许在英格兰所有

---

① Arthur H. Johnson, *The Disappearance of the Small Landowner*, pp. 62–63.
② Richard Henry Tawney, *The Agrarian Problem in the Sixteenth Century*, p. 290.
③ Arthur H. Johnson, *The Disappearance of the Small Landowner*, pp. 64–65.
④ Robert Carson Allen, *Enclosure and the Yeoman: The Agricultural Development of the South Midland, 1450–1850*, p. 69.

庄园转租土地。① 15世纪只能靠领主与公簿持有农之间的协议来保障他们的"占有权",而到了17世纪则可以完全依靠司法裁决来保障他们的"占有权"。

由于普通法能够保障公簿持有农的土地权利,三种类型的公簿持有农即可继承制公簿持有农、为期数代制公簿持有农和为期数年制公簿持有农都能够得到法律保护。对于可继承制公簿持有农而言,他们有完全的法律保障,可以无限期租种土地,有自动更新租约的权利,其继承人可以直接继承土地。他们所缴纳的入地费和地租都是固定的,由惯例决定,领主不能随意抬高。② 因此,可继承制公簿持有农的"占有权"受到法律保护,任何驱逐他们的行为都是非法的。为期数代制公簿持有农没有自动更新租约的权利,通常限定在两代人——本人、妻子和儿子,租期为99年。为期数年制公簿持有农数量很少,租期通常定为21年,但也有更长或更短的租期。对于为期数代制和为期数年制公簿持有农来说,在契约规定的租期之内,他们的"占有权"受到法律保护,如果领主把土地出租给几代人或是长期出租,领主需要等到最后一代承租人去世或租约期满才可终止合约。③

正是由于公簿持有农能够得到充分的法律保护,他们拥有稳定的"占有权"。对此,爱德华·柯克在《完全的公簿持有农》一书中描述为:"现在公簿持有农有着稳定的地位,他们无须顾虑庄园领主的不满,他们对每一次突如其来的暴怒不再战栗不安。他们安心地吃、喝、睡,他们唯一担心的就是履行公簿持有权所规定的责任和劳役。除此之外,就让领主皱眉蹙额吧,公簿持有农完全不在乎,他们知道自己是安全的,没有任何危险,如果领主发怒要驱逐他们,法律会保护他们。"④

由此可见,自由土地保有人和非自由土地保有人的"占有权"都得到了法律保护。普通法的一系列"侵占之诉"保护了自由土地保有人的

---

① Robert Carson Allen, *Enclosure and the Yeoman: The Agricultural Development of the South Midland, 1450-1850*, p. 69.
② 〔英〕R. H. 托尼:《宗教与资本主义的兴起》,赵月瑟、夏镇平译,上海译文出版社,2006,第90页。
③ William Henry Ricketts Curtler, *The Enclosure and Redistribution of Our Land*, p. 119.
④ 转引自 Eric Kerridge, *Agrarian Problem in the Sixteenth Century and After*, p. 163。

"占有权"。农奴虽然不受普通法的保护，但他们受到庄园习惯法的保护。随着农奴制的瓦解，农奴演变为公簿持有农，公簿持有农在15、16世纪也被纳入普通法的保护范围。

"占有权"的安全性还表现在土地的继承和转让方面。对于自由土地保有人来说，随着时间的推移，附庸对领主的义务越来越多地以支付实物或金钱的方式来表示，摆脱了人身服役的方式；同时，领主对附庸各种形式的直接的经济支配权转换为征税，对采邑的管理也越来越不亲自监督。附庸的经济自主性增强，财产重心开始向实际占有者转移，采邑可以继承和转让。

典型的封建制度原则上是禁止采邑世袭的。起初领主定期分配给附庸的地产在性质上更多的是报酬而不是奖赏，这些地产理应在附庸役务停止时归还领主，至少依附关系因死亡而中止时应该如此。换言之，由于附庸关系不能继承，对附庸的报酬从逻辑上不具有继承性。① 然而，事实上采邑是可以继承的，采邑的继承权到11世纪中叶被正式确定下来，真正成为法律。1037年《米兰敕令》确立的原则是："任何领地，无论主教、修道院院长、侯爵、伯爵还是其他任何人的领地，都不得被剥夺，除非他被法庭认定有罪，而且须经由同级领主集体做出裁决。倘若附庸受到不公正的对待而失去领地，可向王国最高法庭上诉。"② 11、12世纪时，整个欧洲的军事采邑实际上变成了一种世袭财产。由于军事采邑被视为不可分割的财产，所以在许多国家其只能由长子继承，英国尤其是这样，长子继承制度在英国逐渐渗透到大部分社会组织中，采邑仿佛演变成了自由人特有的占有物。③ 1066年采邑传入英国时，采邑的继承性实际上从未有过争议。④

13世纪末14世纪初，随着普通法的日渐成熟，法律以一种全新的理论体系将土地上的各种权益纳入其中，产生了地产权制度（estate）。法学家用地产权制度来表示土地保有人所享有的土地权益的性质，从时间延续的

---

① 〔法〕马克·布洛赫：《封建社会》上卷，张绪山译，第275页。
② 侯建新：《中世纪英格兰农民的土地产权》，《历史研究》2013年第4期。
③ 〔法〕马克·布洛赫：《封建社会》上卷，张绪山译，第312页。
④ 〔法〕马克·布洛赫：《封建社会》上卷，张绪山译，第323页。

角度对同一块土地上并存的多种权益进行划分，主要分为自由继承地产（fee simple）、限定继承地产（fee tail）和终身地产（life estate）。自由继承地产是指可以由自由保有人的直系或旁系后代继承的地产，对于这种地产，利特尔顿认为保有人及其继承人可以永久持有，没有人能够保有比自由继承地产更大的可继承地产；① 限定继承地产是指由1285年《限定继承法》（The Statute De Donis Conditionalibus）创立的限定一个序列的继承人继承，例如保有人的直系后代；② 终身地产是最早出现的地产形式，是指保有人以自己的生存期为限享有的一种地产，在其死后终止。12世纪时，法律把终身地产视为最普遍的地产形式，也把终身地产视为保有人可以从土地上获得的一种最大的土地权益。因此，依据终身地产，持有土地者拥有稳定的占有权，能够对抗同样在这块土地拥有土地权益的其他持有者。③ 这三种地产是保有人实际占有的地产，又称为现有地产（estate in possession）。

典型的封建制度原则上是禁止采邑转让的。因为以服军役方式持有土地的封臣通过自由转让采邑会影响军役的完成，如本可提供100名骑士的采邑转让之后由于部分土地持有条件的变化可能仅能提供60名了。此外，封臣对采邑的自由转让也意味着封臣对封君的忠诚和服从因采邑的转移而丧失。④ 因此，封建土地保有制原则上是禁止采邑自由转让的。然而，事实上，采邑不仅可以继承，还可以转让。

对于自由继承地产保有人来说，可以按照自己的意愿转让土地，受让人以自由继承地产方式取得土地后，与转让人之间没有保有制关系，不受转让人的限制和约束，能够按照自己的意愿利用土地。对于限定继承地产保有人来说，他们在转让土地时只能以自己的生存期为限，这实际上限制了土地的转让。⑤ 然而，普通法律师在法庭的支持下发展出担保制（warranty）、共谋拟诉（common recovery）与和解诉讼（fine）等废除限定继承设置的

---

① Alfred William Brian Simpson, *A History of the Land Law*, p. 89.
② William Holdsworth, *An Introduction to the Land Law*, p. 49.
③ William Holdsworth, *An Introduction to the Land Law*, p. 49.
④ 赵文洪：《私人财产权利体系的发展：西方市场经济和资本主义的起源问题研究》，第69页。
⑤ William Holdsworth, *An Introduction to the Land Law*, p. 56.

手段，最终确立了限定继承地产的可转让性规则。①

在13世纪之前，对于终身地产保有人来说，他们转让土地要得到领主的同意；对于自由继承地产和限定继承地产保有人来说，他们转让土地既要得到领主的同意，也要得到继承人的同意。最初的采邑让渡是部分出让，义务仍由原附庸承担。当采邑全部转让之时，采邑义务随着采邑的转移而转移，与此同时，附庸对领主的"忠诚"也随着采邑的转移而转移。领主首先将采邑收回，在接受新的租佃人的效忠之后将采邑重新封授给他。② 也就是说，领主重新封授土地是采邑转让手续中的一环。此外，如果领主采用"to A and his heirs"的术语将土地封赐给自由保有人A及其继承人时，保有人在转让土地时要获得其继承人的同意。

然而，随着时间的推移，附庸能够根据自己的意愿转让土地，不再需要征得领主同意。自13世纪上半叶开始，普通法重新解释了"his heirs"这一术语的含义，认为"heirs"只是一种表明保有人A地产性质的限定性术语，而不是一种授产术语，A的继承人并没有任何土地权益，A无须继承人同意即可自由处分土地。③ 因此，到13世纪末，自由地产保有人在转让土地时，既不需要征得领主的同意，也不需要征得继承人的同意，自由土地保有人拥有像土地所有者一样自由转让土地的权利。④ 1290年爱德华一世时期，《土地完全保有法》（又称《买地法》）颁布，承认了采邑转让的合法化。一方面，规定除国王的直属封臣外，法律承认所有封臣都可以自由地进行采邑转让。土地的持有人在转让采邑时不再需要征得领主同意，也不用再向领主缴纳罚金。另一方面，它终止了次级分封的进程，乙从甲处保有土地，乙想把土地卖给丙，即他想把土地转让给丙及其子嗣，他现在不经甲的同意就可以这样做，但丙不是从乙而是从甲那里保有的这块土地。一个封臣可以取代另一个封臣从原来的领主处保有土地，但新的土地保有不能再创设了。⑤《土地完全保有法》是一个巨大的变化，

---

① 咸鸿昌：《英国土地法律史——以保有权为视角的考察》，第172页。
② 〔法〕马克·布洛赫：《封建社会》上卷，张绪山译，第340页。
③ William Holdsworth, *An Introduction to the Land Law*, p. 53.
④ Paul R. Hyams, *King, Lords and Peasants in Medieval England：The Common Law of Villeinage*, p. 40.
⑤ 〔英〕梅特兰：《英格兰宪政史》，李红海译，第20页。

附庸被明确授权根据自己的意愿进行土地转让，并且不再需要征得领主同意，封臣对采邑的自由处分权明确化和法律化了。尽管《土地完全保有法》把国王的直属封臣排除在外，但随着时间的推移，国王也无力制止他们自由转让封地。1327 年，直属封臣获得了自由转让封地的权利，条件是缴纳一笔罚金。① 从自由土地保有人的土地转让可以看出，他们越来越拥有经济自主权。

在布拉克顿所处的时代，一些地区的自由土地买卖非常频繁。自由土地保有人有时会买入一块附有农奴役务的习惯土地，这一方面是因为他们确实需要这块土地维持生计，另一方面也是出于合并土地的需要，把买下的农奴土地当作一种投资。② 14 世纪早期，伍斯特郡克里夫（Cleeve）庄园的一组租赁契约显示了多起自由土地保有人买卖小块土地的记录，每次交易从 0.5 英亩到 3.5 英亩不等。托马斯·德·艾格蒙德山姆（Thomas de Agmondesham）是一个自由土地保有人的儿子，他在1327~1343 年通过 16 次土地转让，从克里夫庄园以及邻近的三个村庄获得 19.75 英亩土地。③ 由此可见自由土地转让的频繁性。

对于封建社会下层的农奴来说，"占有权"的安全性也表现为土地可以继承和转让。在法律上农奴不得继承保有地，即使他已经生活在城市或是在领主的控制之外，这是因为"农奴除了他的领主之外不得有继承人"。农奴一旦去世，领主有权把其土地收回。④ 然而，13 世纪的实际情况与法律远远不同。大部分农民，无论他们的身份如何，在实际生活中都享有继承权。庄园档案清楚记载了一些被称为农奴的人成为土地的继承者，并且把土地传给他们的继承人的相关事例。庄园法庭保护农奴的继承习惯。虽然领主有权在农奴去世之后把土地收回，但农奴的儿子或其他继承人通常会交一笔继承金继续持有土地。伯克郡的一名陪审团成员汇报

---

① William Holdsworth, *An Introduction to the Land Law*, p. 108.
② Paul R. Hyams, *King, Lords and Peasants in Medieval England: The Common Law of Villeinage*, p. 108.
③ Christopher Dyer, *Lords and Peasants in a Changing Society, The Estates of the Bishopric of Worcester, 680–1540*, Cambridge: Cambridge University Press, 1980, p. 110.
④ Paul R. Hyams, *King, Lords and Peasants in Medieval England: The Common Law of Villeinage*, p. 67.

说，温克菲尔德（Winkfield）庄园一个农奴的儿子在他父亲去世之后买回了其父的持有地。还有记载说，庄园管家可以把去世农奴的持有地转让给他的继承人。此外，根据地方习俗，农奴的遗孀能够获得死去丈夫的1/3以上的地产，这被视为普通法承认的寡妇产。①

普通法禁止农奴转让土地，因为领主才是土地的主人。维诺格拉道夫认为"农奴本身不拥有任何财产，所以他也不能转让财产"。② 实际上，农奴土地虽然不能公开买卖，但他们可以采用一种变相买卖的方式让渡土地。农奴的土地交易通常需要经领主的授权在庄园法庭进行。农奴先把自己的持有地交还给领主，领主再把土地的"占有权"授予新的佃户，通常需要一个仪式，以此证明土地的"交还与进入"。③ 农奴在庄园法庭上接手或让渡土地时，不仅有交换"权杖"的仪式，而且书吏会将这些事实记入案卷，农奴往往还向法庭要求得到一份记录的副本，以免出现任何疑问。④ 这种"交还与进入"就是一种变相的土地买卖方式。

农奴之间转让土地的例子绝非罕见，早在1203年，一位被告认为非常有必要向法庭说明一些情况：原告是他的农奴，曾在他的法庭（领主法庭）放弃一块有争议的土地，并把这块土地给予自己的侄子（也是一名农奴）。由此可见农奴之间的土地转让情况。也有许多时候农奴在未经领主同意的情况下交易土地，他们希望避免合法交易土地的不便和开销，或者是因为急需用钱而等不到下一季庄园法庭开庭。⑤

综上所述，由"占有权"产生的历史可以看出，在封建土地保有制下，任何人对土地都不享有绝对的所有权，只享有有限的和有条件的"占有权"。在封建社会上层，由于领主附庸关系具有互制性，领主不能随意没收附庸的采邑，因而附庸拥有安全的"占有权"。与之相同，在封

---

① Paul R. Hyams, *King, Lords and Peasants in Medieval England: The Common Law of Villeinage*, p. 69.
② Paul Vinogradoff, *Villainage in England*, Oxford: The Clarendon Press, 1892, p. 159.
③ Paul R. Hyams, *King, Lords and Peasants in Medieval England: The Common Law of Villeinage*, p. 39.
④ 〔英〕亨利·斯坦利·贝内特：《英国庄园生活：1150—1400年农民生活状况研究》，龙秀清、孙立田、赵文君译，第195页。
⑤ Paul R. Hyams, *King, Lords and Peasants in Medieval England: The Common Law of Villeinage*, p. 40.

建社会下层，佃农也拥有安全的"占有权"。正是由于中世纪英格兰土地"占有权"具有安全性，土地上的实际生产者越来越倾向于自由处置土地。无论是领主还是农民，安全、稳定的"占有权"是他们进一步积累和扩大土地的前提，同时也是圈地运动发生的基础。

第二节　敞田制对农民土地产权的保护和制约

敞田制（open-field system）是一种土地利用与管理制度。在生产力水平较低的中世纪，敞田制保护了农民的土地产权。但与此同时，敞田制也对农民的土地产权有一定的制约。

一　敞田制的起源及其构成要素

"敞田"这一概念的完整意义就在于是敞着的、没有围垣的田，它与那种圈起来而能自主的地产是相对立的。① 英格兰的敞田制比英格兰本身的历史要久远得多。塔西佗（Publius Cornelius Tacitus）在《日耳曼尼亚志》中提到，敞田制起源的时间可上溯到1世纪晚期，后被盎格鲁-撒克逊人引入不列颠，"土地是由公社共有的，公社土地的多少，以耕者口数为准；公社之内，再按贵贱分给各人。土地的广阔平坦，使他们易于分配。他们每年都耕种新地，但他们的土地还是绰有余裕；因为他们并不致力于种植果园、圈划草场和灌溉菜圃，并不用这些方法来榨取土地的肥沃资源。他们所求于土地者唯有谷物一种"。②

对于塔西佗的描述，斯塔布斯（William Stubbs）认为这种土地制度是由村庄共同体主导的，即日耳曼马尔克公社制。马尔克公社是一种比庄园更为古老的乡村组织：一群人或一个家庭群落依据血缘关系结合在一起，依照集体农业制度耕作土地。他们在很大程度上规制自己的事务，决定土地该如何耕作、是否接受新的成员。③ 日耳曼人以马

---

① 〔法〕保尔·芒图：《十八世纪产业革命：英国近代大工业初期的概况》，杨人楩等译，第116页。
② 〔古罗马〕塔西佗：《阿古利可拉传　日耳曼尼亚志》，马雍、傅正元译，商务印书馆，1997，第68页。
③ 〔英〕梅特兰：《英格兰宪政史》，李红海译，第35页。

尔克公社的方式结成社会群体，所有财产由马尔克成员共同所有、共同享用。① 在马尔克公社制下，自由人所持有的份地每年更换，"一块土地可能今年是我的，明年是另一个人的，现在某人持有的土地可能将来是我的"。② 马尔克公社制可能是敞田制的起源，因为每人持有一块份地是敞田制的特征。

格雷（Howard Levi Gray）也认为英格兰的敞田制是由盎格鲁-撒克逊人从欧洲大陆带入不列颠的，③ 其依据是编订于688~694年的威塞克斯王国《伊尼法典》（Ine of Wessex）。《伊尼法典》的适用地区——威塞克斯和麦西亚南部在7世纪末可以十分清晰地看到敞田，在10世纪能够准确无误地确认敞田制的存在。④

然而，有些学者认为塔西佗的记载非常模糊，难以说明日耳曼人的土地制度就是敞田制。他们认为塔西佗所描写的土地制度是一种原始的"草田"（field-grass）农业，不具有敞田制的特征。在仍有大片土地未开垦的原始社会中，人们在同一块土地上连年耕种，直到土地失去肥力之后，他们再集体迁移别处，开垦新的土地。之前的土地经过自然休耕之后又恢复肥力，在不久的将来可能会被同一批人或是另一批人再度开垦。⑤ 这种农耕制度在现在的不列颠仍然存在，在苏格兰被称为"沟脊式"（run-rig）耕作方式，在英格兰北部也存在。

尽管关于敞田制的起源至今仍然没有十分明确的答案，但敞田制的出现无疑与当时的耕犁方法、土地继承方式和分配方式有关。西伯姆（Frederic Seebohm）认为敞田制的出现跟当时的耕犁方法有关。在中世纪早期，农民很少有能力拥有一支犁队耕地，通常由好几个农民提供耕牛组成犁队耕地。一个犁队由8头耕牛组成，每个农民提供1头牛，犁队耕8块条田，每块条田属于1个农民。⑥ 同样，马克·布洛赫也认为敞田制的出现与耕犁方法有关，尤其是条田的形成，与轮犁技术密切相关。中世纪西欧使用

---

① 王亚平：《西欧法律演变的社会根源》，人民出版社，2009，第315页。
② C. S. and C. S. Orwin, *The Open Fields*, Oxford: The Claredon Press, 1954, p. 5.
③ 转引自 John Thirsk, "The Common Fields," *Past and Present*, No. 29, 1964, p. 3.
④ Howard Levi Gray, *English Field System*, Cambridge: Harvard University Press, 1915, p. 62.
⑤ W. E. Tate, *The English Village Community and the Enclosure Movement*, p. 41.
⑥ 转引自 C. S. and C. S. Orwin, *The Open Fields*, p. 5。

轮犁，不方便转弯，所以农夫通常是犁一条很长的耕地，这一长条形耕地的面积大约是 1 英亩，代表了农夫一天的工作量。① 对此，欧文夫妇（C. S. and C. S. Orwin）也认为敞田耕作方式是在生产力不发达条件下自然形成的，因为合作农耕是抵御饥荒的最好方式。②

瑟斯克认为敞田制的实行与土地继承方式有关，是分割继承的结果。随着人口的不断增长，家庭土地被分割给子女继承，土地一代一代持续被分割，每人持有的土地面积变得越来越小。村庄里的耕地越来越少，只好开垦村庄周围的荒地，村民在开垦的荒地上继续实行分割继承，结果他们持有的耕地也越来越分散。③

学界主流观点认为敞田制之所以在中世纪英国实行，最主要的原因是敞田制能够维持大致的均衡，使每个土地持有者的好地与差地、湿地与干地相搭配。不管遇到什么样的年景，每户在某种程度上都可以保证得到维持最低生活水平的收获。④ 对此，霍曼斯（George Caspar Homans）认为："敞田使每个村民公平地持有好地和差地，因为 13 世纪的人们不像今天的人们一样懂得用技术提高土壤肥力，无法改变土壤最初的质量。"⑤ 维诺格拉道夫（Paul Vinogradoff）也认为："敞田制是为了使村民公平地持有相同质量和数量的条田。"⑥ 梅特兰也认同这一观点："每个条田持有者都持有相同数量和质量的条田，为了公平，他们在耕地的每个部分都有条田。"⑦ 英国的敞田制经历了几个世纪的演变，最典型的就是米德兰地区，因此格雷又称敞田制为"米德兰田制"。

敞田制包含四个基本要素：第一，耕地和草地呈条状分布，村民的份地以分散的条田形式占有；第二，收获之后的耕地、草地和休耕地要对所有村民开放，作为公共牧场，村民享有公共放牧的权利；第三，村民可享

---

① 转引自 C. S. and C. S. Orwin, *The Open Fields*, p. 10。
② 转引自 John Thirsk, "The Common Fields," *Past and Present*, No. 29, 1964, p. 3。
③ John Thirsk, "The Common Fields," *Past and Present*, No. 29, 1964, pp. 8 – 9。
④ W. E. Tate, *The English Village Community and the Enclosure Movement*, p. 39.
⑤ George Caspar Homans, *English Villagers of the Thirteenth Century*, pp. 90 – 91.
⑥ Paul Vinogradoff, *Villainage in England*, p. 231.
⑦ Frederic William Maitland, *Domesday Book and Beyond*, Cambridge: Cambridge University Press, 1897, p. 346.

受在公共牧场和荒地上放牧、拾柴及采集其他生活用品的权利;第四,村民享有的公共权利由民众集会或庄园法庭来制定。① 概括而言,敞田制包括条田、剩啃、公地和集体决策四个要素,下面来具体分析。

第一,条田。在敞田制下,耕地被分成一些平行的条状地,人们称为"条田"(strip)——平均长200米、宽20米,面积约等于1英亩。条田一块挨着一块,一组平行的条田称为一弗隆(furlong),通过未犁耕的隆起的田埂来区分。条田的持有者包括自由持有农、公簿持有农和契约租地农,条田大多是混杂在一起的。② 农民的份地以分散的条田形式持有,一个拥有30英亩份地的农民,他的持有地会分散在庄园的东头、西头和南头。③ 威廉·哈德森描述了玛瑟姆地区的诺福克庄园,由68人持有的份地被分成935份,共计约2000块互不毗邻的条田。④ 这样一来,农民耕地时需要花费大量时间在分散的条田之间跑来跑去。

第二,剩啃。在收获期至播种期,田里只有未被镰刀割掉的残梗或剩穗,还有少许长在田边的青草。这时敞田成为放牧地,所有村民都毫无区别地将其猪、羊和鹅放到那里去。一些村庄明文规定,耕地上的庄稼成熟之后,农民只能割去穗子部分,必须把残株留在地上,任牲畜食用。例如,莱斯特郡每个村民都有权利在收获之后和播种之前的这段时间内在耕地上放牧。⑤ 草地的情形与此相同,在干草晒成以后,它就成为大牲畜的公共牧场。这样,在一年之中好几个月里——从7月底至圣烛节(2月2日),土地就处在共有的状态。没有常设的围垣,使得这种定期的共有状态成为不可避免的事。⑥ 这种权利被称为剩啃权(common of shack),其实质是将条田临时变为公共牧场。

---

① John Thirsk, "The Common Fields," *Past and Present*, No.29, 1964, p.3.
② Edward Carter Kersey Gonner, *Common Land and Inclosure*, p.23.
③ [英]亨利·斯坦利·贝内特:《英国庄园生活:1150—1400年农民生活状况研究》,龙秀清、孙立田、赵文君译,第34页。
④ [英]亨利·斯坦利·贝内特:《英国庄园生活:1150—1400年农民生活状况研究》,龙秀清、孙立田、赵文君译,第37~38页。
⑤ William George Hoskins, ed., *The Victoria History of the County of Leicester*, Vol.2, London: Oxford University Press, 1954, p.211.
⑥ [法]保尔·芒图:《十八世纪产业革命:英国近代大工业初期的概况》,杨人楩等译,第116页。

第三，公地。保尔·芒图认为公地就是每个教区那些终年处于闲置状态中的敞地，因其大多处于未开垦的状态，也可被称为荒地。① 公地在严格意义上讲并不是无主的土地，在原则上，它为领主"所有"②，即属于对教区整个土地拥有权利的领主，人们有时把它称为领主的荒地。③ 尽管公地名义上是属于领主的，但实际上公地权利属于村庄共同体所有成员。凡是拥有条田的人，无论公簿持有农还是自由持有农，通常都拥有公地权利。④

根据公地权利的渊源，其又分为公地附属权（common appendant）、公地从属权（common appurtenant）和公地独权（common in gross）。在英格兰最初的庄园里，每一块保有地都附带有一定的使用庄园荒地的权利。这种权利使土地保有者能够在荒地上放牧一定数量的牲畜，并且能够从荒地上采集泥煤作为燃料，还可以砍伐木料用于维修篱笆和房屋。这种权利附属于占有的土地，可以说是土地保有的一部分。这就是公地附属权的最初形式。⑤ 公地附属权在1290年《买地法》颁布之前就已在古老庄园里普遍适用，是自由佃户拥有的权利，因此也被视为自由保有权的基本元素。自由佃户能够凭借公地附属权在荒地上饲养用于农耕的牲畜。⑥ 依此权利放牧的牲畜数量由惯例确定；若无惯例，则限于荒地产草量所能供养的牲畜数量。⑦ 与之相比，公地从属权起源于领主的赠予证书，适用于1290年《买地法》颁布之后的庄园里的自由保有，但这种权利进一步扩展，还包括被给予赠予证书的庄园里的公簿持有农或其他人。所放牧的牲畜不仅限于农耕所必需的，还扩展至羊、猪甚至鹅。依照

---

① 〔法〕保尔·芒图：《十八世纪产业革命：英国近代大工业初期的概况》，杨人楩等译，第117页。
② 这种"所有"不同于国王对土地的所有权，它实质上是一种无限接近于所有权的高台阶"占有权"。
③ 〔法〕保尔·芒图：《十八世纪产业革命：英国近代大工业初期的概况》，杨人楩等译，第118页。
④ Carl J. Dahlman, *The Open Field System and Beyond*, Cambridge: Cambridge University Press, 1980, pp. 23–24.
⑤ Thomas P. Whittaker, *The Ownership, Tenure, and Taxation of Land*, London: Macmillan and Co., 1914, p. 221.
⑥ Edward Carter Kersey Gonner, *Common Land and Inclosure*, pp. 8–9.
⑦ 薛波主编《元照英美法词典》，法律出版社，2003，第259页。

公地从属权放牧牲畜的数量，或限于荒地产草量所能供养牲畜的数量，或是一个固定的数量。① 当公地从属权所能放牧牲畜的数量是一个固定值时，这种权利可以与土地或房屋分离，由此形成公地独权。例如，北安普敦郡提顿村一位名叫托马斯·斯瑞斯（Thomas Streets）的织工把他的房子留给他的一个儿子，而把能够放牧两头奶牛的公地权利留给另一个儿子。② 在这个案例中，后者拥有的公地权利就是公地独权。因此，拥有公地附属权、公地从属权或公地独权的公权持有者可以合法使用公地。

具体来说，公地权利主要包括放牧权、伐木权、捕鱼权和采泥煤权等等。对此，保尔·芒图有过这样的描述："首先，他们可以在那儿放牧牲畜，这就是公地上的放牧权。如果公地上有树木生长，他们便可以砍伐木料来修理房屋或者建造一个栅栏，这便成为所谓的砍伐树木权。如果有一个池塘或者公地上还有水流经过，村民可以在那里捕鱼，这就是捕鱼权。在那些还占据着英国各郡很大地方的沼泽地里，他们可以自给泥煤，这就是采泥煤权。"③

第四，集体决策。中世纪的英格兰几乎都是乡村，村民散落而居，这儿50人，那儿100人，大一点的也就几百人。整个英格兰这样的小村落数以千计，构成了诺曼征服后几百年间英格兰庄园社会的基础。虽然庄园和村庄不是可以互换的术语，④ 但在诺曼征服后马尔克公社仍是庄园的基础，庄园组织在许多情况下仍借助公社原有的组织形式和传统做法。马尔克公社有自己的组织机构，即村庄共同体，敞田制是与村庄共同体联系在一起的，全村土地的使用通常要遵从村庄共同体制定的经济规则。村民大会负责发布村庄经济的规则，例如规定耕地和草地的剩啃以及农作物如何按照共同的规则轮作等。在11世纪和12世纪，这些规则是不成文的。随

---

① Edward Carter Kersey Gonner, *Common Land and Inclosure*, p. 10.
② J. M. Neeson, *Commoners: Common right, Enclosure and Social Change in England, 1700 - 1820*, Cambridge: Cambridge University Press, 1993, p. 83.
③ 〔法〕保尔·芒图：《十八世纪产业革命：英国近代大工业初期的概况》，杨人楩等译，第117~118页。
④ 虽然有时一个村庄的农民都是一个领主的佃农，但是这个村庄却往往分为两个或两个以上的庄园。科斯敏斯基对百户区档案的研究表明："在所研究的650个村庄中，有336个与庄园不一致。"参见亨利·斯坦利·贝内特《英国庄园生活：1150—1400年农民生活状况研究》，龙秀清、孙立田、赵文君译，第29页。

着 13 世纪中叶乡规民约（by-laws）的出现，这些经济管理规则大多被记录其中。① 由此可见，敞田制是由村庄共同体集体决策的，个体农民对土地的利用要遵循村庄共同体制定的经济规则。

从敞田制的构成要素来看，敞田制下的土地产权是一种共有产权。条田与剩啃造成了条田的实际占有者虽然拥有占有权，但不能排除村庄共同体其他成员对它的使用；公地虽然名义上是属于领主的，但实际上领主、自由农和非自由农都可以使用，造成公地的产权归属不明确；敞田制是由村庄共同体集体决策的，导致个体农民不具有经营自主权。可见，在敞田制下，英格兰的土地产权关系非常模糊。

二 敞田制对农民土地产权的保护

敞田制实际上是与村庄共同体联系在一起的。在生产力尚不发达的时期，敞田制保护了农民的土地产权，有效地支持了英格兰农业经济的发展。敞田制对农民土地产权的保护首先体现在对农民使用公地的保护。

公地是敞田制的重要构成要素之一，公地权利对农民的生活非常重要。对此，贝内特认为："荒地的价值绝非仅仅是一个额外的甚至是主要的牧场。对农民来说，他可以在荒地上得到日常生活所需的数以百计的东西。首先，荒地向农民提供了木材——一种不可或缺的生活用品。他的房屋、农具和家庭用品主要是木头做的。农民几乎全部要依赖荒地提供燃料，因此，他的伐木权（hous-bote）、采枝权（haye-bote）和柴火权（fire-bote）对他来说是至关重要的……许多其他的东西也可以从荒地得到。例如，可以取来大量的草皮，其中一些可以用来覆盖棚屋屋顶，或垒成土埂；一些晾干后还可用作燃料。挖来的黏土可用来修筑磨坊的水闸或堤坝，取来的沙子和砾石可用作建筑材料。也可割来蕨丛用作褥草，沼泽和池塘边的莎草可大量用于盖屋顶。还可摘取野果和浆果摆上餐桌，而且农民遍地都能找到有价值的东西来帮助他度过饥荒。"②

---

① Warren O. Ault, *Open-Field Farming in Medieval England*, London: George Allen & Unwin Ltd., 1972, p. 59.
② 〔英〕亨利·斯坦利·贝内特:《英国庄园生活：1150—1400 年农民生活状况研究》，龙秀清、孙立田、赵文君译，第 60 页。

所谓的公地权利，并不是所有居住在土地上的人都享有的，而是按照各人已经拥有的耕地比例来享有。条田在收获以后，并不是所有居民都能将自己的畜群放牧在收获过的田地上，而仅仅是那些在教区内拥有一块或几块土地的人才可以如此。也就是说，公地并不是使用不受任何限制的自由土地，各人是依据确定的权利并按照这些权利的多少参与进来的。一般来说，每一个土地持有者只有放牧一定数目牲畜的权利，这个数目同他持有的土地大小成比例：他在敞田上拥有的地块愈多，他就能在公地上放牧愈多的牛羊。换句话说，公地的利用权是按照各人已经拥有的土地比例来享有的。[1] 以约克郡为例，公共放牧权的划分就是根据佃农所持有的耕地上所需的牲畜数量而定的。[2]

　　在诺曼人最初的定居时期，村庄之间的荒地没有明确划分界线，在很长一段时期内，城镇之间的边界也没有严格的界定。几个世纪以来，很多相邻的村庄之间的公地共用，节省了修建边界的费用。随着15、16世纪人口的持续增长，土地变得越来越紧缺，可耕地在开垦荒地和牧场的基础上不断扩大，直到公地缩小到不能放牧村民的所有牲畜。这样一来，公地变得越来越重要，成为竞相争夺的对象。庄园之间的公地经常引起争端，例如，什罗普郡的沼泽地区就出现几个村庄争夺荒地的情况，[3] 拉特兰郡相邻庄园的村民经常发生争夺公地的纠纷。[4] 为了防止类似纠纷的发生，庄园之间的公地被正式划分。

　　随着公地在庄园和村庄之间的严格划分，敞田制逐渐演变为一种排他性的共有产权，即排斥本庄园以外的人使用公地，这保护了本庄园农民的土地产权。例如，每一个庄园都保护自己的牧场免受庄园之外其他人放牧牲畜的侵害，同样的危害是有些村民为其他庄园的人代牧（agistment），或是将自己的放牧权租给外人。以林肯郡为例，格兰瑟姆（Grantham）

---

[1] 〔法〕保尔·芒图：《十八世纪产业革命：英国近代大工业初期的概况》，杨人楩等译，第118~119页。

[2] Edward Carter Kersey Gonner, *Common Land and Inclosure*, p. 24.

[3] G. C. Baugh, ed., *The Victoria History of the County of Shrop*, Vol. 4, London: Oxford University Press, 1989, p. 127.

[4] William Page, ed., *The Victoria History of the County of Rutland*, Vol. 1, Folkestone: William Dawson & Sons Ltd., 1975, p. 221.

南部比奇菲尔德（Bitchfield）村的农场主约翰·阿沃夫德（John Awford）在伊丽莎白一世统治初期把200只羊交给威廉·威斯楠（William Wesnam）代他在斯温斯黑德（Swineshead）庄园放牧，代牧价格是每100只羊6先令8便士。除了约翰之外，比奇菲尔德村的另一个农场主在1572年通过一个名叫乔治·戈罗比（George Groby）的农夫代替他在斯温斯黑德庄园养马，价钱是每匹马1先令6便士。此外，比奇菲尔德村的亚当·吉尔（Adam Gill）在1570年把40头牛送到霍兰德沼泽（Holland Fen）让人代牧，价格是每头牛1先令。① 这些代牧行为引发了公权持有者的强烈抗议，他们抱怨自己的牲畜与陌生人的牲畜接触后容易受到疾病感染，并且自己的奶牛也得不到足够的草来喂养。对此，一些庄园法庭用高额罚金和严格限制来处罚代牧和私自出租放牧权的行为。② 此外，一些教区明文规定，禁止在本教区公地上代人放牧本教区之外其他人的牲畜。③

敞田制在排斥本庄园以外的人使用公地之后，再对本庄园成员利用公地的强度进行限制，以此保护每个土地持有者的土地权利。随着15、16世纪土地越来越紧缺，许多人开始在公地上过度放牧，尤其是一些有较大牲畜饲养能力的大土地持有者，由此引发了这样一个问题："在敞田和公地上，富人最大限度地放牧，他的牲畜不仅使用他自己所占部分，同时也侵占贫穷邻居的部分土地。此外，那些昧着良心的人占据超过公平比例的土地。"④ 为了控制过度放牧，出现了严格的限制放牧制度（the stints），该制度规定每个佃农在放牧时都不得超过规定的数量，否则将受到庄园法庭的处罚。限制放牧是非常必要的，根据《维多利亚郡志·什罗普郡》的记载，黑灵顿（Herrington）庄园和凯那斯利（Kynnersley）庄园早在1551年和1558年就开始限制放牧。⑤ 限制放牧制度在一定程度上遏制了

---

① Joan Thirsk, *English Peasant Farming: The Agrarian History of Lincolnshire from Tudor to Recent Times*, London and New York: Routledge, 2006, pp. 37 - 38.
② J. M. Neeson, *Commoners: Common Right, Enclosure and Social Change in England, 1700 - 1820*, pp. 117 - 118.
③ J. M. Neeson, *Commoners: Common Right, Enclosure and Social Change in England, 1700 - 1820*, p. 92.
④ Richard Henry Tawney, *The Agrarian Problem in the Sixteenth Century*, p. 171.
⑤ G. C. Baugh, ed., *The Victoria History of the County of Shrop*, Vol. 4, p. 121.

大土地持有者在公地上的任意放牧行为，避免了其对邻居的侵占，保障了小土地持有者的土地产权。

除此之外，敞田制的重要构成要素之一——集体决策也起到了保护农民土地产权的作用。村庄共同体所制定的有关村庄经济的规定保护了农民的土地产权。如果有人违反这一规定，村庄共同体会对违反者作出处罚。例如，根据亨廷顿郡布劳顿（Broughton）庄园法庭案卷的记载，1290年有9个佃农在休耕地播种，影响了自由持有农和公簿持有农在这里放牧。该村全体村民对哪块地耕作、哪块地休耕早已达成共识，村民们在过去的20年里一直遵守这一规定。这9个佃农每人持有的土地仅一两英亩，加起来总共的土地面积也只占耕地非常小的一部分，但对整个村庄共同体而言，他们损害了其他人在休耕地上的公共放牧权，这种权利丝毫不能被侵犯，因此，违反这一规定的佃农被罚款。[1]

敞田制对农民土地产权的保护起到了保护农民经济的作用，在一定的历史时期内有效地支持了经济的发展，最大限度地调动了农民的生产积极性。然而，随着生产力的发展，敞田制又反过来成为一种制约。

三　敞田制对农民土地产权的制约

敞田制在保护农民土地产权的同时，对其也形成了一种制约。尤其是敞田制的轮作制和共牧制对农民土地使用权予以某种限制，实际上是对农民自主经营权的制约。

（一）轮作制的制约

敞田制的耕作方式是轮作制。轮作就是在整块敞田上统一规划耕作与休耕的交替，要求全体庄园成员之间有很高程度的合作。为了合理利用牲畜耕种不同佃农相邻的条田，避免未来播种和收割时发生冲突，佃农采取一致的耕作方法是十分必要的。此外，轮作制使耕地周期性地转换为牧场，供庄园全部牲畜放牧和为土地施肥。轮作制主要包括二圃制和三圃制。

英格兰自12世纪晚期开始采用二圃制。二圃制把村庄的可耕地分成两块，一块耕种，一块休耕。休耕地不种庄稼，是为了让土地恢复肥力。

---

[1] Warren O. Ault, *Open-Field Farming in Medieval England*, p. 45.

通常耕地在经过休耕之后，农作物产量能够得以提高。① 每个农民持有的条田数量一半为耕地，一半为休耕地。耕种的这块土地又分为春播地和秋播地，秋播地种植小麦、冬季豆类和黑麦，春播地种植大麦、燕麦、春季豆类和豌豆，春播地和秋播地的轮换是二圃制的基本要素。自村庄共同体开始在一块土地上永久定居而不是持续向新土地迁移之后，这是使劳动力能够规律地受到雇用并且一直能获得收益的唯一办法，秋季耕作和播种之后冬季耕作、春季播种，夏季收获干草和谷物。②

在英格兰一些地区，二圃制在16世纪仍然流行，例如林肯郡的沼泽地区，这里的大多数村庄都实行二圃制，田地通常被称为东田和西田，因为它们位于南北方向的主干路的两侧。根据16世纪典型的沼泽村北妥尔斯比（North Thoresby）和泰特尼（Tetney）的习俗，每年都有一块田地休耕。休耕的土地用于公共放牧，被视为和种庄稼的土地一样有价值。例如，在北妥尔斯比，它使生活在1298英亩庄园土地、258英亩公共牧场和一块泥炭沼泽上的47户人家能够在休耕地喂养1030只羊。③

三圃制在13世纪以后成为占主导地位的耕地利用形式。所谓三圃制，是把村庄的可耕地分成三块，即春播地、秋播地和休耕地三部分。第一块土地是春播地，种植燕麦、大麦、春季豆类或豌豆，这些作物仅需要几个月时间即可收获；第二块土地是秋播地，种植小麦或黑麦，这些作物需要一段长时间的生长期才能完全收获；第三块土地是休耕地，不种植谷物，整个村庄共同体的牲畜都在这里放牧。④ 第二年作物轮换，休耕地改做秋播地，秋播地改做春播地，春播地变成休耕地。第三年，秋播地变为春播地，春播地变为休耕地，休耕地变为秋播地。第四年开始下一轮循环。

如表1-1所示，二圃制和三圃制最大的区别是耕地比例的差别。格雷在《英国土地制度》中写道："决定采用哪种耕作形式的因素为是否提供了农业便利，这在很大程度上取决于地理位置和土壤特性。二圃制有二

---

① Anthony Randolph Bridbury, "Sixteenth-Century Farming," *The Economic History Review*, New Series, Vol. 27, No. 4, 1974.
② C. S. and C. S. Orwin, *The Open Fields*, p. 53.
③ Joan Thirsk, *English Peasant Farming: The Agrarian History of Lincolnshire from Tudor to Recent Times*, p. 60.
④ C. S. and C. S. Orwin, *The Open Fields*, p. 61.

分之一的土地休耕，三圃制有三分之一的土地休耕。耕作的部分，无论是二分之一还是三分之二，都以相同的方式播种，都分为冬季作物和春季作物。"①

表1-1 二圃制和三圃制

	二圃制		三圃制		
第一年	秋播地 春播地	休耕地	秋播地	春播地	休耕地
第二年	休耕地	秋播地 春播地	春播地	休耕地	秋播地
第三年	秋播地 春播地	休耕地	休耕地	秋播地	春播地

13世纪亨莱写道："三圃制可耕地的实际面积是9英亩，二圃制可耕地的实际面积是8英亩。"② 也就是说，三圃制与二圃制的耕地面积相差无几，现存的资料不能证明哪一种田制更优越。与二圃制相比，三圃制每年耕种的土地多了1/8。当村庄规模小、土地充足时，二圃制仍然适用；当人口不断增长、对食物的需求增多时，更经济的办法就是把二圃制变为三圃制。对此，诺斯解释道，只有当人口增长导致劳动报酬递减时三圃制才成为一种更好的组织形式，因为此时土地短缺，必须加以保养和更集约地利用。三圃制不能被看作效率的一种重大改进，只能被看作对已变化的环境的一种反应。③

三圃制可以抵御风险，在肥料缺乏的年代，土地的耕种与休耕相结合是恢复地力的有效方法。农业劳动在一年里分布得比较平均，因为犁耕、播种和收获的时间是在季节间和地块间错开的。两次收获期减少了因一季作物歉收而招致饥荒的机会。燕麦产量增加使农民得以用更有效率的马来替代牛，马匹被认为是一种效率达50%~90%的生物能源，但马必须用比较昂贵的燕麦饲养。豆科作物作为对常用谷物的一种饮食补充，提供了

---

① Howard Levi Gray, *English Field System*, p. 71.
② Howard Levi Gray, *English Field System*, p. 71.
③ 〔美〕道格拉斯·诺思、罗伯特·托马斯：《西方世界的兴起》，厉以平、蔡磊译，第64~65页。

有益的植物蛋白。①

虽然二圃制和三圃制有种种好处，但它们也存在一个重大弊端，那就是制约了农民的土地使用权。土地使用权是指土地占有者根据自己的意志，按土地的性能和用途进行事实上的利用和使用的权利。轮作制要求整个村庄的土地实行统一的耕作与休耕，对每块土地的用途予以限制，哪块地耕种，哪块地休耕，村民大会都做了具体的安排，个体农民必须按照计划行事。此外，轮作制还对农作物品种以及播种时间予以限制，农作物品种必须保证有相同的成熟期，以确保同一片土地上的作物能够同时种、同时收。对此，保尔·芒图指出："从前的农人同其周围的人都如此密切地连结着……他的土地同他们的土地那么样错杂地混在一起……这种极端的分成小块的情况就会产生不合理的后果：唯一可能的耕作方式就是按照共同规则的耕作。"② 在这种情况下，轮作制限制了个体农民土地使用权的行使，个体农民必须和村庄共同体保持一致。

（二）共牧制的制约

共牧制是指将村民的牲畜聚集在一起在允许放牧的地方共同放牧。共牧制决定了放牧的方式、地点、时间与数量，严重制约了个体农民对公地的使用权。

首先，共牧制对放牧方式进行了严格限制。公地上的放牧方式只有一种，即集体放牧。所有农民的牲畜混在一起，村庄共同体雇用一两个羊倌放牧。一些牲畜由于集体放牧而被传染上疾病，造成公共牧场上饲养的家畜成长状况并不好。③ 共牧制对放牧方式的限制制约了个体农民的放牧自由。

其次，共牧制对放牧地点进行了严格限制。共同放牧的地点通常在公地上或是在定期开放的敞田上。以敞田上的放牧为例，在收获之后和播种之前的这段时间内，条田变为供整个村庄共同使用的牧场，任何村民都不能阻止村庄共同体的其他成员在他的条田上放牧。这意味着个体农民不能

---

① 〔美〕道格拉斯·诺思、罗伯特·托马斯：《西方世界的兴起》，厉以平、蔡磊译，第62页。
② 〔法〕保尔·芒图：《十八世纪产业革命：英国近代大工业初期的概况》，杨人楩等译，第115页。
③ Robert Carson Allen, *Enclosure and the Yeoman: The Agricultural Development of the South Midland, 1450 – 1850*, p. 3.

直接支配放牧资源，无法单独在自己的条田上放牧，制约了他们的放牧自由。

再次，共牧制对放牧时间进行了严格限制。虽然大多数村庄都有荒地供牲畜放牧，但最好的牧场还是收割之后的敞田。敞田上的庄稼成熟后，农民割去穗子部分，残株留在地上，任牲畜食用。在敞田上的放牧时间要受到村庄共同体的严格控制，一些村庄规定："在全村所有谷物收获完毕之前，任何人不得在残株上放牧。"另一些村庄规定："任何马或牛在残株上放牧需等到所有收获的谷物被运走之后，除非它们被安全地拴住。"① 如果种植冬小麦的话，在敞田上的放牧活动要在冬季到来之前停止。因为小麦残株在冬季到来之前需要被翻耕，为接下来的耕种做准备，例如诺福克郡的阿克里（Ackley）村，所有牲畜在圣诞节停止放牧。② 有的地区还根据土地性质的不同规定了更为具体的放牧时间。以莱斯特郡为例，在种植豆类的土地上，放牧时间为从庄稼收获之后直到第二年的3月25日；在种植谷物的土地或草地上，放牧时间为从庄稼收获之后到第二年的2月2日。③ 一旦违反规定的放牧时间，将受到庄园法庭的处罚。以诺福克郡黑文汉主教（Hevingham Bishops）庄园为例，在1483~1558年，一些违反放牧时间的案例出现在庄园法庭：一些人在8月1日到次年3月3日期间把公共道路封上，以阻止其他村民的牲畜在剩晴期间进入自己的土地放牧；还有一些人在3月3日到8月1日的庄稼生长期间没有把篱笆门封闭，导致牲畜窜入，破坏了庄稼地和草地。此外，在2月2日播种之后，不再允许在耕地上放牧牲畜。对此，在该庄园法庭上出现了两起违反这一规定的案例。④ 可见，村庄共同体对放牧时间有着非常严格的规定，制约了个体农民的放牧自由。

最后，共牧制对放牧数量进行了严格限制，规定了公地上所允许的牲畜放牧数量，制约了个体农民的放牧自由。在中世纪早期，公地上的牲畜放牧数量并没有限制，后来随着人口的增长，村庄不断开垦公地用作耕

---

① Warren O. Ault, *Open-Field Farming in Medieval England*, p. 42.
② Warren O. Ault, *Open-Field Farming in Medieval England*, p. 44.
③ William George Hoskins, ed., *The Victoria History of the County of Leicester*, Vol. 2, p. 211.
④ Jane Whittle, *The Development of Agrarian Capitalism: Land and Labour in Norfolk 1440 – 1580*, Oxford: Oxford University Press, 2000, p. 59.

地,公地面积逐渐减少而牲畜数量日渐增多,因此需要限制放牧。放牧的牲畜数量根据每一个村民持有的条田数量决定,以免过度放牧。① 例如,在林肯郡霍兰德沼泽,一些公权持有者喂养1000只羊,如果他们接受在公地放牧200只羊的限制,并且他们的孩子和仆人不能使用公地权利,那么放牧紧张的问题很容易得到解决。喂养1000只鹅的人是造成不满的另一个来源,因为鹅占据了公地,使牛和马不能吃到最好的草,所以建议每个公权持有者饲养60只鹅。② 限制放牧数量在16世纪是普遍现象,最常见的情况是一英亩耕地上放牧一到两只羊。例如莱斯特郡,韦斯顿麦格纳 (Wigston Magna) 的限制放牧数量是每雅德兰 (yardland)③ 土地上放牧8头牛和40只羊;科泰斯巴什 (Cotesbach) 的要求是每20英亩土地上放牧2匹马、3只牛和30只羊。④ 同样,违反规定的放牧数量也会受到庄园法庭的处罚。在此,仍以诺福克郡黑文汉主教庄园为例,在1483~1558年,在公地上放牧超过规定数量牲畜的案件12次出现在庄园法庭上。⑤

由此可见,敞田制在保护农民土地产权的同时,也对农民的土地产权形成了制约。敞田制在中世纪早期是农村经济的重要组成部分,随着时间的推移,反而成为农业发展的制约因素。

综上所述,中世纪英格兰土地制度是封建土地保有制与敞田制的结合,是一种私人"占有权"与共用权混合的产权模式。在这种混合产权下,农民虽然拥有稳定的"占有权",但受到敞田制的制约,使用权不具有排他性,经营权不具有自主性。随着农民个体力量的壮大,他们强烈要求打破混合产权的制约,建立一种明晰的土地产权制度来适应生产力的发展。了解中世纪英格兰的土地产权状况非常重要,它更能说明安全、稳定的"占有权"是土地确权得以进行的基础,而农民对明晰的土地产权的渴求是土地确权发生的根本原因。

---

① Warren O. Ault, *Open-Field Farming in Medieval England*, p. 17.
② Joan Thirsk, *English Peasant Farming: The Agrarian History of Lincolnshire from Tudor to Recent Times*, p. 38.
③ 1雅德兰约为30英亩。
④ William George Hoskins, ed., *The Victoria History of the County of Leicester*, Vol. 2, p. 211.
⑤ Jane Whittle, *The Development of Agrarian Capitalism: Land and Labour in Norfolk 1440 – 1580*, p. 58.

第二章
都铎时期英国农民土地确权

都铎时期英国农村土地确权是由农民主导和推动的，农民个体力量的成长是土地确权的根本前提。随着农民个体力量的成长，他们自发地通过圈地的方式打破混合产权的制约，使土地确立了明晰的产权归属。本章旨在考察都铎时期英国农民土地确权的过程及影响，通过描述农民的圈地方式和规模，探究其土地产权的变化，证明英国农民是农村土地确权的主导者和推动者。

第一节 农民个体力量的成长

普通民众的生活状况，特别是其长时段的变化及其发展趋向，具有极为深刻的社会内涵，看似波澜不惊，却是社会变革的重要基础。[①] 早在中世纪，英国农民已经经历了较为普遍和充分的发展，农民人身是自由的，生活状况是相对富裕的，其中一部分农民已经积累起可观的动产和不动产，成为具有一定社会地位的富裕农民。农民个体力量的成长是英国土地产权变革的基础。

中世纪英国农民个体力量的成长与以主体权利为核心的法律制度的保障密不可分。主体权利在西欧法律体系中居于核心地位。主体权利既包括中世纪的个人权利，又包括某个等级或团体的集体权利，比如村社的权利、行会的权利、市民的权利、贵族的权利等。[②] 在西欧的历史中到处都

[①] 侯建新：《法律限定负担与英国农奴身份地位的变动》，《历史研究》2015年第3期。
[②] 侯建新：《社会转型时期的西欧与中国》，第128页。

可以发现主体权利及其实践的足迹，"抵抗权"就是最好的体现。贵族可以依法质问国王，同样，农奴依据习惯法也可以在庄园法庭与领主周旋。① 习惯法就是惯例，又称庄园法和村法，同时也是英国最高法律普通法的基础。佃户地租额和其他劳役量是习惯法的重要内容。关于劳役量，每个佃农一周乃至全年应工作时长、应缴纳物品和应尽义务，一般都有明确、详细的规定，通常载于管事账簿和地租惯例簿中。对于额外劳役，佃户即使是农奴也有权利予以抵制。② 对于佃户缴纳的货币地租，习惯法对货币数量做了严格限定，因此许多庄园的地租长期稳定。托尼研究了英格兰27个庄园自13世纪末到16、17世纪的租金变化，发现："一个佃农的地租往往长达200年或250年保持不变。随着土地产出率的提高，地租在土地产值中所占的比例由劳役地租时的1/3减少到1/5、1/6甚至1/18，而留在农民手里不断增多的产品大部分被送到了市场，成为扩大再生产的资金。"③ 由此可见，习惯法支持的习惯地租世代不变，抑制了领主的贪婪盘剥，有助于土地增值部分流进农民口袋，促进了小农经济的繁荣。

此外，西欧的法律限定了王权和封建政府的赋税，以抑制统治阶级上层的非生产性消费。④ 这主要体现为"法律至上"和"有限王权"，国王要依靠自己领地上的收入生活，对王室领地之外的土地和农民，国王很难谋取收益。只有当战争或某些特殊情况发生时，国王才能从臣民那里征税，并且征税需要经议会批准。可见，以主体权利为核心的西欧法律赋予了佃农依法抵抗的权利，限制了大小领主对佃农过度和任意的掠夺，保证了农民经济连续、稳定的有效积累。

小农经济的普遍发展为市场经济奠定了坚实的基础。在庄园经济鼎盛时期，英国农业劳动生产率已经有了显著提高，农产品进入市场的比例上升，农民的储蓄率提高。⑤ 施肥和除草技术的改进，重犁和三圃制的出

---

① 侯建新：《抵抗权：欧洲封建主义的历史遗产》，《世界历史》2013年第2期。
② 侯建新：《资本主义起源新论》，生活·读书·新知三联书店，2014，第199、209页。
③ Richard Henry Tawney, *The Agrarian Problem in the Sixteenth Century*, pp. 120–121.
④ 侯建新：《社会转型时期的西欧与中国》，第58~59页。
⑤ 侯建新：《中世纪英国农民个人力量的增长与自然经济的解体》，《历史研究》1987年第3期。

现，现代挽具以及水车和挽畜的普遍使用，所有这些集合起来成为一个为农业所利用的总体系。到 1300 年，英格兰已是一个农业繁荣区域。13~14 世纪，英国中等农户每年大约产粮 115 蒲式耳或 2280 公斤，粗而计之，每户年产谷物 2 吨多。① 对于英国农民在 13~14 世纪商品生产所能达到的水平，希尔顿（Rodney Howard Hilton）是这样评价的："针对市场进行的生产已很发达，纯粹的商品交换非常流行。"②

随着生产效率的提升、市场的扩大，剩余产品的增加部分更多地进入了农民的口袋，相当一部分农民能积累起资金、买下土地，成为富裕的自耕农阶层。大约在 14 世纪下半叶，出现了一个富裕农民阶层，即乔叟笔下的"富兰克林"（Franklin）。在《农夫皮尔斯》和《坎特伯雷故事集》中所描述的富兰克林是有着令人尊敬的地位和财富的自由人，其地位在骑士和乡绅之下。③ "每个村庄常有四五家耕种着六十至一百英亩或一百英亩以上的土地、饲养着几百头牲畜的农民"，④ 他们被称为"富裕农民"。

随着时间的推移，"富兰克林"逐渐被"约曼"（Yeoman）取代。"约曼"一词在英语中最早的形式是"yonge man"，最初的含义是扈从或者侍从，指履行荣誉役务的人。14 世纪时"约曼"一词包含军事性质，经常与履行军事役务联系在一起。约曼是国王军队的主要来源，通常担任枪矛兵和弓箭手，他们的祖先威震法国。⑤ 除此之外，"约曼"一词又包含一种私人性质，有些约曼被称为"国王的约曼"或"领主的约曼"，以此表达约曼与国王或领主之间的私人关系，他们要为国王或领主执行一些特殊任务，例如接受和传递钱物以及传递重要的消息等。因此，14 世纪的约曼需要履行半军事半私人性质的役务。⑥

自 15 世纪开始，"约曼"一词的含义发生了变化。培根（Francis Bacon）把约曼界定为"位于乡绅与茅舍农之间"，主要用来形容级别在

---

① 侯建新：《资本主义起源新论》，第 6~8 页。
② Rodney Howard Hilton, "A Crisis of Feudalism," Past & Present, No. 80, 1978, pp. 3-19.
③ Mildred Campbell, The English Yeoman under Elizabeth and the Early Stuarts, p. 13.
④ 〔英〕R. H. 希尔顿、H. 法根：《1381 年的英国人民起义》，瞿菊农译，生活·读书·新知三联书店，1956，第 32 页。
⑤ Mildred Campbell, The English Yeoman under Elizabeth and the Early Stuarts, p. 15.
⑥ Mildred Campbell, The English Yeoman under Elizabeth and the Early Stuarts, p. 9.

乡绅之下的富裕农民。① 霍斯金斯（William George Hoskins）对约曼的描述为："莱斯特郡的约曼拥有一个或两三个农场，有一两百英亩土地。约曼在三四个教区活动，他们饲养的家畜是普通农夫的十倍。"② 爱德华·柯克把约曼界定为"每年收入40先令的自由持有农"，他认为年收入40先令的自由持有农在国家具有一定的地位，有投票权并可作为陪审员。③可见，"约曼"一词的含义不再局限于军事和私人性质，更是一种经济和社会地位的象征。

此后，约曼的范围不断扩大，除了富裕的自由持有农之外，拥有一定经济地位的公簿持有农和契约租地农也可以被称作约曼。例如，德文郡的约翰·休斯（John Hewes）是一个年收入8英镑的公簿持有农，在1593年的法庭记录中，他的身份是约曼。④ 又如，1575年剑桥郡威灵汉姆（Willingham）庄园有28个富裕的公簿持有农，他们在遗嘱中自称为约曼。⑤ 此外，殷实的契约租地农也被称作约曼，爱德华六世时期的大主教休·拉提默的父亲就是最好的例子："我父亲是一个约曼，他没有自己的土地，租了一个农场，每年租金3或4英镑。他雇了6个人帮他耕地，养了100只羊。"⑥

16世纪英国社会经济发生重大变化，土地被极大商品化，具有了市场价值。城市人口的增加意味着需要为更多的人提供粮食，农产品有了更广阔的市场，对土地的需求增多。在这个寸土寸金的时代，没有比约曼更贪婪土地的。约曼通过买地和租地不断扩大自己的土地，逐渐积累起财富。一些约曼能够从没落的绅士手中购买土地，例如，1588年，萨塞克斯郡沃尔顿（Waldron）庄园的约曼约翰·弗克尼（John Fawkener）以

---

① Rowland Edmund Prothero Ernle, *English Farming, Past and Present*, London & New York: Longmans, Green and Co., 1932, p. 296.
② William George Hoskins, *The Age of Plunder: King Henry's England 1500 – 1547*, London and New York: Longman, 1976, p. 57.
③ Mildred Campbell, *The English Yeoman under Elizabeth and the Early Stuarts*, p. 23.
④ Mildred Campbell, *The English Yeoman under Elizabeth and the Early Stuarts*, p. 23.
⑤ Margaret Spufford, *Contrasting Communities, English Villagers in the Sixteenth and Seventeenth Centuries*, Cambridge: Cambridge University Press, 1974, p. 192.
⑥ John Watkins, ed., *The Sermons and Life of Hugh Latimer*, Vol. I, London: Aylott and Son & Paternoster Row, 1824, pp. 94 – 95.

500英镑的价钱从蒙塔古子爵（Viscount Montague）那里买下了该庄园；1588年，萨塞克斯郡的约曼约翰·阿克赫斯特（John Akehurst）以100英镑的价钱买了领主罗伯特·西德尼（Sir Robert Sydney）的土地；① 1589年，肯特郡多维尔（Dover）庄园的约曼约翰·理查德（John Richard）把绅士约翰·艾德利（John Idley）租给他的124英亩土地买了下来。②

此外，还有一些约曼购买修道院的土地。15世纪时英格兰约有1/4的土地在教会和王室手里，其中大部分是修道院地产。1535年修道院地产年净收入将近40万英镑，而同年王室地产收入4万英镑。③ 亨利八世在与罗马教廷决裂、夺取英国教会最高领导权之后，开始解散修道院并没收教产。自1536年开始，修道院被解散，地产收归王室所有。1542~1547年，在战争的财政压力下，2/3的修道院地产被王室卖出。其中部分教会土地在多年之后流入约曼手中，例如，1566年德文郡的约曼巴纳德·勒斯顿（Barnard Luxton）用400英镑购买了原属于赫特兰德（Hartland）修道院的艾伯特斯汉姆（Abbotsham）庄园；伍斯特郡的约曼威廉·彼恩瑞斯（William Penrice）的土地原来是属于伯德斯里（Bordesley）修道院的；林肯郡的一些约曼家族也是靠购买修道院土地发家的。④

除了买地之外，约曼还通过承租领主直领地来扩大土地。黑死病之后农村人口减少导致劳动力价格上涨，使得领主获得的利润非常有限。在这种情况下，领主把直领地出租出去，出租领主直领地成为庄园经济的重要组成部分。约曼是领主直领地的主要承租者，例如，在1501~1532年，坎特伯雷的土地承租者中有1/2是约曼，1/3是乡绅，其余的是普通农民；⑤ 又如，在1570~1649年，萨塞克斯郡有67个庄园的直领地出租，承租者中有30个约曼、18个绅士、12个商人和3个农夫。⑥ 约曼对直领地的承租使领主的超经济统治失去了基础，由约曼开创的面向市场的、雇

---

① Mildred Campbell, *The English Yeoman under Elizabeth and the Early Stuarts*, p. 76.
② Mildred Campbell, *The English Yeoman under Elizabeth and the Early Stuarts*, pp. 73-74.
③ William George Hoskins, *The Age of Plunder: King Henry's England 1500-1547*, p. 121.
④ Mildred Campbell, *The English Yeoman under Elizabeth and the Early Stuarts*, p. 71.
⑤ Gordon Edmund Mingay, *The Gentry: The Rise and Fall of a Ruling Class*, London: Longman, 1976, p. 41.
⑥ Mildred Campbell, *The English Yeoman under Elizabeth and the Early Stuarts*, p. 81.

用雇工的新型生产组织形式迅速发展起来。

　　除了物质力量的积累之外，在精神上，农民也普遍告别了往昔的屈辱和愚昧，变得更加自信。经过几个世纪的斗争，他们先后获得了自由迁徙权、个人财产遗嘱权、受教育的权利、自由劳动的权利等；他们的子弟可以出任圣职，可以在牛津、剑桥那样的名校就读，他们本人则普遍参与地方公共事务，常常是地方法庭陪审团的重要成员。① 正是由于物质力量和精神力量的普遍积累，约曼逐渐崭露头角，开始步入乡绅行列。一些杰出的约曼有着近似于乡绅的地位，例如，肯特郡的老伍德考克（old Woodcock）"既是农民又是乡绅"。② 约曼与乡绅之间的界限也越来越模糊，例如，一位肯特郡乡绅的新娘是一个约曼的女儿，他认为约曼与乡绅之间已没有明显的界限："她父亲是约曼，但这个约曼拥有自己的住宅，并且像乡绅一样休闲和娱乐。他供养他女儿与乡绅的女儿一起上了四年学，花了同样多的钱。"③

　　从某种意义上说，乡绅是约曼的延伸体。学界通常用"Gentry"一词来形容乡绅阶层。乡绅阶层产生于12世纪末，形成于14、15世纪，在16世纪迅速发展壮大。从12世纪末到16世纪的400多年时间里，乡绅的内涵在不断发展变化。对此，沃勒斯坦认为乡绅"不仅是一个形成中的阶级，而且是一个形成中的概念"。④ 到中世纪晚期，乡绅的内涵和外延都发生了变化，他们不再是一个单纯的封建等级，还包括富裕农民、律师、牧师、医生和富商。⑤ 直到17世纪，乡绅的构成才基本确定下来，他们被认为包括约曼以上、贵族以下的四个土地所有者阶层：准男爵（Baronets）、骑士（Knights）、准骑士（Esquires）和士绅（Gentlemen）。⑥

　　乡绅具有强烈的经济意识和革新精神，他们敏锐贪婪，敢于冒险，抓

---

① 侯建新：《富裕佃农：英国现代化的最早领头羊》，《史学集刊》2006年第4期。
② Gordon Edmund Mingay, *The Gentry: The Rise and Fall of a Ruling Class*, p. 6.
③ Gordon Edmund Mingay, *The Gentry: The Rise and Fall of a Ruling Class*, p. 6.
④ 〔美〕伊曼纽尔·沃勒斯坦：《现代世界体系：16世纪的资本主义农业与欧洲世界经济体的起源》第1卷，罗荣渠等译，高等教育出版社，1998，第307页。
⑤ Richard Henry Tawney, "The Rise of the Gentry, 1558–1640," *The Economic History Review*, Vol. 11, No. 1, 1941, p. 4.
⑥ Gordon Edmund Mingay, *The Gentry: The Rise and Fall of a Ruling Class*, p. 3.

住一切机会来扩大经济实力。修道院的解散给乡绅提供了一个购买土地的绝佳机会。而且早在修道院解散之前,乡绅就已承租修道院土地。例如,巴特尔教区(Battle)拥有22个庄园,但它仅保留1个庄园直领地为自己生产生活的必需品,其他21个庄园直领地都出租了出去,其中19个直领地都是以一定的期限出租给一个人。大多数修道院直领地的承租人是当地的乡绅。修道院在出租直领地的同时,也把征收什一税的权利转让给租地的乡绅,这使得修道院地产越来越类似于乡绅地产。伊丽莎白一世时期,一些富裕的乡绅获得什一税收入,例如莱斯特郡弗斯顿(Foston)庄园的乡绅威廉·方特(Sir William Faunt)获得了罗伊斯比(Lowesby)教区长管辖的土地,这块土地曾经是巴顿·雷萨斯(Burton Lazars)修道院的地产,威廉每年从什一税中抽取130英镑。[1] 16世纪30年代之前大部分修道院直领地和什一税都已租给世俗人,大部分承租人是当地乡绅,其中一些杰出者成为修道院管理层,例如,一些人通常同时是几所修道院的管家,从中获得相当可观的收入。因此,这些世俗修道院管理者多年以来非常熟悉当地修道院地产的情况,一旦修道院解散、大批教会地产流入土地市场,这些熟悉内情者会在第一时间购买各方面条件都比较好的土地。[2] 以林肯郡为例,当地的许多乡绅在修道院解散之前是修道院地产的管理者,修道院的解散使他们"近水楼台先得月",通过购买教会地产的方式不断扩大和集中土地。[3]

据萨文(Alexander Savine)教授统计,在亨利八世时期第一次转让的修道院土地中,贵族获得14%,廷臣和官吏获得18%,乡绅获得21%。[4] 贵族和官吏所获得的修道院土地经过多次转让后,大部分落入乡绅手里。以诺福克郡为例,尽管贵族在一定程度上获得了修道院土地,但乡绅是获得教会土地最多的阶层。如表2-1所示,1545年王室拥有的庄园数量是1535年的3倍多。到了1555年,随着王室对修道院土地的出

---

[1] William George Hoskins, *The Age of Plunder: King Henry's England 1500 – 1547*, pp. 129 – 130.
[2] William George Hoskins, *The Age of Plunder: King Henry's England 1500 – 1547*, p. 131.
[3] Gordon Edmund Mingay, *The Gentry: The Rise and Fall of a Ruling Class*, p. 45.
[4] Joan Thirsk, *The Agrarian History of England and Wales*, Vol. IV, 1500 – 1640, p. 352.

售,王室拥有的庄园数量仅仅比 1535 年多 32 个,贵族庄园多了 31 个,教会庄园多了 57 个,而乡绅庄园多了 174 个。可见,诺福克郡修道院的 263 个庄园被王室没收后,约 2/3 落入当地乡绅之手。

表 2-1 1535 年、1545 年和 1555 年诺福克郡庄园数量分布

单位:个

年份	王室	贵族	乡绅	教会	修道院	其他	总计
1535	41.5	143.5	977	43	263	59	1527
1545	126.5	188	1093.5	86	—	33	1527
1555	73.5	174.5	1151	100	—	28	1527

资料来源:William George Hoskins, *The Age of Plunder: King Henry's England 1500 - 1547*, p.137。

乡绅通过参与土地买卖取得了显著的经济地位,尤其是王室与修道院土地的出售增强了他们的实力。[①] 自 15 世纪以来,乡绅所持有的土地比例一直上升,逐渐超过了贵族。如表 2-2 所示,1436 年乡绅持有的土地占全国土地总面积的 25%,到了 1690 年,乡绅持有的土地面积已占到全国土地总面积的 45% ~50%。

表 2-2 1436 年和 1690 年英格兰各类地产所有者所占有的土地份额

地产所有者	1436 年	1690 年
大地产主	15% ~20%	15% ~20%
乡绅	25%	45% ~50%
约曼	20%	25% ~33%
教会和国王	25% ~35%	5% ~10%

资料来源:Gordon Edmund Mingay, *The Gentry: The Rise and Fall of a Ruling Class*, p.59。

约曼上升为乡绅是伊丽莎白一世时期的典型特征,16 世纪末英国历史学家托马斯·富勒(Thomas Fuller)对约曼有过生动的描述:"一

---

① John E. Martin, *Feudalism to Capitalism: Peasant and Landlord in English Agrarian Development*, p.130.

个杰出的约曼，就是一位款步而至的乡绅。"① 一些约曼虽然自己没能进入乡绅行列，但经过他们的一番努力，他们的后代成为乡绅。例如，诺福克郡的汉弗莱·贝孟德（Humphrey Bemond）是伊丽莎白一世时期的约曼，他的儿子后来成为乡绅；萨塞克斯郡的怀特家族（Whites）、科林斯家族（Collinses）以及考伯斯家族（Combers）都是在这一时期由约曼上升为乡绅的。②

当时乡绅跻身贵族还只是一种少数人的擢升，约曼取得乡绅称号却是相当普遍的现象。对此，托马斯·富勒描写道："约曼是盛产乡绅的矿石，经过提炼就能成为乡绅。"③ 可以说，乡绅是约曼的延伸体，因为没有英国的约曼，就不会有英国的乡绅。约曼即大农，他们和乡绅一起组成乡村社会的中间阶层，以后还有投资土地的商人等加入，可称他们为"大农—乡绅阶层"，其实就是农业资本家阶级。④

大农—乡绅阶层已经不是那种满足于轮作制和敞田制村庄共同体的农民，他们对面粉、羊毛等市场价格的变化有着强烈的意识，决心利用每一个机会来增加自己的利润。⑤ 他们渴望对土地更加专有的利用，纷纷要求打破敞田制的束缚，完全按照自己的意愿从事农业生产。打破敞田制最有效的办法就是"圈地"。以往人们认为圈地运动完全是由领主发起的，事实上，圈地运动是由那些个体力量已经充分发展壮大之后的农民发起和推动的。对传统土地产权的冲击是一个渐进的过程，也是农民个体力量日积月累的发展过程。正如侯建新教授所言，"一切根本性的社会变革都是当变革成为人们普遍的迫切需要并且要求变革的人们的物质力量和精神力量积累到一定程度时，才可能实现"。⑥ 可以说，正是这些个体力量成长之后的农民推动了英国土地产权变革。

---

① Richard Henry Tawney, *The Agrarian Problem in the Sixteenth Century*, p. 35.
② Mildred Campbell, *The English Yeoman under Elizabeth and the Early Stuarts*, p. 39.
③ Gordon Edmund Mingay, *The Gentry: The Rise and Fall of a Ruling Class*, p. 6.
④ 侯建新：《圈地运动与土地确权——英国16世纪农业变革的实证考察》，《史学月刊》2019年第10期。
⑤ 侯建新：《富裕佃农：英国现代化的最早领头羊》，《史学集刊》2006年第4期。
⑥ 侯建新：《现代化第一基石——农民个人力量与中世纪晚期社会变迁》，第31页。

第二节 农民土地确权的方式与规模

都铎时期，英国农民通过圈地的方式确定其土地产权归属。长期以来，农民圈地一直被学界所忽视。事实上，农民是圈地运动的主导者和推动者。英国农民自发地整合分散的条田，揭开了农村土地确权的序幕。随着富裕农民群体的出现，大农—乡绅阶层在土地确权进程中的主导作用愈发明显。从圈地运动的核心地区——米德兰地区的圈地规模来看，农民是英国农村土地确权的主力。

一 农民土地确权的方式

都铎时期，英国农民主要通过累进式圈地、统一财产权利圈地以及协议圈地的方式来确定自己的土地产权归属。

（一）累进式圈地（enclosure by piecemeal）

累进式圈地是指整合现有的土地资源，通过小规模的圈地把分散的小块土地围圈成一大块，进而明确土地的产权归属。

根据所圈占的土地类型不同，累进式圈地又分为互换条田和蚕食荒地。对于条田而言，个体农民较多采用与邻居互换条田的方式圈地。敞田制的特点是每个人都持有一部分肥沃土地和一部分贫瘠土地，这样可以令每个人持有公平的土地，但同时也给个人的耕种带来不便。为了克服这种不便，出现了互换条田的圈地方式。如果在同一块田地中，A 的条田挨着 B 的条田，互换条田对他们二人都有利。如果 A 和 B 的土地都挨着 C，那么 C 就会想办法用他位于别处的土地与 A 和 B 交换，以使自己的土地连成一片。这种圈地方式实际上是个人与他人土地界线的重新划分。在庄园里，每个农民所持有的耕地面积都有一个精确的陈述，个体农民通过"与邻居互换条田，把之前分散的土地集中到一块土地上，独自占有这块土地"。[①] 农民之间互换条田可以把他们分散的土地集中到一块土地上，独自占有这块土地，明确这块土地的产权归属。

---

① Richard Henry Tawney, *The Agrarian Problem in the Sixteenth Century*, pp. 152 – 153.

农民互换条田是通过土地转让进行的。英格兰农民早在中世纪就已拥有稳定的"占有权",能够进行土地转让。作为土地转让的主体,农民之间可以在平等协商、自愿、有偿的条件下出租、互换土地经营权,土地转让的价格由当事人协商确定。到了16世纪,佃农为了日常耕作的便利,往往通过互相租种彼此条田的方式把条田合并集中。[1] 例如,在萨福克郡的格勒斯顿(Gorleston)庄园,一个习惯佃农(customary tenant)把他所持有的12英亩土地的一半租给另外8个佃农,与此同时,他自己又从别处获得8块土地。无独有偶,科隆德尔(Crondal)庄园的理查德·维斯顿(Richard Wysdon)在圈占半维尔盖特[2]土地的同时,把2.5英亩土地租给休·斯文(Hugh Sweyn)。亨利·西蒙德(Henry Simmond)也租种了理查德的土地,他把自己持有的8英亩土地与马蒂尔德·胡斯(Matilda Huthe)交换。值得注意的是,同一个佃农在租出一部分土地的同时又从别人那里租入一部分土地,交易完成后他所持有的土地基本上与之前一样多,只不过排列方式不一样。追求条田的不同排列方式是土地交易的动机之一,用一种更紧凑的、更易管理的土地取代分散的条田,使土地产权明确属于自己。事实上,都铎时期的土地持有比13世纪要紧凑得多。土地朝紧凑的方向发展是一种趋势,这使得打破敞田制成为可能。[3]

现存的契约证明农民之间互换条田在都铎时期非常流行。一个来自大法官法庭的案例显示,北安普敦郡的约曼尼古拉斯·杰克逊(Nicholas Jackson)与别人互换条田是为了更好地安置他位于其他地方的土地;林肯郡伊夫顿(Evedon)庄园的约曼约翰·索普(John Thorpe)与乡绅丹尼尔·哈比(Daniel Harbye)于1602年互换条田是为了更好地耕种他自己的土地,通过这种交换,索普把他分散在整个庄园的许多小块土地合并为两大块。[4] 约翰·恰托克(John Chattock)和约翰·奈特(John Knight)都是沃里克郡的约曼,他们互换1.5英亩土地,一块在公地上,另一块在

---

[1] Joan Thirsk, *English Peasant Farming: The Agrarian History of Lincolnshire from Tudor to Recent Times*, p. 14.
[2] 1维尔盖特相当于20~40英亩,半维尔盖特相当于10~20英亩。
[3] Richard Henry Tawney, *The Agrarian Problem in the Sixteenth Century*, pp. 164-165.
[4] Mildred Campbell, *The English Yeoman under Elizabeth and the Early Stuarts*, pp. 100-101.

最近围圈的土地上。他们互换条田是为了能使自己的土地连成一块,这种交换对双方都有利。①

在佃农互换条田的过程中,庄园法庭扮演了特殊的角色。一方面,庄园法庭和习惯法保障领主的政治统治和经济收入,佃农之间互换条田必须征得领主的同意。根据封建土地保有制,英格兰大部分土地最终的保有形式都是维兰(农奴)保有。② 农奴从领主那里保有土地,需要为领主提供特定的劳役或服务。15 世纪,农奴保有制转变为公簿持有制。16 世纪,佃农的主体是公簿持有农,公簿持有农虽然已经是自由身份,但公簿持有地仍然是不自由土地,土地上承载着一定的役务,例如要向领主缴纳地租和入地费(entry fine)。为了保障领主的政治统治和经济收入,公簿持有地的转让必须得到领主的许可,并在庄园法庭完成特定的交付仪式。③ 从多起土地转让案例可以看出,只要庄园管家认为土地的受让人足以负担土地上的役务,土地转让通常是被许可的,很少遭到领主或管家的反对。④ 同样,涉及佃农土地的交换也要通过庄园法庭并履行相应的法庭手续。例如,1548 年沃顿(Whaddon)庄园法庭记载了这么一则互换条田的案例:"农场主亨利·朗(Henry Long)和庄园里的一些佃农达成协议,亨利圈占了佃农们所持有的位于阿米德(Almed)的 14 英亩土地,作为交换,佃农们圈占了亨利位于朗朗德(Longlond)和耶特(Yate)的 14 英亩土地。庄园领主同意并批准了亨利和佃农们互换土地。"⑤

另一方面,为了保障互换条田双方的利益,互换条田需要在庄园法庭登记。通常,庄园法庭需要将互换条田的位置和数量登记在案,例如,上

---

① Mildred Campbell, *The English Yeoman under Elizabeth and the Early Stuarts*, p. 101.
② 〔英〕梅特兰:《英格兰宪政史》,李红海译,第 23 页。
③ 公簿持有农把他的公簿持有地正式交还给庄园领主,如果领主不出席的话,则交还给庄园管家。交还通常象征性地由佃户把一根权杖交付给管家,在交还仪式完成之后,由管家记录在法庭案卷中。在交还完成之后,受让者必须出席法庭并正式"接纳"土地。在接纳土地时佃户需要向领主支付一笔入地费,并获得一份关于他的保有地的庄园案卷副本。同时,他也要向庄园管家支付一笔费用,他对土地的接纳也记录在法庭案卷中。参见 Benaiah W. Adkin, *Copyhold and Other Land Tenures of England*, London: The Estates Gazette Ltd., 1911, pp. 101 – 103.
④ Richard Henry Tawney, *The Agrarian Problem in the Sixteenth Century*, pp. 85 – 86.
⑤ Eric Kerridge, *Agrarian Problem in the Sixteenth Century and After*, p. 112.

述案例中亨利用位于朗朗德和耶特的 14 英亩土地换了佃农们位于阿米德的 14 英亩土地。此外，将土壤类型和土地产权登记在案也是非常必要的，尤其是不同种类的保有地互换。在敞田制下，不同种类的保有地通常混杂在一起或彼此相邻。① 这种情况使得互换条田很可能出现不同种类保有地的互换。例如，据布莱姆希尔（Bremhill）庄园法庭案卷记载，"伊丽莎白一世 21 年（1578 年）10 月 2 日，该庄园的一个名叫约翰·休斯（John Hewes）的自由持有农同意与领主的习惯佃农交换土地，约翰用他的黏土地交换习惯佃农位于克林山地（Cling Hill）的同等数量的土地。他被允许围圈他在克林山地的土地，条件是他本人及其继承人永远不得在庄园公地上放牧。为了确认，约翰将这一协议拿在他手中，同时也记录在庄园法庭案卷中"。② 在这则案例中，自由持有农约翰和习惯佃农交换的很可能是不同种类的保有地。③ 不同种类保有地的交换需要有特殊的保证，这一保证必须在开始互换时就议定好，以免日后发生纠纷。④

虽然布莱姆希尔庄园法庭仅记录了双方交换的土壤类型，并没有对互换后的土地产权做进一步说明，但"所有权"（title）的变更毋庸置疑。根据 1607 年埃克塞特手稿的记载，南提延（South Teign）庄园习惯规定佃农有权利彼此之间互换土地，并且不需要为了互换"所有权"而向领主缴纳一笔罚金。⑤ 司法实践中，在表示权利人对权利的享有或权利归属时，"title"与"ownership"是同义词。⑥ 假如 A 持有一块自由土地，B 持有一块公簿持有地，A 与 B 互换"所有权"即原属于 A 的自由土地现在属于 B，原属于 B 的公簿持有地现在属于 A。互换"所有权"完成了交

---

① Mildred Campbell, *The English Yeoman Under Elizabeth and the Early Stuarts*, p. 119.
② Eric Kerridge, *Agrarian Problem in the Sixteenth Century and After*, p. 165.
③ 土地的保有性质和佃农的身份并不总是一致的。一个人可能在同一个庄园中同时持有自由地和公簿地，或在一个庄园持有自由地，在另一个庄园持有公簿地。参见 Jane Whittle, *The Development of Agrarian Capitalism: Land and Labour in Norfolk 1440 – 1580*, p. 30; Mildred Campbell, *The English Yeoman under Elizabeth and the Early Stuarts*, p. 119。
④ Eric Kerridge, *Agrarian Problem in the Sixteenth Century and After*, pp. 107 – 108.
⑤ Mildred Campbell, *The English Yeoman under Elizabeth and the Early Stuarts*, p. 101.
⑥ "ownership"一词国内一般将其译为"所有权"，但就其在英国土地法上的本来含义而言，这一词语强调的是保有人对土地上各种具体权利的拥有，是一个归属意义上的概念，与大陆法上所有权强调权利人对客体的支配有很大的差异。参见咸鸿昌《英国土地法律史——以保有权为视角的考察》，第 249 页。

割过户，但土地的保有性质并没有因此改变。这是因为，对于领主而言，土地上承载了佃农的各种役务，尤其是有期限的公簿持有地，领主可以在租约到期后提高租金或收取一大笔入地费。领主出于经济利益考虑，不会同意佃农随意把公簿持有地转变为自由持有地。事实上，直到议会圈地时期，圈地后土地的保有性质都没有发生任何变化。①

通过互换条田，个体农民分散的条田逐渐合并成一大块。一个农民所持有的土地由过去互相离得很远变为彼此紧挨着，形成几英亩的大块。16世纪庄园地图绘制者为了表明这一点，把相邻的、同属于一人的条田用大括号括起来。王室土地调查员在描写某人的持有地时，不再用"位于A地和B地之间"和"位于F地和S地之间"这样的措辞，而是说它们在某个地方"排列在一起"，以表示新的变化。② 在一些地图中可以发现12块或20块条田被合并到一起属于一个人，有时调查报告显示16英亩或20英亩土地被合并在一起。10英亩大的土地的额外收益就足以支付竖立篱笆和挖沟圈地的费用了。当佃农持有的条田足够多，差不多达到10英亩时，圈地的一大障碍被清除了。③ 个体农民通过与邻居互换条田，在敞田中形成一块块被圈占的土地，从而冲击和破坏了共同体耕作制度。对此，侯建新教授给予了高度评价："没有这样普遍的基础性的田制改造，圈地运动是不可想象的。"④

除了互换条田之外，另一种累进式圈地是蚕食荒地。农民对荒地的蚕食是一种自然的、不可避免的现象。随着人口的增多，在一些庄园中，农民如果不扩大持有地就无法继续维持体面的生活。这样一来，庄园人口开始向习惯土地⑤和荒地的边缘移动，他们开始通过开垦荒地使自己的耕地面积增加。⑥ 农民对荒地的圈占需要得到庄园领主的许可，并在庄园法庭

---

① 在18世纪议会圈地判定书中明确规定圈地后不改变土地保有性质，参见1765年白金汉郡沃德斯登（Waddesdon）教区圈地判定书。
② 侯建新：《现代化第一基石——农民个人力量与中世纪晚期社会变迁》，第215页。
③ Richard Henry Tawney, The Agrarian Problem in the Sixteenth Century, pp. 163 – 164.
④ 侯建新：《圈地运动与土地确权——英国16世纪农业变革的实证考察》，《史学月刊》2019年第10期。
⑤ 习惯土地指的是佃农的习惯保有地，大多是公簿持有地。
⑥ Richard Henry Tawney, The Agrarian Problem in the Sixteenth Century, p. 89.

登记。某些封建庄园存在这样的习惯，即农奴可对部分荒地进行围圈利用，直至该荒地被开垦和耕作，这种方式被称为"合法蚕食荒地"。[1] "合法蚕食荒地"的特点是佃农需要向领主支付一笔费用来获得圈占荒地的许可，并且在圈地之后还要向领主缴纳租金。[2] 早在中世纪时，佃农就已开始"合法蚕食荒地"，庄园管家把佃农圈占的荒地详细记录在庄园法庭案卷中。例如，根据兰开夏郡哈默特（Halmote）庄园法庭的记载，1324年1月18日，约翰·德·布莱德斯威尔（John de Briddeswail）圈占半英亩荒地的入地费为6便士，年租金为2便士；1324年5月7日，理查德·勒·斯金纳（Richard le Skinner）圈占4英亩荒地的入地费为6便士，年租金为6便士。[3] 到了16世纪，佃农"合法蚕食荒地"更是屡见不鲜。以什罗普郡为例，据庄园法庭案卷记载，1593年在布雷斯（Prees）庄园和维特彻尔奇（Whitchurch）庄园的荒地上，佃农圈占了133.75英亩土地；在克雷文（Craven）庄园，一些习惯佃农和自由持有农圈占了部分荒地；根据1602年的调查，奥斯韦斯奇（Oswestry）庄园共有669.25英亩荒地被圈占，其中大部分是由习惯佃农和自由持有农零星圈占的。[4] 事实上，佃农的"合法蚕食荒地"属于契约租地。在契约规定的期限内，契约租地农的土地权利是相当稳定的，领主不得将他们从土地上赶走。[5] 可见，佃农圈占荒地在庄园法庭登记是对其土地权利的确认，也是其安全占有土地的凭证。

当然，也有未经领主许可就擅自圈占荒地的情况。例如，一个佃农偷偷把荒地圈入自己的保有地中，既没有在庄园法庭登记，也没有向领主缴纳任何租金，这种行为被称为"非法蚕食荒地"。[6] 对于"非法蚕食荒地"，领主有权强制收回。例如，16世纪末在兰开夏郡沃德利（Wardley）庄园，一旦证明一些圈地是未经领主许可的"非法蚕食荒地"，庄园领主

---

[1] 薛波主编《元照英美法词典》，第709页。
[2] Richard Henry Tawney, *The Agrarian Problem in the Sixteenth Century*, p. 87.
[3] Richard Henry Tawney, *The Agrarian Problem in the Sixteenth Century*, p. 88.
[4] G. C. Baugh, ed., *The Victoria History of the County of Shrop*, Vol. 4, p. 127.
[5] 侯建新：《圈地运动前英国封建保有地的蜕变》，《世界历史》2018年第1期。
[6] 根据《元照英美法词典》，"encroach"指非法取得或侵占他人的土地、财产或权力。参见薛波主编《元照英美法词典》，第471页。

有权立即推倒圈地篱笆并把它们重新开放为荒地。① 又如，据1649年议会调查员对布罗姆菲尔德（Bromfield）庄园和盖尔（Gale）庄园领主权的调查报告显示，佃农圈占的荒地重新回到领主手中，因为他们对这些荒地的圈占没有经过领主许可。②

约曼往往也采用蚕食荒地的方式，他们或是在荒地和森林的边缘蚕食一小块土地，或是把他们的栅栏移动几英尺从国王大道上圈占一窄条土地。③ 一些约曼因非法蚕食荒地而被起诉：1572年埃塞克斯郡的约曼威廉·索雷尔（William Sorell）被起诉是因为他在女王的道路上放置了三个篱笆门；萨塞克斯郡的约曼乔治·萨普森（George Sampson）被起诉是因为他竖立了一个篱笆门挡住了国王的道路；约克郡的约曼克里斯托弗·格林（Christopher Greene）被起诉是因为他在国王的道路上进行耕种；赫特福德郡约曼威廉·伯汉姆（William Boreham）被起诉是因为他圈地用的篱笆和栏杆挡住了道路。④

从农民的累进式圈地可以看出，都铎时期英国农民的圈地活动大部分是在法律的规范下进行的。农民无论是互换条田还是蚕食荒地，都需要得到领主的许可并在庄园法庭登记。庄园法庭案卷记录了农民圈地的过程，并把所圈土地的完整信息记录在案，包括土地的位置、数量、土壤类型以及土地产权等。法庭案卷记录既是佃农土地权利的重要凭证，也是解决日后可能发生的土地纠纷的重要依据。

（二）统一财产权利圈地（unity of possession）

统一财产权利圈地即一个人买下一块土地以及土地上的公共权利，然后围圈土地并消除土地上的公共权利。⑤ 统一财产权利圈地适用于土地以及土地上的公共权利属于同一个人的情况，大农—乡绅阶层往往倾向于采

---

① William D. Shannon, *Approvement and Improvement in Early-Modern England: Enclosure in the Lowland Waste of Lancashire c. 1500 – 1700*, A Thesis Submitted in Fulfilment of the Degree of Doctor of Philosophy, University of Lancaster, 2009, p. 297.
② Richard Henry Tawney, *The Agrarian Problem in the Sixteenth Century*, p. 284.
③ Mildred Campbell, *The English Yeoman under Elizabeth and the Early Stuarts*, p. 87.
④ Mildred Campbell, *The English Yeoman under Elizabeth and the Early Stuarts*, p. 93.
⑤ Mark Overton, *Agricultural Revolution in England*, *The Transformation of the Agrarian Economy 1500 – 1850*, Cambridge: Cambridge University Press, 1996, p. 156.

用这种圈地方式。

以莱斯特郡的考特斯巴赫（Cotesbach）庄园为例，1596年，伦敦亚麻布商约翰·夸尔斯（John Quarles）买下该庄园后准备把敞田围圈起来。在圈地过程中，主要的障碍并不是习惯佃农，而是自由持有农。因为对于习惯佃农而言，他们的土地权利是有期限的，可以在租约期满后把土地合法收回。然而，对于自由持有农只能通过统一财产权利的方式把他们的土地全都买下来。尽管夸尔斯耗费巨资买下自由持有农的土地，但他也得到了很好的收益，该庄园圈地之前的年金是300英镑，圈地之后价值500英镑。①

更为典型的案例是白金汉郡的中克莱登（Middle Claydon）庄园，该庄园属于弗尼（Verney）家族。到1625年，弗尼家族已把村里的小自由持有地全部买下。有意思的是，当弗尼家族非常活跃地在中克莱登庄园通过统一财产权利圈地时，他们费尽心思地阻挠查洛纳（Challoner）家族在上克莱登（Steeple Claydon）庄园圈地，理由是如果更多已围圈的土地出现在当地土地市场，他们的土地租金可能会下降。于是，弗尼家族通过购买几亩土地以及在公地放牧奶牛的权利，阻止了查洛纳家族通过统一财产权利在上克莱登庄园圈地，使该庄园圈地推迟了120年。②

（三）协议圈地（enclosure by agreement）

协议圈地的法律基础很简单，如果每个土地利益相关者均同意圈地，那么圈地就可以通过协议的方式进行。③ 自16世纪中叶起，按照协议进行的圈地逐渐占据主流，大多数圈地都是以协议方式进行的。④

协议圈地分为几种。第一种是佃农通过与领主协商，在得到领主的许可后圈地。例如，根据大法官法庭的记载，在1547~1567年的某个庄园

---

① Mark Overton, *Agricultural Revolution in England, The Transformation of the Agrarian Economy 1500–1850*, p. 157.
② Mark Overton, *Agricultural Revolution in England, The Transformation of the Agrarian Economy 1500–1850*, pp. 157–158.
③ David Brown & Frank Sharman, "Enclosure: Agreements and Acts," *The Journal of Legal History*, Vol. 15, No. 3, 1994, p. 269.
④ Joan Thirsk, *The Agrarian History of England and Wales*, Vol. Ⅳ, 1500–1640, p. 254; J. A. Yelling, *Common Field and Enclosure in England 1450–1850*, p. 22.

里，领主在一些贫穷佃农的恳求下，允许一部分佃农圈占他们茅舍附近的几英亩荒地，以此来增加收入。① 又如，在多赛特郡的艾沃纳（Ewerne）庄园，习惯佃农在得到领主许可后在敞田上圈地。他们把敞田铲平之后再把分散的条田集中到一起，每个佃农都持有属于他自己的土地。在1568年萨默塞特郡的穆德福德（Mudford）庄园，也出现了类似的协议圈地现象。② 此外，在亨廷顿郡的基斯顿（Keyston）庄园，契约租地农在得到该庄园领主埃塞克斯伯爵的同意后，于1589年围圈公地。③ 在林肯郡的诺斯·凯尔西（North Kelsey）教区，由于自由持有农的土地不便于耕作，他们在1591年和领主协商后，在领主的同意下圈占土地。④ 有些时候，佃农需要答应领主一些条件方可圈地。1578年布莱姆希尔庄园法庭案卷记载："庄园领主爱德华·贝顿（Edward Baynton）和他的佃农达成协议，佃农可以圈占位于福克斯汉姆（Foxeham）和埃文（Aven）的公地，佃农之间也可以互换土地。条件是圈地佃农需要每年向爱德华和他的妻子在每雅德兰土地上缴纳一蒲式耳大豆。"⑤

第二种是村庄集体协议圈地。在一些地区，圈地既不是由个别领主进行的，也不是由个别农民进行的，而是由整个村庄集体协议进行的。典型的集体协议圈地是圈占公地。除了米德兰中部以外，英格兰其他地方的公地通常是在所有佃农的一致同意下圈占的。例如，1589年，在约克郡的布莱福德沼泽（Bradford Moor）地区，所有佃农在沼泽地集合，他们在协商一致后同意圈地。⑥ 在土地分配方式上，基本上是按照佃农在庄园中所持有的耕地面积比例分配围圈后的土地。例如，1635年，在林肯郡的赫金顿（Heckington）庄园，全体村民一致同意圈占沼泽地（fen）。这块沼泽地一共1733英亩，分配方式是每英亩耕地分配一英亩沼泽地，每一间

---

① Eric Kerridge, *Agrarian Problem in the Sixteenth Century and After*, p. 96.
② D. M. Palliser, *The Age of Elizabeth: England Under the Later Tudors 1547 – 1603*, London and New York: Longman, 1983, p. 179.
③ William Page, ed., *The Victoria History of the County of Huntingdon*, Vol. 2, London: The St. Catherine Press, 1932, p. 89.
④ William Page, ed., *The Victoria History of the County of Lincoln*, Vol. 2, Folkestone: William Dawson & Sons Ltd., 1988, p. 326.
⑤ Eric Kerridge, *Agrarian Problem in the Sixteenth Century and After*, p. 113.
⑥ Joan Thirsk, *The Rural Economy of England, Collected Essays*, p. 68.

茅舍和住宅分配 5 英亩沼泽地，分配给茅舍农的土地尽量靠近城镇。① 这种集体协议圈地方式反映了村庄共同体的自治传统。这些村民曾有中世纪村庄共同体合作生活的长期训练，有相当程度的自治能力。② 此外，集体协议圈地能够照顾到所有农民的利益，普遍受到农民的欢迎。

集体协议圈占公地有一个特殊情况，就是圈占盐沼地。在此，以林肯郡为例。林肯郡是一个土壤类型多样的郡，除了低位沼泽（fenland）之外，还有与之物理特征相似的土壤——高位沼泽（marshland）。③ 林肯郡的沼泽地是一条由黏土（clay）和盐沼（saltmarsh）构成的 10 英里宽的地带，从亨伯河（Humber）入海口的海岸一直延伸到威因夫利（Wainfleet）教区海岸，几乎到霍兰德（Holland）教区的边界上。它在地理上分为两部分，一个是位于丘陵旁边的由泥砾土构成的中部沼泽，另一个是位于海岸上的由海积淤泥构成的盐沼。④

为了能够更好地利用盐沼地，林肯郡滨海教区几乎达成共识：由当地乡绅进行开垦。因为开垦盐沼地需要花费巨资，并且充满各种风险，唯有乡绅具备这样的经济实力。开垦盐沼地意味着圈地，用防波堤把它围圈起来能够使它免遭季节性的潮水侵蚀，从而得到更好的保护和利用。经过协商，领主、佃农和公权持有者（commoners）一致同意乡绅把围圈后的高质量盐沼地以高租金租出，与此同时，较为贫瘠的用作公地直到它成熟。⑤ 以泰特尼（Tetney）教区为例，该教区是林肯郡沿海地区最大的教区之一，在它的新老防波堤之间是一块盐沼地，经历了两代人的开垦，共经历了三个阶段：第一个阶段是涨潮线和落潮线之间的沼泽地；第二个阶段是海水退潮后，建立在海滩上的盐丘（saltcotes）；第三个阶段是用防波

---

① Joan Thirsk, *English Peasant Farming: The Agrarian History of Lincolnshire from Tudor to Recent Times*, p. 116.
② 侯建新：《圈地运动与土地确权——英国 16 世纪农业变革的实证考察》，《史学月刊》2019 年第 10 期。
③ marshland 指不断受到潮水侵袭的土地，并且营养丰富、更受欢迎；fenland 指低的、平的湿地。
④ Joan Thirsk, *English Peasant Farming: The Agrarian History of Lincolnshire from Tudor to Recent Times*, p. 49.
⑤ Joan Thirsk, *English Peasant Farming: The Agrarian History of Lincolnshire from Tudor to Recent Times*, p. 67.

堤围圈起来并被永久开垦的盐沼地。经历了三个阶段的开垦并被永久围圈的土地共有三块，分别被称为纽顿（Newton）沼泽、莱斯卡斯尔（Lescastles）沼泽和南（South）沼泽，总共1000英亩，每英亩价值5先令。纽顿沼泽的151英亩被小溪分为4个牧场，为3个大地产主——文森特·谢菲尔德（Vincent Sheffield）、爱德华·莱肯（Edward Lacon）和托马斯·斯凯格内斯（Thomas Skegness）所保留，因为富有的大地产主是沼泽地的主要承租者。教区居民被允许从3月中旬到圣马丁节（11月11日）在纽顿沼泽放牧他们的牛和马，但在任何时候都不能把他们的羊留在那里。莱斯卡斯尔沼泽每英亩价值3先令4便士，以5~15英亩大小的地块租出去。南沼泽的544英亩作为所有居民的公地，每英亩价值6便士。涨潮线和落潮线之间的刚刚开始成熟的沼泽地也被租出，正如纽顿沼泽一样，420英亩刚开始成熟的纽顿沼泽为文森特·谢菲尔德、爱德华·莱肯和托马斯·斯凯格内斯所保留，每英亩价值1先令。刚开始成熟的卡斯尔（Castle）沼泽、弗利特（Fleet）沼泽和南沼泽总共200英亩作为所有佃农的公地，其每英亩价值仅2便士。①

在其他教区，沼泽地开垦跟泰特尼教区仅有细微差别。16世纪，在克罗夫特教区，经过三个阶段开垦后的沼泽地共有1569英亩，所有这些都位于老防波堤之外。被新防波堤保护的是淡水沼泽，因其成熟度不同分为两种，其中一种被称为老沼泽（old marsh），共95英亩，出租给5个佃农，包括大地产主爱德华·莱肯在内；另外的495英亩被称为新沼泽（new marsh），租给了20个佃农。在淡水沼泽之外是盐沼，共964英亩，没有防波堤保护，每英亩价值4便士。比这更远的是另外15英亩沼泽地，四周都被水环绕，但显然也被使用，因为它也以同样的价格被租出。②

从林肯郡的案例可以看出，对于公地的圈占，往往采用村庄集体协议圈地的方式。尤其是那些需要经过开垦之后才能够充分利用的沼泽地，村

---

① Joan Thirsk, *English Peasant Farming: The Agrarian History of Lincolnshire from Tudor to Recent Times*, pp. 64-65.
② Joan Thirsk, *English Peasant Farming: The Agrarian History of Lincolnshire from Tudor to Recent Times*, p. 65.

庄内部也达成共识,由具有经济实力的乡绅进行开垦,同意其把开垦后的高质量沼泽地以高租金租出,与此同时,相对贫瘠的沼泽地为其他村民保留,作为公地使用。这一做法既能够使沼泽地得到充分的开发和利用,也明晰了沼泽地的使用权,同时也照顾到其他村民的利益。

第三种协议圈地是由大佃户主导的多方协议圈地。在涉及整个教区范围的圈地时,往往更倾向于采用由大佃户主导的多方协议圈地方式。这种圈地方式在都铎晚期尤为盛行,在此,以北安普敦郡的两个多方协议圈地为例。

案例一:1596年4月16日,由大佃户主导的十一方达成圈地协议。弗朗西斯·特雷瑟姆(Francis Tresham)是骑士托马斯·特雷瑟姆(Thomas Tresham)的儿子和继承人,代表他父亲和自己作为协议的第一方;绅士约翰·里德(John Reade)作为第二方;伦敦市约曼劳伦斯·罗杰斯(Laurence Rogers)作为第三方;牧师威廉·吉尔伯特(William Gilbert)作为第四方;约曼小爱德华·沃尔波尔(Edward Walpole)作为第五方;约曼罗伯特·莫耶(Robert Moyer)作为第六方;约曼威廉·勒内尔(William Lynnell)作为第七方;约曼托马斯·沃尔波尔(Thomas Walpole)作为第八方;老爱德华·沃尔波尔(Edward Walpole)作为第九方;约曼约翰·帕克(John Parker)作为第十方;理查德·韦尔奇(Richard Welch)的遗孀弗朗西丝·韦尔奇(Frances Welch)以及他们的儿子威廉·韦尔奇(William Welch)作为第十一方。①

协议具体内容如下。首先,所有各方同意他们及其继承人单独占有分配给他们的位于北安普敦郡哈塞尔巴什(Haselbeech)教区的土地。其次,由弗朗西斯·特雷瑟姆负责为分配给所有其他各方的土地竖立篱笆,并且用沟壑、树篱把分配给其他各方的土地与他或他父亲占有的土地分开,这一工作从协议达成后开始进行,在两年内完成。再次,关于什一税的折算,所有各方都能够独自占有分配给他们的土地,不用缴纳任何什一税或以任何其他方式支付什一税。最后,弗朗西斯·特雷瑟姆的继承人或遗嘱执行人能够租赁哈塞尔巴什教区的教会房屋,租金是每雅德兰每年

---

① Eric Kerridge, *Agrarian Problem in the Sixteenth Century and After*, p. 174.

20先令，在当年的支付日也就是圣米歇尔节支付。①

从案例一可以看出，圈地的参与者是典型的大农—乡绅阶层。对于哈塞尔巴什教区的土地分配，圈地协议书强调所有各方同意"单独占有"，明确了分配后的土地产权归属。据"由弗朗西斯·特雷瑟姆负责为分配给所有其他各方的土地竖立篱笆"，可以推测圈地可能是由他提出的，并得到该教区其他大农—乡绅的响应，也可能是他最终获得的土地最多，因此竖立篱笆的工作由他承担。他的继承人或遗嘱执行人能够以每雅德兰每年20先令的租金租赁教会房屋，可能也是通过与其他各方协商获得的额外利益。关于什一税折算的记载是该圈地协议最具有史料价值的内容，因为与18、19世纪的议会圈地相比，都铎时期的圈地史料鲜有关于什一税的记载。什一税是教会向居民征收的宗教捐税，税额往往超过纳税人收入的1/10，负担主要落在农民身上。无论土地如何频繁地买卖和转手，什一税始终向土地所有者征收，成为一种沉重的负担。该圈地协议所记载的圈地各方"不用缴纳任何什一税或以任何其他方式支付什一税"，反映了大农—乡绅阶层在都铎时期新的社会经济条件下对这种额外负担日益不满，迫切希望通过圈地废除它。这一做法也为18世纪中期后英国政府对实物什一税采取代偿方式奠定了基础。美中不足的是，该圈地协议缺少对土地分配原则和具体实施步骤的相关记载，这可能是由相关史料缺失造成的。

案例二：伊丽莎白一世40年（1597年）8月20日，在北安普敦郡，由大佃户主导的十二方达成圈地协议。拉什顿（Rushton）教区骑士托马斯·特雷瑟姆作为协议的第一方；科泰斯布鲁克（Cottesbrook）教区绅士约翰·里德作为第二方；哈塞尔巴什教区牧师威廉·吉尔伯特和他的妻子作为第三方；哈塞尔巴什教区约曼威廉·勒内尔和他的妻子作为第四方；哈塞尔巴什教区约曼老爱德华·沃尔波尔作为第五方；威尔福德（Welford）教区的约曼罗伯特·莫耶作为第六方；伦敦市约曼劳伦斯·罗杰斯和他的妻子作为第七方；布里克沃斯（Brixworth）教区约曼托马斯·厄尔布鲁（Thomas Elboroughe）和他的妻子弗朗西丝（后来改嫁给理查

---

① Eric Kerridge, *Agrarian Problem in the Sixteenth Century and After*, pp. 174–175.

德·韦尔奇），以及理查德·韦尔奇唯一的女儿和继承人伊莎贝尔·韦尔奇（Isabel Welch）共同作为第八方；哈塞尔巴什教区约曼约翰·帕克作为第九方；哈塞尔巴什教区约曼托马斯·沃尔波尔作为第十方；哈塞尔巴什教区约曼小爱德华·沃尔波尔和他的妻子作为第十一方；吉尔斯伯勒（Guilsborough）约曼亚历山大·洛弗尔（Alexander Lovell）和他的妻子作为第十二方。①

协议具体内容如下。首先，所有各方同意通过土地让与的方式把他们分散在哈塞尔巴什教区田间的各块土地整合到一块并独自占有，从今以后不再参与公共使用。其次，所有各方同意他们及其继承人从今以后继续履行土地保有义务，像从前一样支付租金和各种税收，例如济贫税等。再次，所有各方都同意在一条被称为纳西比路（Naseby Way）的田间道路上享有公共放牧权，并在另一条被称为哈伯路（Harborough Way）的道路上享有过路权，这条路能通往哈利维尔泉（Hallyewell Spring）。这两条道路以及其他道路需要维修，所有各方及其继承人需要根据他们所持有的土地数量比例承担费用。最后，哈塞尔巴什教区田地上有一口叫作查德维尔（Chawdwell）的泉水，所有居民和土地持有者都可以使用。②

从案例二可以看出，圈地的参与者也属于大农—乡绅阶层，其中大多数成员跟案例一相同。这份圈地协议记载了圈地的具体方式，即"各方同意通过土地让与的方式把他们分散在哈塞尔巴什教区田间的各块土地整合到一块"，并且强调了土地"独自占有"和"不再参与公共使用"，表明消除了土地上的公共权利，确立了私人土地产权。对于一些特殊的公共道路，则保留了公共放牧权和过路权，所有各方要根据其所持有的土地数量比例承担维修费用。此外，"所有各方同意他们及其继承人从今以后继续履行土地保有义务"，表明分配后的土地仍按照之前的保有方式持有，土地的保有性质没有改变。与案例一相同，这份圈地协议也缺少对土地分配原则和具体实施步骤的记载。

---

① Eric Kerridge, *Agrarian Problem in the Sixteenth Century and After*, p. 176.
② Eric Kerridge, *Agrarian Problem in the Sixteenth Century and After*, pp. 177-178.

除了上述三种协议圈地之外,还有一种协议圈地是委员会圈地(enclosure by commission),即圈地各方达成圈地协议后,委任公正的人组成圈地委员会来监督土地的分配和授予。圈地委员会通常由四位委员组成,有时也由六人组成,他们负责保护圈地各方——庄园领主、教区牧师、自由持有农以及小农场主的利益。其中一人是测量员,负责测量用于分配的土地以及分配新的土地。土地的分配根据之前持有的土地比例判定,考虑到土壤的不同条件,如果需要的话,山地和谷地单独分配。土地分配书通常附带着标记有新分配土地的地图,有时也包括之前的地块,然后正式写成圈地协议书作为记录保存下来。[1]

圈地委员的工作是非常尽职尽责的,这一点可以从1546年贝德方特(Bedfont)教区有关荒原土地分配的两个通知中看出。

通知一(给圈地利益相关者的通知):所有国王佃户以及其他通过荒原(heath)土地分配获得土地的人注意了,为了让你们更好地了解你们分得的土地部分和位置,六个圈地委员或他们其中的几个将会在接下来的三个星期天出现在贝德方特教区,他们被任命,并在丈量和分配土地之前宣誓。圈地协议书副本将交付给他们,他们将向你们告知和展示你们所分得土地的部分和位置。[2]

通知二(给圈地委员的通知):经过衷心的推荐,正如大法官所建议的以及国王的委员们所命令的,圈地协议书的副本交付给你们,你们或你们中的四人在接下来的三个星期天到贝德方特教区,根据圈地协议书的意图,你们向每个人通知和展示他在荒原中分得的土地部分以及位置。这就要求你们以国王的名义在刚才所说的三个星期天出现在贝德方特教区,这些人(圈地利益相关者)要求知道他们所分得的土地位于哪里,你们展示给他们看。接着,你们在这里宣布,在所说的三个星期天在贝德方特教区教堂宣读圈地,这时大多数听众尤其是上述圈地相关利益者会出席,恳请你们无论如何都要勤勉地完成这一工作。[3]

通过这两个通知可以看出,圈地委员除了需要丈量和分配土地之

---

[1] Eric Kerridge, *Agrarian Problem in the Sixteenth Century and After*, pp. 105–106.
[2] Eric Kerridge, *Agrarian Problem in the Sixteenth Century and After*, p. 166.
[3] Eric Kerridge, *Agrarian Problem in the Sixteenth Century and After*, p. 166.

外，还要根据圈地协议书向利益相关者展示他们分得的土地，这一过程充分体现了公平和公正。委员会圈地从都铎时期开始，一直延续到19世纪，基本上是以同一种方式进行的。其中，都铎时期的委员会圈地对17世纪圈地影响极大，17世纪圈地基本上是对都铎时期的完全继承，对此，我们可以从17世纪中叶的委员会圈地案例中做进一步的了解。

首先，协商一致，达成圈地意向。圈地的发起人通常是大农—乡绅阶层，以牛津郡马斯顿（Marston）教区为例，17世纪中叶，当地乡绅安顿·克鲁克（Unton Crooke）、理查德·克鲁克（Richard Crooke）以及爱德华·奥斯丁（Edward Austyn）等30多个土地产权人经协商，一致同意分割位于四块敞田上的耕地、草地以及部分公地。①

有时圈地意向的达成很顺利，有时也会出现一些反对声音。其中一些反对者并非真正为了阻止圈地，而是为了附加特定的条件或更好地讨价还价。在这些事件中，大法官通过任命委员会的方式调解矛盾，促成协议圈地达成。例如，在1618～1619年北安普敦郡的安豪（Aynho）庄园的协议圈地中，反对者认为圈地会导致耕地荒废和人口减少，对此，大法官弗朗西斯·培根任命一个委员会进行调解，保证反对荒废耕地，反对者因此同意圈地。有时，为了让反对者更放心，大法官法庭还通过颁布法令的方式规定维持耕地，例如，有的法令规定耕地不能减少，有的规定1/3或1/2的敞田仍然保留耕地，有的规定更加具体，保证保留现存的所有农业房屋。有了这样一道法令，一旦原告能证明这些规定没有被遵守以及他无法从被告对人口减少或荒废耕地的损害所做的赔偿中恢复过来，他就能够从大法官法庭获得一道进一步的法令来推翻被告的整个圈地行为。有法令作为保障，反对者往往能够打消顾虑。此外，委员会还通过提高什一税折算率的方式消除来自教区牧师的反对。② 如果庄园领主反对圈地，则需要采取一些方式说服领主。对此，烦琐的法律诉讼是说服他们最有效的方式。凯索普（Caythorpe）庄园领主爱德华·休

---

① George Norman Clark, "Enclosure by Agreement at Marston, Near Oxford," *English Historical Review*, XLII, 1927, p. 89.

② Eric Kerridge, *Agrarian Problem in the Sixteenth Century and After*, pp. 114 – 115.

斯（Edward Hussey）反对资本主义农场主提议的圈地，主要是因为圈地后他自己获得的收益非常少，部分也因为他小心谨慎的态度。于是，圈地提倡者使他陷入法律诉讼，并且让律师刻意增加诉讼程序和延长诉讼时间。在这种压力下，休斯放弃了反对意见。① 与圈地的支持者和反对者之间无休无止的讨价还价相比，大法官任命委员会进行调解提高了效率，促进了圈地意向的达成。

其次，召开一个代表圈地各方利益的会议。在会上推举和任命四位圈地委员，其中两位分别代表领主和教区牧师，另外两位代表其他产权人。② 由圈地委员对土地展开调查，有时也聘请一名土地勘测员，对教区的土地进行勘察和丈量。仍以牛津郡马斯顿教区为例，该教区聘请了一位名叫约翰·怀特宁（John Whiteing）的乡绅担任土地勘测员对上述土地实施勘察和丈量。③

再次，重新分配土地，制作圈地协议书。在马斯顿教区参与土地分配的39位产权人中，圈地协议书对其中18人之前所持有的土地数量有明确的记载，其圈地后所得份地面积跟之前所持有的土地面积成正比，也就是说，之前持有的土地数量多，圈地后所得的份地数量也多，并且，通常情况下，圈地后所得份地要比之前持有的土地面积稍微大一些。例如，据表2-3所示，乡绅爱德华·奥斯丁圈地前拥有2雅德兰公簿持有地，圈地后所得份地加起来总共95英亩左右；托马斯·维克斯、马修·兰利、威廉·格拉斯和妻子布丽奇特、约翰·沃利、理查德·帕尔内、托马斯·维卡斯、威廉·芬德尔圈地前均持有1雅德兰土地，圈地后所得份地分别为49英亩、37英亩、36英亩、49英亩、46英亩、46英亩、53英亩；约翰·霍尔圈地前拥有3/4雅德兰公簿持有地，圈地后分得31英亩份地；约翰·恩斯洛、威廉·萨特勒、柯特妮和她的儿子、威廉·巴斯圈地前均持有半雅德兰土地，圈地后所得份地分别为23英亩、19英亩、21英亩、18英亩；迈克·怀特和他的妻子简、约翰·博尔特、尼古拉斯·霍尔、

---

① Eric Kerridge, *Agrarian Problem in the Sixteenth Century and After*, p. 104.
② W. E. Tate, *The English Village Community and the Enclosure Movement*, p. 47.
③ George Norman Clark, "Enclosure by Agreement at Marston, Near Oxford," *English Historical Review*, XLII, 1927, p. 89.

约翰·罗伊德以及爱德华·克拉斯和约翰·费里曼圈地前均持有 1/4 雅德兰土地，圈地后所得份地分别为 8 英亩、9 英亩、11 英亩、12 英亩、10 英亩。或许由于史料的缺失，圈地协议没有记载乡绅理查德·克鲁克和马克·博尔特圈地前所持有的土地数量，但从他们圈地后所获得的土地面积分别为 121 英亩和 111 英亩可以推测，他们圈地前所持有的土地数量也较多。同样，庄园领主布鲁姆·霍伍德在圈地后仅分得 4 英亩土地，可能他在圈地前持有的直领地面积较小，或许大部分直领地早已租给他人。乔治·德夫、理查德·布鲁克斯在圈地后分别仅获得 1 英亩和 2 英亩土地，很有可能是因为他们之前持有的土地数量也很少。

由于马斯顿教区圈地协议书没有记载圈地前各产权人所持有的土地位置，仅记载了圈地后的份地位置，因此我们只能推断重新分配土地的依据或许是土地质量，即圈地后所分得的土地与原来所持有的土地质量差不多，或许是圈地后份地的地理位置相对于他们的房屋或居住地来说最便利。关于圈地后所得份地的保有性质，一般来说，习惯佃农、契约租地农和索克曼①仍以他们之前的保有方式持有新分配的土地。② 从马斯顿教区圈地协议书可以看出，土地的分配尊重每一个产权人的土地权利，无论是土地持有数量较多的大农—乡绅阶层，还是土地持有数量较少的小农，都得到了相对公平、合理的补偿。

表 2-3 1661 年马斯顿教区圈地

姓名	圈地前持有的土地	圈地后的份地位置描述	圈地后份地面积 英亩	路德*	杆**
安顿·克鲁克（乡绅）和他的妻子安妮	（不明）	萨顿田地	6	1	6
		考尔索恩田地	5	3	1
		马什沟田地	11	0	26
		诺思莫尔草地	3	1	1
		诺思莫尔草地毗邻的海姆	7	1	8

---

① 索克曼，农役土地保有（socage）者，"socage"一词后来泛指除军役、侍君役、教役保有、农奴土地保有之外一切义务固定的那些土地保有形式。参见薛波主编《元照英美法词典》，第 1266 页。

② Eric Kerridge, *Agrarian Problem in the Sixteenth Century and After*, p. 107.

续表

姓名	圈地前持有的土地	圈地后的份地位置描述	圈地后份地面积 英亩	路德*	杆**
理查德·克鲁克（乡绅）	牛津大学基督圣体学院的契约租地	考尔索恩田地	39	3	3
		诺思莫尔草地	7	1	39
		海姆草地和牧场	13	0	28
		磨坊街附近的考尔索恩田地	5	2	13
	牛津大学布雷齐诺斯学院的契约租地	考尔索恩田地	34	3	13
		诺思莫尔草地	7	3	13
		海姆	2	1	10
		考尔索恩田地	4	1	23
		沼泽地	10	0	34
马克·博尔特	牛津大学布雷齐诺斯学院的契约租地	布鲁克田地	46	3	36
		学院的草地	2	0	14
		斯托克斯草地	0	3	7
		马什沟田地	26	2	0
		诺思莫尔草地	9	0	28
		南部的小田地	6	2	25
		沼泽地	13	3	19
	公簿持有地	放养鹅的土地	8	2	21
		放牧马的土地	1	0	22
爱德华·奥斯丁（乡绅）	2 雅德兰公簿持有地	布鲁克田地	61	2	4
		最好的奶牛放牧地	6	0	4
		最差的奶牛放牧地	9	0	20
		放牧马的土地和布鲁克田地	19	1	5
约翰·斯皮德	牛津大学布雷齐诺斯学院的契约租地	考尔索恩田地	32	0	1
		诺思莫尔草地	6	1	11
		沼泽地	13	2	20
迈克·怀特和他的妻子简	1/4 雅德兰公簿持有地	萨顿田地	5	0	5
		南部的小田地	2	3	20
		大磨坊贮水池附近的草地	1	0	34
约翰·莱德	牛津大学莫德林学院的契约租地	布鲁克田地	4	1	23
布鲁姆·霍伍德（庄园领主）	直领地	布鲁克田地	4	0	21
托马斯·维克斯	1 雅德兰公簿持有地	萨顿田地	34	2	28
		沼泽地	10	2	22
		桑斯默田地	5	0	17

续表

姓名	圈地前持有的土地	圈地后的份地位置描述	圈地后份地面积 英亩	路德*	杆**
马修·兰利	1雅德兰公簿持有地	萨顿田地	22	3	7
		最好的奶牛放牧地	4	1	0
		放牧马的土地	7	1	26
		桑斯默田地	4	3	22
威廉·格拉斯和妻子布丽奇特	1雅德兰公簿持有地	马什沟田地	17	3	28
		沼泽地	11	1	11
		小磨坊贮水池附近的草地	4	1	0
		马什沟田地	3	3	1
		小磨坊贮水池	—	1	16
		沼泽地	1	3	33
约翰·霍尔	3/4雅德兰公簿持有地	马什沟田地	19	1	36
		最好的奶牛放牧地	9	0	16
		布鲁克草地	3	2	29
约翰·沃利	1雅德兰	萨顿田地	31	1	30
		放牧马的土地	12	2	33
		桑斯默田地	6	0	31
理查德·帕尔内	1雅德兰	考尔索恩田地	30	3	34
		诺思莫尔草地	5	3	6
		沼泽地	11	3	15
托马斯·维卡斯	1雅德兰	萨顿田地	30	0	0
		桑斯默草地	4	2	20
		放牧奶牛的土地	12	2	21
约翰·恩斯洛	半雅德兰	萨顿田地	14	3	28
		桑斯默草地	3	1	4
		最好的奶牛放牧地	6	0	13
威廉·萨特勒	半雅德兰	萨顿田地	11	2	35
		大磨坊贮水池	8	0	2
柯特妮和她的儿子	半雅德兰	马什沟田地	13	3	23
		桑斯默田地	2	1	1
		沼泽地	6	2	30
威廉·巴斯	半雅德兰	斯托克斯草地和海德草地	11	3	23
		放牧奶牛的土地	5	3	38
		大磨坊贮水池	2	1	39

续表

姓名	圈地前持有的土地	圈地后的份地位置描述	圈地后份地面积 英亩	路德*	杆**
约翰·博尔特	1/4 雅德兰	斯托克斯草地	7	0	15
		放牧马的土地	2	3	32
尼古拉斯·霍尔	1/4 雅德兰	马什沟田地	7	3	7
		磨坊门	4	0	8
威廉·芬德尔	1 雅德兰	马什沟田地	33	1	32
		放牧鹅的土地	13	3	19
		诺思莫尔草地	7	0	22
约翰·罗伊德	1/4 雅德兰	马什沟田地	0	3	15
		斯托克斯草地	7	1	8
		最好的奶牛放牧地	5	2	5
爱德华·克拉斯和约翰·费里曼	1/4 雅德兰	马什沟田地	6	3	23
		放牧马的土地	4	2	6
丹尼尔·福格和他的妻子	一些公簿持有地	斯托克斯草地	6	0	24
		放牧奶牛的土地	2	2	38
艾萨克·斯维尔赛德	一些公簿持有地	马什沟田地	3	2	39
		桑斯默田地	2	1	8
威廉·芬奇	一些公簿持有地	布鲁克田地	3	1	2
约翰·坎农	一些公簿持有地	萨顿田地	1	0	33
		他家附近	1	1	35
		诺思莫尔草地	3	2	29
约翰·帕尔内	通过威廉·格拉斯和妻子布丽奇特持有的一些公簿持有地	考尔索恩田地	2	3	3
		磨坊附近	1	0	0
加德纳	一些公簿持有地	斯托克斯草地	2	3	14
		斯托克斯草地	2	3	32
托马斯·贝克	一些公簿持有地	斯托克斯草地	2	1	37
约翰·史密斯	一些公簿持有地	斯托克斯草地	2	0	5
		桑斯默田地	2	0	3
托马斯·帕尔内	一些公簿持有地	萨顿田地	0	2	21
		诺思莫尔草地	0	2	6
卢克·怀特维斯	一些公簿持有地	斯托克斯草地	1	1	23

续表

姓名	圈地前持有的土地	圈地后的份地位置描述	圈地后份地面积		
			英亩	路德*	杆**
理查德·布鲁克斯	一些公簿持有地	放牧马的土地	2	0	1
威廉·皮尔森和他的妻子安妮	一些公簿持有地	马什沟田地	1	3	7
		沼泽地	1	2	3
伊丽莎白·史密斯和她的儿子理查德·史密斯	一些其他公簿持有地	马什沟田地	0	1	14
		沼泽地	3	0	0
威廉·比尤	1/4 雅德兰	马什沟田地的 块耕地	6	1	7
		放牧马的草地	4	1	5
乔治·德夫	一些土地和公地	南部的小田地	1	1	0

注：路德（rood）和杆（perch）为面积单位，1 英亩 = 4 路德，1 路德 = 40 杆。
资料来源：George Norman Clark, "Enclosure by Agreement at Marston, Near Oxford," *English Historical Review*, XIII, 1927, pp. 89–92。

最后，通过一个虚拟诉讼获得大法官法庭的裁决。由于大法官法庭没有像普通法法庭那样受到程序的严重束缚，其诉讼程序不从令状开始，而是从因请求或原告提交的诉状开始。通常，在土地分配公示无异议后，参与圈地的产权人向大法官法庭请求，陈述圈地协议书中的所有条款，声称"所有工作都按时完成了，但庄园领主拒绝同意"。接下来，被告也就是庄园领主，承认圈地协议书中的所有条款，并否认自己拒绝同意圈地。于是，大法官法庭裁定圈地成立。① 马斯顿教区的协议圈地就是通过了一个虚拟诉讼，据大法官法庭案卷记载，乡绅安顿·克鲁克和他的妻子安妮、乡绅理查德·克鲁克、乡绅爱德华·奥斯丁以及约曼史密斯等30多人起诉庄园领主布鲁姆·霍伍德，声称属于原告的土地在马斯顿教区的四块敞田中杂乱无章地分布着，大部分用作耕地并种植谷物。在谷物收获之后耕地用作公地并以限制放牧数量的方式放牧牲畜。此外，该教区的草场每年用抽签的方式在他们中间按一定的比例分配，还有一些土地长期以来一直

---

① W. E. Tate, *The English Village Community and the Enclosure Movement*, p. 47.

作为牧场，其中一部分在第一茬作物收割后将干草用于喂养马和奶牛，另一部分只用作奶牛和其他产奶牲畜的牧场。为了改良上述土地，他们请求通过圈地的方式使每个人独自占有各自的地块。①

从马斯顿教区圈地案例可以看出，委员会圈地尊重每一个产权人的土地权利，体现了土地确权的公平、公正、公开和透明。在此基础上，又增加了大法官法庭对土地分配的认定，使委员会圈地的合法性进一步增强。大法官法庭的认定可以在任何时候被援引，违反认定的行为将被视为蔑视法庭。例如，1613年，罗伯特·布罗克斯霍尔姆（Robert Broxholme）拒绝承认大法官法庭对奥尔斯比（Owersby）庄园圈地的认定，不久，他派两个仆人在新分配的土地上耕作。这块土地之前是他的，但现在已不是。这两个不幸的人因蔑视法庭罪被送入弗利特监狱。②

当然，协议圈地也存在一定的问题，全村所有土地持有者一致同意的协议圈地有时很难达成，只要其中任何一人在协议于大法官法庭认定之前去世，就会导致耗时几个月才达成的圈地协议无效。白金汉郡的莱克汉姆斯塔德（Leckhampstead）庄园就是这样，1625年该庄园一位牧师的去世导致一个颇为复杂的圈地协议陷入混乱。更有甚者，即使圈地协议已经达成，一旦签署圈地协议的一方或他的继承人对协议内容不满，就可以随时对协议提出质疑。又如，1683年白金汉郡米尔顿·吉尼斯（Milton Keynes）庄园的一位牧师在财政署法庭提起诉讼，要求推翻20年前达成的圈地协议，原因是他在耕种与教会互换的土地时发现，在他所耕种的这块土地上农作物的产量特别低，他从之前的每英亩土地能够有23先令的收益降为每英亩仅有18先令的收益。③ 由此可见，协议圈地存在一定的缺陷。尽管如此，都铎时期协议圈地的日益规范化和法制化为18、19世纪的议会圈地奠定了基础。

---

① George Norman Clark, "Enclosure by Agreement at Marston, Near Oxford," *English Historical Review*, XLII, 1927, p. 88.
② Eric Kerridge, *Agrarian Problem in the Sixteenth Century and After*, p. 116. 弗利特监狱建于12世纪，1842年撤废，用于关押债务人和犯有蔑视法庭罪的人。参见薛波主编《元照英美法词典》，第561页。
③ Michael Reed, "Enclosure in North Buckinghamshire, 1500–1750," *The Agricultural History Review*, Vol. 32, No. 2, 1984, pp. 139–140.

长期以来，农民圈地之所以被学界所忽视，其主要原因在于有关圈地运动的原始文献，例如都铎政府的圈地调查报告，记载的都是领主的大规模圈地，而个体农民的小规模圈地由于没有对农村社会造成危害，并没有引起圈地调查委员的注意。以林肯郡为例，尽管庄园领主在斯坦顿·兰沃斯（Stainton-cum-Langworth）、戈比（Gautby）和斯蒂克斯伍德（Stixwould）这三个地方圈地造成人口减少，但在其中两个地方，佃农同时也在进行小规模圈地。在斯坦顿·兰沃斯，1607年之前，8个佃农每个人都变耕地为牧场，规模为8~40英亩不等。在斯蒂克斯伍德，当圈地调查委员把注意力集中在理查德·埃文顿（Richard Evington）和理查德·富兰克林（Richard Franklyn）的不当行为造成17所农舍荒废并把附属于农舍的土地变为牧场时，他们忽视了当地农民与此同时也圈占了部分公地作为牧场。①

以往人们认为圈地运动完全是由领主发起的，但事实上，圈地运动是由农民发起和推动的。农民自发地整合分散的条田，颠覆了敞田制的基础。随着富裕农民群体的出现，大农—乡绅阶层在圈地运动中的主导作用愈发明显。他们渴望对土地进行更加专有的利用，要求打破敞田制的制约，建立新的土地产权以适应自身的发展。累进式圈地、统一财产权利圈地以及协议圈地都是农民为了打破敞田制的束缚、明晰土地产权而采取的举措。农民圈地的意义不在于数量，而在于表明农民大众的经济社会要求与圈地运动的方向并行不悖。②

二 农民土地确权的规模

由于都铎时期英国农民是通过圈地的方式进行土地确权的，因此，对于农民土地确权规模的考察，实际上是对农民圈地规模的考察。要想了解这一时期农民的圈地规模，首先要了解英格兰整体的圈地规模。对于都铎时期英格兰圈地规模的研究，所能利用的资料主要是政府当时的几次圈地调查报告，即1517年、1548年、1565年以及1607年调查报告。由于

---

① Joan Thirsk, *English Peasant Farming: The Agrarian History of Lincolnshire from Tudor to Recent Times*, p. 182.
② 侯建新：《圈地运动与土地确权——英国16世纪农业变革的实证考察》，《史学月刊》2019年第10期。

1548年和1565年的圈地调查报告只留下一些零星的记录，仅涉及两三个郡，其利用价值具有一定的局限性。因此，能够充分被后人利用的主要是1517年和1607年的圈地调查报告。

最早对都铎时期英格兰整体圈地规模进行研究的是美国历史学家盖伊。20世纪初，盖伊在1517~1607年圈地调查报告的基础上研究了都铎时期英格兰的圈地规模，如表2-4所示：1455~1607年，英格兰24个郡共圈地516673英亩，占所统计的这24个郡土地总面积的2.76%。尽管盖伊的数据是经过假设推算的，在某种程度上低估了圈地程度，但盖伊认为这些数据已经很接近真实的情况，比当时一些文学作品中的夸张描述要可靠得多。

表2-4　1455~1607年英格兰圈地面积

单位：英亩，%

地区		1455~1484年	1485~1517年	1518~1577年	1578~1607年	总计	百分比
北部		2866	5789.5	11579	5789.5	26024	0.58
西部		1344.5	6725.5	13451	6725.5	28246.5	1.62
米德兰地区	A	1050	5628	11256	5628	23562	1.23
	B	13287	30087	75617	45530	164521	8.94
	C	13442	34518	72059	37541	157559	8.45
	D	4849	9079	18159	9079	41167	5.25
	总计	32628	79312.5	177091	97778.5	386810	6.03
东部		6441	15448.5	30897	15448.5	68235	1.72
南部		577.5	1695	3390	1695	7357.5	0.35
总计		43857	108971	236408	127437	516673	2.76

注：因四舍五入问题个别数据有出入，此表以原表数据为准。北部包括柴郡和约克，西部包括什罗普、赫里福德和格洛斯特，东部包括林肯、诺福克和埃斯克斯，南部包括汉普和萨默塞特郡，米德兰地区包括A、B、C、D四组共14个郡。A组包括斯塔福德、德比和诺丁汉，B组包括沃里克、莱斯特、拉特兰和北安普敦，C组包括牛津、白金汉、贝德福德、伯克和米德尔塞克斯，D组包括亨廷顿和剑桥。

资料来源：Edwin Francis Gay, "Inclosures in England in the Sixteenth Century," *The Quarterly Journal of Economics*, Vol. 17, No. 4, 1903, p. 586。

根据盖伊的统计，圈地主要集中在米德兰地区，其次是东部和西部，圈地规模最小的地区是北部和南部。米德兰14个郡共圈地386810英亩，占这14个郡土地总面积的6.03%。其中，B组和C组，即沃里克、莱斯特、拉特兰、北安普敦、牛津、白金汉、贝德福德、伯克和米德尔塞克斯圈地程度较高。盖伊除了根据1517年圈地调查报告得出圈地集中在米德兰地区的结论之外，还引用了伊丽莎白一世时期根据《反圈地法令》（5 Eliz. c. 2）起诉的圈地者名单，在1558~1603年的221起圈地案例中，仅米德兰地区就有113起，涉及的米德兰地区圈地面积占这221起案例圈地总面积的72.72%。① 由此可见，都铎时期圈地运动主要集中在米德兰地区。

20世纪80年代初，新西兰历史学家马丁对都铎时期米德兰地区的圈地规模进行了重新估算。马丁认为盖伊按圈地面积占郡县总面积百分比的计算方法未能充分显示圈地的真正影响，应当计算圈地占耕地面积的百分比。因此，马丁在盖伊统计的基础上，重新估算了米德兰地区的圈地规模。

由表2-5可知，根据马丁的估算，1485~1607年米德兰10个郡21.1%的耕地被圈占，这意味着米德兰地区约1/5的土地脱离了敞田制。虽然马丁估算的数据在一定程度上反映了圈地的真正影响，但他是在盖伊统计数据之上加上若干假设而得出的结果，未与实证发生联系，在准确性上仍不足以令人信服。

表2-5 1485~1607年米德兰地区圈地情况

单位：英亩，%

郡	郡面积	耕地面积	圈地面积（盖伊数据）	圈地百分比（盖伊数据）	重新计算的圈地面积	圈地所占耕地面积的百分比
北安普敦	636000	382000	41416	6.15	166000	43.4
贝德福德	301000	181000	14141	4.69	57000	31.3
白金汉	477000	286000	16998	3.56	68000	23.8
沃里克	576000	346000	15067	2.61	60000	17.4
莱斯特	530000	318000	18070	3.41	40000	12.6
林肯	1691000	800000	20286	1.20	81000	10.1
亨廷顿	233000	140000	15354	6.58	61000	43.9
牛津	478000	287000	23662	4.49	95000	33.0
伯克	459000	275000	12784	2.78	51000	18.6

---

① Edwin Francis Gay, "Inclosures in England in the Sixteenth Century," *The Quarterly Journal of Economics*, Vol. 17, No. 4, 1903, p. 591.

续表

郡	郡面积	耕地面积	圈地面积（盖伊数据）	圈地百分比（盖伊数据）	重新计算的圈地面积	圈地所占耕地面积的百分比
诺丁汉	531000	319000	8940	1.66	36000	11.2
总计	5912000	3334000	186718	3.1（平均）	715000	21.1（平均）

注：马丁认为耕地仅占郡总面积的60%，为了弥补1518~1577年没有统计的圈地面积，他把圈地面积乘以2（也就是1485~1517年的圈地面积加上1578~1607年的圈地面积再乘以2）。为了计算所圈占的牧场面积以及被圈地调查委员会低估的圈地面积，把以上得出的结果再乘以2。根据这个标准，马丁的个别数据计算有问题，但原表数据如此，保留原数据。

资料来源：John E. Martin, *Feudalism to Capitalism: Peasant and Landlord in English Agrarian Development*, p. 135。

  侯建新教授采用了一种更为实证的研究方法，用帕克（L. A. Parker）的研究成果与《维多利亚郡志·莱斯特郡》（以下简称《莱斯特郡志》）互为补充和印证，重新估算16世纪英国的圈地规模。帕克是研究莱斯特郡圈地的杰出学者，他的《莱斯特郡圈地：1485~1607年》完全依据莱斯特郡的史料，既独立于盖伊的数据，也独立于都铎政府的历次圈地调查报告，因此更具实证性。根据帕克的统计，1485~1607年，在整个莱斯特郡的370个村庄中，大约1/3的土地即118个村庄受圈地运动影响明显，在这118个村庄中，大约1/3村庄的土地被完全围圈。然而，帕克没有对这118个村庄的圈地情况做出整体判断。侯建新教授在充分肯定帕克数据和解释的基础上指出，"沿着帕克给定的数据向前推半步，就可以对118个村庄圈地得出基本概念，应该没有任何风险"，也就是说，已知118个村庄中1/3的村庄被完全圈围的事实，假设余下的村庄圈地面积为零，那么可以说118个村庄的圈地比例不低于33%。况且，余下村庄的圈地面积不是零，正如帕克告诉我们的，有文献证明余下村庄也有不同规模的圈地，"一些村庄在16世纪内经历了2或3次局部圈地"。[①] 侯建新教授前行半步，意义在于得出整个莱斯特郡约1/3土地的圈地比例。现在已知莱斯特郡1/3村庄的圈地比例高于33%，那么，另外2/3村庄的圈地情况呢？值得庆幸的是，侯建新教授在《莱斯特郡志》中发现了另外的资料

---

① L. A. Parker, "Enclosure in Leicester, 1485 – 1607," A Thesis of the Degree of Doctor, University of London, 1948, p. 189.

来源和评估依据，补充了帕克的数据，亦有总体与个案相互印证的作用。那时还没有关于圈地的议会法令记录，所以总体评估的依据是所能收集到的法庭档案、手稿等原始文献、统计报告和公认的研究成果。根据上述信息资源，《莱斯特郡志》逐条记下了每个村子圈地启动和完成的时间，并注明资料来源，共246个村庄，即覆盖了该郡村庄的约70%，是帕克数据来源的两倍以上。《莱斯特郡志》的最后结论是，从15世纪末至1607年，估计至少有25%本郡内的可耕地被圈占。侯建新教授拿这一数据与帕克的个案研究数据比较，认为"莱斯特郡圈地面积占可耕地总面积的25%左右是可信的"。① 接下来，再拿莱斯特郡的圈地数据（25%）与马丁的米德兰圈地数据（21.1%）对比，发现殊途同归，两种通过完全不同渠道获得的数据竟然相当接近，表明在米德兰核心地区20%~25%的耕地摆脱了敞田制，围圈后的耕地变成现代田制。②

值得注意的是，由于当时地区差别极大，数据条件也不具备，因此侯建新教授没有追求整个英格兰的圈地比例，而是在前人研究成果的基础上，独立得出米德兰核心地区圈地比例为20%~25%的结论，在国际学界发出了中国学者的声音。同样，对于这一时期英国农民的圈地规模，我们也可以从米德兰核心地区进行考察。莱斯特郡位于米德兰平原中南部，该郡圈地历史悠久，早在12、13世纪就已开始圈地，是圈地运动的重点区域，具有一定的代表性。帕克关于1485~1607年莱斯特郡各社会阶层的圈地数据尤为值得我们关注，他将这一时期的圈地分为两个阶段，第一个阶段是1485~1550年，如表2-6所示，圈地参与者包括乡绅、教会领主、世俗领主、国王以及一些身份不明者，其中，乡绅圈地所占的比例最高，达到了58.4%。考虑到身份不明者所占的比例，得出以乡绅为代表的人农—乡绅阶层圈地规模占60%左右的结论是可信的。

---

① 侯建新：《圈地运动与土地确权——英国16世纪农业变革的实证考察》，《史学月刊》2019年第10期。
② 侯建新：《圈地运动与土地确权——英国16世纪农业变革的实证考察》，《史学月刊》2019年第10期。

表2-6　1485~1550年莱斯特郡各社会阶层圈地比例

单位：英亩，%

圈地者	圈地面积	比例
乡绅	8067	58.4
教会领主	2420	17.5
世俗领主	1668	12.1
国王	303	2.2
身份不明者	1354	9.8
总计	13812	100.0

资料来源：L. A. Parker, "Enclosure in Leicester, 1485-1607," A Thesis of the Degree of Doctor, University of London, 1948, p. 83。

第二个阶段是1551~1607年，这一阶段的圈地参与者包括贵族、乡绅、农民和商人。该时段圈地参与者增加了农民和商人，表明圈地力量构成的新变化。去掉教会领主也是有根据的，因为这个阶段修道院被强令解散，地产悉数拍卖。拍卖的土地大部分流入了约曼和乡绅手里，因此这一阶段大农—乡绅阶层的圈地比例较之上一阶段增加不少。据帕克统计，如表2-7所示，这一阶段乡绅圈地所占比例高达72.5%，农民占19.0%，商人占6.8%，贵族仅占1.7%。可见，大农—乡绅阶层逐渐成为圈地主力。

表2-7　1551~1607年莱斯特郡各社会阶层圈地比例

单位：英亩，%

圈地者	圈地面积	百分比
贵族	190	1.7
乡绅	8273	72.5
农民	2165	19.0
商人	780	6.8
总计	11408	100.0

资料来源：L. A. Parker, "Enclosure in Leicester, 1485-1607," A Thesis of the Degree of Doctor, University of London, 1948, p. 149。

此外，帕克还根据1607年圈地调查报告，对1578～1607年莱斯特郡的圈地阶层进行了更为详细的研究，并制作了一个圈地面积分布表。据他统计，1578～1607年，莱斯特郡圈地面积总共为8245英亩，其中贵族和骑士圈地1240英亩，准骑士圈地2479英亩，士绅圈地1712英亩，约曼圈地96英亩，自由持有农圈地203英亩，不明身份的佃农圈地1526英亩，教士圈地169英亩，商人圈地420英亩，此外还有一些不明身份的圈地者圈地400英亩。①

根据帕克的统计，1578～1607年，莱斯特郡圈地规模最大的是乡绅，包括准骑士和士绅，共圈地4191英亩，占这一时期该郡圈地总面积的50.8%。乡绅圈占的土地面积有大有小，如表2-8所示，既有200英亩以上的大面积圈地，也有50英亩以下的小面积圈地。此外，各种身份的农民圈地也占据一定的比例。16世纪的一些农书推荐了一些新的农业方法，虽然很难推断当时在多大程度上进行科学农耕，但莱斯特郡的农民已经把书本上的农业知识应用于实践，其中最重要的实践就是围圈敞田。②在帕克的统计中，这一时期莱斯特郡各种身份的农民总共圈地1825英亩，占该郡圈地总面积的22.1%。③这些农民（约曼、自由持有农和身份不明佃农）大多圈地面积较小，如表2-8所示，102人圈地规模为0～10英亩，37人圈地11～20英亩，8人圈地21～30英亩，5人圈地31～40英亩，3人圈地41～50英亩。圈地面积最大的两人是维蒙德汉姆（Wymondham）庄园的贝内特·史密斯（Bennet Smith）和思维普斯顿（Swepstone）庄园的罗格·奥顿（Roger Orton），他们二人分别圈地70英亩和60英亩。④

---

① L. A. Parker, "The Depopulation Returns for Leicestershire in 1607," *Leicestershire Archaeological Society*, Vol. 23, 1947, p. 236.
② William George Hoskins, ed., *The Victoria History of the County of Leicester*, Vol. 2, pp. 199-200.
③ L. A. Parker, "The Depopulation Returns for Leicestershire in 1607," *Leicestershire Archaeological Society*, Vol. 23, 1947, p. 236.
④ L. A. Parker, "The Depopulation Returns for Leicestershire in 1607," *Leicestershire Archaeological Society*, Vol. 23, 1947, p. 237.

表 2-8　1578~1607 年莱斯特郡各阶层圈地面积分布

单位：人

圈地面积（英亩）	贵族和骑士	乡绅	绅士	约曼	自由持有农	身份不明佃农	神职人员	商人	身份不明者
420								1	
231~240		2							
221~230									
211~220	1								
201~210		2							
191~200		1	1						
181~190									
171~180		1							
161~170									
151~160									
141~150			1						1
131~140		1							
121~130									
111~120	1	1	1						
101~110	1	2	2						
91~100	2	2	2						
81~90	1		1						
71~80	2	1	2				1		
61~70	1		2			1			1
51~60		1	1			1			
41~50	4	1	3		1	2			
31~40		2	1		2	3	1		
21~30	2	1	4	1		7			
11~20	1	2	4	2	2	33	1		8
0~10		1	3	5	11	86	5		8

注：英国的贵族仅限于领有公、侯、伯、子、男爵位的社会上层，贵族之下是从男爵，从男爵之下是骑士、乡绅、绅士（gentlemen）。参见侯建新《转型时代的西欧与中国》，第 125 页。

资料来源：L. A. Parker, "The Depopulation Returns for Leicestershire in 1607," *Leicestershire Archaeological Society*, Vol. 23, 1947, p. 290。

在圈地的农民中，8 个约曼共圈地 96 英亩。实际上，参与圈地的约曼的人数及圈地规模远不止这些。这一方面是因为在历次圈地调查中，约曼很少作为一个单独的调查对象被记录在案，调查报告更多是以各种身份的农民例如自由持有农、公簿持有农和契约租地农作为调查对象；另一方面是因为自 16 世纪开始，社会阶层的流动性增强，约曼与乡绅之间相互渗透和交叉，他们之间的界限难以区分。当治安法官把圈地者名单上交给圈地调查委员时，所谓的乡绅隐藏了这样一个事实：不久之前他们还是约曼。例如，1551 年该郡一个叫威廉·郝福德（William Hawford）的约曼从乡绅约翰·阿什（John Asshe）手里买下一个 500 英亩的庄园，1577 年威廉去世后，他的孙子继承家产并于 1597 年开始圈地，在 1607 年圈地报告中被称为乡绅。① 由此可见，一些约曼及其后代通过圈地获得了乡绅称号，其圈地行为被以乡绅的名义记录在圈地调查报告中。

除了莱斯特郡之外，我们还可以通过伯克郡考察农民的圈地规模。伯克郡位于米德兰平原南部，也是米德兰地区圈地程度较高的郡之一。利达姆的《圈地末日审判（1517~1518）》整理并分析了 1517 年圈地调查报告，据他统计，1485~1517 年，伯克郡的圈地者主要是各种身份的农民，如表 2-9 所示，其中自由持有农、公簿持有农、契约租地农以及租地农场主都参与了圈地，他们分别圈地 1520 英亩、880 英亩、1878 英亩和 1701 英亩，占该郡圈地总面积的 23.0%、13.3%、28.4% 和 25.7%。在这些圈地的农民当中，约曼拥有相当数量的农场，他们是圈地的主要力量。相比之下，庄园领主圈地规模要远远小于农民，仅占该郡圈地总面积的 9.6%。虽然利达姆根据 1517 年圈地调查报告整理的伯克郡圈地数据在时间维度上仅涵盖 1485~1517 年，不能覆盖整个都铎时期，但伯克郡的圈地数据可作为辅证，有助于进一步说明农民在圈地运动中的作用。

表 2-9　1485~1517 年伯克郡各阶层圈地数量和圈地面积

			庄园领主	自由持有农	公簿持有农	契约租地农	租地农场主
世俗土地	耕地	圈地数量（处）	2	17	7	12	19
		圈地面积（英亩）	200	634	285	1046	820
	牧场	圈地数量（处）	9	21	4	4	6
		圈地面积（英亩）	386	796	130	340	280

---

① L. A. Parker, "The Depopulation Returns for Leicestershire in 1607," *Leicestershire Archaeological Society*, Vol. 23, 1947, p. 240.

续表

			庄园领主	自由持有农	公簿持有农	契约租地农	租地农场主
教会土地	耕地	圈地数量（处）	2	2	9	6	10
		圈地面积（英亩）	40	90	350	152	451
	牧场	圈地数量（处）	1	—	3	4	2
		圈地面积（英亩）	10	—	115	340	150
总计		圈地数量（处）	14	40	23	26	37
		圈地面积（英亩）	636	1520	880	1878	1701
		圈地比例（%）	9.6	23.0	13.3	28.4	25.7

资料来源：I. S. Leadam, *The Domesday of Inclosures 1517 - 1518*, Vol. 2, p. 529。

综上，鉴于莱斯特郡地处圈地运动的核心地区——米德兰平原，并且帕克的研究时段是1485~1607年，基本上覆盖了都铎圈地的时间维度，再加上伯克郡的圈地数据作为辅证，两者给我们提供了有价值的参考数据，足以证明大农—乡绅阶层是圈地运动的主力。

第三节 农民土地产权的变革

中世纪英格兰的土地产权是一种混合产权，既包括封建土地保有制下有限的和有条件的"占有权"，也包括敞田制下的共有产权。都铎时期英国农民通过圈地消除了共有产权，强化了"占有权"，对传统的混合土地产权造成了巨大冲击。

一 共有产权的消除

共有产权是指共同体成员共同享有的权利，即共同体每一个成员都可以使用某一资源为自己服务，但任何个人都无权声明该资源是属于他个人的，该资源的产权属于全体成员组成的共同体而不属于共同体的各个成员，它排除了共同体外的成员对共同体内的任何成员行使这些权利的干扰。[1] 敞田制是一种共有产权，意味着村庄共同体内每一个成员对土地资源行使其权利时并不排斥其他成员对该资源行使同样的权利。具体来

---

[1] 程恩富、胡乐明主编《新制度经济学》，经济日报出版社，2004，第47页。

说，对于公地而言，公地产权归属的不明晰导致一些人在公地上过度放牧，从而影响共同体其他成员的利益，同时也造成在公地上没有任何法定权利的小农"白搭车"①；对于条田而言，收获之后的条田必须对村庄共同体的其他成员开放，供其牲畜放牧，损害了条田持有者的利益。

共有产权在共同体内部不具有排他性，这种产权常常给资源的使用带来较大的"外部性"。"外部性"又分为"消极的外部性"和"积极的外部性"。"消极的外部性"是指个人没有承担其行为的全部成本，个人为了获得利益，把获利过程中必然产生的一些成本（损害）推给社会，追求利益最大化的个人会千方百计使成本由他人承担，有一种将收益归入自己而将一切成本归入他人的趋向；"积极的外部性"是指个人没有享有其全部利益，个人千辛万苦创造的成果不能归他全部所有，其中一部分被他人无偿占有和享受，这虽然对社会有益，却影响了个人的积极性。② 都铎时期英国农民通过圈地消除了土地上的共有产权，主要表现在以下两方面。

第一，圈占公地与共有产权的消除，主要表现为外部性的消除。外部性的消除分为两方面。一方面，消除了"消极的外部性"。虽然公共资源给每个人带来了好处和利益，但是每个人都不希望自己为此支付费用。在共有产权下，共同体每一个成员都有权分享共同体所拥有的产权，如果对他使用共有权利的监督和谈判成本不为零，那么他在最大化地追求个人利益时所产生的成本，就有可能部分地让共同体内的其他成员来承担。③ 例如，一些富人在公地上过度放牧导致土壤贫瘠，继而影响共同体其他成员的利益。最早出现在14世纪的乡规民约要求个体农民夏天在公地上放牧的牲畜数量不能超过冬天在他自己的份地上能够养活的牲畜数量（这又被称为越冬权），但这一乡规民约到了都铎时期早已不被人们遵守。以林肯郡的鲁丁顿（Luddington）庄园为例，亨利·拉特（Henry Rutter）在该庄园拥有48英亩土地，冬天仅仅能够喂养四五十只牲畜，但他夏天在公地

---

① "白搭车"是新制度经济学派的一个专门术语，意指在产权制度不明确的条件下没有付出劳动就无偿取得劳动报酬的行动。
② 鲁鹏编著《实践与理论——制度变迁主要流派》，山东人民出版社，2008，第201页。
③ 程恩富、胡乐明主编《新制度经济学》，第47页。

上放牧三四百只羊,到了冬天再把这些羊转移到其他教区喂养。① 这样一来,拉特在公地上过度放牧的行为必然会损害共同体其他成员的利益。为了保护自己在公地上的利益不受他人侵害,拥有公地权利的农民通过圈占公地获得了对具体地块的占有权和使用权,同时也保障了领主作为土地"所有者"② 的租金收入或其他收益③。与之前公地使用权体现在所能够放牧牲畜的数量上相比,具体到地块使农民对公地的占有权和使用权统一,保障了自己对该地块的排他性独占,排除了共同体其他成员的使用权,消除了"消极的外部性"。

另一方面,消除了"积极的外部性",进而消除了"白搭车"现象。"白搭车"表现为一种"积极的外部性"是因为个人本应享有的全部利益中的一部分被他人无偿占有和享受。并不是每一个人都拥有使用公地的法定权利,公地的使用权是按照个人已经拥有的条田面积比例来享有的。换句话说,只有拥有条田的人才可以使用公地。但在它未成为公认的权利时,主要依靠习惯法进行规范。英国法律的基础植根于农村社会的惯例。英国农民很久以来就沿袭一种约定俗成的习惯或惯例进行诉讼和裁决。诺曼征服前通行盎格鲁－撒克逊习惯法,其后则是庄园习惯法。④ 依据习惯法,村庄共同体的每一个成员都无法排斥其他人分享他努力的果实,例如,宽容的庄园习惯几乎允许全体英国农民都能利用公地,棚舍、茅屋也建在荒地上。人们的默许使这类房屋的数量倍增,擅自住在公地上的人很多,人们允许他们在不属于他们的地产上拿些东西。⑤ 这样一来,虽然那些没有任何条田的茅舍农在法理上无权使用公地,但由于庄园习惯的宽

---

① Joan Thirsk, *English Peasant Farming: The Agrarian History of Lincolnshire from Tudor to Recent Times*, p. 116.
② 根据封建土地保有制理论,森林、沼泽以及荒地等公地在名义上是属于领主"所有"的。这种"所有"不同于国王对土地的所有权,它实质上是一种无限接近于所有权的高台阶"占有权"。
③ 如前所述,"合法蚕食荒地"的佃农需要向领主支付一笔费用来获得圈占荒地的许可,并且在圈地之后还要向领主缴纳租金。在1578年布莱姆希尔庄园法庭案例中,佃农圈占公地需要每年向领主爱德华和他的妻子在每雅德兰土地上缴纳1蒲式耳大豆。
④ 侯建新:《现代化第一基石——农民个人力量与中世纪晚期社会变迁》,第90页。
⑤ 〔法〕保尔·芒图:《十八世纪产业革命:英国近代大工业初期的概况》,杨人楩等译,第119~120页。

容，他们能够使用公地。公地给他们提供了一些实在的好处，使他们不用付出相应的劳动就能无偿取得劳动报酬，从而出现"白搭车"现象。对于那些在公地上有法定权利的农民来说，"白搭车"现象的出现导致他们的利益受损。他们通过圈占公地，消除了公地的共有产权，保障了个人对土地的独占，防止了"白搭车"，消除了"积极的外部性"。

第二，圈占条田与共有产权的消除。条田虽然在名义上归领主"所有"，但领主不亲自耕种，而是把土地租给佃农，收取地租。佃农向领主缴纳地租，虽然没有土地的"所有权"，却是实际的占有者。由于轮作制的影响，条田要在农作物收获之后对村庄共同体的其他成员开放，供其牲畜放牧。在条田从开始耕种直到收获的这段时间内，条田是属于农民私人"占有"的，条田上收获的农作物也归农民私人所有，这一时期是私人产权。然而，在条田收获之后和播种之前的这段时间内，条田作为放牧地区是属于村庄共同体所有的，任何农民都不能阻止村庄共同体的其他成员在他的条田上放牧，这时的土地已经不分彼此，成了村庄共同体共同使用的牧场。也就是说，这一时期的土地产权界定为共有产权。虽然农民拥有对条田的"占有权"，但由于收获后的条田必须对村庄共同体的其他成员开放，因此产生了一种"积极的外部性"，使个人努力所带来的成果被共同体的其他成员分享，本应由个人独享的效用被稀释。农民对条田的围圈消除了土地上的共有产权，废除了轮作制的公共使用因素，使个人能够排他地使用土地。

正如新制度经济学家所认为的那样，圈地的实质是把排他性的共有产权（排斥本村镇以外的人使用，不排斥本村镇的成员使用）界定为排他性的私人产权。[①] 都铎时期英国农民通过圈地消除了土地上的共有产权，保障了个人对土地的独占，明确了土地的产权归属。

二 "占有权"的强化

封建土地保有制的实质是同一块土地上聚合了许多不同的权利，多重权利混合在同一块土地上。对此，美国学者伯尔曼倾向于一种独立于所有

---

① 胡乐明等：《真实世界的经济学：新制度经济学纵览》，当代中国出版社，2002，第260页。

权的特定"占有权"概念，也就是"seisin"。① 早在中世纪，英格兰农民已经拥有安全、稳定的"占有权"，然而条田界线的不明晰以及领主的封建特权使农民的"实际占有权"受到侵害。农民圈地的过程也是自身"占有权"强化的过程。圈地用篱笆封闭一块土地，明确了与他人的土地界线，保护了农民对土地的"实际占有"。相对于圈地之前的"占有权"，圈地后"占有权"的强化体现在农民通过圈地排斥了领主对公地和条田的使用，因为在法理上无论公地还是条田都是属于领主的，农民圈地保障了个人对土地的独占，强化了"实际占有权"。

在敞田制下，条田之间的界线是用石头和木桩划分的，彼此之间没有围栏，是开放的，农民耕作时不可避免地会移动条田的界线，然后再重新界定。通常是由邻居们组成仲裁团来界定条田之间的界线。② 土地的分散持有常常引发许多糊涂事：有时候一个农民干着干着就发现弄错了，他跑到别人的条田里播种去了，或者他找不到自己的地了。农民要确定他自己的条田到哪儿结束、邻居的条田从哪儿开始是很困难的。一般情况下，两块地之间除了一条想象中的界线，什么也没有，最多是用榛树枝将条田分开。1222 年，圣保罗修道院监理与修士团的丈量员以上次丈量为据核对土地时，其中一个佃农持有的 3 英亩土地就无法找到了。③

除了条田界线的不明晰容易使农民的"实际占有权"受到侵害之外，领主的一些封建特权也侵害了农民对土地的"实际占有权"。领主有一种特权叫作"放羊权"（right of sheep walk），在特定的时间里，通常是从米迦勒节（9 月 29 日）到天使报喜节（3 月 25 日），领主有权在一些佃农的土地上放羊。有时这种特权会移交给羊群管理者。④ 与之类似的是另一种封建特权——领地积肥权（foldcourse），指某些领地的领主可在佃户的土地上一年若干次放牧他自己的若干数量的羊群。严格地说，这种权利并非法律上设定的，而只是领主保留给自己的对佃户土地所享有的封建特

---

① 〔美〕伯尔曼：《法律与革命：西方法律传统的形成》第 1 卷，贺卫方等译，第 307 页。
② Warren O. Ault, *Open-Field Farming in Medieval England*, p. 52.
③ 〔英〕亨利·斯坦利·贝内特：《英国庄园生活：1150—1400 年农民生活状况研究》，龙秀清、孙立田、赵文君译，第 34~35 页。
④ Edward Carter Kersey Gonner, *Common Land and Inclosure*, p. 14.

权。① 毫无疑问,这两种封建特权都侵害了佃农对土地的"实际占有权"。

圈地恰恰是农民保护自己对土地"实际占有权"的最好措施。针对条田界线的不明晰,农民把土地围圈起来,以此保护他们对土地的"实际占有权"。例如,埃塞克斯郡的圈地使农民个人持有土地更安全,免受贪婪邻居的侵蚀。② 又如,诺森伯兰郡的穆德福德(Mudford)庄园、纽海姆(Newham)庄园和塔格豪尔(Tughall)庄园的农民非常渴望圈地,因为脆弱的庄园习惯无法保护农民的条田免遭相邻村民的破坏,迅速竖立篱笆是最有效的自我保护方式。③ 为了避免领主封建特权的侵害,一些佃农把自己的土地围圈起来,以此制止领主在此放牧牲畜。例如,在凯特起义爆发期间,萨福克郡就有一些佃农通过圈地的方式来避免领主领地积肥权的侵害。④

圈地之所以能够保护农民对土地的"实际占有权",是因为它实际上是个人与他人土地界线的重新划分。农民圈地,在土地四周围上篱笆,挖好壕沟,明确了与他人的土地界线。对条田而言,原来用垄区别的条田现在用篱笆围圈起来,原来分散在庄园各地的条田现在用篱笆圈为一整块。对公地来说,原来所界定的只是公地上的公共放牧权,个体农民只拥有通过其牲畜实现的对牧草的使用权,而公地被围圈后,个体农民对土地的全部生产属性的控制就不受其他人影响,从而拥有更大的自主权。根据封建土地保有制,英格兰土地无论公地还是条田,在名义上都是属于领主的,然而,农民通过圈地强化了自己对土地的"实际占有权",使这种"实际占有"越发趋近于"个人所有"。

"占有权"的强化还表现在土地上的实际生产者能够按照自己的意愿处置土地。土地界线的明晰促进了土地市场的发达,而土地市场的发达是佃农土地"占有权"不断强化的直接证明。正是因为佃农拥有安全、稳定的"占有权",他们才可以在土地市场上自由地进行土地买卖。在农村土地市场的发展过程中,佃农作为土地的实际占有者已经初步具备市场主

---

① 薛波主编《元照英美法词典》,第563页。
② William Page, ed., *The Victoria History of the County of Essex*, Vol. 2, London: Archibald Constable and Company Limited, 2008, p. 322.
③ Richard Henry Tawney, *The Agrarian Problem in the Sixteenth Century*, p. 170.
④ Diarmaid MacCulloch, "Kett's Rebellion in Context," *Past and Present*, No. 84, 1979, pp. 51-52.

体地位，他们可以把自己占有的土地卖出或转租。15世纪晚期，许多佃农的效忠仅仅是象征性的，实际上的封建义务逐渐消失，自由程度进一步提高。① 都铎时期土地市场更为活跃，佃农的土地买卖更为频繁，根据庄园法庭案卷的记载，习惯佃农有大量土地买卖的记录，许多小块土地集中成大地产，正如托尼的描述："原来属于A、B、C、D的土地现在只属于A一个人，以前持有一块土地的人现在持有两三块土地。有些人买的土地太多，他们又把土地转租给别人。"②

土地的频繁买卖使拥有"实际占有权"的佃农更加接近小块土地的主人。佃农土地频繁转让，以至于他们以为土地是自己的。虽然领主规定佃农之间的土地转让必须拥有他授予的许可证才能进行，但是从多起土地交易案例可以看出，只要庄园领主或其管家认为土地的受让人足以负担土地上的劳役，土地转让通常是被许可的，买地或卖地的佃农很少遭到领主或其管家的反对。③ 土地的流转大多是经济实力较强的农民购买或承租经济实力较差的农民的土地，这些崭露头角的富裕农民把小块土地集中为大块，逐渐成为资本主义农场主或租地农场主。

由此可见，农民通过圈地把名义上属于领主"所有"的公地和条田圈为己有，强化了对土地的"实际占有权"，以能够按照自己的意愿处置土地。都铎时期频繁的土地买卖使拥有"实际占有权"的佃农更接近小块土地的主人。与之相比，领主对土地的名义上的"所有权"仅剩下一个外壳。

三 自主经营权的获得

圈地保证了农民对土地的排他性占有，使他们获得了自主经营权。在敞田制下，农民缺乏自主决定土地用途的权利，利用庄园土地的权利给谁，应当怎样利用土地，都要由村庄共同体做出统一的安排，使得每个农户对土地的自由使用受到了限制，他们不能自主决定哪块地耕种，哪块地休耕，什么时候播种，种植哪种作物。在这种体制下，个体农民的任何生

---

① 侯建新：《中世纪英格兰农民的土地产权》，《历史研究》2013年第4期。
② Richard Henry Tawney, *The Agrarian Problem in the Sixteenth Century*, pp. 59–60.
③ Richard Henry Tawney, *The Agrarian Problem in the Sixteenth Century*, pp. 85–86.

产活动都要与村庄共同体保持一致。圈地打破了村庄共同体的统一安排，使农民获得了行使土地产权的自由，他们实际上成为土地的主人，开始掌握如何经营自己土地的自主权。他们不再受村庄共同体的制约，生产和管理完全由个人支配，比如种植什么品种的作物以及种多少，在播种时间方面也不用与邻居同种同收。个体农民更能理解农业中的实际问题，他们更清楚土地更适合哪种用途，能更好地利用土地。

拥有自主经营权的个体农民在面向市场生产时，能够对价格信号做出调整自身生产和消费的灵敏反应。敞田制基本上是一个自给自足的经济社会组织，生产是为了生计，而不是针对市场。在敞田制下，个体农民需要经过村庄共同体的一致同意之后才能退出轮作，其灵活性远远小于圈地。① 圈地之后，个体农民不再受敞田制的约束，他们可以迅速适应市场需求的变化，针对市场需求灵活地调整农产品生产。例如，16世纪上半叶国际市场对英国呢绒出口需求量大，羊毛价格上涨；然而，自1551年起，国际市场对英国呢绒的需求量减少，羊毛价格下跌，小麦价格上升。② 根据市场需求的变化，一些农场主在16世纪上半叶圈地养羊，在16世纪下半叶又把牧场变为耕地种植谷物。③

自主经营权的获得使农民有很强的动力去寻求能够带来最高价值的土地的使用方法，他们渴望突破传统农业的窠臼，尝试新的农业技术来提高收益，从而把土地的潜在价值充分挖掘出来。16世纪下半叶，一些农场主采用新的农耕方法，实行草地农业（ley farming）模式来提高土地肥力。例如，林肯郡的约翰·布鲁特（John Bluett）把200~300英亩耕地转变为临时性牧场来经营草地农业，并认为这是提高土壤肥力最有效的方式，"由于没有充足的牧草放牧，牲畜无法给土地积肥，导致土地成为荒地，把耕地变为牧场是为了使它恢复肥力"。④

共有产权的消除、"占有权"的强化和自主经营权的获得使土地产权

---

① Carl J. Dahlman, *The Open Field System and Beyond*, pp. 175–176.
② P. J. Bowden, "Movements in Wool Prices, 1490–1610," *Bulletin of Economic Research*, Vol. 4, 1952, p. 116.
③ P. J. Bowden, "Movements in Wool Prices, 1490–1610," *Bulletin of Economic Research*, Vol. 4, 1952, p. 122.
④ Joan Thirsk, *The Agrarian History of England and Wales*, Vol. IV, 1500–1640, p. 252.

制度发生了实质性的变化：具有村庄共同体性质的混合土地产权转变为具有排他性的私人土地产权。排他性的私人土地产权是一种有效率的产权。从经济学意义来讲，一种产权安排是否有效率，主要取决于它是否能为在它支配下的人们提供将外部性较大地内在化的激励。在模糊的混合土地产权支配下，农民在决策时很难考虑未来的收益和成本倾向。在明晰的私人土地产权支配下，农民在做出一项行动决策时，会考虑未来的收益和成本倾向，并选择他认为能使他的权利的现期价值最大化的行为方式来安排使用资源，并且产权所有者为获取收益所产生的成本也只能由他个人来承担。因而，混合土地产权下的外部性在明晰的私人土地产权下能够被最大限度地内在化，从而产生最有效地利用资源的激励。

英国历史表明，普通民众长时段的生活状况及其发展趋向是社会变革的重要基础。以往学界对于圈地运动的研究过于强调领主对农民的暴力掠夺，忽视了此前农民的普遍积累和发展。事实上，以主体权利为核心的西欧法律赋予了佃农依法抵抗的权利，限制了大小领主对佃农过度和任意的掠夺，保证了农民经济连续、稳定的有效积累。在农民群体物质和精神力量普遍发展的基础上所形成的大农—乡绅阶层是英国的农业资本家阶级，他们具有市场眼光，渴望对土地进行更加专有的利用。他们要求打破敞田制的制约，建立明晰的私人土地产权，从而从土地上获得更多利润。可见，土地产权变革源自中世纪以来英国农村社会发展的历史积淀，市场经济和个体农民的发展贯穿始终。只有从农民长时段的日常生活出发，消除近代与中世纪的壁垒，才能揭示英国农村土地产权变革的真正原因。

农民是英国农村土地确权的主导者和推动者，他们通过累进式圈地、统一财产权利圈地和协议圈地的方式，把具有村庄共同体性质的混合土地产权转变为具有排他性的私人土地产权。农民是生产的实践者，他们更清楚明晰的私人土地产权能够保护自己的利益，他们是土地确权的最大诉求者，因此他们最积极、最有动力推动土地确权。明晰的私人土地产权对农民是一种激励，在这种激励下，农民能够增加投资和改善管理，提高土地的综合生产能力，使他们有更高的热情去改良土地以获得更高的使用价值，把他们的生产积极性充分发挥出来。从这一点来看，这种新的土地产权制度无疑是颇具生命力的。

第三章
都铎时期英国领主土地确权

都铎时期，领主阶层普遍面临财富危机，为了摆脱危机、追求个人财富，他们渴望通过获得竞争性地租来增加收入。富裕农民率先圈地刺激了领主，因为根据封建土地保有制的理论，无论公地还是条田都是属于领主"所有"的。出于对竞争性地租的渴望以及对富裕农民圈地的不甘，领主也成为土地确权的参与者。本章旨在考察都铎时期英国领主土地确权的过程及影响，通过描述领主的圈地方式和规模，探究其土地产权的变化。

第一节 领主财富的危机

领主附庸制度是中世纪西欧封建制度的重要内容。从名义上讲，国王是全体领主的最高宗主。他把大片土地分封给直属于他的世俗和教会臣属，这些大领主就是以后的公爵、伯爵、边地侯、大主教、主教和修道院长等。大领主又把自己的大部分土地封授给中等领主，即子爵、男爵。中等领主之下又分封许多小领主——骑士。骑士之下只有佃农。上一级领主是下一级领主的领主，下一级领主是上一级领主的附庸，由此形成领主附庸制度。①

都铎时期领主阶层普遍面临财富危机，主要表现在以下几个方面。首先，由于用益（use）对领主封建附属义务的规避，领主向附庸征收的封建财富大大减少。中世纪领主的许多财富是靠封建特权取得的，如领主向

---

① 侯建新：《转型时代的西欧与中国》，第 122~123 页。

封臣征收的盾牌钱、协助金、继承金，都是领主的封建财富。随着用益的出现和普遍使用，领主的封建财富大为减少。"用益"一词来源于拉丁语"opus"，在7、8世纪的拉丁语中，"ad opus"的意思是"为了某人的利益"。① 在法律上，用益的基本含义是：委托人按照普通法的要求将土地交给受托人占有，受托人为了受益人的利益占有土地。具体说来，委托人将土地以B为受益人转移给A，B是土地的受益人，取得土地的收益，A是受托人，为了B的利益占有土地。② 早在盎格鲁-撒克逊时期就存在一个人基于特定目的将财产委托给他人的做法，进入13世纪之后，委托人设定用益主要是为了规避封建义务。保有人通过将土地转让给受托人占有，自己仅享有用益，即可有效规避对领主承担的各种封建义务。比如，委托人将土地交给多个受托人以联合保有制的形式持有土地，根据联合保有制的规则，一个保有人死后，其生前的权益自动转归活着的共同保有人，在受托人数量减少时，委托人可以指示受托人以重新封赐的方式补足受托人人数。在这样的土地处分中，由于永远都不会出现土地无人占有的情况，因此领主不可能取得监护、婚嫁、继承金、先占以及土地归复等附属性权益。③ 由此可见，用益的出现导致领主失去所拥有的封建附属义务，领主向附庸征收的封建财富大大减少。

其次，通货膨胀使地租实际收入减少。庄园是封建领地的基本单位，一个典型庄园的土地分为两部分——领主的直领地和农奴份地。领主直领地与农奴份地并存，并由农奴耕种领主直领地，这是领主经济的表现。随着13世纪商品经济的发展，劳役地租折算成货币地租，农奴不再在领主直领地上劳作。许多封建领主也曾经雇用雇工直接经营土地，代替以前的农奴劳役。但在黑死病之后农村人口减少，劳动力价格上涨，领主获得的利润非常有限。在这种情况下，领主便把直领地出租出去。直领地的租金往往长时间固定不变，在习惯法的制约下，许多庄园的地租长期稳定。在这期间，承租人用资本主义生产方式雇用雇工经营土地，只付给领主一笔固定的租金。在商定地租时，地租额通常都能保证领主的利益，然而16

---

① William Holdsworth, *An Introduction to the Land Law*, p. 140.
② 咸鸿昌：《英国土地法律史——以保有权为视角的考察》，第295页。
③ 咸鸿昌：《英国土地法律史——以保有权为视角的考察》，第298页。

世纪价格革命使此笔固定的租金日益贬值,领主又不能任意提高租金,因此蒙受了巨大损失。

再次,地产管理效率低下。土地是领主权力和荣誉的基础,也是领主财富最可靠的来源。土地是否得到有效管理是影响领主土地收入的重要原因。相对于乡绅阶层,贵族领主没落的原因很大程度上在于地产管理效率低下。本质差别是"宫廷"和"乡村"的差别。与那些满足于把地产上的事情留给他们的手下人员,自己却专注于宫廷事务或国家政策,以及出席繁忙的伦敦社会活动的人相比,那些居于地产之上并且自己管理的人,能从地产上获得更高的经济收益。[1]

最后,贵族领主挥霍无度的生活方式也是他们面临财富危机的重要原因之一。在中世纪的观念中,一个人的社会地位是根据其侍仆数量和慷慨大方的程度来判断的。贵族领主被要求其生活方式与社会地位相一致,他们穿着奢华的衣服,备有良驹名马,拥有如云的侍仆,建有富丽堂皇的豪宅。他们要维持在王室任职的浮华和排场,在白金汉宫宴会厅中经常出现他们的身影。他们要保持浮华的乡村生活方式,对所有到来者热情好客,慷慨救济,豢养着一大群家仆侍从和吃闲饭的人。他们还追逐文艺复兴时期廷臣的城市格调嗜好,为伦敦的娱乐生活所吸引。[2] 他们为女王举行招待会,供应女王所需要的礼品,每一次接待女王的费用达两三千英镑。[3] 这些挥霍性开支是他们的财政陷入困境的重要原因之一。

基于上述原因,都铎时期领主的财富大为减少。以贵族领主为例,劳伦斯·斯通根据菲利普斯·布朗-霍斯金斯(Phelps Brown-Hoskins)物价指数计算了贵族平均年净收入在1559年为2200镑,到1602年减少到1630镑,下降了26%。[4] 此外,劳伦斯·斯通根据同一物价指数计算出彭布鲁克伯爵(Earl of Pembroke)在1540~1599年每英亩土地的收入都

---

[1] 〔英〕劳伦斯·斯通:《贵族的危机:1558-1641年》,于民、王俊芳译,上海人民出版社,2011,第158页。
[2] 〔英〕劳伦斯·斯通:《贵族的危机:1558-1641年》,于民、王俊芳译,第86~87页。
[3] 〔苏〕施脱克马尔:《十六世纪英国简史》,上海外国语学院编译室译,上海人民出版社,1958,第47页。
[4] 〔英〕劳伦斯·斯通:《贵族的危机:1558-1641年》,于民、王俊芳译,第69页。

远远落后于物价。① 因此,贵族领主不得不靠出售地产来缓解财富危机。根据劳伦斯·斯通的统计,伊丽莎白一世时期,12 个郡的贵族地产中28% 被出售。② 如表 3-1 所示,1558~1641 年,55% 的贵族损失了 10 个及以上庄园。③

表 3-1 1484~1641 年贵族庄园数量的变化

单位:个,%

年代	家族数量	增加庄园数 10 个及以上	庄园数 保持不变	损失庄园数 10 个及以上
1484~1547	90	27	69	4
1558~1641	74	10	35	55

资料来源:〔英〕劳伦斯·斯通《贵族的危机:1558-1641 年》,于民、王俊芳译,第 74 页。

在领主面临财富危机时,富裕农民经济却在蓬勃发展。大农—乡绅阶层通过圈地成为资本主义农场主,他们面向市场雇用雇工进行生产。这种以雇佣生产为基础的市场经济完全不同于庄园经济,在市场竞争中对领主经济构成极大的威胁。农民零敲碎打地圈占条田打破了敞田制的对称性,对于那些直领地以分散的形式位于敞田中的领主来说,他们不能再按照原来的敞田制方式继续耕作,被迫也把直领地围圈起来。农民对公地的圈占更是刺激了领主进行圈地。按照封建土地保有制的规定,森林、沼泽以及荒地等公地在名义上是属于领主"所有"的,这种"所有"虽然不同于国王对土地的所有权,但它实质上是一种无限接近于所有权的高台阶"占有权",因此,领主自然不会甘心让富裕农民把公地圈为己有。

领主要想摆脱财富危机、与富裕农民抗衡,就必须从土地上提高收入。农产品价格的飞涨使领主意识到要应付财富危机必须把公簿持有地转变为契约租地,把较低的习惯地租转变为根据市场价格而定的竞争性地租。领主通过圈地把土地的使用权租给契约租地农,自己成为地产主,以此获得反映市场价值的竞争性地租。在 16 世纪地租的变化中,领主获得

① D. M. Palliser, *The Age of Elizabeth: England under the Later Tudors 1547-1603*, p. 153.
② 侯建新:《现代化第一基石——农民个人力量与中世纪晚期社会变迁》,第 233 页。
③ 〔英〕劳伦斯·斯通:《贵族的危机:1558-1641 年》,于民、王俊芳译,第 74 页。

的是竞争性地租，而不是以前长期固定不变的封建地租。

竞争性地租能够反映市场价值，要远远高于长期固定不变的习惯地租，领主为了摆脱财富危机，在竞争性地租的诱发下开始圈地。出于对竞争性地租的渴望以及对富裕农民圈地的不甘，领主成为英国农村土地确权的另一股力量。

第二节 领主土地确权的方式和规模

都铎时期，英国领主通过圈地的方式确定其土地产权归属。长期以来，领主圈地一直被冠以"暴力掠夺"的标签，成为圈地运动的历史"污点"。事实上，领主圈地并非依靠强权和暴力践踏佃农的土地权利，而是在法律的规范下圈占荒地，并依据土地契约的时效性合法收回佃农的保有地。自16世纪中叶起，协议圈地成为领主圈地的主流方式。从米德兰地区和英格兰西北部的部分郡来看，领主是圈地的参与者，在一些地区还是重要参与者。

一 领主土地确权的方式

都铎时期，英国领主通过依据"圈占荒地权"圈地、契约圈地、协议圈地、法庭确权以及围圈狩猎苑等方式明确土地的产权归属。

（一）依据"圈占荒地权"（approvement）圈地

领主圈地首先是从圈占公地开始的。公地在法理上是属于领主的，但实际上领主、自由农和非自由农都可以使用。随着人口的增长，土地变得紧缺，领主开始圈占公地。领主依据"圈占荒地权"明确公地的产权归属是在法律框架下进行的。

早在13世纪，领主就已开始圈占公地，主要依据"圈占荒地权"圈地。"圈占荒地权"是普通法规定的一种权利，指土地的主人在以最佳方式利用自己土地的同时不损害其他人在这块土地上依法共同享有的利益。[1] 在

---

[1] 转引自 Edward Carter Kersey Gonner, *Common Land and Inclosure*, p. 48。

大多数案例中，土地的主人是庄园领主，领主根据自己的利益圈占公地，同时要给佃户留有充足的公地。后来，有关领主圈占公地的庄园习惯逐渐固定化，主要反映在 1235 年《默顿法令》和 1285 年《威斯敏斯特法令》中。《默顿法令》是第一个圈地法令，该法令"允许庄园领主在荒地上给佃户保留充足牧场的前提下圈占剩余土地，但领主必须确保佃户有充足的牧场，并且有自由进出牧场的权利"。① 《默顿法令》使领主获得了"圈占荒地权"，因此爱德华·科克又把该法令称为"圈占荒地法令"。② 1285 年的《威斯敏斯特法令》是对《默顿法令》的延伸，该法令禁止邻近庄园使用本庄园的荒地："如果某庄园中的荒地被邻近庄园当作公共牧场使用，那么允许该庄园领主对其荒地进行围圈以限制邻人使用，尤其是在牧场的公共权利不明确时。"③

《默顿法令》规定领主在给佃户保留充足的牧场之后方可圈占剩余荒地。然而，"充足"一词具有模糊性。什么是"充足"？又该由谁来通过何种程序判断留给佃户的荒地是否"充足"？对此，维诺格拉道夫和托尼认为"充足"由代表着专业知识的陪审团来判断，佃农保有地的大小、用于公共放牧的土地面积以及每个庄园的"限制放牧数量"等都是重要参考依据。④ 然而，另一些学者持截然相反的观点。例如，16 世纪法学家菲茨赫伯特（Anthony Fitzherbert）认为"充足"一词给领主留下很大的可操作空间，并进一步证实 16 世纪早期"领主圈占了大量荒地并不断压缩佃户的公地"。⑤ 对此，斯克拉顿也认为"领主的意愿比庄园习惯更有力"。⑥ 显然，他们二人认为《默顿法令》存在法律漏洞，"充足"这一措辞是有利于领主的。

制定法与普通法一样适用于全国，《默顿法令》和《威斯敏斯特法

---

① Gilbert Slater, *The English Peasantry and the Enclosure of Common Fields*, p. 322.
② Edward Coke, *The Second Part of the Institutes of the Laws of England*, New York: Garland Publishing, 1979, p. 87.
③ Gilbert Slater, *The English Peasantry and the Enclosure of Common Fields*, p. 322.
④ 参见 Paul Vinogradoff, *Villainage in England*, p. 275; Richard Henry Tawney, *The Agrarian Problem in the Sixteenth Century*, p. 248。
⑤ William Henry Ricketts Curtler, *The Enclosure and Distribution of Our Land*, p. 65.
⑥ Thomas Edward Scrutton, *Commons and Common Fields*, p. 60.

令》适用于整个英格兰。在土地充足的英格兰西北部，领主依据"圈占荒地权"圈地是最重要的圈地方式，目的是对荒地进行开发利用。以什罗普郡为例，1300～1540年，在领主的主导下，该郡中部和北部持续开垦林地。① 自16世纪中叶开始，领主又开始有系统地圈占米德尔森林（Myddle Wood）。与此同时，高地地区的荒地也被领主开发利用。1575年，据一位80多岁的老人回忆，科伦（Clun）森林有600多英亩土地被当地领主圈占。②

此外，兰开夏郡也是领主依据"圈占荒地权"圈地的典型地区。1540～1679年兰开斯特公爵领地法庭③记载的96个圈地案例中39个是领主依据"圈占荒地权"圈地，超过了40%，并且在四个时间段（1540～1559年、1580～1599年、1620～1639年、1660～1679年）都是数量最多的。④ 尤其是1603年2月，领主杰勒德（Gerard）和他的佃农达成协议，共同圈占1000英亩荒地。同年9月，圈地协议在庄园法庭确认，共有86个佃农签字，丈量土地的准备工作都已安排就绪。然而，一些佃农之后又反对，声称他们不同意。该案例被送到兰开斯特公爵领地法庭审理，最终，该案例显示杰勒德是依据"圈占荒地权"圈地而不是协议圈地，清楚地强调了圈地是由杰勒德而不是他的佃农发起的。同样清楚的是兰开斯特公爵领地法庭鼓励领主依据"圈占荒地权"圈地的态度，法庭裁定杰勒德有权为了他的利益圈地，同时也认为这种圈地"对整个国家都有益"，这在当时是一个相当进步的观点。⑤

在英格兰西北部，庄园领主圈占荒地并没有引发"充足"问题。因此，领主依据"圈占荒地权"圈地进行得很顺利。然而，在人口稠密、

---

① G. C. Baugh, ed., *The Victoria History of the County of Shrop*, Vol. 4, p. 80.
② G. C. Baugh, ed., *The Victoria History of the County of Shrop*, Vol. 4, p. 122.
③ 兰开斯特公爵领地法庭是以前由兰开斯特公爵领地的枢密大臣或其代表主持的一个处理该领地内有关衡平及税收事务案件的法庭。它采用与衡平法庭（chancery court）处理衡平案件时相同的程序。衡平法庭与它有并存的案件管辖权。参见薛波主编《元照英美法词典》，第446～447页。
④ William D. Shannon, *Approvement and Improvement in Early-Modern England: Enclosure in the Lowland Waste of Lancashire c. 1500–1700*, pp. 267–268.
⑤ William D. Shannon, *Approvement and Improvement in Early-Modern England: Enclosure in the Lowland Waste of Lancashire c. 1500–1700*, p. 303.

公地不充足的米德兰地区和英格兰东南部，很多情况下领主在圈地的同时无法给佃农保留充足的公地，引发了佃农的强烈不满和抵制，尤其是茅舍农。茅舍农擅自在公地上搭建小茅屋居住，虽然对公地的使用没有任何法定权利，但由于庄园习惯的宽容，他们不仅可以在公地上放牧，而且可以利用公地上的灌木、森林、林下植被和沙石来修葺房屋、修建栅栏或充当做饭和取暖用的燃料，还可以在公地上捕鱼、打猎、采摘野果。① 在公地充足的情况下，没有人干预他们，因此他们没有受到伤害。但这只是默许使用，是一种"特许"或"非法蚕食"，而不是权利。② 一旦领主圈占荒地，这些人不受法律保护，只能离开土地到别处谋求生计。正如托尼所说，当圈地发生时，相当多的人，可能事实上大多数村民甚至不能提出他们是否能够获得司法救济这一问题，很多不幸并非触犯法律引起的。③

为什么领主依据"圈占荒地权"圈地几乎从来没有被农业史学者提起过呢？这是因为，依据"圈占荒地权"圈地和"合法蚕食公地"在一些农业史著作中被称为"非法蚕食公地"或协议圈地。因此，精确区分圈地术语是非常有必要的。

与依据"圈占荒地权"圈地类似的是由国王进行的特权圈地。以林肯郡滨海地区为例，在伊丽莎白一世统治之前，没有证据显示任何君主声称对王国的滨海土地拥有权利。伊丽莎白一世在16世纪60年代发起了三起有关开垦滨海地区沼泽的诉讼案件，一起是针对肯特郡罗姆尼（Romney），另外两起是针对布鲁姆希尔（Broomhill）和多佛（Dover），这三起案件证明了女王对滨海土地的权利来源于庄园领主的权利。然而，托马斯·迪格斯（Thomas Digges）在1568~1569年写的《女王对海边和盐海岸留下的土地的证明》中证明了女王对滨海土地的权利并非来源于庄园领主的权利，而是来源于女王的特权，这意味着女王能够在整个王国声称对所有海滩拥有权利。迪格斯首先引用了布莱克顿的原则：岛屿从海中来，王国的海岸远至冬季涨潮的海滩都属于君主。在此基础上，迪格斯增加了"如果国王的领土随着海水退潮而扩大，国王能够由此获得收益"

---

① Joan Thirsk, *The Agrarian History of England and Wales*, Vol. IV, 1500-1640, p. 405.
② Thomas P. Whittaker, *The Ownership, Tenure, and Taxation of Land*, p. 227.
③ Richard Henry Tawney, *The Agrarian Problem in the Sixteenth Century*, p. 247.

一说。从前女王未坚持她的权利是因为过去海滩没有什么价值，一旦有价值的话，女王能够立即行使她的权利。此外，人们长期以来在海滩放牧牲畜的习惯不能给予他们习惯权利来反对女王。①

詹姆斯一世和之后的国王都坚持这一权利。詹姆斯一世时期，王室宣布对所有滨海土地拥有特权，因此开始调查林肯郡霍兰德庄园新获得的盐沼数量。由于詹姆斯一世极度缺钱，通过宣称他的特权，詹姆斯一世把一些新开垦的林肯郡盐沼授予私人。② 接受王室授予土地的专利持有人对其所获得的盐沼拥有权利。当然，这并不是免费的赠予。在歌德尼（Gedney）和萨顿（Sutton），当地的盐沼在詹姆斯一世时期卖给了亨利·沃顿（Sir Henry Wotton）和爱德华·迪莫克（Sir Edward Dymock），一定数量的公共盐沼为当地居民保留，与此同时王室持有剩余的1/5。被授予专利权者需要自己出钱为国王所持有的1/5盐沼筑堤和围圈，此外还有义务对公共沼泽进行围圈，例如被授予专利权者为歌德尼公共沼泽围圈了200英亩，为萨顿公共沼泽围圈了400英亩。③

与领主依据"圈占荒地权"圈地相同的是，国王依据特权圈占原来权利归属不明晰的海滩，并从中获得收益。与之不同的是，依据"圈占荒地权"圈地来源于《默顿法令》等制定法规定的领主权利，而国王对于海滩的圈占来源于国王的特权。

（二）契约圈地

与此同时，领主采用契约圈地的方式圈占佃农的保有地。都铎时期英国农民按其身份可分为三类。第一类是自由持有农，他们在国王统治下自由持有土地，按规定服役或无须服役。④ 第二类是习惯佃农，即经过庄园法庭承认，服从庄园习惯并被庄园法庭记录在案的佃农。依据庄园法庭文

---

① Joan Thirsk, *English Peasant Farming: The Agrarian History of Lincolnshire from Tudor to Recent Times*, p. 130.
② Joan Thirsk, *English Peasant Farming: The Agrarian History of Lincolnshire from Tudor to Recent Times*, p. 19.
③ Joan Thirsk, *English Peasant Farming: The Agrarian History of Lincolnshire from Tudor to Recent Times*, p. 20.
④ 如果某人以自由教役、骑士役、大侍君役、小侍君役或自由农役的形式保有土地，他本人就是自由地产保有人（freeholder）。参见〔英〕梅特兰《英格兰宪政史》，李红海译，第25页。

件副本持有土地的是公簿持有农,这一副本是进入土地的许可;没有庄园法庭文件副本,通常根据领主意愿或经过法庭认可的土地持有者是意愿保有农(tenant at will)。① 第三类是契约租地农(lease holders),他们与地产主自由达成契约,租佃关系本质上是市场关系,租期和租金皆由供求关系决定。②

从佃农的身份来看,对于自由持有农来说,自亨利二世以降,王室法庭已经开始为人们在自由保有地产上所享有的占有权和财产权提供保护。③ 对于公簿持有农来说,16世纪其人数众多,受圈地影响的主要是这一群体。尽管阿什利、约翰逊和利达姆等人对公簿持有农是否有完全的法律保障问题一度出现争论,但以克里奇和艾伦为代表的现代学者的观点更倾向于认为公簿持有农是具有法律保障的群体,任何驱逐他们的行为都是违法的。④ 对于契约租地农来说,自16世纪起,商业契约也被纳入普通法的保护下。⑤ 显然,这三种农民的土地权利是安全的,领主不能非法圈占他们的土地。然而,对于意愿保有农来说,由于没有庄园法庭文件副本记录这种土地持有,他们的土地权利没有受到法律保障,很容易被立即驱逐。⑥

随着佃农争取自由斗争和市场经济的深入发展,到了15、16世纪,封建保有地性质发生明显的"蜕变"。一方面,面对富裕农民雇佣经济的竞争,领主直领地往往入不敷出,常年亏损。于是,领主们纷纷将直领地以契约租地的形式租出,这成为都铎时期的普遍现象。据托尼统计,16世纪中叶英格兰每100个庄园里就有99个庄园的直领地被出租出去。⑦ 萨文教授调查了1534年几百个庄园的土地情况,发现直领地没有出租的情况非常罕见。此外,1568年,彭布鲁克伯爵调查了威尔特、萨默塞特

---

① Richard Henry Tawney, *The Agrarian Problem in the Sixteenth Century*, p. 47.
② 侯建新:《圈地运动前英国封建保有地的蜕变》,《世界历史》2018年第1期。
③ 〔英〕梅特兰:《英格兰宪政史》,李红海译,第25页。
④ 克里奇认为16世纪的法律给公簿持有农提供了有力保护。艾伦认为自15世纪末开始,公簿持有农受到普通法的正式承认与保护。参见 Eric Kerridge, *Agrarian Problem in the Sixteenth Century and After*; Robert Carson Allen, *Enclosure and the Yeoman: The Agricultural Development of the South Midland, 1450–1850*。
⑤ 侯建新:《圈地运动前英国封建保有地的蜕变》,《世界历史》2018年第1期。
⑥ Richard Henry Tawney, *The Agrarian Problem in the Sixteenth Century*, p. 283.
⑦ Richard Henry Tawney, *The Agrarian Problem in the Sixteenth Century*, p. 202.

和德文 3 个郡的 36 个庄园，其中 29 个直领地被租出去。①

领主直领地的出租推动了契约租地的兴起。契约租地有多种形式，既可以是小块土地，也可以是大农场。一些直领地以大农场的形式租出，另一些被分割为小块土地租出。持有整个或大部分领主直领地的契约租地农是富裕农民，这些人有些原来就持有土地或经营农场，此外再租领主直领地来增加收入。小块土地租给了当地的习惯佃农和自由持有农。大多数承租人是富裕农民阶层，有时也有一些制衣匠、屠夫以及小乡绅。② 契约租地的租期是有限的、可终止的，租金随行就市，是可浮动的，完全不同于封建保有方式。③ 这意味着，随着市场的发展，一部分农民手里的土地不再世代承袭，一旦租期届满，领主收回并围圈土地是在法律允许范围之内的。

另一方面，原来庄园里的惯例土地也逐渐被契约租地吸纳。例如，对于因黑死病后无人耕种保有地以及佃户死后无子嗣继承等收回的惯例土地，领主乘机改变承租途径，将惯例保有地转变为契约租地，导致有继承权的公簿持有地比例在缩小。④ 16 世纪土地市场更为活跃，羽翼渐丰的大农—乡绅热衷于大面积承租和购进土地，领主也乘机谋求市场性高租金。于是，能够反映市场价值的契约租地从 1560 年起在许多地区逐渐取代了习惯保有。⑤ 因此，这一时期公簿持有地转变为契约租地的倾向更明显。例如，1573 年，在查特顿普尔（Chatterton v. Poole）庄园，恳请法庭命令原告把他的公簿持有地交还给领主加尔斯·普尔爵士（Sir Giles Poole），并换取一个为期 21 年的契约租地。1574 年，科吉歇尔（Coggleshall）庄园佃农被给予一个为期 40 年的契约租地。此外，在洛奇代尔（Rochdale）庄园，领主约翰·拜伦爵士（Sir John Byron）给予一些佃农为期 21 年的

---

① Richard Henry Tawney, *The Agrarian Problem in the Sixteenth Century*, p. 203.
② Jane Whittle, "Leasehold Tenure in England c. 1300 – c. 1600: Its Form and Incidence," *The Development of Leasehold in Northwestern Europe, c. 1200 – 1600*, Edited by Bas J. P. van Bavel and Phillipp R. Schofield, Turnhout: Brepols Publishers, 2008, p. 142.
③ 侯建新：《封建地租市场化与英国"圈地"》，《世界历史》2019 年第 4 期。
④ 侯建新：《圈地运动前英国封建保有地的蜕变》，《世界历史》2018 年第 1 期。
⑤ D. M. Palliser, *The Age of Elizabeth: England under the Later Tudors 1547 – 1603*, p. 174.

契约租地。①

契约租地使土地性质发生了变化。中世纪农村生产关系很大程度上是建立在土地的混合产权基础上的，在庄园制下，农民对领主有很强的人身依附关系。农民从领主那里租用土地，要向领主服劳役。随着庄园制的瓦解，农奴演变为公簿持有农。公簿持有地将曾经的劳役或者实物地租转变为货币或其他支付形式，可以说是一种弱化的奴役性持有，仍是一种身份性土地。与之相比，契约租地不用服土地上曾经有的习惯劳役或者履行其他义务，只要支付协议性租金。② 因此，契约租地的封建性质较弱，契约租地农与领主的关系是契约关系，不受封建义务束缚。契约租地的出现使市场性的契约租地农代替了传统的公簿持有农，领主与佃农之间传统的人身依附关系被打破，从一种"身份"关系转变为"契约"关系。

这样一来，具有身份印记的世代承袭的封建保有地不可避免地衰减，土地保有意味着"不变"和"固定"的时代一去不复返了。③ 在土地市场化的作用下，佃农的土地权利已具有时效性：在租约规定的期限之内，他们的土地权利受到法律保护；可是，一旦原租约到期，佃农就不再受到法律保护，地产主可以征收高额土地易主费，或更新租约，大幅度提高地租。在这一历史背景下，领主在契约规定的土地权利到期后不再与佃户续约，进而围圈土地，这成为领主圈地的基本途径。④

虽然中世纪佃农身份和土地性质的变化早就引起英国史学界的关注，⑤ 但研究圈地运动的英国学者，例如瑟斯克等人，没有将其与圈地运动直接联系起来。其原因之一在于西方学者的史学研究时段分工过于严格，几近封闭，往往研究近现代的不涉足中世纪，因此没有从中世纪英国

---

① Eric Kerridge, *Agrarian Problem in the Sixteenth Century and After*, p. 88.
② 黄春高：《分化与突破：14－16世纪英国农民经济》，北京大学出版社，2011，第90页。
③ 侯建新：《圈地运动前英国封建保有地的蜕变》，《世界历史》2018年第1期。
④ 侯建新：《圈地运动与土地确权——英国16世纪农业变革的实证考察》，《史学月刊》2019年第10期。
⑤ 例如，Benaiah W. Adkin, *Copyhold and Other Land Tenures of England*; Thomas Walker Page, "The End of Villainage in England," *American Economic Association*, Vol. 1, No. 2, 1900, pp. 3－99; Frederick Pollock, *The Land Law*; Frederick Pollock and Robert Samuel Wright, *An Essay on Possession in the Common Law*, London: The Clarendon Press, 1888; William Holdsworth, *An Historical Introduction to the Land Law*。

农民、土地和地租独具个性的市场化深刻变化入手探求圈地运动发生的真正原因。佃农、保有地和地租都已市场化了，土地归属权势必要求进一步明晰化，这才是圈地运动发生的根本原因。

对于有期限的公簿持有地来说，在契约规定的租期之内，土地权利受到法律保护。正如当代英国作家威廉·哈里森（William Harrison）在《英格兰概况》一书中提到的，如果领主把土地出租给几代人或是长期出租，领主需要等到最后一代承租人去世或租约期满才可终止合约。① 当租约期满时，如果佃农想要继续保有或让这种土地在他的家庭中继续保有，则需要更新租约。② 此时，领主可拒绝更新租约或要求佃农支付一大笔他根本负担不起的入地费，例如领主可以"两倍、三倍甚至七倍提高入地费"。③ 面对如此高额的入地费，佃农自然负担不起，于是无法更新租约，被迫放弃土地。

对于契约租地，一旦租约逾期，领主可以合法收回土地，这成为领主圈地的重要契机。以萨默塞特郡的安布罗德（Ablode）庄园为例，圣彼得修道院在把该庄园出租给一个大农场主之前，其直领地已经以契约租地的方式租给17个习惯佃农。在1516年该庄园租给这个大农场主时，明确规定一旦这些契约租地的租约到期，他能够立刻摆脱这些租地者。④

对于意愿保有地，由于没有庄园法庭文件副本记录意愿保有农的土地保有，他们的土地权利没有受到法律保障。⑤ 通常领主在提前很短时间通知他们之后，便把他们从土地上驱逐。⑥ 例如，1543年，阿伯茨利普顿（Abbots Ripton）庄园的佃农在恳请法庭抱怨领主约翰（Sir John）强行占有他们的土地。约翰认为这些佃农不是公簿持有农，他们仅仅是意愿保有农，不受任何习惯法保护。法庭详细调查庄园档案之后，认为约翰的说法是正确的。⑦ 这意味着约翰收回土地并不违法。

---

① 转引自 William Henry Ricketts Curtler, *The Enclosure and Distribution of Our Land*, p. 119。
② Mildred Campbell, *The English Yeoman under Elizabeth and the Early Stuarts*, p. 119.
③ Arthur H. Johnson, *The Disappearence of the Small Landowner*, pp. 65–66.
④ Richard Henry Tawney, *The Agrarian Problem in the Sixteenth Century*, pp. 204, 284.
⑤ Richard Henry Tawney, *The Agrarian Problem in the Sixteenth Century*, p. 283.
⑥ Eric Kerridge, *Agrarian Problem in the Sixteenth Century and After*, p. 87.
⑦ Richard Henry Tawney, *The Agrarian Problem in the Sixteenth Century*, p. 362.

随着时间的推移，相当多的原本由旧式佃户保有的土地，实际上落入领主或新型地产主手里，这一过程"完全没有违反普通法和当地的习惯法"。①从契约圈地中可以看出，领主不能在租期内强行剥夺土地，而是需要依据佃农土地权利的时效性，等到租约期满才可终止合约、收回土地。因此，契约圈地并非领主依靠强权践踏佃农的土地权利，而是在法律的规范下进行的。

（三）协议圈地

协议圈地是指领主通过和农民协商，达成一致后圈地。在庄园里，通常领主的直领地是与佃农的持有地一起混杂分布在敞开的条田里。② 领主通过与农民达成协议的方式互换条田并使条田集中，以达到重组土地和明晰产权的目的。协议圈地并非都铎时期才开始流行的，早在14世纪早期就有领主为了圈占直领地而与佃农进行协议圈地的记载，例如莱斯特郡伯克利勋爵莫里斯二世试图通过与佃农达成协议的方式交换条田，使土地集中在自己的住宅周围。③ 协议圈地是对领主和佃农双方都有利的圈地方式。

16世纪中叶之后，米德兰地区的协议圈地越来越普遍。以莱斯特郡为例，1597年，巴克敏斯特（Buckminster）庄园和苏斯顿（Sewstern）庄园领主亚历山大·科夫（Sir Alexander Cave）在围圈这两个庄园之前，与31个佃农达成协议共同圈地；蒂尔顿（Tilton）庄园领主埃弗拉德·蒂戈比（Sir Everard Digby）在他的16个佃农的同意之下圈占了1335英亩土地；塞丁沃斯（Theddingworth）庄园领主威廉·布罗卡斯（William Brocas）在1582年与自由持有农协商，在答应给予他们种种好处并在地租方面给予优惠之后，与他们达成圈地协议。④ 自都铎王朝后期起，莱斯

---

① 侯建新：《圈地运动前英国封建保有地的蜕变》，《世界历史》2018年第1期。
② 对此，泰特认为领主的直领地和教会土地在早期也是以条田的形式与其他产权人的条田混杂在一起的。参见 W. E. Tate, *The English Village Community and the Enclosure Movement*, p. 59。
③ 〔英〕亨利·斯坦利·贝内特：《英国庄园生活：1150—1400年农民生活状况研究》，龙秀清、孙立田、赵文君译，第37页。
④ William George Hoskins, ed., *The Victoria History of the County of Leicester*, Vol. 2, p. 203.

特郡至少有 6 份这样的圈地协议，甚至可能有 12 份。①

除了莱斯特郡之外，协议圈地在米德兰其他地区也很流行。以北安普敦郡为例，菲尔特（Furtho）庄园领主托马斯·菲尔特（Thomas Furtho）在 1571～1572 年通过在科斯格罗夫（Cosgrove）教区和菲尔特教区的公地上与 12 个自由持有农互换土地，获得了 20 英亩土地；1578 年，他再次与自由持有农互换土地。② 在剑桥郡，一些领主能够协调庄园农民利益，说服他们协议圈地。威灵汉姆（Willingham）庄园在 16 世纪是属于艾利（Ely）主教的，但艾利主教无法制止小农对他围圈公地的抵制。由于无法圈地，艾利主教得不到良好的收益，他于 1600 年把该庄园卖给梅尔斯·桑迪斯（Sir Miles Sandys）。桑迪斯通过与该庄园中的一些富裕农民达成圈地协议，在 1602 年围圈了部分土地。桑迪斯的圈地活动得到了当地治安法官的支持。③

协议圈地不仅在以谷物种植业为主的米德兰地区流行，在以畜牧业为主的北部和西部地区也广为流行。北部和西部地区的协议圈地要比米德兰地区更为普遍。由于这里土地充足，圈地大多是以一种和平方式进行的，尤其是牧场地区，无论是领主还是佃农都认为圈地是一种合理的土地利用方式。例如，在兰开夏郡的罗森代尔（Rossendale）庄园，领主围圈小块荒地被认为是非常合理的，由于该庄园土地较为充足，领主在圈地过程中并没有受到任何阻挠。④ 在什罗普郡，根据《维多利亚郡志》记载，该郡是典型的森林地区，农耕业附属于畜牧业。与敞田制占主导地位的混合农业地区相比，该郡把敞田变为产权明晰的牧场没有遇到什么阻力。在这一过程中，领主大多采用协议圈地的方式，例如，柯福顿（Corfton）庄园领主威廉·鲍德温（William Baldwyn）主动与该庄园的另一个土地持有者查尔斯·福克斯（Charles Foxs）通过协议互换土地。⑤

---

① Joan Thirsk, *The Agrarian History of England and Wales*, Vol. IV, 1500 - 1640, p. 254.
② Louis Francis Salzman, ed., *The Victoria History of the County of Northampton*, Vol. 4, Folkestone & London: Dawson of Pall Mall, 1970, p. 135.
③ Richard Lachmann, *From Manor to Market: Structural Change in England*, Madison: University of Wisconsin Press, 1987, p. 109.
④ Joan Thirsk, *The Agrarian History of England and Wales*, Vol. IV, 1500 - 1640, p. 246.
⑤ G. C. Baugh, ed., *The Victoria History of the County of Shrop*, Vol. 4, p. 120.

在东部沿海地区，以林肯郡为例，领主往往以放弃其公地权利为条件与农民达成圈地协议。例如，在林肯郡的海因顿（Hainton）和六山村（Sixhills），赫尼奇（Heneage）家族在伊丽莎白一世和詹姆斯一世时期进行了一些圈地，答应佃农的条件是放弃该家族在每个村公共牧场放羊的权利。① 17世纪初在林肯郡沼泽地区，类似的协议很常见。例如，赫金顿（Heckington）庄园领主圈占600英亩土地，条件是放弃他的公共放牧权；在维尔德摩沼泽（Wildmore Fen），斯坦福德（Stamford）伯爵圈占180英亩土地，条件是放弃他的公共放牧权，尽管后来由于一些公权持有者的反对，他实际上并未这样做。② 又如，斯温斯黑德（Swineshead）庄园领主赫伯特·佩勒姆（Herbert Pelham）在多格代克赫恩（Dogdyke Hurne）圈占480英亩土地，条件是他需要在霍兰德沼泽（Holland Fen）的其他部分放弃他的所有公地权利。③

此外，沼泽地的排水与再分配也是一种领主与农民的协议圈地。以林肯郡低位沼泽为例，人们通常认为低位沼泽是一种有水的荒地，直到17世纪之前都没有在排水方面做过多少努力。事实上，为了让低位沼泽尽可能地具有生产力，16世纪对于低位沼泽的排水、筑堤和修桥等维护措施和高位沼泽一样多。④ 由于沼泽排水是一项耗资巨大的工程，国王知道当地居民不能也不会为此付钱，只能吸引外来资本来开启这项工程。为了吸引投资者，国王计划把排水后沼泽地的1/3分配给排水者。此外，另1/3分配给国王，其法律依据是国王作为土地领主，对该郡的东西沼泽、2/3的阿克斯霍姆岛（Isle of Axholme）、哈特菲尔德狩猎苑（Hatfield Chase）以及凯斯蒂文（Kesteven）的一些沼泽地拥有领主权。然而，在庄园领主

---

① Joan Thirsk, *English Peasant Farming: The Agrarian History of Lincolnshire from Tudor to Recent Times*, p. 164.
② Joan Thirsk, *English Peasant Farming: The Agrarian History of Lincolnshire from Tudor to Recent Times*, p. 115.
③ Joan Thirsk, *English Peasant Farming: The Agrarian History of Lincolnshire from Tudor to Recent Times*, p. 38.
④ Joan Thirsk, *English Peasant Farming: The Agrarian History of Lincolnshire from Tudor to Recent Times*, p. 26.

拥有领主权的某些沼泽，这一权利属于庄园领主而非国王。① 除了排水者和领主（国王）各占1/3以外，当地村民获得剩下的1/3。这部分沼泽地像从前一样被用于公共放牧，除非村民达成圈地协议。例如，阿克斯霍姆岛完成沼泽排水之后，公权持有者根据其所得份额分割他们之前在西巴特维克（West Butterwick）、哈克塞（Haxey）、奥斯顿（Owston）、贝尔顿（Belton）和艾普沃斯（Epworth）村之间共同使用的沼泽地。其中，两个最大的自由持有农埃德蒙（Edmond）和拉夫·厄尔（Ralph Eure）把所分得土地围圈起来，并允许其他佃农仿照他们圈地。②

有时，在分割排水后沼泽地的过程中，因村民不满其所得份额而引发纠纷，最终通过法庭迫使领主做出让步，从而达成协议。村民用共同募集的资金支付诉讼费，这笔资金是每个村民根据自己持有地的大小按比例共同募集的，除了极少数是被迫同意之外，没有证据表明公权持有者不情愿支付他们应付的份额。团结和忠诚使他们联合起来共同捍卫自己的权利，即使有钱有势的人威胁他们也没能吓到他们。③ 最终，他们通过法庭获得了实质性的胜利。例如，在阿克斯霍姆岛，排水后分配给村民的1/3公地通过法庭裁定增加到将近1/2。在克劳利（Crowle）庄园拥有捕鱼权的公簿持有农，在排水后失去了价值300英镑一年的鱼田，作为对他们的补偿，分配给他们一块123英亩的土地。④

随着时间的推移，17世纪出现了一种更为常见的协议圈地方式——国王授权之下达成的多方协议圈地。以1691年德比郡卡斯尔顿（Castleton）镇区的公地分配为例，该镇区的公地隶属于王室森林，为了开发利用这片林地，当地的乡绅、约曼等向国王查理一世请愿。国王同意了他们的请求，并命令兰开斯特公爵领地法庭委派一个调查委员会调查圈地计划。委员会

---

① Joan Thirsk, *English Peasant Farming: The Agrarian History of Lincolnshire from Tudor to Recent Times*, p. 122.
② Joan Thirsk, *English Peasant Farming: The Agrarian History of Lincolnshire from Tudor to Recent Times*, p. 127.
③ Joan Thirsk, *English Peasant Farming: The Agrarian History of Lincolnshire from Tudor to Recent Times*, p. 123.
④ Joan Thirsk, *English Peasant Farming: The Agrarian History of Lincolnshire from Tudor to Recent Times*, p. 124.

由两名乡绅组成，此外还有一名测量员协助他们。其中一名调查委员建议国王围圈和利用 1/3，剩余的 2/3 允许自由持有农和其他公权持有者围圈和利用。[①] 对于这 2/3 的林地，乡绅、约曼和其他农民进行协商，最终达成圈地协议。表 3-2 显示，乡绅、约曼等大佃户持有的耕地数量较多，因此所分配的公地也较多。例如，乡绅乔尼森·莫尔伍德（Jonithon Morewood）、教区牧师里奇·托尔（Rich Torr）以及乡绅威廉·艾尔（William Eyre）分配的公地最多，分别占圈地面积的 16.1%、15.9% 和 10.4%；约曼乔尼森·特姆（Jonithon Tym）、乔尼森·特森（Jonithon Tynson）、W. 史丹利（W. Stanely）以及乡绅罗兰·艾尔（Rowland Eyre）和托马斯·加斯特尼（Thomas Gastoygne）等人次之。与之相比，M. 德雷凯特（M. Driket）、托马斯·弗罗斯特（Thomas Frost）以及汉弗莱·巴伯（Humphrey Barbar）等小土地持有者，由于他们之前所持有的耕地数量较少，因此分配的土地也较少。重新分配公地的过程受到所有公权持有者的监督，保证了公地分配的公平、公正与公开。

表 3-2　1691 年德比郡卡斯尔顿公地分配情况

土地持有者	英亩	路德	杆	占圈地面积的百分比
乔尼森·莫尔伍德	129	1	29	16.1
里奇·托尔	128	2	20	15.9
威廉·艾尔	84	2	0	10.4
国王（分配后的公地）	70	0	0	8.6
乔尼森·特姆	48	2	9	6.0
教会（分配后的教会土地）	45	3	20	5.7
乔尼森·特森	33	0	0	4.1
W. 史丹利	31	0	13	3.8
罗兰·艾尔	21	0	16	2.6
托马斯·加斯特尼	21	0	0	2.6
大卫·希尔	19	3	0	2.4
E. 贝内特	17	3	20	2.2
托马斯·哈里森	13	2	0	1.7
韦德·史密斯	11	3	20	1.5

---

① Bill Frazer, "Common Recollections: Resisting Enclosure 'by Agreement' in Seventeenth-Century England," *International Journal of Historical Archaeology*, Vol. 3, No. 2, 1999, p. 88.

续表

土地持有者	英亩	路德	杆	占圈地面积的百分比
乔尼森·柯克	11	1	15	1.4
罗伯特·德克	11	0	0	1.4
W. 德赖尔	10	0	3	1.3
乔尼森·德克	9	2	20	1.2
托马斯·查尔斯沃思	9	1	32	1.2
托马斯·贝内特	6	2	4	0.8
艾利·霍尔	5	6	0	0.8
W. 阿什顿	6	1	32	0.8
亨利·斯塔克	6	1	30	0.8
艾利斯·豪	4	2	9	0.6
詹姆斯·佩恩顿	4	0	0	0.5
理查德·尼达姆	4	0	0	0.5
理查德·斯塔克	3	2	27	0.5
霍尔(?)	3	2	18	0.4
托马斯·沃克	2	3	15	0.3
罗伯特·霍默森	2	3	0	0.3
W. 赖特	2	3	0	0.3
乔尼森·霍尔	2	1	6	0.3
汉弗莱·巴伯	2	0	10	0.3
亨利·海德	1	2	0	0.2
托马斯·诺斯	1	1	20	0.2
亨利·艾尔	1	1	20	0.2
乔尼森·约克	1	1	20	0.2
艾利斯·劳德	1	1	20	0.2
詹姆斯·布洛克	1	1	20	0.2
乔尼森和艾利斯·尼达姆	1	1	20	0.2
罗伯特·豪	1	1	20	0.2
罗杰·霍尔	1	1	20	0.2
朱利安·巴伯	1	1	20	0.2
托马斯·弗罗斯特	1	0	0	0.1
T. 阿什顿	0	3	20	0.1
Ed. 阿什顿	0	3	20	0.1
Ro. 克莱顿	0	3	0	0.1
撒母耳·威尔森	0	3	0	0.1
詹姆斯·杰克逊	0	3	0	0.1
乔尼森·柯克	0	3	0	0.1

续表

土地持有者	英亩	路德	杆	占圈地面积的百分比
R. 米德尔顿	0	3	0	0.1
Jm. 豪	0	3	0	0.1
朱利安·伯克	0	3	0	0.1
乔尼森·豪	0	3	0	0.1
乔尼森·博金斯	0	2	3	0.1
乔尼森·沃克	0	1	20	忽略不计
M. 德雷凯特	0	1	20	忽略不计
总计	809	3	31	100.5

注：1英亩=4路德，1路德=40杆。

资料来源：Bill Frazer, "Common Recollections: Resisting Enclosure 'by Agreement' in Seventeenth-Century England," *International Journal of Historical Archaeology*, Vol. 3, No. 2, 1999, pp. 91-92。

此外，分配给公权持有者的公地仍按照他们在耕地上的保有方式持有，并且要向领主缴纳一定的租金。虽然1691年卡斯尔顿圈地协议书没有记载圈地后的土地保有方式，但可以从其他史料中找到答案。例如，在威灵汉姆（Willingham）百户区的柯克比顿（Kirkbibidon）庄园和怀门德姆（Wymondham）百户区的沃德克（Wadker）庄园，从大沼泽圈占的土地仍然按照公簿持有的方式，条件是每英亩沼泽地向领主缴纳1便士罚金和半便士租金。[①] 这种确权方式使公权持有者获得了对具体地块的占有权和使用权，同时也保障了领主作为土地所有者的租金收入。与之前公地使用权体现在所能放牧牲畜的数量上相比，具体到地块使公地持有者的占有权和使用权统一，促进了公地产权归属的明晰。

在公地分配完成后，参与圈地的产权人向法庭请求，陈述圈地协议书中的所有条款，声称"所有工作都按时完成了，但庄园领主拒绝同意"。接下来，被告也就是庄园领主，承认圈地协议书中的所有条款，并否认自己拒绝同意圈地。于是，法庭裁定圈地成立。[②] 卡斯尔顿的圈地协议就是经过兰开斯特公爵领地法庭认定的。[③] 法庭规定从今以后圈地委员所分配

[①] Eric Kerridge, *Agrarian Problem in the Sixteenth Century and After*, p. 107.

[②] W. E. Tate, *The English Village Community and the Enclosure Movement*, p. 47.

[③] Bill Frazer, "Common Recollections: Resisting Enclosure 'by Agreement' in Seventeenth-Century England," *International Journal of Historical Archaeology*, Vol. 3, No. 2, 1999, p. 89.

的所有土地以及产权人所签署的圈地协议书成立，原告、被告以及他们的继承人都要遵从圈地协议书的安排。圈地协议书与圈地裁定被记录在法庭案卷中。① 法庭的裁决可以在任何时候援引，违反裁决的行为将被视为藐视法庭。②

（四）法庭确权

都铎时期，领主之间常常因为土地归属不明晰而产生纠纷。面对这种情况，领主往往求助于大法官法庭。大法官法庭派出调查委员会厘清双方的土地权利关系，继而判定土地产权的真正归属，这一过程也被称为法庭确权。

以牛津的万灵学院与克伦威尔之间的土地权属纠纷为例，当二者争夺沃德伯勒（Whadborough）庄园时，万灵学院提起了诉讼。于是，大法官法庭任命一个委员会进行调查，成员包括约翰·哈灵顿爵士（Sir John Harrington）、托马斯·阿什比（Thomas Ashbe）、罗杰·史密斯（Roger Smythe）和民事律师约翰·奇彭戴尔（Dr. John Chippendal）。他们传唤了12名陪审员，这些人都是"殷实、诚实和中立的并且居住在沃德伯勒庄园附近的人"。陪审员宣誓做证，其他证人也要受到检查。调查委员们把所有采集到的信息记录下来，包括土地边界的所有细节。最后，由陪审团和调查委员签字和盖章的调查报告呈交给大法官法庭。最终的结果有利于克伦威尔。③ 从这个案例可以看出，从调查委员的任命到陪审员的选择，再到收集证据、采集信息，这一过程处处体现了公平、公正的法制元素。

有时，涉及国王的土地权属纠纷也需要法庭确权。伊丽莎白一世统治末期，大法官召唤首席检察官爱德华·科克和诺里奇记录员罗伯特·霍顿（Robert Houghton）仲裁一场女王与诺里奇市政当局关于什罗普汉（Shropham）百户区公地归属的纠纷。这一诉讼的核心是公地是属于女王还是市政当局。对此，市政当局拿出了古老的法庭案卷，案卷可追溯到爱德华三世统治时期的领地法庭，该法庭处于诺里奇市司法管辖之下。这些

---

① Eric Kerridge, *Agrarian Problem in the Sixteenth Century and After*, p. 187.
② Eric Kerridge, *Agrarian Problem in the Sixteenth Century and After*, p. 116.
③ William J. Jones, *The Elizabethan Court of Chancery*, Oxford: The Clarendon Press, 1967, p. 283.

案卷表明对公地额外收费以及违法使用公地的行为在领地法庭出现过并受到处罚。与此同时，女王在该庄园的佃农从什罗普汉百户区民事法庭记录中拿出类似的判决先例，但仲裁者认为对公地额外收费或违法使用公地等损害公地的行为理应在民事法庭上受到询问，这并不能证实土地属于民事法庭领主。因此，女王在这块有争议的公地上没有权利。①

此外，对于多个贵族联合保有的土地，也需要法庭确权。根据普通法或习惯，土地可能是由两人或更多人联合保有的。为了确定每个产权人的产权归属，分割土地是最理想的方式。大法官法庭在这方面运作得最好的案例是1598年在两个大贵族温彻斯特（Winchester）和蒙特乔依（Mountjoy）之间所进行的复杂的和重要的土地分割。这两个贵族在英格兰西南部几个郡都拥有大片土地，他们在恳请法庭进行了为期较长的诉讼。最终，经过恳请法庭大法官埃德蒙·安德森（Sir Edmund Anderson）等人的调和，他们同意由大法官法庭任命一个委员会进行土地分割。②

（五）围圈狩猎苑（Empark）

都铎时期领主圈地的一种特殊形式是围圈狩猎苑。英国狩猎苑的历史可追溯到盎格鲁-撒克逊时期，从那时起就有专门的狩猎苑，例如埃塞克斯郡的欧加尔狩猎苑（Ongar Park）。狩猎苑用于养鹿，主要是黇鹿和马鹿，既用于狩猎活动，也作为一种鲜肉来源。为了不使苑内的动物跑出来，狩猎苑通常由大量土堤围圈，土堤之上还有栅栏，土堤内侧还有壕沟，这些共同构成了一个不可逾越的障碍。在一些地区，栅栏被篱笆或一堵石墙代替。到了13、14世纪，狩猎苑数量大为增加，并成为庄园经济的重要组成部分。③

通常，狩猎苑是庄园领主直领地的一部分，并且由未被开发利用的土地构成。在中世纪早期，狩猎苑都是由直领地中的小块林地转变而来的，例如，1252年拉特兰郡的奥克汉姆狩猎苑（Oakham Park），以及1248年

---

① William J. Jones, "A Note on the Demise of Manorial Jurisdiction: The Impact of Chancery," *The American Journal of Legal History*, Vol. 10, No. 4, 1966, p. 305.

② William J. Jones, *The Elizabethan Court of Chancery*, p. 286.

③ L. M. Cantor and J. Hatherly, "The Medieval Parks of England," *Geography*, Vol. 64, No. 2, 1979, p. 71.

伯克郡的雷曼汉姆狩猎苑（Remenham Park）。即使到了中世纪晚期，林地仍然是大多数狩猎苑的重要组成部分。狩猎苑是中世纪英格兰乡村的重要景观，在每个郡都可以发现大量狩猎苑。从《末日审判书》到1485年，这一时期至少有1900个狩猎苑。①

因为建造和维持狩猎苑需要巨大的花销，所以大多数狩猎苑，尤其是大的和存在时间长的，是富有的领主拥有的。狩猎苑作为一种身份地位的象征，"表达了与王权独特的关系，宣告了对于森林和狩猎的特权，与其他当地家族相比，体现了建造者的声望和高贵的出身"。② 狩猎苑除了供其主人打猎之外，还可为其主人提供鹿肉。鹿肉作为一种珍馐，既可以在一些节日用于招待客人，也可以作为礼物送给客人，这种重要性在馈赠是领主权重要特征的时代不可被低估。正如哈里森所说，"他们把鹿肉作为礼物免费赠予他人"，这种礼物包含了主人的地位和声望。③

经过12~15世纪的发展，狩猎苑已成为领主生活的重要组成部分。到了都铎时期，围圈狩猎苑更加流行，引领这一潮流的是王室和贵族。围圈新狩猎苑的典型要数红衣主教托马斯·沃尔西（Thomas Wolsey）在汉普顿宫（Hampton Court）的狩猎苑以及大贵族威廉·赫伯特（Sir William Herbert）在威尔顿郊区（Wilton Suburbs）的狩猎苑。扩大狩猎苑的典型人物是国王亨利八世，亨利八世是当时最大的狩猎苑营造者，他把托克汉姆（Tockenham）庄园和沃顿·巴塞特（Wootton Bassett）庄园的一部分公地圈入维斯顿狩猎苑（Vasterne Park），同时还把奥金顿（Alkington）庄园的农场以及其他土地圈入沃西狩猎苑（Worthy Park）。④ 狩猎苑的扩大可以通过平面图来说明。北安普敦郡霍顿比（Holdenby）庄园测量图显示，1580年在庄园房屋附近有一个小狩猎苑，1587年狩猎苑栅栏被扩宽，

---

① L. M. Cantor and J. Hatherly, "The Medieval Parks of England," *Geography*, Vol. 64, No. 2, 1979, pp. 71–72.
② James P. Bowen, "From Medieval Deer Park to an Enclosed Agricultural and Developing Industrial Landscape: The Post-Medieval Evolution of Lilleshall Park, Shropshire," *Midland History*, Vol. 38, No. 2, 2013, p. 195.
③ Jean Birrell, "Deer and Deer Farming in Medieval England," *The Agricultural History Review*, Vol. 40, No. 2, 1992, p. 115.
④ Eric Kerridge, *Agrarian Problem in the Sixteenth Century and After*, p. 100.

把伍德田地（Wood Field）和布兰普顿田地（Brampton Fields）的大部分包括在内。1557年佩特沃思（Petworth）庄园测量图显示，当该庄园被剥夺财产权而落入王室手中时，部分狩猎苑被围圈。第二年诺森伯兰第七代伯爵获得了领主法庭的同意得到该庄园，第九代伯爵把一片公共森林圈入狩猎苑。此后，狩猎苑迅速向北扩展，到1610年已有超过800英亩被圈入新狩猎苑（New Park）。后来查理一世时期的里士满新狩猎苑（Richmond New Park）就是在此基础上建造的。[1]

随着王室和贵族掀起了围圈狩猎苑的潮流，都铎时期的狩猎苑数量达到了一个前所未有的程度。据哈里森的描述，"在英格兰的每一个郡，都有大量狩猎苑。有充足的证据证明肯特郡和埃塞克斯郡有将近100个狩猎苑，围绕这些圈地走一圈通常需要走四五英里。过去许多有钱的大地主居住在狩猎苑里面，现在这里几乎没有任何房屋，只是为了饲养野生动物用于享乐。仍有一些人想继续扩大狩猎苑。可以肯定的是英格兰现在已经拥有很多人口，王国土地的1/20已用于养鹿和兔子"。[2]

或许哈里森的描述中存在一些夸张的成分，然而，根据圈地调查报告和郡志记载，围圈狩猎苑在当时确实是相当普遍的现象。1517年莱斯特郡圈地调查报告显示，威廉·哈斯汀斯（William Hastings）于1474年分别在他的两个庄园——巴格沃斯（Bagworth）庄园和克比马克萨鲁（Kirby Muxloe）庄园圈占2000英亩直领地和林地作为狩猎苑。[3] 此外，《维多利亚郡志》也记载了当时围圈狩猎苑的情况，例如，诺丁汉郡在16世纪总共圈占了100英亩荒地、300英亩公地、300英亩私人牧场以及1500英亩耕地，这些土地被围圈后，超过700英亩土地被圈占为狩猎苑。[4] 伯克郡有少量耕地被圈为狩猎苑，例如，北汉普斯特德（Hampstead Norrs）庄园和毕萨姆（Bisham）庄园的两小块耕地被圈为狩猎苑。[5] 牛津

---

[1] Eric Kerridge, *Agrarian Problem in the Sixteenth Century and After*, pp. 101 - 102.
[2] Thomas Edward Scrutton, *Commons and Common Fields*, pp. 82 - 83.
[3] William George Hoskins, ed., *The Victoria History of the County of Leicester*, Vol. 2, p. 192.
[4] William Page, ed., *The Victoria History of the County of Nottingham*, Vol. 2, Folkestone & London: Dawson of Pall Mall, 1970, pp. 280 - 281.
[5] Peter Hempson Ditchfield and William Page, eds., *The Victoria History of the County of Berkshire*, Vol. 2, London: Archibald Constable and Company Ltd., 1907, p. 206.

郡有 4016 英亩耕地变为牧场，其中 69 英亩被圈占为狩猎苑。① 在斯塔福德郡皮尔希尔（Pirehill）百户区，100 英亩土地被圈占，其中 60 英亩用作狩猎苑。另外，该郡还有 160 英亩圈地位于兰开夏公爵领地，全部用作狩猎苑。②

有时，领主围圈狩猎苑能够通过交换土地的方式给予农民一定的补偿，如约翰·西尼爵士（Sir John Thynne）在朗利特（Longleat）的狩猎苑，阿伦德尔伯爵（Earl of Arundel）在福斯费尔德（Fersfield）的狩猎苑，萨福克伯爵（Earl of Suffolk）在萨摩汉姆（Somersham）的狩猎苑以及萨默塞特公爵（Duck of Somerset）在萨弗纳克（Savernake）的狩猎苑。尤其是萨弗纳克狩猎苑，萨默塞特公爵的代理人在扩大狩猎苑时所写的报告中说："威尔顿的佃农没有任何公地可供牲畜放牧，这会彻底毁了他们的生活。我虽然与这些佃农离得很远，但我能感受到他们的巨大痛苦。我向上帝祈祷我们能够找到一些土地、草地和其他东西来补偿他们，使他们能够继续生活。"③

然而，也有一些围圈狩猎苑的行为是以威胁和欺骗农民的方式进行的。例如，萨塞克斯郡绅士约翰·帕马（John Palmer）把整个西昂姆林（West Angmering）庄园都围圈为狩猎苑，为此，他威胁佃农："我们的国王解散了修道院，现在轮到我们这些绅士来拆毁你们这些身份卑微的人的房子了。"④ 帕马在强行圈占佃农土地的同时，还欺骗他们签下土地置换协议。佃农获得的土地非常贫瘠并且面积也没有之前大，于是起诉到星室法庭。然而，帕马在面对指控时，能够成功地证明这些公簿持有农是根据协议自愿迁移到其他地方去的，因此对他的指控不成立。⑤

---

① William Page, ed., *The Victoria History of the County of Oxford*, Vol. 2, Folkestone: William Dawson & Sons Ltd., 1987, p. 188.
② William Page, ed., *The Victoria History of the County of Stafford*, Vol. 1, London: Archibald Constable and Company Ltd., 1908, pp. 286-287.
③ Eric Kerridge, *Agrarian Problem in the Sixteenth Century and After*, p. 101.
④ William Page, ed., *The Victoria History of the County of Sussex*, Vol. 2, Folkestone & London: Dawson of Pall Mall, 1973, p. 190.
⑤ William Page, ed., *The Victoria History of the County of Sussex*, Vol. 2, p. 190.

即使能够给予农民一定的补偿，狩猎苑纯粹用于娱乐的目的仍然引起了当地农民的极大厌恶。狩猎苑一直被认为是一种奢侈和挥霍的表现，并且是对土地的不经济利用。人们反对把用于农业生产的良田变成为贵族领主提供娱乐的狩猎苑。例如，白金汉公爵爱德华在格洛斯特郡索恩伯里（Thornbury）城堡附近圈占了一个狩猎苑，他把许多良田也圈入其中，遭到当地居民的咒骂。① 小册子作家亨利·布林克洛（Henry Brinklow）在1541年表达了同样的抱怨："经常听到一些令人同情的声音，说庄稼和草地是如何被鹿毁坏的。在与狩猎苑相邻的地方，人们收获的庄稼连一半都没有，有时全部庄稼都被毁坏了。你们的狩猎苑是英格兰最肥沃的土地。"如果他们想要养鹿，"让他们围圈那些没有利用价值的土地"。② 人们对公地被圈为狩猎苑的抱怨更多，因为狩猎苑所围圈的林地提供了木材以及其他有价值的自然资源，这些自然资源自13世纪以来变得越来越值钱。正如许多公权持有者所抱怨的那样，围圈狩猎苑强化了狩猎苑主人对自然资源的控制。③

一些围圈狩猎苑的行为尤其令人痛恨，例如，约翰·汤利爵士（Sir John Townley）1491年在国王的许可下圈占了汤利（Townley）的老狩猎苑，1497年在一个类似的许可下，他把哈普顿（Hapton）一些已圈占的土地圈作狩猎苑，1514年他又获得一个许可状，围圈了哈普顿的敞田。④ 随着时间的推移，忍无可忍的人们开始通过暴力方式拆毁狩猎苑。在沃里克郡，沃里克伯爵的狩猎苑被拆毁。在威尔特郡，农民摧毁了威廉·赫伯特新狩猎苑的圈地木桩。除了零星的骚乱之外，还有一些有组织的起义，他们自己推举领导者，打破圈地，推翻圈地篱笆，杀死狩猎苑里饲养的鹿。一开始，起义出现在萨默塞特、白金汉、北安普敦、肯特、埃塞克斯和林肯郡，在德文郡起义后不久，人们要求不仅要开放圈地，而且要开放狩猎苑。

---

① Thomas Edward Scrutton, *Commons and Common Fields*, pp. 84–85.
② Thomas Edward Scrutton, *Commons and Common Fields*, p. 83.
③ Jean Birrell, "Deer and Deer Farming in Medieval England," *The Agricultural History Review*, Vol. 40, No. 2, 1992, p. 112.
④ Thomas Edward Scrutton, *Commons and Common Fields*, p. 84.

正是由于围圈狩猎苑遭人痛恨，它成为领主非法暴力圈地的来源。那么，领主围圈狩猎苑是不是一种非法暴力圈地行为呢？虽然在圈地调查报告和郡志中关于多少土地被围圈为狩猎苑以及多少房屋被拆毁的记载有很多，但这些记载仅是围圈狩猎苑所造成的现象，没有判断圈地是否合法。后来的学者在引证这些史料时也只是表述看得见的现象，而没有根据土地权利条件对围圈狩猎苑是否合法做出判断。例如，克里奇在《16世纪及以后的农业问题》中谴责了贵族领主为了围圈狩猎苑不惜推倒农民房屋的行为："约翰·罗德尼爵士（Sir John Rodney）把200英亩门迪普斯（Mendips）庄园公地以及部分布伦特（Brent）庄园沼泽地圈入斯托克狩猎苑（Stoke Moor Park）。为此，他推倒了几所房屋，并从他的佃农那里夺走一部分土地。"① 克里奇的描述，不免令读者产生疑问：约翰的佃农所持有的土地性质是什么？是有期限的公簿持有地、契约租地还是意愿保有地？如果是这些情况，那么在土地权利到期时，领主把它收回是合法的；否则，就是非法的。然而，克里奇缺少对圈地是否合法的判断，只是一味谴责领主围圈狩猎苑的行为。与之相比，贝雷斯福德在《消失的村庄》中对领主围圈狩猎苑的描述虽然更为清晰一些，但也存在缺憾："在诺丁汉郡的维沃顿（Wiverton）庄园，领主乔治·查沃斯（Sir George Chaworth）在1445年获得了把200英亩直领地圈为狩猎苑的特许。1510年，乔治因把狩猎苑进一步扩大254英亩造成村庄人口减少而被控告。"② 在这则案例中，领主因获得国王的特许而把200英亩直领地圈为狩猎苑显然是合法的，然而，对于他在1510年把狩猎苑扩大254英亩是否合法，贝雷斯福德并没有对此做出判断。

长期以来，圈地运动被简单地等同于"暴力掠夺"，是与领主驱逐农民的画面联系在一起的。究其原因，也是缺少对圈地是否合法做出判断。有关圈地运动的原始文献，例如反对圈地的小册子、都铎政府的圈地调查报告以及保留下来的法庭卷宗和郡志，仅记载了驱逐佃农、破坏农舍的数字以及一些破坏性的圈地案例，而没有相关的土地权利分析和缘由介绍。

---

① Eric Kerridge, *Agrarian Problem in the Sixteenth Century and After*, p. 100.
② Maurice Beresford, *The Lost Villages of England*, p. 210.

例如，据《莱斯特郡志》记载，诺斯利（Noseley）庄园领主托马斯·黑泽尔瑞格（Thomas Hazelrigg）"变耕地为牧场，导致整个诺斯利村庄荒废"。此外，1517年圈地调查报告也称该领主在1504年"毁坏5所房屋，把另外6所房屋推倒变成牧场，12部耕犁被废弃，52人被驱逐"。① 这两则文献都是仅记载圈地案例，而缺少相关的土地权利分析和缘由介绍。中外学者在引证这些圈地史料时，仅摆出圈地造成的破坏情况并加以痛斥，既没有做双方土地权利的条件分析，也没有做合法或非法的判断。② 例如，耶林在引用《莱斯特郡志》记载的这则圈地资料时，仅说1508~1509年该领主"进一步毁坏7所房屋，并把500英亩耕地变为牧场，使该地区完全被圈占"③，而没有做有关圈地合法性的判断。

以下这则圈地案例，如果不做圈地合法性判断，很容易被认为是非法暴力圈地。

西顿·德拉瓦尔（Seaton Delavale）庄园是领主罗伯特·德拉瓦尔（Robert Delavale）绅士继承的遗产。伊丽莎白一世10年（1567年），该庄园的12所房屋里居住了12个佃户（不知他们的身份），他们每人每年支付46先令6便士租金。然而，好景不长，领主罗伯特·德拉瓦尔或是把他们驱逐出土地，或是提高入地费，把租金提高到每人每年3英镑，以此方式收回他们一部分最好的土地和草地，并把他们驱赶到荒地。他们在荒地上竖立篱笆，支付了一大笔入地费，并赠予一笔钱用于建造房屋。但是，领主在一年内把他们都赶走，并且拒绝赔偿他们支付的入地费和建造房屋的赠款。在这个过程中，有7个佃户被驱逐。领主获得了480英亩土地，其中大部分从耕地变为牧场，并与领主直领地合并到一起。④

在这则圈地案例中，由于不清楚佃户的具体身份，也不知道他们承租的土地性质，无法判断该圈地是否合法。如果这12个佃户承租的土地是有期限的公簿持有地或契约租地，抑或他们仅仅是意愿保有农，那么领主

---

① William George Hoskins, ed., *The Victoria History of the County of Leicester*, Vol. 2, p. 266.
② 侯建新：《圈地运动与土地确权——英国16世纪农业变革的实证考察》，《史学月刊》2019年第10期。
③ J. A. Yelling, *Common Field and Enclosure in England 1450-1850*, p. 51.
④ Eric Kerridge, *Agrarian Problem in the Sixteenth Century and After*, p. 97.

在佃户的土地权利到期之日驱逐他们并提高租金是合法的；如若不然，便是非法的。可以肯定的是，这些佃户在荒地竖立篱笆并向领主支付入地费显然是合法圈占荒地，领主在一年内把他们从荒地上全都赶走是违法行为，应当受到谴责。

可见，缺少对圈地合法性判断的相关研究向人们呈现出圈地强制性与破坏性的一面，使人们误以为领主圈地全都是非法暴力的，而不知强制现象与非法暴力圈地有本质区别。不可否认的是，圈地运动中也存在领主强制性非法圈地，即无视和践踏佃农的土地权利，凭借强权和暴力圈地。"非法"体现在领主在佃农土地权利的有效期内驱逐他们。以15世纪末衡平法庭的案例为例，1486~1493年，原告是一位终身公簿持有农，其土地保有权受到庄园领主的侵害——他遭到了领主的驱逐。[①] 终身公簿持有农的土地权利具有清晰界定的时效性，意味着当事人在世期间，他的土地权利受到法律保护。然而，他遭到了领主的驱逐。领主无视终身公簿持有农的土地权利而对其进行驱逐，这显然是非法的。

自从"圈地"一词意味着"暴力"以来，领主在进行土地确权时更加小心谨慎。都铎时期领主圈地以合法圈地为主，领主依据"圈占荒地权"圈地、契约圈地、协议圈地以及法庭确权都属于合法圈地的范畴，围圈狩猎苑是否合法要根据土地权利条件进行判断。虽然领主非法暴力圈地确实存在，但这不是其圈地的主要方式。

二 领主土地确权的规模

都铎时期英国领主是通过圈地的方式进行土地确权的，所以，对于领主土地确权规模的考察，实际上是对领主圈地规模的考察。与考察农民圈地规模的方式一样，对于这一时期领主的圈地规模，我们也可以从圈地运动的核心地区——米德兰地区进行考察，同时，再辅以英格兰西北部一些郡的情况加以说明。

以白金汉郡为例，该郡位于米德兰平原中南部，是都铎时期圈地程度

---

① 侯建新：《圈地运动与土地确权——英国16世纪农业变革的实证考察》，《史学月刊》2019年第10期。

较高的郡之一。根据利达姆《圈地末日审判（1517~1518）》的记载，在白金汉郡的圈地阶层中，如表3-3所示，庄园领主圈地面积最大，占该郡圈地总面积的45.6%。对此，利达姆认为与其他郡相比，白金汉郡的庄园领主大多自己经营直领地，他们把分散的直领地围圈到一起经营，所以领主圈占的直领地面积占圈地总面积的比例比较大。①

表3-3 1485~1517年白金汉郡圈地阶层、圈地数量和圈地面积

			庄园领主	自由持有农	公簿持有农	契约租地农	租地农场主
世俗土地	耕地	圈地数量（处）	4	32	—	6	2
		圈地面积（英亩）	102	1047	—	260	30
	牧场	圈地数量（处）	84	44	—	10	21
		圈地面积（英亩）	3645	1533	—	670	749
教会土地	耕地	圈地数量（处）	2	3	—	—	1
		圈地面积（英亩）	48	157	—	—	18
	牧场	圈地数量（处）	4	2	2	1	4
		圈地面积（英亩）	300	50	161	20	195
合计		圈地数量（处）	94	81	2	17	28
		圈地面积（英亩）	4095	2787	161	950	992
		圈地面积比例（%）	45.6	31.0	1.8	10.6	11.0

资料来源：I. S. Leadam, *The Domesday of Inclosures 1517-1518*, Vol. 2, p. 599。

除了白金汉郡之外，在剑桥郡，庄园领主的圈地规模也比较大，占该郡圈地总面积的72%。② 然而，在米德兰地区的另一些郡，领主圈地面积所占比例则较低。以伯克郡为例，1485~1517年，庄园领主圈地面积仅占该郡圈地总面积的9.6%。③ 此外，莱斯特郡也是如此。根据帕克的统计，在1485~1550年，教会领主、世俗领主以及国王的圈地面积分别占该郡圈地总面积的17.6%、12.1%和2.1%，加起来也仅占31.8%。④ 在1551~1607年，莱斯特贵族领主圈地面积更是小得可怜，仅占该郡圈地

---

① I. S. Leadam, *The Domesday of Inclosures 1517-1518*, Vol. 1, p. 155.
② Richard Henry Tawney, *The Agrarian Problem in the Sixteenth Century*, pp. 154-155.
③ I. S. Leadam, *The Domesday of Inclosures 1517-1518*, Vol. 2, p. 529.
④ L. A. Parker, "Enclosure in Leicester, 1485-1607," A Thesis of the Degree of Doctor, University of London, 1948, p. 83.

总面积的 1.7%。① 这里一些所谓的领主圈地,从长时段来看,实际上是大农—乡绅圈地。莱斯特郡圈地报告提到的 45 个庄园领主,只有 11 人来自一直拥有庄园的家族,其余的都是圈地调查前 70 年间获得庄园的新领主。② 这些人原来是约曼和商人,他们从土地市场购置土地后成为乡绅,进而成为庄园领主。③ 可见,由于都铎时期社会阶层的流动性较大,圈地的领主不是一个静止的概念,他们中的一部分人已不再是原来意义上的封建领主,而属于大农—乡绅阶层。

在英格兰西部和北部,领主圈地占相当大的比例。1517 年的圈地调查报告显示,在英格兰西部的格洛斯特郡以及北部的约克郡北赖丁、西赖丁和东赖丁,庄园领主圈地比例很高,分别为 52%、79%、92% 和 64%。④ 这可能是因为英格兰西北部地广人稀,领主依据"圈占荒地权"圈地进展顺利。

总之,由于当时地区差别极大,数据条件也不具备,对于领主的圈地规模很难有一个整体的概念。然而,从米德兰地区和英格兰西北部的部分郡来看,领主是圈地的参与者,在一些地区还是重要参与者,这一结论应该是可以成立的。

第三节 领主土地产权的变革

中世纪英格兰的土地产权是一种混合产权,既包括封建土地保有制下有限的和有条件的"占有权",也包括敞田制下的共有产权。领主通过圈地消除了土地上的共有产权,退出了直接生产领域,成为根据市场行情获得土地收益的新型地产主。

---

① L. A. Parker, "Enclosure in Leicester, 1485 – 1607," *A Thesis of the Degree of Doctor*, University of London, 1948, p. 149.
② L. A. Parker, "The Depopulation Returns for Leicestershire in 1607," *Leicestershire Archaeological Society*, Vol. 23, 1947, p. 238.
③ L. A. Parker, "The Depopulation Returns for Leicestershire in 1607," *Leicestershire Archaeological Society*, Vol. 23, 1947, p. 240.
④ Richard Henry Tawney, *The Agrarian Problem in the Sixteenth Century*, pp. 154 – 155.

一　共有产权的消除

都铎时期领主圈地消除了土地上的共有产权，主要表现在以下两个方面。

第一，圈占公地与共有产权的消除，主要表现为外部性的消除。外部性的消除分为两方面。一方面，消除了"消极的外部性"。公地虽然名义上属于领主"所有"，但实际上领主、自由农和非自由农都可以使用，造成公地的产权归属不明确。一些富裕农民抢先一步对公地进行圈占更是刺激了领主，因为按照封建土地保有制的规定，森林、沼泽以及荒地等公地在名义上是属于领主"所有"的，领主自然不会甘心让富裕农民把公地圈为己有。领主通过圈占公地，消除了公地的共有产权，保障了自己对公地的排他性独占，消除了"消极的外部性"。

另一方面，消除了"积极的外部性"。公地的使用权是按照各人已经拥有的条田面积比例来享有的。然而，旧的宽容几乎允许全体英国农民都能利用公地。公地吸引许多小农依靠它生存，这些人在一个教区定居下来之后，在荒地上盖个小茅屋，燃烧和破坏大片森林。在资源耗竭之后，他们又转移到另一个教区，如此周而复始，恶性循环。[①] 小农的这一行为不仅是对公地资源的浪费，而且更加促使他们依赖公地懒散度日，不愿受雇到农场劳作。由此，公地造成了一些对公地的享用没有任何法定权利的小农"白搭车"。领主通过圈占公地，消除了公地的共有产权，保障了自己对公地的排他性独占，阻止了小农的"白搭车"行为，消除了"积极的外部性"。

第二，圈占条田与共有产权的消除。领主作为村庄共同体的一员，其直领地大多是与佃农持有的土地一起以条田的形式混杂分布在敞田里，因此，领主的直领地也要遵守敞田制的规定。在敞田制耕作方式中，在条田收获之后和播种之前的这段时间内，条田作为公共放牧地是属于村庄共同体所有的，村庄共同体的其他成员也可以在领主敞开的条田上放牧，也就是说，这一时期的土地产权被界定为共有产权，虽然领主拥有"所有

[①]　W. E. Tate, *The English Village Community and the Enclosure Movement*, p. 163.

权",但共同体其他成员拥有使用权。用赵文洪教授的话说,这是一种非常奇特的"私权共享"现象。① 这种"私权共享"使得小农拥有到领主的条田里放牧牲畜和拾落穗的权利,导致了小农"白搭车"。领主通过围圈自己的条田,打破了"私权共享",消除了共有产权,防止了小农"白搭车"行为。

领主通过圈地,消除了土地的共有产权,保障了自己对土地的排他性独占。可见,与农民圈地相同,领主圈地在形式上也是从敞田制中脱离出来,实质上也是把具有村庄共同体性质的混合土地产权界定为具有排他性的私人土地产权。

二 新型地产主的形成

在封建土地保有制体系下,领主与其上级领主直至国王之间对同一块土地也存在层层分割的权利。由于典型的庄园领主不完全单独存在,他在一个复杂的社会结构中拥有自己的地位,这个结构规定了他和其他领主与作为其占有权最终来源的国王的关系。直接从国王那里得到土地的领主被称作主要承租人(tenants in capite),他们把土地封授给中间承租人(mesne tenants),中间承租人再把土地分给次承租人(tenants paravail)。② 这样一来,每个中间承租人既是授予者的承租人,又是他自己的被授予者的领主。这样,几种人都对次承租人事实上耕作的土地拥有特定的权利。

在这里有必要交代一下都铎时期封建土地保有制自身的发展对领主土地产权的影响。13 世纪之后,用益的普遍使用导致领主失去所拥有的封建附属义务,领主和国王的封建财富大为减少,其中国王的损失最大。都铎之前的国王尚未强大到可以阻止用益对封建义务的规避,直到亨利八世时期才颁布法令避免因用益而遭受的经济损失。1535 年《用益法》(Statutes of Uses)就是在这一背景下颁布的。《用益法》将原来受托人的普通法地产转授予受益人,受益人取得普通法地产。例如,委托人把土地转让给

---

① 赵文洪:《私人财产权利体系的发展:西方市场经济和资本主义的起源问题研究》,第 34 页。
② 〔美〕道格拉斯·诺思、罗伯特·托马斯:《西方世界的兴起》,厉以平、蔡磊译,第 31 页。

受托人A及其继承人，把受益人定为B及其继承人，在《用益法》颁布之前，A获得自由继承地产，B获得衡平法上的自由继承的用益权益，但在《用益法》颁布之后，A在土地上没有任何权益，B获得普通法自由继承地产。① 也就是说，《用益法》是将受益人的权利转化为普通法地产，让受益人成为普通法上的地产权人，承担土地保有人的各种保有制义务。②

《用益法》的目标主要有四个：第一，恢复国王被用益所剥夺的保有制权益，使国王的封建收入得以恢复；第二，废除遗赠土地的权利；第三，恢复土地转让的公开性；第四，结束普通法所有权和衡平法所有权的分离。③ 对于前两个目标，1540年国王成立了监护法庭（Court of Wards），专门负责征收国王对保有人享有的监护权、婚嫁权、归复权以及继承金等保有制权益，保障了国王的封建收入。《用益法》废除了长期以来土地保有人采用用益形式遗嘱处分土地的权利，这一结果引起了土地保有人的不满。④ 对于后两个目标，由于《登记法》不承认宣言用益⑤的有效性，没有将其纳入登记范围，因而没有能够阻止土地秘密转移的现象。再加上时代的局限和立法者自身的原因，其不可能改变英国土地权利二元化的结构。⑥ 因此，《用益法》成功地实现了前两个目标，而后两个目标并没有实现。

《用益法》并不是对原有土地法大刀阔斧的改革，虽然保障了国王的封建收入，但并没有废除用益，也没有阻止土地保有人在今后继续设定新的用益。⑦ 因此，土地保有人仍然可以通过设定用益秘密转让土地。此外，土地保有人在拥有原有土地法规定的权利之外，还增加了一些新的权利，例如，普通法规定一个人不能向他自己或妻子转让土地，但根据

---

① William Holdsworth, *An Introduction to the Land Law*, p. 155.
② 咸鸿昌：《英国土地法律史——以保有权为视角的考察》，第320页。
③ William Holdsworth, *An Introduction to the Land Law*, p. 159.
④ William Holdsworth, *An Introduction to the Land Law*, pp. 157-158.
⑤ "宣言用益"（covenant to stand seised），土地保有人A宣布自己以B为受益人继续占有原来的土地，在这种用益下尽管没有出现土地占有的转移，但是土地的用益从A宣布之日转移给B，根据《用益法》的规定，B的权益立即被转化为一种普通法地产，B没有采用任何公示转让形式即取得了土地的普通法地产。
⑥ 咸鸿昌：《英国土地法律史——以保有权为视角的考察》，第322、325页。
⑦ William Holdsworth, *An Introduction to the Land Law*, p. 157.

《用益法》的规定则可实现这一目的。① 由于废除土地遗赠权利引发了土地保有人的不满,他们与叛乱者站在一边,成为求恩巡礼叛乱发生的原因之一。② 针对这种情况,亨利八世做出让步,于1540年颁布《遗嘱法》(Statutes of Wills),恢复了遗赠土地的权利。根据《遗嘱法》的规定,土地保有人可以根据个人意愿遗嘱处分自己依照索克保有制持有的全部土地,以及依照骑士役保有制持有的2/3的土地。③ 这样一来,土地保有人遗嘱处分土地的权利得到恢复。因此,《遗嘱法》也成为对抗国王权力的重要依据,这也使得普通法中的土地交易呈现一定程度的灵活性,普通法的土地制度在一定程度上从封建负担体系中解放出来。④

《用益法》和《遗嘱法》的颁布是英国土地法历史上的标志性事件,极大地影响了英国土地法的发展趋势。与此同时,这两个法案也使领主土地转移更加自由化并且遗嘱部分正当化。如此一来,在土地权利层层分割的封建土地保有制体系中,领主相对于他的上级领主乃至国王,其"占有权"得到进一步的强化。

在了解了《用益法》和《遗嘱法》对领主土地权利的影响之后,我们能更好地理解都铎时期领主土地产权的变化。圈地用篱笆封闭一块土地,使各块土地之间的物理分界线更加分明,并且消除了土地上的公共权利,从而使土地交易更加便利。对于领主而言,他们圈地后往往不亲自经营,而是把土地投入土地市场,要么租出,要么卖出,蜕变为新型地产主。

16世纪40年代英格兰发生了严重的通货膨胀,领主更倾向于把通过契约圈地收回的保有地再次投入土地市场,依据市场价格出租出去,从而保证自己的地租收入能够与通货膨胀同步。克里奇将16、17世纪契约租地租金的上涨与同期农副产品价格的上涨做了对比,以1510～1519年的平均值为100,绘制了以10年为一期的1510～1659年新租地租金、小麦、大麦和羊毛价格指数变化表,现从中截取1510～1609年的情况(见表3-4)。

---

① William Holdsworth, *An Introduction to the Land Law*, p. 163.
② William Holdsworth, *An Introduction to the Land Law*, pp. 157-158.
③ William Holdsworth, *An Introduction to the Land Law*, p. 158.
④ 夏小雄:《信托法的历史起源和制度变迁——以英国信托法的发展为中心》,《云南大学学报》(法学版)2014年第6期。

表 3-4　1510~1609 年地租、小麦、大麦和羊毛价格指数变化

年代	新租地租金指数	小麦价格指数	大麦价格指数	羊毛价格指数
1510~1519	100	100	100	100
1520~1529	95	127	112	93
1530~1539	202	123	133	110
1540~1549	210	154	147	129
1550~1559	308	253	320	171
1560~1569	349	263	214	167
1570~1579	435	288	233	202
1580~1589	329	329	353	188
1590~1599	548	455	415	262
1600~1609	672	435	468	262

资料来源：Eric Kerridge, "The Movement of Rent 1540-1640," *The Economic History Review*, New Series, Vol. 6, No. 1, 1953, p. 28。

从表 3-4 中可以看出，契约租地租金指数从 1510~1519 年的 100 上涨到 1600~1609 年的 672，上涨了 572%；同时期的小麦价格指数从 100 上涨到 435，上涨了 335%；大麦从 100 上涨到 468，上涨了 368%；羊毛从 100 上涨到 262，上涨了 162%。由此看来，地租上涨幅度要大于粮食价格和羊毛价格涨幅。这表明在通货膨胀的年代，领主会通过提高地租来解决面临的财政困境。例如，彭布鲁克伯爵在威尔特郡的地产通过契约租地出租出去，1540~1600 年租金增长了 3 倍，西摩家族（Seymours）在该郡的地产租金增长了 6 倍。诺森伯兰伯爵的土地年净收入从 1582 年的 3602 英镑增至 1636 年的 12978 英镑。① 整体而言，领主租出的契约租地的租金至少能与通货膨胀同步。当然，也有一些保有地租约尚未到期，但总体上领主能够获得利润，或增加年租金，或提高入地费。例如，约克郡的一些庄园地租在 1558~1642 年增长了 8 倍。②

除了保有地之外，领主把产权明晰后的公地也投入土地市场。公地以前作为一种产权模糊的共有性质的土地从未进入过土地市场，领主通过圈

---

① D. M. Palliser, *The Age of Elizabeth: England under the later Tudors 1547-1603*, p. 153.
② D. M. Palliser, *The Age of Elizabeth: England under the later Tudors 1547-1603*, pp. 153-154.

地消除了公地的共有产权，把它转变为产权明晰的市场性土地。市场性土地与封建时代的身份性土地的概念完全不同，土地成为一种生产要素流入市场，与市场上的其他商品无异，土地持有者可以像每个商品所有者处理自己的商品一样去处理土地。确权后的公地是一种市场性土地，能够依据市场价格卖出或租出。例如，16世纪末在林肯郡某些教区，所有高质量沼泽都已被领主围圈，领主通过出售一块块高质量沼泽来增加收入。① 除了高质量沼泽之外，林肯郡的沿海滩涂也被卖出。滩涂之前作为一种荒地，村庄共同体的所有村民都可以使用。然而，国王詹姆斯一世在依据特权圈地确定沿海滩涂属于自己所有之后，再根据市场价格把滩涂出售给佃农。莫尔顿（Moulton）村民在1613年以105英镑2先令4便士的价格购买了724英亩，长萨顿（Long Sutton）村民在同一年以758英镑6先令8便士的价格购买了700英亩。由于没有其他村接受这一邀请，滩涂被卖给了外人，但购买条件不一样。购地者必须自己花钱为国王、公权持有者以及他们自己所购的滩涂筑修防护堤，并且需要每年支付租金，而不是一次性付款。②

17世纪初林肯郡沼泽完成排水之后，领主（国王）和排水者把根据圈地协议分配给他们的沼泽地出租给大农场主和乡绅。当1639年商讨波音顿（Pointon）、阔丁（Quadring）和比克尔（Bicker）的沼泽地出租问题时，大农场主和乡绅享有优先租地权，这些人包括"一个具有优良品质的乡绅"——康尼先生（Mr. Connie）、"一个有能力的邻居"——托马斯·伯顿（Thomas Burton）以及"一个非常富有的人"——托马斯·道蒂曼（Thomas Doughtiman），他们都愿意支付每英亩10先令的租金。在彭齐贝克（Pinchbeck）和斯伯丁（Spalding）的北部与南部沼泽，有3400英亩转让给了亨丽埃塔·玛丽亚（Henrietta Maria）。在克劳兰德（Crowland）庄园，1020英亩沼泽地被转租给来自萨默塞特郡的一个名叫埃德蒙·温德姆（Edmond Windsham）的人，原本分配给排水者的902英

---

① Joan Thirsk, *English Peasant Farming: The Agrarian History of Lincolnshire from Tudor to Recent Times*, p. 21.

② Joan Thirsk, *English Peasant Farming: The Agrarian History of Lincolnshire from Tudor to Recent Times*, p. 131.

亩转租给埃克塞特伯爵的遗孀伊丽莎白（Elizabeth）。[①]

可见，领主把圈地收回的保有地再次投入土地市场，依据市场价格出租出去，从而保证地租收入能够与通货膨胀同步。与此同时，领主通过圈地把公地从产权模糊的共有土地转变为产权具有唯一性的市场性土地，使沼泽、滩涂等公地大批流入土地市场，进一步扩大了土地市场的规模。从此，领主退出了直接生产领域，成为新型地产主——根据市场行情获得收益的地产主，与封建地产主有本质区别。土地自由地租出和卖出也证明了领主相对于他的上级领主拥有了更加牢固的"占有权"，这种"占有"已经趋同于"所有"。

领主土地产权的变革可以从两个层面理解。在庄园里，领主作为村庄共同体的一员，也要遵守敞田制的安排。领主圈地废除了土地上的公共使用因素，把具有村庄共同体性质的混合土地产权界定为排他性的私人土地产权。在封建社会上层，相对于上级领主乃至国王，圈地进一步加强了领主对土地的"占有"，使之趋同于"所有"。尽管直到1645年《保有制法》废除了保有制度的核心部分（即保有制度中封君的特权和持有人的封建役务），使保有成为持有人和领主间的一种经济安排[②]，才标志着私人土地产权的确立，但在此之前，领主相对于其上级领主已初步确立了私人土地产权。

综上所述，都铎时期英国领主阶层普遍面临严重的财富危机，为了摆脱危机、追求个人财富，领主渴望通过获得竞争性地租来增加收入。富裕农民率先对土地确权刺激了领主，因为根据封建土地保有制的理论，无论是公地还是条田都是属于领主"所有"的。这种"所有"虽然不同于国王对土地的所有权，但它实质上是一种接近于所有权的高台阶的"占有权"。出于对竞争性地租的渴望以及对富裕农民圈地的不甘，领主也成为土地确权的参与者。

圈地运动污名化，是与领主圈地、领主驱逐农民的画面联系在一起的。事实上，农民离开土地并不意味着领主非法驱逐。佃农土地权利有无

[①] Joan Thirsk, *English Peasant Farming: The Agrarian History of Lincolnshire from Tudor to Recent Times*, pp. 124 – 125.
[②] 高富平、吴一鸣:《英美不动产法：兼与大陆法比较》，第60页。

时效性是判断领主圈地是否合法的依据。领主依据佃农土地权利的时效性进行的契约圈地属于合法圈地的范畴，合法圈地是都铎时期圈地运动的主流。与之相反，无视和践踏佃农的土地权利，凭借强权和暴力圈地则属于非法圈地，是圈地运动的历史污点。长期以来，缺少对圈地合法性判断的相关研究向人们呈现出圈地强制性与破坏性的一面，使人们误以为圈地全都是非法、暴力的，而不知强制现象与非法暴力圈地有本质区别。澄清这样的基本事实无疑有助于说明圈地运动的本质，以及圈地运动的历史价值。

与农民圈地相同的是，领主作为村庄共同体的一员，领主圈地实质上也是把具有村庄共同体性质的混合土地所有制界定为具有排他性的私人产权。与之不同的是，领主圈地后把产权明晰的保有地和公地都投入土地市场，自己退出了直接生产领域，成为新型地产主。土地自由地租出和卖出也证明了领主相对于他的上级领主拥有了更加牢固的"占有权"，这种"占有"已经趋同于"所有"。领主成为新型地产主，对土地拥有"所有权"，与此同时，承租土地的农民拥有"占有权"和使用权，从而与领主之间形成了一种新型租佃关系。对于英国而言，只有社会下层的农民和社会上层的领主都拥有明晰的土地产权，资本主义农场制才可能出现。土地产权的明晰既是资本主义农场兴起的前提，也是资本主义农业发展的基础。

第四章

都铎政府与土地确权

都铎时期英国农村土地确权导致一系列社会问题涌现，引起了都铎政府的关注。针对土地确权所引发的社会问题，都铎中央政府通过颁布法令、司法诉讼以及舆论监督的方式进行调控。与此同时，都铎地方社会由乡绅自愿担任治安法官进行管理，他们通过季审法庭对失地小农进行援助，在一定程度上维护了社会的稳定。土地确权经济效益的显现，再加上议会下院对土地确权的支持，最终促使都铎政府从法律层面对土地确权予以认可。本章旨在分析土地确权导致的社会问题，考察都铎中央政府和地方政府对圈地问题的调控，探究都铎政府最终认可土地确权的原因。

第一节 土地确权与社会问题

都铎时期的土地确权事实上是以牺牲一些小农利益为代价完成的，那些没有任何既得利益的小农承载了这一变迁的剧痛。圈地运动使一些小农失去了生产、生活资料，被迫沦为流民。流民是一个极不稳定的社会群体，他们成为农民起义的主力。土地确权所产生的流民及其起义构成了都铎时期最为严重的社会问题。

一 流民问题的凸显

流民问题在各个国家、各个历史时期都不同程度地存在过，都铎时期英国流民问题尤为突出。由于都铎时期英国没有全国性人口调查和统计，也没有失业人口登记，而流民又是一个不稳定的群体，因而没有一个确切的统计数据。虽然不清楚都铎时期英国到底存在多少流民，但亨利八世和伊丽莎白一世对流浪者的关注以及《济贫法》的制定证明了失地小农在全国大量涌现，国家拼命地设法控制，由此可以看出都铎时期流民问题的严重性。

流民问题主要是由圈地引起的。在这里，有必要交代一下何谓"小农"。农民是一个不断变化的社会阶层，不同的国家和地区由于历史、政治、经济和文化的不同，农民的含义相差甚远，很难为农民下一个统一的定义。不能笼统地把在庄园从事耕作的人都称为农民，应当按照法律身份和经济地位进行细分。英格兰农民依据对土地的保有条件不同，可分为自由持有农、公簿持有农和契约租地农；依据经济地位，又可划分为富裕农民和小农。富裕农民持有的土地较多，在满足家庭基本需要之后还能够有剩余，能够承担普通农民无法承受的支出，并且能够从事土地买卖等经济活动。① 小农是指小块土地的所有者或租佃者——尤其是所有者，这块土地既不大于他以自己全家的力量通常所能耕种的限度，也不小于足以养活他的家口的限度。②

都铎时期是资本主义产生的时代，在从封建主义向资本主义过渡的过程中，农民内部的不平等加剧。根据经济地位的不同，都铎时期的农民可分为约曼、农夫（husbandman）、茅舍农（cottager）和雇工（labour）。约曼指的是富裕农民，他们持有的土地较多，生产不是为了自给自足，而是面向市场发展资本主义农业；农夫、茅舍农和雇工持有的土地较少，通常是为了维持自给自足的生活。都铎时期的小农主要包括农夫、茅舍农和雇工。

对于农夫来说，亨利八世时期的农夫是指那些耕种 10～30 英亩土地的农业劳动者，无论是在敞田地区还是在圈地地区，他们占农民的大多数，许多自由持有农、公簿持有农和契约租地农都可被称为农夫。③ 据估计，当时持有 30 英亩耕地的农夫一年的农业纯收入为 14～15 英镑，17 世纪初 11 英镑够支付一对夫妇和四个孩子一年的生活开支。在一般情况

---

① 《不列颠百科全书》第 13 卷，中国大百科全书出版社，2002，第 101 页。
② 《马克思恩格斯选集》第 4 卷，人民出版社，1995，第 486～487 页。
③ William George Hoskins, *The Age of Plunder: King Henry's England 1500–1547*, pp. 58–59.

下，农夫能够维持正常生活，但在收成不好的年代，只有耕种 50 英亩以上土地的人才能够抵御天灾人祸。① 由此可见，在一般的年景农夫刚刚能够养活他的家庭，维持自给自足的生活，他们属于小农阶层。

对于绝大多数茅舍农和雇工来说，打工是经济来源的补充。茅舍农的经济地位较低，他们唯一的财产是茅屋，附属于茅屋的土地面积不超过 5 英亩。茅舍农通常生活在一种"茅舍经济"中，这种经济的核心是"节约"，他们利用公地上的自然资源生活。② 一些茅舍农是本地的，另一些是来自外地的移民，他们依靠自己非常少的土地勉强维持生计，通常需要充当雇工来补贴生计。

雇工并没有完全脱离土地，大多持有一小块土地。16、17 世纪的雇工，包括那些被认为同农业经济分离最彻底的建筑工人，都持有一小块土地。③ 雇工持有的土地面积很小，一般都在 5 英亩以下，即使按最低的生活标准估计，也不足以维持生计。如表 4-1 所示，经济史学者埃弗瑞特分析了 43 个庄园的 651 个雇工的持有土地情况，发现 67% 的雇工持有的土地少于一英亩，通常只有一间茅舍。埃弗瑞特对雇工的调查表明至少一半的人在从事农业的同时也从事工业来补充生计。埃弗瑞特根据 1524 年土地、工资和动产征收的补助金评定资料以及 17 世纪初的两份职业人口普查得出结论：都铎时期和早期斯图亚特时期的茅舍农与雇工占整个农村人口的 1/4 或 1/3。④ 对此，马克思评价道："因此产生了一个新的小农阶级，这些小农以种地为副业，而以工业劳动为主业，把产品直接或通过商人卖给手工工场。"⑤ 由此可见，茅舍农和雇工是马克思笔下的"新的小农阶级"。因此，依据马克思和恩格斯的定义，小农是指小土地所有者或租佃者，他们所持有的土地规模通常只能够维持自给自足的生活，有时还要靠打工来补充生计。按照这一标准，都铎时期的小农主要包括农夫、茅舍农和雇工。

---

① 许洁明：《十七世纪的英国社会》，中国社会科学出版社，2004，第 31 页。
② William George Hoskins, *The Age of Plunder: King Henry's England 1500-1547*, p. 59.
③ Donald Woodward, "Wage Rates and Living Standards in Pre-Industrial England," *Past and Present*, No. 91, 1981, p. 29.
④ Joan Thirsk, *The Agrarian History of England and Wales*, Vol. IV, 1500-1640, p. 398.
⑤ 〔德〕马克思：《资本论》第 1 卷，人民出版社，1998，第 816~817 页。

表 4-1 16 世纪英格兰 43 个庄园 651 个雇工份地规模占比

单位：%

	仅有宅旁地的茅舍	少于 1 英亩	1~1.75 英亩	2~2.75 英亩	3~3.75 英亩	4~5 英亩
坎伯兰	60	12	10	5	8	6
约克和兰开夏	31	30	14	7	8	9
米德兰西	16	33	28	8	6	8
萨塞克斯和亨廷顿	20	57	8	6	5	5
东部诸郡	73	5	10	7	2	3
北安普敦	4	52	26	0	4	13
所有地区	41	26	13	6	7	7

资料来源：Joan Thirsk, *The Agrarian History of England and Wales*, Vol. Ⅳ. 1500-1640, p. 402。

小农是都铎时期的重要群体。如表 4-2 所示，根据托尼对 16 世纪分布在英格兰各地的 52 个庄园中的 1664 个佃农的调查，46% 是土地持有少于 10 英亩的小农，其中 10% 是无地的茅舍农。土地确权对小农影响很大，因为圈地通常伴随着农舍被推倒、耕犁被废弃，大量小农被迫离开土地。政府任命的圈地调查委员会详细地记载了失地农民的数量。根据 1517 年涉及英格兰 24 个郡的圈地调查报告，圈地涉及 1096 个村庄，共有 1745 座农舍被毁，6931 名农民无家可归。1607 年，圈地委员会对沃里克、莱斯特、北安普敦、白金汉、贝德福德和亨廷顿这 6 个圈地程度最高的郡进行调查，结论是圈地涉及 393 个村庄，共有 966 座农舍被毁，2232 名农民无家可归。在这 6 个郡中，莱斯特、沃里克和北安普敦圈地引发的社会问题最为严重，1578~1607 年圈地引发莱斯特 67 个教区中的 51 个教区人口减少，至少有 195 所房屋被摧毁；沃里克郡的 34 个教区人口减少，至少 113 所房屋被摧毁；北安普敦郡 118 个教区中的 358 所房屋被毁。[①] 据盖伊统计，平均每 30 年有 7000~10000 人被迫离开土地，在 1455~1607 年的一个半世纪中，大概有 3 万~5 万人流离失所。[②]

[①] John E. Martin, *Feudalism to Capitalism: Peasant and Landlord in English Agrarian Development*, p. 136.

[②] Edwin Francis Gay, "Inclosures in England in the Sixteenth Century," *The Quarterly Journal of Economics*, Vol. 17, No. 4, 1903, p. 588.

表4-2 16世纪对分布在英格兰各地52个庄园中1664个佃农的调查情况

单位：人

	诺森伯兰(10个)	兰开夏(4个)	斯塔福德(3个)	北安普敦(2个)	莱斯特(3个)	萨福克(5个)和诺福克(8个)	威尔特(7个)和萨默塞特(1个)	英格兰南部(9个)	总计
无地茅舍农	—	38	8	30	13	52	3	23	167
2.5英亩以下	10	14	21	53	17	77	5	58	255
2.5~5英亩	1	19	16	24	6	40	7	27	140
5~10英亩	2	29	14	22	6	69	12	52	206
10~15英亩	1	35	6	22	8	28	8	29	137
15~20英亩	3	7	10	13	3	26	7	31	100
20~25英亩	1	4	11	22	3	19	27	16	103
25~30英亩	12	7	3	5	5	14	16	22	84
30~35英亩	27	7	1	10	1	5	14	12	77
35~40英亩	13	2	2	3	10	9	10	11	60
40~45英亩	10	—	2	7	7	4	12	10	52
45~50英亩	10	—	2	2	8	2	5	13	42
50~55英亩	—	—	2	5	7	4	7	3	28
55~60英亩	—	2	—	2	7	7	2	6	26
60~65英亩	1	—	1	7	6	3	4	7	29
65~70英亩	1	—	1	2	2	3	3	6	18
70~75英亩	2	1	—	2	4	1	4	3	17
75~80英亩	1	—	—	2	1	1	1	5	11
80~85英亩	—	—	—	2	2	1	2	4	11
85~90英亩	1	—	—	—	1	1	1	4	8
90~95英亩	—	—	—	—	1	—	—	1	2
95~100英亩	—	—	—	—	2	—	2	2	7
100~105英亩	—	—	—	—	—	—	—	4	4
105~110英亩	—	—	—	2	—	2	—	—	4
110~115英亩	—	—	—	—	—	1	—	1	2
115~120英亩	—	—	—	—	1	—	—	1	2
120英亩及以上	—	1	3	4	—	4	—	7	18
总计	96	168	103	255	129	391	156	366	1664

资料来源：Richard Henry Tawney, *The Agrarian Problem in the Sixteenth Century*, p. 64。

当时的道德家们严厉谴责圈地对小农的伤害，托马斯·莫尔在《乌托邦》一书中把圈地描述为一场"羊吃人"的罪恶过程："你们的绵羊本来是那么驯服，吃一点点就满足，现在据说变得很贪婪、很蛮横，甚至要把人吃掉。"① 他描写了小农被驱逐出土地后的悲惨生活："有些佃农在欺诈和暴力手段之下被剥夺了自己的所有，或是受尽冤屈损害而不得不卖掉本人的一切。他们离开熟悉的家乡，却找不到安身的去处。他们除了从事盗窃或是出去沿途讨饭为生外，还有什么别的办法？"② 连土地确权的支持者菲茨赫伯特和诺顿也谴责领主圈地导致地租上涨和农村人口减少。菲茨赫伯特在其《调查》一书中说："我代表上帝劝告领主们不要提高佃农的地租或者让他们支付一大笔入地费，不要敲诈勒索佃农。"诺顿在其《调查者的对话》中说："领主不应进行人口减少型圈地，这是冒犯上帝的行为。"③

那些被迫离开土地的小农沦为流民。由于一些小农原来所在的村庄在圈地后已经不需要那么多劳动力，他们只能到别处谋求生计。一些小农前往尚未被圈占的庄园，在荒地上建立茅舍定居作为解决贫困问题的权宜之计。从其他村庄蜂拥而至的失地农民数量如此之多，以至于法令规定的附属于茅舍的土地不少于4英亩根本实行不了，遭到当地居民的强烈反对。从远方前来的带着全家老小的农民请求发放在荒地建立茅舍许可证的案例经常出现在季审法庭（quarter sessions）上。当时的经济学家认为允许在荒地上建造农舍实际上鼓励了一个无所事事的阶层，他们既不当雇工又不很好地利用土地："在那些土地是敞田的城镇里，有一伙突然闯入的穷人非法建造茅舍。他们通常不去工作，除非给的工资比他们想要的多。"④

在都铎政府看来，流民是一个极不稳定的社会群体，容易破坏社会秩序，威胁国家安全。为了使他们尽快安定下来，都铎政府颁布了"血腥立法"，目的是让他们接受工资低廉的工作。法令规定，凡是有劳动能力的流民，如果不在规定的时间里找到工作，一律加以严惩。例如，亨利八世时期曾颁布相关法令："所有健康的人，一旦发现乞食，要被带到附近的市镇或其他最方便的地方，脱光衣服，绑在车后，游街示众，同时鞭打

---

① 〔英〕托马斯·莫尔：《乌托邦》，戴镏龄译，商务印书馆，2012，第21页。
② 〔英〕托马斯·莫尔：《乌托邦》，戴镏龄译，第20页。
③ Richard Henry Tawney, *The Agrarian Problem in the Sixteenth Century*, p. 150.
④ Richard Henry Tawney, *The Agrarian Problem in the Sixteenth Century*, pp. 277-278.

至流血为止,然后遣返回原籍或曾住过3年以上的地方。"[①] 流民问题成为都铎时期最为突出的社会问题。

二 农民起义的爆发

都铎时期土地确权使一些小农受到伤害,他们失去了生产、生活资料,成为农民起义的主力。这一时期主要发生了三次有组织的农民起义,分别是求恩巡礼、凯特起义以及米德兰农民起义。他们以反对圈地为目标,表达了对土地确权的抗拒。

(一) 求恩巡礼

求恩巡礼发生在亨利八世时期,从1536年10月持续至1537年2月,波及北方六郡,参与人数最多时达6万人,是都铎时期规模最大的一场起义。表面上看,对亨利八世解散修道院的不满是求恩巡礼发生的原因,然而,经过都铎政府的仔细调查,农民对领主圈占公地不满也是求恩巡礼发生的重要因素之一。

根据盖伊的统计,在整个英格兰范围内,除了南部之外,北部是圈地规模最小的地区。其中,威斯摩尔兰和坎伯兰这两个郡敞田很少,不限制牲畜放牧数量的公地很广阔。此外,约克郡是典型的畜牧业郡,土地也很充裕。按理说,圈地在土地充足的英格兰北部不会引发什么冲突。然而,它怎么会成为诱发农民起义的因素呢?对此,我们要根据史料进行具体分析。

早在求恩巡礼爆发前的十年里,领主圈占公地在英格兰北部经常引发冲突。16世纪20年代晚期和30年代早期,阿肯格斯谷地(Arkengarth Dale)的农民与领主科尼尔斯(Conyers)家族发生了一场激烈的冲突,他们声称自己对公地拥有自由放牧权和采铅矿权,因此要重新夺回被领主圈占的公地。无独有偶,约克郡也发生了类似的冲突。1533年,约克北部位于加尔特斯森林(Galtres Forest)的布兰迪斯比(Brandsby)庄园、斯蒂尔斯比(Stearsby)庄园和斯凯尔斯比(Skewsby)庄园中的农民拆毁了领主围

[①] 转引自尹虹《十六、十七世纪前期英国流民问题研究》,中国社会科学出版社,2003,第143页。

绕在10英亩荒地和20英亩耕地上的圈地篱笆,他们声称在此地拥有公共放牧权。此外,1526~1533年,农民要求对位于利兹附近的罗斯威尔狩猎苑(Rothwell Park)拥有自由的公共放牧权,采取了反对领主达西(Lord Darcy)的行动。该领主在砍伐森林之后,通过圈地的方式营造了新农场和房舍以及用于出租的牧场。为了夺回公地使用权,佃农推倒了圈地篱笆并把他们自己的牲畜驱赶到那里放牧。① 在这些冲突中,反对领主圈占公地的是那些依据法律使用公地的农民,也就是土地公权持有者(landed commoners)。公权持有者对公地拥有法定使用权,并且这种权利的大小是与他在敞田上所持有的土地大小成正比的:他在敞田上拥有的地块愈多,他就能在公地上放牧愈多的牛羊。② 领主不顾公权持有者的土地权利把他们排斥在公地的使用权限之外,使他们的利益受到损失,由此引发了冲突。

  在求恩巡礼爆发的前一年,北方诸郡发生了最为激烈的冲突,涉及约克、威斯特摩兰和坎伯兰。在约克郡的斯基普顿(Skipton)和吉格尔斯威克(Giggleswick)附近,包括妇女和儿童在内的三四百人,在拆毁房屋的同时,也毁掉了被圈为牧场、草地以及耕地的圈地篱笆和壕沟;在格雷文(Graven)的艾尔顿(Airton),当地农民不仅把约翰·兰伯特(John Lambert)的圈地篱笆拆除了,也把他建在所圈占土地上的一所房屋拆毁了。与之类似,在加尔特斯森林,伊辛沃尔德(Easingwold)和哈比(Huby)的居民推倒了一处新的圈地篱笆以及一所新建的房屋。对此,一个纺织工声称他们的目的是保护国王的森林和鹿,而事实上则是保护他们自己的公地权利。同一年,类似的冲突发生在威斯特摩兰的奥顿(Orton)庄园,该庄园由约翰·威考珀(John Warcop)和领主戴克(Lord Dacre)共有,他们都以牺牲佃农利益为代价对荒地进行了改良,引起佃农的不满。戴克的佃农反对威考珀的新圈地,并且袭击了占据那里的佃农。还是同一年,在坎伯兰,克利特(Cleator)庄园的男女老幼全体出动前往克利特和弗利兹顿(Frizington)之间的沼泽地,推倒了位于此处的圈地篱笆

---

① Michael Bush, *The Pilgrims' Complaint: A Study of Popular Thought in the Early Tudor North*, Ashgate Publishing Limited, 2009, p. 209.
② 〔法〕保尔·芒图:《十八世纪产业革命:英国近代大工业初期的概况》,杨人楩等译,第118~119页。

和房屋,声称他们一直都对这块公地拥有合法的使用权。①

从这三个地区的情况可以看出,当地农民不仅毁坏了圈地篱笆,而且推倒了领主在那里新建造的房屋。尤其是在威斯特摩兰的克利福德(Clifford)家族地产上,冲突的主要表现就是反对在荒地上建造新的房屋。例如,在柯比斯蒂芬(Kirkby Stephen)附近,两男三女毁坏了一所房屋。② 这样做很可能是为了保护他们自己使用荒地的权利。领主在荒地上建造房屋会鼓励外来的无地手工业者在此定居,外来人口的增多会导致越来越多的人依赖荒地的自然资源生活,从而会威胁本庄园佃农对公地的使用。从这一点看,英格兰北部圈地所造成的问题与米德兰地区完全相反,并非导致人口减少和农舍荒废,而是人口增加及其对公地使用带来的压力。

在反对领主圈占公地的农民中,除了依据法律使用公地的公权持有者之外,还包括那些依据"默许和习惯"使用公地的茅舍农和无地手工业者。他们虽然对公地没有法定的使用权,却能够依据宽容的庄园习惯把茅舍建在公地上,然后利用公地上的自然资源勉强维持生活。领主圈占公地使他们不能再利用公地,从而难以维持生计,因而遭到他们的强烈抵制。对此,可以从威斯特摩兰起义者所写的请愿书中看出。在请愿书中,圈占荒地被定义为"对穷人有害"。这里的"穷人"指的就是那些依据"默许和习惯"使用公地的茅舍农和无地手工业者。请愿书中的反圈地请求非常明确:圈占荒地给穷人带来痛苦,建议停止对穷人有害的圈地。③

1537年1月爆发了以反对圈占公地为目标的起义,构成了求恩巡礼的一部分。根据坎伯兰郡郡长托马斯·柯温(Thomas Curwen)的描述,起义经历了两个阶段。大约在1月6日,受到托马斯·克利福德(Sir Thomas Clifford)以及一支全副武装的边境民兵队伍即将到威斯特摩兰逮捕起义领导者的消息的刺激,柯比斯蒂芬教区居民推倒了教区里所有克利福德家族新近圈占的公地篱笆,尤其是在莫勒斯唐(Mallerstang)森林。接下来,

---

① Michael Bush, *The Pilgrims' Complaint: A Study of Popular Thought in the Early Tudor North*, p. 210.

② Michael Bush, *The Pilgrims' Complaint: A Study of Popular Thought in the Early Tudor North*, p. 211.

③ Michael Bush, *The Pilgrims' Complaint: A Study of Popular Thought in the Early Tudor North*, p. 213.

在1月27日，布拉夫教区居民响应柯比斯蒂芬教区居民的号召，推倒了斯顿莫尔（Stainmore）森林里的新近圈地篱笆。其他的克利福德地产也遭到了袭击，尤其是布鲁厄姆（Brougham）教区的温菲尔（Whinfell）森林以及阿普比（Appleby）教区的弗雷克布里奇（Flakebridge）森林。克利福德家族在这一时期非常活跃，在四个森林——斯顿莫尔、莫勒斯唐、温菲尔和弗雷克布里奇圈地建立新的契约租地和出租放牧地。在莫勒斯唐和斯顿莫尔森林，克利福德家族的坎伯兰伯爵圈地是为了建造新的农庄住宅。在温菲尔森林，围圈狩猎苑是为了建造出租放牧地和租地农场。另一个出租放牧地在弗雷克布里奇森林建立，位于朗顿（Langton）附近。针对这些圈地，当地居民开始采取行动。例如，内特比（Nateby）、哈特利（Hartley）、柯比斯蒂芬和海因隆德（Hanging Lund）教区居民采取行动反对莫勒斯唐森林里的圈地；布拉夫、索尔比（Sowerby）、斯顿莫尔、温顿（Winton）和纽霍尔（Newhall）教区居民推倒了斯顿莫尔森林里的新近圈地篱笆；彭里斯（Penrith）、卡尔顿（Carleton）、布鲁厄姆（Brougham）和莫尔豪斯（Moorhouses）教区居民拆除了温菲尔森林里的新近圈地篱笆；弗雷克布里奇森林里的新近圈地篱笆很可能被迪夫东（Dufton）、邦德盖特（Bondgate）和阿普比教区居民毁坏。①

很明显，这场反圈地起义反映了人们对克利福德家族贪婪圈占公地的憎恶。首先，该家族圈地打破了北部地区传统的农业体系和生活方式，这对于村庄共同体是一种冒犯。农民早已习惯于依靠荒地生活，例如，在夏季放牧牲畜，在整年收集燃料和建筑材料。② 尽管该家族在圈地后仍给农民保留了大量公地，但他们圈占公地使农民能够自由使用的公地面积减少，依然引起了农民的反对。

其次，克利福德家族圈占公地的目的是获得能够反映市场价值的竞争性地租和入地费，严重损害了习惯佃农的土地权利。习惯保有是英格兰北方四郡最普遍的保有形式，佃农负有繁重的义务，他们需要在边境服役，

---

① Michael Bush, *The Pilgrims' Complaint: A Study of Popular Thought in the Early Tudor North*, pp. 214-215.

② Michael Bush, *The Pilgrims' Complaint: A Study of Popular Thought in the Early Tudor North*, p. 216.

保卫领主土地免受苏格兰人入侵。作为回报，他们保有的土地是可世袭的，并且租金较低。早在求恩巡礼爆发之初，"佃农权利"就是起义者关注的焦点。1536年，在唐开斯特（Doncaster）集合的起义者与他们的领主在"佃农权利"问题上发生争执，他们要求把威斯特摩兰、坎伯兰、肯德尔镇和佛尼斯（Furness）的土地以及马沙姆郡（Mashamshire）、柯克比郡（Kirkbyshire）和尼德谷地（Nidderdale）的修道院土地置于"佃农权利"之下，习惯佃农的入地费应固定为两年地租。然而，以克利福德家族为代表的领主阶层在圈占公地之后把它变为契约租地，大大提高了租金水平。这样一来，在村庄共同体内部，能够反映市场价值的竞争性地租相对于习惯地租的比例扩大了。随着契约租地数量的增加，地租和入地费都在上涨。1533~1534年的记载显示，在斯顿莫尔新近圈地的年收入为43英镑，几乎是该庄园收入的一半。[①] 于是，圈地使习惯保有受到竞争性地租和高额入地费的伤害。习惯佃农希望地租仍保持固定，反对地租上涨，这也是他们反对领主圈占公地的原因。正如反圈地起义被镇压之后诺福克公爵所认为的那样，西北地区过去一直被圈地和上涨的入地费所伤害。[②]

最后，领主和农民对公地持有不同的看法。对于以克利福德家族为代表的领主阶层来说，他们认为公地在法理上是属于自己所有的，圈占公地合理合法。然而，对于依据法律使用公地的公权持有者而言，领主不顾他们的土地权利把他们排斥在公地的使用权限之外，使他们的利益受到损失。对于依据"默许和习惯"使用公地的穷人来说，领主圈占公地使他们不能再像从前那样利用公地上的资源，因此强烈抵制圈地。

由上述情况可见，领主圈占公地使农民能够自由使用的公地面积减少、圈地后地租和入地费的上涨以及领主与农民对于公地的不同看法，使圈占公地成为求恩巡礼爆发的重要因素之一。对此，求恩巡礼领导者和都铎政府都意识到了这一点。约克东赖丁的求恩巡礼领导者威廉·斯泰普尔顿（William Stapulton）在他的忏悔中认为"领主圈占公地刺激了人们叛

---

① Michael Bush, *The Pilgrims' Complaint: A Study of Popular Thought in the Early Tudor North*, p. 216.
② Michael Bush, *The Pilgrims' Complaint: A Study of Popular Thought in the Early Tudor North*, p. 208.

乱"。都铎政府在1537年2月任命萨塞克斯伯爵调查兰开夏郡是否"有公地被圈占为私人地产",结论是圈占公地是引发该郡加入求恩巡礼的主要原因。①

(二) 凯特起义

由于土地确权使一些小农成为失去土地的流民,针对圈地的骚乱此起彼伏。1548年英格兰多个郡发生了反圈地骚乱,一些发生在5月的圈地调查之前,另一些发生在圈地调查委员会的调查之后。1549年,凯特起义爆发,把零星的反圈地骚乱发展成一场有组织的农民起义。凯特起义席卷了整个诺福克地区,同时也波及萨福克、剑桥、林肯部分地区。②

1549年6月20日,诺福克郡阿特尔伯勒(Attleborough)庄园、埃克尔斯(Eccles)庄园以及威尔比(Wilby)庄园的农民们受到肯特郡农民填平圈地沟壑、推倒圈地篱笆的鼓舞,集合起来发誓在诺福克拆毁圈地。愤怒的人们拆毁了威尔比庄园领主约翰·格林(John Green)在公地上竖立的圈地篱笆,把土地恢复成原貌。③ 这一事件成为诺福克农民反圈地起义的导火索。这些起义者既没有领袖,也没有组织,只是通过一些秘密的集会决定拆除哪个地主的圈地。在两周之后,这些起义者决定拆除罗伯特·凯特(Robert Kett)和威廉·凯特(William Kett)两兄弟的圈地。

关于凯特兄弟的身份,长期以来众说纷纭:弗雷德里克·威廉·罗素(Frederic William Russell)认为凯特兄弟是"皮匠和屠夫";④ 托尼认为凯特除了是一名皮匠之外还拥有大量土地,是富裕的中产阶层;⑤ 路易莎·马里昂·凯特(Louisa Marion Kett)和乔治·凯特(George Kett)认为凯特兄弟是拥有一定土地的富裕自由持有农,即约曼;⑥ 简·怀特(Jane Whittle)认为罗伯特·凯特是来自怀门德姆(Wymondham)的小庄园主,

---

① Michael Bush, *The Pilgrims' Complaint: A Study of Popular Thought in the Early Tudor North*, p. 208.
② John E. Martin, *Feudalism to Capitalism: Peasant and Landlord in English Agrarian Development*, pp. 155 – 156.
③ Joseph Clayton, *Robert Kett and the Norfolk Rising*, London: M. Secker, 1912, p. 49.
④ Frederic William Russell, *Kett's Rebellion in Norfolk*, London: Longman, 1856, p. 30.
⑤ Richard Henry Tawney, *The Agrarian Problem in the Sixteenth Century*, p. 326.
⑥ Louisa Marion Kett and George Kett, *The Ketts of Norfolk, a Yeoman Family*, London: Mitchell Hughes and Clarke, 1921, p. 56.

他的弟弟威廉·凯特是来自同一个镇的屠夫。① 虽然学者们对凯特兄弟的身份各持己见，但有一点是相同的，那就是凯特兄弟是拥有土地的富裕阶层。当7月8日起义者聚集在罗伯特·凯特家门前时，反而得到了罗伯特的同情，他决定加入起义。关于罗伯特·凯特为何会加入反圈地农民起义，最大的可能性就是他同情穷人，希望把英格兰变为一个没有富人压迫穷人、人人友爱的国家。② 罗伯特首先推倒了自己的圈地篱笆，然后和起义者一起，决定拆除该郡所有的圈地篱笆。③ 自此，起义发展为由罗伯特·凯特领导的、主要由诺福克地区下层农民参与的反圈地农民起义。

7月10日，凯特带领起义者向诺福克的首府诺里奇进军，沿途拆毁了大量圈地篱笆，吸纳了大批追随者。④ 凯特在诺里奇东北部的莫斯霍尔德（Mousehold）建立了起义军驻扎营地。在莫斯霍尔德驻扎的六个星期里，凯特整顿了军队纪律，完成了军需及武器供给，并且抑制了领主对公地的圈占。⑤ 然而，好景不长，凯特起义在进行了将近一个月时，遭到了北安普敦伯爵的沉重打击。之后起义又延续了一个月，直到被沃里克公爵彻底打败。⑥

虽然凯特起义持续的时间并不长，但它给后人留下了一个宝贵的历史文献——《请求和要求》（以下简称《请愿书》）。《请愿书》是凯特起义者在莫斯霍尔德驻军期间起草的，由凯特、诺里奇市市长以及诺福克33个百户区的24名代表签名。⑦《请愿书》列出了29条要求，以土地问题为中心，涉及圈地、公地使用权、地租以及禁止修建养鸽房和养兔场等内容。长期以来，凯特起义虽然一直颇受学界关注，但学界对于《请愿书》

---

① Jane Whittle, "Lords and Tenants in Kett's Rebellion 1549," *Past and Present*, Vol. 207, No. 1, 2010, p. 22.
② Joseph Clayton, *Robert Kett and the Norfolk Rising*, p. 55.
③ Joseph Clayton, *Robert Kett and the Norfolk Rising*, p. 56.
④ Frederic William Russell, *Kett's Rebellion in Norfolk*, p. 30.
⑤ Joseph Clayton, *Robert Kett and the Norfolk Rising*, p. 84.
⑥ John E. Martin, *Feudalism to Capitalism: Peasant and Landlord in English Agrarian Development*, p. 154.
⑦ Jane Whittle, "Lords and Tenants in Kett's Rebellion 1549," *Past and Present*, Vol. 207, No. 1, 2010, p. 9.

中所反映的农民土地诉求缺乏应有的关注。① 对凯特起义《请愿书》进行详细解读，可以发现不同阶层的农民因各自利益的差异而对土地有着不同的诉求。

首先，《请愿书》反映了富裕农民的土地诉求。《请愿书》的第1条就提到圈地："请勿损及那些已经种植了番红花的地方，因为种植者已经投资很多。但今后无论何人，不得再行圈地。"② 一个以反对圈地为目标的起义，却首先提出要求政府在某些条件下保护圈地，看上去令人相当费解。实际上，这一要求代表了富裕农民的利益，需要在富裕农民也进行圈地的背景下理解。

在《请愿书》上签名的百户区代表中，不乏一些富裕农民。米特福德（Mitford）百户区的代表威廉·豪利（William Howlyng）出身于什普海姆（Shipdham）庄园的富裕家庭。北厄平海姆（North Erpingham）百户区的代表威廉·道蒂（William Doughty）是南来普斯（South Reppes）庄园的庄头。③ 亨斯特德（Henstead）百户区的代表威廉·莫（William Mowe）

---

① 国外学界对凯特起义的研究主要集中在以下四个方面。其一，侧重于对起义过程的梳理，例如弗雷德里克·威廉·罗素、路易莎·马里昂·凯特和乔治·凯特、宾多夫、比尔和康沃尔，参见 Frederic William Russell, *Kett's Rebellion in Norfolk*; Louisa Marion Kett and George Kett, *The Ketts of Norfolk, a Yeoman Family*; Stanley Thomas Bindoff, *Ket's Rebellion 1549*, London: Historical Association, 1949; Barrett L. Beer, "London and the Rebellions of 1548 – 1549," *The Journal of British Studies*, Vol. 12, No. 1, 1972; Julian Cornwall, *Revolt of the Peasantry 1549*, London: Routledge & K. Paul, 1977。其二，强调凯特起义是1549年广泛流行的影响英格兰大部分地区的骚乱的一部分，例如麦卡洛克，参见 Diarmaid MacCulloch, "Kett's Rebellion in Context," *Past and Present*, No. 84, 1979。其三，从政治与宗教角度研究凯特起义，阐释了凯特起义、大众政治以及宗教和国家之间的关系，例如沙干和伍德，参见 Ethan H. Shagan, *Popular Politics and the English Reformation*, Cambridge: Cambridge University Press, 2003; Andy Wood, *The 1549 Rebellions and the Making of Early Modern England*, Cambridge: Cambridge University Press, 2007。其四，从经济角度解读凯特起义，认为经济问题是凯特起义者抱怨的核心问题，以简·怀特为代表，参见 Jane Whittle, "Lords and Tenants in Kett's Rebellion 1549," *Past and Present*, Vol. 207, No. 1, 2010。近年来，国内学界也开始关注凯特起义，参见刘博《1549年凯特起义》，博士学位论文，中国社会科学院研究生院，2012。虽然国内外学界对于凯特起义的研究有一定的积累，但仍存在一些不足之处，尤其是对凯特起义《请愿书》中所反映的农民土地诉求缺乏应有的关注。

② Frederic William Russell, *Kett's Rebellion in Norfolk*, p. 48.

③ Jane Whittle, "Lords and Tenants in Kett's Rebellion 1549," *Past and Present*, Vol. 207, No. 1, 2010, p. 22.

在小弗雷明汉（Little Framingham）庄园持有 41 英亩土地。耶尔弗顿（Yelverton）的约翰·里奇·波因特（John Riches al. Poynter）在小弗雷明汉庄园持有 45 英亩土地。① 艾尔舍姆（Aylsham）的约翰·威思（John Wythe）曾持有艾尔舍姆、布利克林（Blickling）和黑文汉（Hevingham）三个庄园的土地，很可能是伯威克堂（Bolwick Hall）庄园土地的承租人。史密斯顿（Smithdon）百户区的金码头（Docking）庄园的乔治·霍顿（George Houghton）属于"约曼和乡绅之间"的阶层。他的父亲罗杰（Roger）是 1545 年案件的被告，因为他违反了 1534 年的《限制羊群数量法令》，在金码头庄园、弗利特查姆（Flitcham）庄园和安默（Anmer）庄园饲养了大量的羊。② 此外，还有一些屠夫，例如布林福特（Billingford）庄园的约翰·迪克斯（John Dix）以及诺里奇市场的摊贩。屠夫是典型的富人，许多屠夫同时也是牧场主。还有一些乡村精英，例如埃尔默顿（Aylmerton）的劳伦斯·道蒂（Laurence Doughtye）、南来普斯的约翰·珀迪（John Purdy）、耶尔弗顿的约翰·里奇·波因特，这些人都至少持有 40 英亩公簿持有地，这一土地持有规模在东诺福克地区是相当引人注目的。③

富裕农民的圈地诉求与当地的农业结构有关。诺福克和萨福克的一半土地包含了两个轻质土地带，在 16 世纪用于种植谷物和养羊，羊粪提供了土壤自然形态中所没有的肥力，给谷物的高产提供了可能。广义上说，这两个养羊—谷物地区的其中一个是沿着萨福克海岸从南部的界标点（Landgurad Point）到北部的洛斯托夫特（Lowestoft）以及桑德林斯（Sandlings），另一个更大的地区包括西萨福克的北半部、北诺福克海岸以及除了与林肯郡和剑桥郡交界的沼泽地以外的整个西诺福克。④ 在养羊—谷物地区，一直都实行敞田制。敞田制在生产力不发达时期曾起

---

① Jane Whittle, "Lords and Tenants in Kett's Rebellion 1549," *Past and Present*, Vol. 207, No. 1, 2010, pp. 23 – 24.
② Jane Whittle, "Lords and Tenants in Kett's Rebellion 1549," *Past and Present*, Vol. 207, No. 1, 2010, p. 25.
③ Jane Whittle, "Lords and Tenants in Kett's Rebellion 1549," *Past and Present*, Vol. 207, No. 1, 2010, p. 39.
④ Diarmaid MacCulloch, "Kett's Rebellion in Context," *Past and Present*, No. 84, 1979, pp. 50 – 51.

到保护农民经济的作用,然而,随着16世纪英国社会经济的发展,其逐渐成为制约农业发展的因素。在这个寸土寸金的时代,诺福克的富裕农民渴望通过圈地打破敞田制的束缚,面向市场生产,从土地上获得更大的利润。

此外,富裕农民的圈地诉求还与当地的农业习俗有关。诺福克和萨福克所在的东盎格利亚地区有一种特殊的习俗——领地积肥。领地积肥权通常属于庄园领主,领主可在佃户的土地上一年若干次放牧若干数量的羊群。① 为了避免领地积肥权的侵害,一些佃农把自己的土地围圈起来,以此制止领主在此放牧牲畜。领主则反对佃农圈地并维护他的领地积肥权。在凯特起义中,萨福克养羊—谷物地区的两个案例反映了佃农通过圈地来避免领主领地积肥权的侵害。在桑丁斯(Sandlings)地区,罗伯特·布朗(Robert Browne)拥有雷斯申(Leistion)和韦斯特尔顿(Westleton)这两个地方的领地积肥权,然而佃农圈地使他不能在此放牧,于是他针对佃农的圈地展开诉讼,要求佃农拆除圈地。他的做法遭到了佃农的痛恨。1549年,布朗的地产成为凯特起义者攻击的首要目标。他的320只羊被抢走,仆人被抓走并关押,他的妻子和女儿们被迫躲到树林里三天三夜。② 从这个案例可以看出,佃农通过圈地来避免领主罗伯特·布朗领地积肥权的侵害,从而摆脱当地领地积肥习俗的制约。然而,不甘心利益受损的领主起诉佃农圈地,招致佃农痛恨,成为凯特起义者攻击的对象。

另一个案例是在萨福克西部,巴斯伯爵和伯爵夫人(Earl and Countess of Bath)是伯里(Bury)附近养羊—谷物地区的多个领地积肥权的主人。一个名为埃德蒙·马肯特(Edmund Markant)的约曼(或小乡绅)是韦斯特利(Westley)土地的主人,对于这块土地,伯爵夫妇在此拥有领地积肥权。为了避免伯爵夫妇领地积肥权的侵害,马肯特把这块地围圈起来,并在1547年的一场诉讼中成功维护了圈地。然而,伯爵夫人为了维护其领地积肥权,利用反圈地说辞鼓励1549年伯里地区的凯特起

---

① 薛波主编《元照英美法词典》,第563页。
② Diarmaid MacCulloch, "Kett's Rebellion in Context," *Past and Present*, No. 84, 1979, pp. 51–52.

义者拆毁了马肯特的圈地。① 这个案例也说明了圈地是约曼避免领主领地积肥权侵害的有效手段，而领主不甘于利益受损也会采用种种方式反对佃户圈地，在这个案例中伯爵夫人就是利用了凯特起义者拆毁了圈地。

与产权模糊的敞田相比，圈地促进了土地产权的明晰，使农民获得了自主经营权，同时也摆脱了领地积肥权的制约。《请愿书》第1条请求保留种植番红花的圈地。番红花种植业是诺福克当地重要的地方产业，是精纺毛纱的制造所必需的。② 圈地培育番红花能获得更多收益，因此参与起义的富裕农民要求保留这些圈地。由此可见，作为凯特起义的重要参与者，富裕农民并不反对这一时期的土地产权变革。他们要求建立明晰的土地产权，保护有益于自身利益的圈地。这就解释了为什么以反对圈地为目标的凯特起义却首先提出要求保护圈地。

其次，《请愿书》反映了下层农民的土地诉求。要求合理的地租和入地费是起义者最为关心的问题之一，在《请愿书》中多次出现。《请愿书》第5条载："我们恳求：苇地和草地，应该按照亨利七世在位第一年时的价格出租。"《请愿书》第6条载："我们恳求：一切向国王陛下缴纳自由租或他种地租的泽地租户，应仍按照亨利七世在位第一年时的租价交付。"③《请愿书》第14条载："我们恳求：凡是征收地租过高的公簿租地，可以按照亨利七世在位第一年时的地租付给，并且在佃户死亡时或出售该地时，征收一笔易于偿付的罚款，如一只阉鸡，或一笔象征性的合理（数目）的金钱。"④

要求合理的地租和入地费反映了参与凯特起义的另一个重要阶层——无地和少地的下层农民的利益。在《请愿书》上签字的24名百户区代表中也有一些下层农民，例如哈平（Happing）百户区代表托马斯·克劳克（Thomas Clock）是来自帕尔海（Sea Palling）庄园的农夫；塔沃汉（Taverham）百户区代表威廉·皮特斯（William Peters）是一个木匠。此外，简·怀特研究了

---

① Diarmaid MacCulloch, "Kett's Rebellion in Context," *Past and Present*, No. 84, 1979, p. 52.
② Stephen K. Land, *Kett's Rebellion: The Norfolk Rising of 1549*, Ipswich: Boydell Press, 1977, p. 68.
③ Frederic William Russell, *Kett's Rebellion in Norfolk*, p. 49.
④ Frederic William Russell, *Kett's Rebellion in Norfolk*, p. 51.

庄园档案中所记载的 46 个起义者所持有的公簿持有地的规模，其中，25 人是土地小于 10 英亩的小土地持有者，他们中的 18 人土地持有规模小于 5 英亩。更有甚者，仅持有 1 英亩习惯土地，例如辛多维斯顿（Hindolveston）庄园的约翰·尼古拉斯（John Necolls）。① 这些参与起义的下层农民为了维护自身的利益，要求领主征收合理的地租和入地费。

虽然地租和入地费的上涨是 16 世纪英格兰的普遍问题，但诺福克的真实情况并不完全如此。有学者认为，诺福克公簿持有地的习惯地租是固定的，在 16 世纪并没有提高。格林·伍德调查了 16 世纪中叶沃顿（Watton）、斯科拉比（Scratby）、艾克堡（Castle Acre）、西鲁德汉（West Rudham）和布鲁克（Brooke）的地租，发现许多习惯地租都维持在每英亩 4 便士以下，并没有上涨。即使是经常变化的契约租地的地租，在 16 世纪上半叶也很少提高。入地费同样是合理的，并不像《请愿书》中所说的那样。简·怀特研究了诺福克东北部 8 个庄园的入地费，发现从 15 世纪中叶到 16 世纪中叶这 8 个庄园的入地费上涨都很少。以黑文汉主教的庄园为例，当该庄园在 1540 年被詹姆斯·博林（James Boleyn）获得后，入地费开始增加。然而，1543 年庄园法庭案卷记录显示，领主和佃农之间达成一个协议，入地费被固定在每英亩 6 便士，这一金额是该庄园自古以来的习惯。② 这些证据显示 16 世纪诺福克的地租和入地费并没有大幅上涨。

《请愿书》中关于地租和入地费的要求，更像是对当时英国社会一种普遍抱怨的呼应。高额地租和入地费使一些贫苦小农无法续约，引起了英国社会的普遍关注。当时的道德家们严厉谴责领主征收高额地租和进入费，菲茨赫伯特在其《调查》一书中写道："我代表上帝劝告领主们不要提高佃农的地租或者让他们支付一大笔入地费，不要敲诈勒索佃农。"③ 休·拉提默（Hugh Latimer）在 1549 年的祈祷中说："地主，地租提高者，你们每年收入太多了。过去地租是每年 20 英镑或 40 英镑，现在是每

---

① Jane Whittle, "Lords and Tenants in Kett's Rebellion 1549," *Past and Present*, Vol. 207, No. 1, 2010, pp. 22–23.
② Jane Whittle, "Lords and Tenants in Kett's Rebellion 1549," *Past and Present*, Vol. 207, No. 1, 2010, pp. 44–45.
③ Richard Henry Tawney, *The Agrarian Problem in the Sixteenth Century*, p. 148.

年50英镑甚至100英镑。"① 虽然没有证据显示诺福克农民受到过高额地租和入地费的伤害,但参与凯特起义的下层农民仍然对这一问题进行呼吁,希望引起国王重视,能够解决这一在英格兰各地普遍存在并对下层农民伤害颇深的问题。

最后,《请愿书》反映了全体农民的共同诉求。对公地使用权的诉求是起义者众多诉求中最关键的一个,在《请愿书》中多次出现。《请愿书》第3条载:"我们恳求陛下:任何庄园领主不得和平民共同享用公地。"②《请愿书》第11条载:"我们恳求:所有自由持有农和公簿持有农都可以利用公地并从公地上获得收益,而领主则不能利用公地并从公地上获得收益。"③《请愿书》第29条载:"我们恳求:任何领主、骑士和乡绅,如果他们一年的土地收入超过40英镑的话,不得在公地上饲养牛羊,除非是为了自己家庭食用。"④

随着16世纪物价飞涨,饲养牲畜的利润显著增加,土地变得不容易获得,领主也加快了圈占公地的进程。他们用篱笆和栅栏把公地围起来,剥夺了农民对公地的使用权。星室法庭所记载的1509~1558年诺福克和萨福克的25个圈地案例显示,领主对公地的圈占引发了农民的愤怒。⑤农民为了夺回公地使用权,与领主就公地展开争夺,引发了一系列冲突和纠纷。

早在1513年,艾尔舍姆的领主埃德蒙·威思(Edmund Wythe)曾被指控非法圈占了黑文汉庄园的公地,引发了农民骚乱。此后,推倒领主的圈地篱笆成为常见现象,例如,赫瑟西特(Hethersett)庄园领主约翰·弗劳尔迪(John Flowerdew)以及莫利(Morley)庄园领主哈巴特(Mr Hobart)的篱笆都被推倒。⑥除此之外,在诺福克的庄园法庭和季审法庭案卷中也记载了农民和领主之间因争夺公地产生的纠纷。西蒙·森道尔

---

① John Watkins Edited, *The Sermons and Life of Hugh Latimer*, Vol. I, pp. 94–95.
② Frederic William Russell, *Kett's Rebellion in Norfolk*, p. 49.
③ Frederic William Russell, *Kett's Rebellion in Norfolk*, p. 50.
④ Frederic William Russell, *Kett's Rebellion in Norfolk*, p. 56.
⑤ Jane Whittle, "Lords and Tenants in Kett's Rebellion 1549," *Past and Present*, Vol. 207, No. 1, 2010, p. 43.
⑥ Frederic William Russell, *Kett's Rebellion in Norfolk*, pp. 25, 27.

(Simon Sendall)作为在《请愿书》上签名的德普沃德(Depwade)百户区代表,曾在丰塞特(Forncett)庄园的沃克顿(Wacton)和其他人一起在一块公地上犁了一道沟,目的是把这块公地与领主斯特拉顿·圣玛丽(Stratton' St Mary)的公地分开。在庄园法庭上他被罚款20先令,因为他参与了公地纠纷。① 季审法庭记载了一些非常特别的偷窃行为,一些人从海登汉(Hedenham)庄园偷走了种植在一英亩土地上的荆棘,这些荆棘将来可能被用来做圈地篱笆。②

领主圈占公地遭到各种身份农民的一致反对,他们联合起来在《请愿书》的第3条和第11条要求禁止领主使用公地。即便是禁止不了,也要对领主在公地上饲养牛羊的条件进行限制。随着15、16世纪土地越来越紧缺,许多人开始在公地上过度放牧,尤其是有较大牲畜饲养能力的领主。领主在公地上过度放牧引发了这样一种问题:"在公地上,富人最大限度地放牧,他的牲畜不仅使用他自己所占部分,同时也侵占贫穷邻居的部分土地。"③ 也就是说,领主在公地上过度放牧,同样会造成穷人生活困难。因此,《请愿书》第29条要求土地年收入超过40英镑者不得在公地上饲养牛羊,以防止他们故意过度放牧。

除上述外,《请愿书》中还涉及禁止修建养鸽房以及在佃农土地上养兔子,"任何一个骑士或乡绅等级以下的人,不得拥有养鸽房"④、"在……(原文此处为空白)等级以下的任何人,都不得在他们自由持有地或公簿持有地上饲养兔子,除非他们用篱笆把兔子圈住,以免使大众受到损害"⑤。养鸽子和养兔子是富人才能负担得起的奢侈爱好,严重危害了小农利益,因为鸽子和兔子祸害庄稼。这两条要求主要是针对富人,目的在于保护贫穷小农的利益。

表面上看,凯特起义是以反对圈地为目标,表达了农民对土地产权变

---

① Jane Whittle, "Lords and Tenants in Kett's Rebellion 1549," *Past and Present*, Vol. 207, No. 1, 2010, pp. 18 – 19.
② Jane Whittle, "Lords and Tenants in Kett's Rebellion 1549," *Past and Present*, Vol. 207, No. 1, 2010, p. 19.
③ Richard Henry Tawney, *The Agrarian Problem in the Sixteenth Century*, p. 171.
④ Frederic William Russell, *Kett's Rebellion in Norfolk*, p. 50.
⑤ Frederic William Russell, *Kett's Rebellion in Norfolk*, p. 54.

革的抗拒。然而，通过对《请愿书》进行详细解读，可以发现不同阶层的农民因各自利益的差异而对土地有着不同的诉求。对于富裕农民来说，他们要求建立明晰的土地产权，保护有益于自身利益的圈地。对于下层农民来说，他们要求维护习惯保有，对其征收合理的地租和入地费，从而保护自己免受资本主义农业的攻击。公地使用权关系到每一个农民的切身利益，当领主圈占公地使农民不能再像往常一样利用公地时，富裕农民和下层农民就联合起来对抗领主，与其争夺公地使用权。由此，凯特起义《请愿书》揭示了都铎时期英国农民真实的地权诉求，对其解读有助于更加客观地认识这一时期的反圈地农民起义。

（三）米德兰农民起义

凯特起义平息之后，零星的农民骚乱一直不断。1550年肯特和埃塞克斯发生农民骚乱；1552年白金汉农民由于对高地租和高物价不满而叛乱；1569年德比郡农民在钦利（Chinley）庄园拆毁了圈地篱笆，威胁说要杀死圈地者；最为严重的当数牛津郡的农民骚乱，小麦价格的猛涨，导致牛津郡农民计划"打倒绅士和富人，因为他们抬高粮价并圈占公地"。[①] 1596年冬，牛津郡爆发武装起义。起义的领导者是一个木匠，起义的目标是攻击领主、抢走粮食并拆毁圈地。牛津郡起义被及时发现，起义首领被捕。经审问，起义与圈地有关，参加起义的人大多是一些只有一小块耕地的小农，他们希望通过拆除圈地来降低粮价。[②] 可见，16世纪下半叶各种农民骚乱此起彼伏，小农对圈地的不满已相当严重。

在经历了一系列骚乱之后，1607年，一场有组织的农民起义——米德兰农民起义爆发。这场起义爆发的主要原因是粮食歉收以及变耕地为牧场。在1596~1597年粮食歉收之后，农业生产一度恢复，但到了1607年粮食再度歉收，导致粮食歉收的主要原因是耕地面积减少。都铎政府在1593年废除了反圈地法令，结果大量耕地变为牧场，圈地速度在起义爆发前五年达到顶峰。1607年圈地调查报告显示，米德兰六郡1578~1607年圈地总面积的61%是在1593年之后围圈的，而其中的2/3是在1598~

[①] Richard Henry Tawney, *The Agrarian Problem in the Sixteenth Century*, p. 320.
[②] William Page, ed., *The Victoria History of the County of Oxford*, Vol. 2, p. 195.

第四章 都铎政府与土地确权

1607年围圈的。①

米德兰农民起义首先在北安普敦爆发。1607年5月初，起义发生在北安普敦城、斯托克布鲁恩（Stoke Bruerne）和艾什顿（Ashton）。5月末，起义扩散至沃里克郡的莱德布鲁克（Ladbroke）、丹切尔什（Dunchurch）、维斯布鲁克（Withybrook）以及莱斯特的科泰斯巴什（Cotesbach）。各个村庄的穷人彼此联系起来，起义目标变得明确，即反对圈地。② 5月31日至6月8日在北安普敦、沃里克和莱斯特出现有组织的抗议活动。自5月31日起，起义规模扩大，北安普敦的哈塞尔巴什（Haselbech）、牛顿（Newton）、派池利（Pytchley）、拉什顿（Rushton），沃里克的莱德布鲁克、希尔默顿（Hillmorton）、维斯布鲁克、考文垂、池沃斯科顿（Chilvers Coton）以及莱斯特的科泰斯巴什和威尔汉姆（Welham）都被波及。③

米德兰农民起义的领导者是布袋将军（Captain Pouch），原名约翰·雷诺兹（John Reynolds），具体身份不详，只知道他是一个神秘领袖。布袋将军这一称谓来源于他有一个神奇的布袋，布袋里装满了能量。他声称拥有超自然能力，"是上帝派来的使者，满足人们的所有愿望，目前的起义是由上帝直接指挥的"。④ 他还自称受到国王的授权拆毁所有圈地，他的使命是指挥起义者拆毁圈地并保护他们的安全。他统一了起义力量，成为米德兰农民起义的领导者。⑤

起义集结了一批武装力量，其中5000人集中在莱斯特的科泰斯巴什，3000人集中在沃里克的希尔默顿，北安普敦约有5000名起义者。尽管这些数字并不十分精确，但至少可以推断共有多少人参与了起义。此外，星室法庭案例也记载了部分起义者，其中，莱德布鲁克有400名起义者，池

---

① John E. Martin, *Feudalism to Capitalism: Peasant and Landlord in English Agrarian Development*, p. 163.
② John E. Martin, *Feudalism to Capitalism: Peasant and Landlord in English Agrarian Development*, p. 166.
③ John E. Martin, *Feudalism to Capitalism: Peasant and Landlord in English Agrarian Development*, pp. 166–167.
④ Richard Henry Tawney, *The Agrarian Problem in the Sixteenth Century*, p. 318.
⑤ John E. Martin, *Feudalism to Capitalism: Peasant and Landlord in English Agrarian Development*, p. 177.

沃斯科顿有200名起义者，斯托克布鲁恩和艾什顿共有200名起义者，考文垂城外集结了100名起义者。起义者通常的做法是破坏圈地。一些圈地是用篱笆围圈的，另一些圈地是挖壕沟围圈的。起义者砍断圈地篱笆，把篱笆烧毁后埋入圈地壕沟里，以此填平壕沟。这样一来，地貌恢复到从前未圈地的状态。①

起义者通常选择破坏领主和约曼的圈地。沃里克的莱德布鲁克村在1598年完全被围圈，圈地是由庄园领主罗伯特·杜德利（Sir Robert Dudley）和约曼威廉·巴顿（William Burton）进行的。在起义爆发之前，由于领主并不居住在该村，威廉·巴顿所圈占的200英亩土地成为被攻击的目标。6月2日和3日，400名不满圈地的村民聚集在莱德布鲁克，所有人都武装齐全、准备就绪，他们手持长弓、尖头木棒、鹤嘴锄、铁锹、铁铲、斧头、短柄斧以及类似的武器和工具向巴顿的圈地前进，铲平了圈地篱笆。②

起义刚开始时政府仍有信心，认为各郡足以镇压起义。随着起义规模越来越大，枢密院最终决定派军事力量镇压。6月8日王室武装到达北安普敦的牛顿镇，这里聚集了1000名起义者，他们已在这里安营扎寨好几天，目的是破坏圈地。王室武装击溃了起义者，杀死四五十人，其他人都被俘获。这标志着米德兰农民起义的失败，从此以后再没有发生反圈地农民起义。③

有意思的是，求恩巡礼、凯特起义以及米德兰农民起义分别位于英格兰北部、东部和中部，反映了各个地区不同的农业特点。在习惯保有传统浓厚的北方诸郡，习惯佃农的土地权利不容侵犯，因此，反对领主圈地提高地租和入地费成为求恩巡礼者的主要诉求。在东盎格利亚地区，由于其独特的农业结构和农业习俗，凯特起义者除了要求维护合理的地租和入地费、反对领主圈占公地之外，还要求保护富裕农民的圈

---

① John E. Martin, *Feudalism to Capitalism: Peasant and Landlord in English Agrarian Development*, p. 175.

② John E. Martin, *Feudalism to Capitalism: Peasant and Landlord in English Agrarian Development*, pp. 168 – 169.

③ John E. Martin, *Feudalism to Capitalism: Peasant and Landlord in English Agrarian Development*, p. 167.

地，这成为凯特起义的一大特色。对于人多地少、以农耕为主的米德兰地区来说，反对变耕地为牧场、保证粮食供应是米德兰起义者的诉求。尽管这三场起义反映了不同农业地区农民的土地诉求，但它们的目的并非推翻国王统治，恰恰相反，求恩巡礼是一场向国王请愿的求恩行动，凯特起义是向国王呼吁给予农民进一步的保护，米德兰起义领导者也打着"国王授权"的幌子，它们的目的都是希望国王能够保护小农的利益免受土地产权变革的伤害。归根到底，都是为了维护小农社会，反对土地产权变革带来的经济变化。然而，英国土地确权的进程不可逆转，农民起义注定要以失败告终。

第二节 都铎政府的调控

土地确权引发的流民问题和农民起义引起了都铎政府的重视。为了维护社会稳定，都铎中央政府通过颁布法令、司法诉讼和舆论监督进行调控，与此同时，都铎地方社会由乡绅自愿担任治安法官进行管理，他们通过季审法庭对失地小农进行援助。

一 反圈地法令的颁布

在任何一个时代，政府的首要任务都是维护社会稳定。小农对于圈地的不满制造了一种燃料，一个小火花瞬间就能引发一场大火。都铎政府希望通过发布行政命令的方式遏制圈地行为，以此缓和社会矛盾。出于这一目的，从亨利七世到伊丽莎白一世，都铎政府颁布了一系列反圈地法令。

（一）亨利七世时期

亨利七世时期，人们对圈地的抱怨引起了议会注意。正如托马斯·贝肯（Thomas Becon）所写："圈地愈演愈烈，耕地无人耕种，变成一两个牧羊人就能管理的牧场。佃农失去了生活所依赖的土地，他们无家可归，流离失所。"同时，人们向议会请愿："牛羊赶走了基督徒。"[1] 亨利七世

---

[1] William Henry Ricketts Curtler, *The Enclosure and Redistribution of Our Land*, p. 83.

政府对圈地引起的耕地人口减少感到不安，认为这将会对国防安全造成威胁。对此，亨利七世颁布了两条反圈地法令，一条针对地方，一条针对全国。

1488年，亨利七世颁布针对怀特岛的地方性《反圈地法令》（4 Henry Ⅶ，c.16），主要目的是保护耕地，防止耕地人口减少。怀特岛是英格兰最大的岛屿，向北紧邻朴次茅斯，向南隔英吉利海峡遥望法国，是英格兰的军事战略要地，起到防御法国及其他外敌的作用。该法令首先列举了圈地所造成的后果："由于怀特岛许多城镇和村庄被摧毁，耕地变为牧场，从前许多人居住的地方现在已无人定居，只剩下牲畜和野兽。如果不尽快改变这种情况，怀特岛将无法防御外敌。"① 变耕地为牧场能够使圈地者从土地上获得较多的利润，为了制止圈地，该法令从经济上限制了每人每年从土地上获得的最高收入："任何一个人无论其身份地位如何，每年土地总收入都不得超过10马克（1马克相当于13先令4便士）。"② 由此可见，该法令旨在通过经济立法来遏制圈地行为，防止耕地人口减少。

同一年，亨利七世颁布了针对全国的《反圈地法令》（4 Henry Ⅶ，c.19），主要目的是在全国范围保护耕地并且防止耕地人口减少。该法令首先列举了圈地造成的后果："村庄荒芜和耕地人口减少越来越严重，耕地变为牧场，给人们带来巨大痛苦。一些过去有200人居住的城镇，现在只剩下两三个牧羊人，其他人被迫离开家园。教堂被推倒，不再进行礼拜活动，埋葬死者时也不再祈祷。"③ 为了制止这些罪恶，该法令规定："所有持有20英亩以上土地并在过去三年里从事农耕的人要继续保留耕地。作为对圈地者的惩罚，在被毁坏的农舍重建之前，圈地者要把土地收入的一半利润上缴给领主。"④

亨利七世颁布的全国性和地方性反圈地法令主要是为了维护国家安全和社会稳定。作为都铎王朝的开国君主，亨利七世的主要任务是对外消除对王位的威胁，对内巩固自己的统治。耕地人口减少既不利于防御外敌，

---

① *The Statutes of the Realm*, Vol. 2, p. 540.
② *The Statutes of the Realm*, Vol. 2, p. 540.
③ *The Statutes of the Realm*, Vol. 2, p. 542.
④ *The Statutes of the Realm*, Vol. 2, p. 542.

又不利于国内稳定,因此颁布反圈地法令很有必要。这一时期反圈地法令的主要特征是首次规定圈地者把土地收入的一半利润上缴给领主,这意味着领主有责任监督圈地者。

(二) 亨利八世时期

亨利八世时期,圈地、并地(engross)以及变耕地为牧场仍是民众关注的焦点。在这一背景下,1515年,议会同时起草了反对并地的议案与反对变耕地为牧场的宣言。反对并地,即禁止一个人拥有两个以上牧场。并地和圈地通常被认为是农业问题中的孪生兄弟,都会导致人口减少。反对并地议案猛烈抨击了合并农场的做法,尤其是一些投机商人、服装制造商、金匠、屠夫、制革工人以及其他手工业者,他们每人拥有10~16个农场,耕地全都被圈为牧场养羊。这一做法的后果是粮食紧缺、人口减少,以前二三十所房屋,现在只剩下一个牧羊人。当这些城市人转变为农场主之后,该议案不允许一个人拥有两个以上牧场。这是一个不合常理的建议,它本身无法阻止圈地牧场的扩散,同时在整个英格兰禁止合并土地是一个不可能实行的计划。毫无疑问,该议案遭到否决。与此同时,反对变耕地为牧场宣言认为,"许多国王的子民由于失业,整日游手好闲,最终沦落为盗贼和小偷",提议把1485年是耕地的土地重新恢复为耕地。① 与反对并地议案一样,该宣言措辞激烈,没有考虑到实际执行中的困难。

在反对变耕地为牧场宣言的基础上,1515年亨利八世颁布《反圈地法令》(7 Henry Ⅷ, c.1)。该法令主要针对大部分土地仍是耕地的教区。法令规定:"从本届议会召开的第一天起,大部分土地是耕地的教区要保留耕地,被摧毁的农舍要在一年之内建好,自1515年2月1日起变为牧场的土地要重新变为耕地。对圈地者的处罚是把他土地上的一半利润上缴领主,直到他改正错误为止。"②

继1515年《反圈地法令》之后,亨利八世政府又陆续颁布了两个宣言。1526年宣言命令所有圈地者无论其财产和身份如何,都要拆除自

---

① Joan Thirsk, *The Agrarian History of England and Wales*, Vol. Ⅳ, 1500 – 1640, pp. 214 – 215.
② *The Statutes of the Realm*, Vol. 3, p. 176.

1485年以来的圈地篱笆和栅栏。此后，1529年宣言命令圈地者在复活节之前拆除所有圈地篱笆和栅栏。① 直到1534年，亨利八世政府开始从另一个角度看待圈地问题，即通过限制养羊来控制圈地。

1534年，亨利八世颁布旨在限制养羊数量的《反圈地法令》（25 Henry Ⅷ, c. 13），该法令把圈地原因归结于养羊带来的巨额利润："对于养羊的需求使大量耕地变为牧场，教堂和农舍被拆毁，穷人对此无能为力。羊毛的巨额利润是促使领主圈地的重要原因。有些牧场的羊群数量多达 2.4 万只，有些牧场养羊2万只，还有的养羊1万只、6000只、5000只……"② 为了限制养羊，该法令规定："每人养羊不得超过2000只，违者处以每只羊每年3先令4便士的罚金。该罚金一半上缴国王，一半交给检举揭发者，任何人都不得占有两个以上牧场。"③

需要注意的是，首先，该法令中"hundred"一词是指"long hundred"即"120"，所以2000只羊的实际数量是2400只，也就是说，该法令实际上规定的是每人养羊不得超过2400只。其次，该法令明确反对并地，禁止一个人拥有两个以上牧场或房屋，拥有两所房屋的人必须居住在所在教区或每周缴纳3先令4便士的罚金，这主要是针对契约租地农和公簿持有农。④ 最后，该法令第一次强调个人有责任告发违法者，鼓励个人检举揭发，违法者缴纳的罚款由国王和检举揭发者平分，这些检举揭发者在1550～1624年被称为"执行法令的主要力量"。这在一定程度上遏制了圈地行为，但是，该法令的缺陷在于领主直领地上的养羊数量不受限制，这意味着承租领主直领地的契约租地农可以不受法令约束任意养羊。

虽然1515年《反圈地法令》规定领主有权获得圈地者的一半利润，但由于领主自己也在圈地，他们并没有有效地起诉圈地者，被推倒的房屋仍未被重建，耕地依然是牧场。针对这种情况，1536年，亨利八世又一次颁布保护耕地的《反圈地法令》（27 Henry Ⅷ, c. 22）。该法令规定如果领主不起诉摧毁农舍和变耕地为牧场的圈地者，国王有权获得领主的收

---

① Joan Thirsk, *The Agrarian History of England and Wales*, Vol. Ⅳ, 1500-1640, p. 216.
② *The Statutes of the Realm*, Vol. 3, p. 451.
③ *The Statutes of the Realm*, Vol. 3, p. 453.
④ William Henry Ricketts Curtler, *The Enclosure and Distribution of Our Land*, p. 87.

益:"国王可以拥有那些已经把耕地变为牧场的土地上的一半利润,直到所有农舍重建、牧场变回耕地为止。"① 换言之,该法令授权国王起诉任何自1488年以来将耕地变为牧场以及任何自1536年4月底以来的新圈地者,无论其是否为王室佃农。此外,1536年《反圈地法令》被正式录入备忘录(memoranda roll)。如此录入一条法令并不常见,一定是国王希望法庭对违反法令者予以重视。②

值得注意的是,1536年《反圈地法令》中有两个条款涉及不同的区域条件:第一,法令以模糊的措辞描述牧场转变为耕地时要依据当地的土壤特性和农耕条件,这在一定程度上给某些牧场不转变为耕地提供了借口;第二,该法令仅适用于赫福德、剑桥、林肯、诺丁汉、莱斯特、沃里克、拉特兰、北安普敦、贝德福德、白金汉、牛津、伯克和伍斯特。这13个郡彼此相邻,拥有相当多的耕地和公地,这意味着该法令仅适用于大部分土地是耕地的地区。

亨利八世时期颁布反圈地法令是出于稳定社会秩序并且平衡经济。农舍被摧毁会导致贫穷佃农成为流浪汉,不利于社会稳定;大量耕地变为牧场会导致谷物种植减少,继而粮食收成减少,粮价上涨,不利于稳定民生。这一时期的反圈地法令在保护耕地的同时,限制养羊数量,并且首次鼓励个人检举揭发圈地者,在一定程度上起到了遏制圈地的作用。

(三)爱德华六世与玛丽一世时期

16世纪40年代之后,价格革命导致货币贬值,物价飞涨,经济形势发生重大变化,国家陷入严重的通货膨胀。如表4-3所示,从1540~1549年的10年到1600~1609年的10年,谷物价格指数由187上涨到560,涨幅为199%;其他种植农产品指数由145上涨到454,涨幅为213%;家畜指数由185上涨到451,涨幅为144%;畜产品指数由159上涨到387,涨幅为143%;工业产品指数由127上涨到256,涨幅为102%。托马斯·史密斯(Thomas Smith)在《关于国民生计问题的谈话》(*A Discourse of the Common Weal*)一书中反映了16世纪的通货膨胀问题,

---

① *The Statutes of the Realm*, Vol. 3, p. 553.
② Maurice Beresford, *The Lost Villages of England*, p. 111.

书中以农夫、医生、骑士、商人等人对话的形式，描述了当时英格兰的物价上涨情况，其中医生说道："以前买一顶帽子仅需要 14 便士，现在却要花 2 先令 6 便士；以前买一双鞋子仅需要 6 便士，现在却要 12 便士；以前为一匹马钉掌的一般价格是 6 便士，前不久最多还只是 8 便士，现在却涨到 10 便士或 12 便士。"[1] 物价飞涨使穷人的生活更加困苦，人们把这一切都归咎于圈地。

表 4-3 1480~1609 年以 10 年为间隔的农产品、畜产品和工业产品价格指数

年代	谷物	其他种植农产品	家畜	畜产品	工业产品
1480~1489	114	99	105	107	103
1490~1499	97	98	99	101	97
1500~1509	112	98	111	102	98
1510~1519	115	120	117	118	102
1520~1529	154	132	138	105	110
1530~1539	161	128	143	127	110
1540~1549	187	145	185	159	127
1550~1559	348	261	259	213	186
1560~1569	316	294	281	236	218
1570~1579	370	288	336	257	223
1580~1589	454	328	352	295	230
1590~1599	590	428	414	372	238
1600~1609	560	454	451	387	256

资料来源：Joan Thirsk, *The Agrarian History of England and Wales*, Vol. IV, 1500-1640, p. 862。

由于爱德华六世年纪尚幼，由其舅父萨默塞特公爵担任护国公。萨默塞特公爵非常同情农民，出台了一些有利于农民的政策。当时的人们经常抱怨绅士为了私利圈占平民的土地和公地作为狩猎苑和牧场，对此，萨默塞特公爵发布一条宣言，反对圈占那些习惯上是为农民开放的耕地和公地，并命令那些圈占公地的人在 1549 年 5 月 1 日之前重新开放公地。同年 6 月，萨默塞特公爵又颁布了一项宣言赦免那些推倒圈地篱笆的人，这激怒了所有土地贵族。[2] 萨默塞特公爵的政策是用强制手段恢复传统的土

---

[1] Elizabeth Lamond, ed., *A Discourse of the Common Weal of This Realm of England*, Cambridge: Cambridge University Press, 1929, p. 33.
[2] Richard Henry Tawney, *The Agrarian Problem in the Sixteenth Century*, p. 367.

地关系，然而，随着凯特起义被镇压，1549年10月萨默塞特公爵被迫下台，其土地政策也随之终止。

1550年，爱德华六世颁布《利用沼泽和荒地法令》（3 & 4 Edward Ⅵ，c.3）。该法令在重申《默顿法令》和《威斯敏斯特法令》的基础上增添了一些新内容：其一，如果没有给佃农留下充足公地的话，圈地领主要承担3倍赔偿；其二，允许佃农"无害地"小规模"非法蚕食荒地"；其三，允许佃农在荒地上建造房屋，但附属于房屋的土地面积不得超过3英亩。① 尽管该法令的本意是保护在荒地上建造房屋和私自开垦荒地的小农，其出发点是站在保护佃农的立场上，但值得注意的是，该法令并没有废除《默顿法令》，仅仅是增加了对违反它的处罚。因此，该法令的意图很模糊，实际上也起到了鼓励领主圈占荒地的作用。显然，该法令的颁布要在萨默塞特公爵下台之后，代表土地贵族利益的沃里克公爵上台主政的背景下理解。

1552年，爱德华六世再次颁布《反圈地法令》（5 & 6 Edward Ⅵ，c.5），目的是保护和增加耕地："所有教区都要恢复自亨利八世即位以来的耕地，并任命4名圈地调查委员调查自亨利八世第一年起的土地使用情况。没有恢复为耕地的土地处以每年每英亩5先令的罚金。"该法令不适用于：（1）40年以上的牧场；（2）荒地、公地和沼泽地；（3）合法的养兔场；（4）由森林转变的牧场；（5）猎鹿苑；（6）盐碱地和被洪水淹没的土地；（7）国王许可的圈地。② 可见，圈地养兔和养鹿被排除在反圈地法令之外，尽管狩猎苑圈占了大量公地。

1555年，玛丽一世再次颁布保护耕地的《反圈地法令》（2 & 3，Philip and Mary，c.2）。该法令"引用并再次确认1489年亨利七世《反圈地法令》（4 Henry Ⅶ，c.19），适用于拥有20英亩土地并在土地上拥有农舍的土地持有者"。③ 与爱德华六世《反圈地法令》类似，"命调查委员会调查自亨利八世20年圣乔治节以来的所有由耕地变为牧场的土地，其中不包括经国王许可的圈地以及不涉及公共利益的圈地。变耕地为牧场

---

① *The Statutes of the Realm*，Vol. 4，pp. 102 – 103.
② *The Statutes of the Realm*，Vol. 4，pp. 134 – 135.
③ *The Statutes of the Realm*，Vol. 4，p. 269.

的罚金固定在每年每英亩5先令,其中一半上缴国王,一半交给检举揭发者"。① 该法令给无房佃农提供了农舍:"没有农舍的佃农可以在每20英亩土地上建造一所农舍。"② 值得注意的是,该法令的序言描述了人们养羊是为了生产羊肉,忽视了饲养耕牛,导致耕牛数量减少。对此,该法令规定养羊数量超过120只的人,在每养60只羊的同时要养一头奶牛,每养120只羊的同时要养一头小牛。③

爱德华六世时期颁布的反圈地法令主要针对价格革命引发的通货膨胀。恢复耕地能够增加谷物种植数量,从而提高粮食产量,抑制粮价上涨,使经济保持平衡。然而,同情农民的萨默塞特公爵的土地政策没有推行多久就被代表土地贵族利益的沃里克公爵取代,导致这一时期颁布的反圈地法令虽然是站在保护佃农的立场上,但实际上也鼓励了领主圈地,并且民众痛恨的围圈狩猎苑的行为并没有被包括在反圈地法令之内。玛丽一世时期颁布的反圈地法令也过于温和,仅仅依靠每年每英亩5先令的圈地罚金,没有其他措施制止圈地,并没有达到保护耕地的目的。

(四)伊丽莎白一世时期

伊丽莎白一世时期,英国人有了统一的国家意识。在政府的支持下,英国商人开始了海外贸易扩张,商业精神刺激了圈地规模进一步扩大。圈地规模扩大使得耕地面积减少,1563年伊丽莎白一世颁布旨在保护耕地的《反圈地法令》(5 Elizabeth, c. 2),该法令"再次确立了亨利七世和亨利八世时期颁布的《反圈地法令》,但废除了爱德华六世和玛丽一世时期颁布的《反圈地法令》,因为这两条法令不够完善并且过于温和,不能产生实际效果"。④ 该法令规定:"在亨利八世20年圣乔治节之前把耕地变为牧场的土地需要在一年内重新转变为耕地,并且永久保留耕地。"⑤ 此外,"变耕地为牧场的罚金也从原来的每年每英亩5先令提高到10先令"。⑥ 该法令与之前那些旨在保护耕地的反圈地法令目的相同,都是禁

---

① *The Statutes of the Realm*, Vol. 4, p. 270.
② *The Statutes of the Realm*, Vol. 4, p. 273.
③ *The Statutes of the Realm*, Vol. 4, pp. 274 - 275.
④ *The Statutes of the Realm*, Vol. 4, p. 406.
⑤ *The Statutes of the Realm*, Vol. 4, p. 410.
⑥ *The Statutes of the Realm*, Vol. 4, p. 407.

止变耕地为牧场，重建被毁坏的房屋。

1589年，伊丽莎白一世颁布了《保护茅舍农土地持有和公地权利法令》（31 Elizabeth，c.7）。随着人口增长①，羊圈和粮仓被改造成住房，农民也在面积很小的土地上建造房屋。由于土地紧缺，这些房屋成为贫民的避难所，他们没有能力养活自己，很大程度上依赖村庄共同体的救济。1589年法令制定的目的就是让所有农民都有一些土地养活自己。② 该法令禁止建造附属土地少于4英亩的茅舍，违者每月每屋罚款40先令；禁止1间茅舍里居住多于1户家庭，违者每月每屋罚款10先令。附属于茅舍的土地以其他方式出租给佃农也需依据一定规则，这些土地必须是耕地，并且有相应的公共放牧权。③

16世纪末17世纪初，英国城市人口日益增多，市场对谷物、肉类的需求大大增加。于是，圈地运动又重新活跃。1593年农业丰收，粮价下跌，使伊丽莎白王朝的立法者们改变了对圈地的恐惧心理，废除了所有反圈地法令，引发圈地狂潮，大量耕地变为牧场。然而，自1594年起连续四年农业歉收，完全依靠粮食收成生活的佃农无法养家糊口，惊慌失措的立法者们又重新恢复了反圈地法令。

1597年，伊丽莎白一世颁布两条反圈地法令，其中第1条是关于重建废弃农舍的《反圈地法令》（39 Elizabeth，c.1）。该法令序言提及"最近几年城镇教区和村庄都受到不同程度的毁坏和废弃，之前所有关于重建农舍的法令都被废除了"。④ 该法令规定："废弃7年以上的农舍，其中1/2必须重建，并分配40英亩土地用于重建农舍。如果这些废弃农舍已经被卖掉的话，购买者需要重建1/4的农舍。在过去7年中被废弃的农舍必须在原址重建。如果之前农舍及其附属土地面积少于40英亩，那么现

---

① 都铎时期是自黑死病以来的人口恢复增长时期。由于1377年至16世纪20年代之间没有可以利用的资料，对于人口增长是否发生在15世纪末16世纪初仍有争议。哈彻（Hatcher）认为英国人口自15世纪60年代或70年代开始恢复增长，霍林斯沃思（Hollingsworth）认为人口恢复增长的主要时期在1475~1556年。可以肯定的是，1547年英国人口已开始恢复增长，并在接下来的半个世纪里大幅增长。参见 D. M. Palliser, *The Age of Elizabeth: England under the Later Tudors 1547-1603*, p. 33.
② *The Statutes of the Realm*, Vol. 4, pp. 804-805.
③ Gilbert Slater, *The English Peasantry and the Enclosure of Common Fields*, p. 327.
④ *The Statutes of the Realm*, Vol. 4, p. 891.

在至少要有 20 英亩；如果之前农舍及其附属土地面积多于 40 英亩，那么现在至少要有 40 英亩。不重建农舍者要处以每年每间房 10 英镑的罚金，重建达不到规定面积者要处以每年每英亩 10 先令的罚金。罚金 1/3 上缴给女王，1/3 上缴给教区，1/3 交给检举揭发者。"① 除此之外，该法令最引人注目的地方在于同时规定："庄园领主可以交换土地，无论是耕地、牧场还是草地，无论是领主与佃农交换土地还是佃农在领主的同意之下自由交换土地。"② 换言之，重新分配混杂在敞田中的条田是被许可的。毫无疑问，该法令鼓励了农民互换条田。

1597 年伊丽莎白一世颁布的第二条法令是关于保护耕地的《反圈地法令》（39 Elizabeth, c. 2）。从亨利七世到伊丽莎白一世，都铎政府一直颁布保护耕地的反圈地法令，然而 1593 年这些法令全都被废除了，其后果是 1593～1597 年圈地所造成的耕地减少比以往任何时期都严重。对此，该法令规定："牧场应在 3 年内重新转变为耕地，目前是耕地的土地要维持现状，违法者处以每年每英亩 20 先令的罚金。罚金 1/3 上缴女王，1/3 上缴教区，1/3 交给检举揭发者。"③ 该法令适用于 23 个特定郡、怀特岛和彭布鲁克郡，主要根据议会成员对他们自己郡农业知识的了解。例如，什罗普郡只有森林和牛羊，完全从事畜牧业，如果把它列入反圈地法令中，将会导致乳制品供不应求。与之相比，赫里福德郡是典型的"粮仓"，理所应当被列入其中。④ 这表明法令的制定考虑到了区域多样性，充分尊重各地的农业特色。

伊丽莎白一世时期颁发的反圈地法令一方面是为了稳定社会秩序，为失地农民重建农舍；另一方面是为了应对农业歉收，恢复耕地从而保证粮食供应。这一时期反圈地法令的特点是首次规定罚金的 1/3 上缴教区，教区可用这笔钱救济穷人。

纵观整个都铎王朝，反圈地法令大量出台，反映了都铎政府对圈地以及变耕地为牧场的关注。都铎政府不赞同圈地是因为担心圈地所带来的土

---

① *The Statutes of the Realm*, Vol. 4, p. 893.
② *The Statutes of the Realm*, Vol. 4, p. 892.
③ *The Statutes of the Realm*, Vol. 4, pp. 894–895.
④ Joan Thirsk, *The Agrarian History of England and Wales*, Vol. IV, 1500–1640, p. 230.

地产权变革会引发农民的不满。出于对农民起义的担忧,都铎王朝的统治者们都不愿看到失地农民加入起义者阵营。因此,都铎政府颁布反圈地法令是非常有必要的。

二 圈地调查与司法诉讼

从亨利七世到伊丽莎白一世,历届都铎政府都非常重视圈地问题。都铎政府总共3次派出圈地调查委员会,分别在1517年、1548年和1565年对圈地地区展开调查。1607年米德兰农民起义平息后,斯图亚特王朝詹姆斯一世派出圈地调查委员会,调查了米德兰地区圈地最严重的6个郡。

1517年,托马斯·沃尔西命圈地调查委员会调查各郡圈地情况,开创了委员会调查圈地的先例。1517年圈地调查委员会主要调查自亨利七世4年(1510年)以来共有多少房屋被拆毁、多少耕地变为牧场、多少土地被围圈为狩猎苑、多少佃农被迫离开土地。1518年,圈地委员会又进行了一次补充调查。1517~1518年圈地调查报告以摘要和全文形式保存,涉及英格兰24个郡。这次圈地调查报告基本上是可靠的,只不过存在一些疏漏。其一,由于一些针对圈地的诉讼案件证据不足,法庭经过仔细调查后拒绝受理这些没有证据的案件,因此圈地调查委员会并没有记录这种类型的圈地。[1] 其二,1517年圈地调查委员会忽略了一些"有益"的圈地,即通过村庄共同体集体协商后一致同意的圈地。这种"有益"的圈地不属于圈地委员会的调查范畴。[2] 其三,1517年圈地调查的是1488年9月之后的圈地,虽然圈地调查委员会抓到了一些违法者,但更多的跑掉了,原因是他们或他们的祖先早在1488年之前就已圈地,他们的圈地行为可以从空空的田地和倒塌的房屋得知,却没有记载下来呈递给大法官法庭。[3]

盖伊对1517~1518年圈地调查报告进行了整理,制作了一个详细的表格,见表4-4。从盖伊的表格中可以看出,1485~1517年英格兰24个郡县共圈地101293英亩,占这24个郡总面积的0.53%。圈地涉及1096个村庄,1745座房屋被毁坏,6931人流离失所。

---

[1] Joan Thirsk, *The Agrarian History of England and Wales*, Vol. Ⅳ, 1500-1640, p. 242.
[2] Arthur H. Johnson, *The Disappearance of the Small Landowner*, p. 39.
[3] Maurice Beresford, *The Lost Villages of England*, p. 117.

表 4-4　1485~1517 年英格兰 24 郡圈地情况

郡		郡面积（英亩）	圈地面积（英亩）	圈地所占比例（%）	圈地涉及村庄数（个）	被毁坏的房屋数（座）	被迫流离失所人数（人）
北部	柴郡	647821	65	0.01	5	—	—
	约克西赖丁	1758775	1837	0.10	28	18	58
	约克北赖丁	1357666	2503	0.18	28	30	82
	约克东赖丁	751743	1384	0.18	25	31	135
西部	什罗普	856316	1869	0.22	71	23	365
	赫里福德	536048	1185	0.22	18	22	—
	格洛斯特	800253	3681	0.46	20	49	211
米德兰	斯塔福德	737944	538	0.70	13	4	15
	德比	648133	620	0.10	7	18	56
	诺丁汉	536595	4470	0.83	80	71	188
	沃里克	576195	9694	1.68	70	207	1018
	莱斯特	530799	5780	1.09	49	148	542
	拉特兰	97085	531	0.55	15	26	—
	北安普敦	636244	14081	2.21	112	354	1405
	牛津	478036	11831	2.47	107	186	720
	白金汉	477307	9921	2.08	70	172	887
	贝德福德	301817	4137	1.37	36	89	309
	伯克	459403	6392	1.39	86	116	588
	米德赛克斯	147170	2236	1.52	—	—	—
	亨廷顿	233203	—				
	剑桥	551475	1402	0.25	8	1	—
东部	林肯	1691911	4866	0.29	63	70	158
	诺福克	1307058	9334	0.71	122	70	—
	埃塞克斯	976125	1248	0.31	9	12	38
南部	汉普	1048808	1035	1.10	17	8	42
	萨默塞特	1037231	660	0.06	13	8	—
	总计	18947958	101293	0.53	1096	1745	6931

资料来源：Edwin Francis Gay, "Inclosures in England in the Sixteenth Century," *The Quarterly Journal of Economics*, Vol. 17, No. 4, 1903, p. 581。

1548 年，人们对圈地的不满达到了一定限度。在牛津、白金汉和北安普敦，圈地养羊是导致农民不满的主要原因。在当时流行的一本小册子《英格兰的衰落——大量养羊的后果》里，作者主要反对牛津、白金汉和北安普敦 3 个郡的圈地。该书作者认为牛津郡从前 12 个人喝酒、吃肉、拿工资并向国王缴税,现在这里只有羊,这12人只能从一个郡流浪到另一个郡,过着偷盗和乞讨的生活。以前每部耕犁每年的耕种面积能收获30夸脱谷物,自亨利七世以来牛津郡共废弃了40部耕犁,意味着每年损失了1200夸脱谷物。牛津郡因圈地导致的人口减少总计540人。① 因此,在1548年上半年,许多郡都发生了农民骚乱。

在这种情况下,1548年6月1日都铎政府第二次命圈地调查委员会调查变耕地为牧场和人口减少情况。这次调查覆盖了牛津、伯克、沃里克、莱斯特、贝德福德、白金汉和北安普敦,这些地区是反圈地骚乱的中心。圈地调查委员被分为几组,调查不同的地区,但只有一组在认真调查,这就是约翰·海尔斯(John Hales)和他的五个同事。海尔斯记载了他们在调查圈地时所遇到的顽强抵抗:"获得资料非常困难,一些圈地者通过让他们的仆人在法官面前发誓证明他们并不贪婪,一些穷人被威胁如果出庭的话就没收其财产。调查委员经常被欺骗,遇到抵抗是经常现象。"② 1549年夏,愤怒的乡绅反对调查继续进行,同时农民也对调查委员会的消极态度反感,使得调查无法进行下去,没能获得更多的圈地信息。③ 1549年凯特起义爆发之后,圈地调查委员会的工作也随之告终。这届圈地调查委员会调查了圈地与土地兼并,但没有开展广泛的调查,目前唯一残存的报告书中仅提到沃里克和剑桥的圈地情况。

由于对1548年圈地调查委员会低效率的不满,1549年,英格兰多个郡发生反圈地骚乱,包括赫特福德、诺福克、汉普以及伍斯特。1550年,肯特和埃塞克斯郡发生骚乱。④ 1552年,白金汉郡农民由于对高地租和高物价的不满也发生骚乱。在此起彼伏的反圈地骚乱下,1565年,都铎政府第三次命圈地调查委员会进行调查,这次圈地调查报告书中仅涉及白金汉和莱斯特的圈地情况。1548年和1565年圈地调查报告书所呈现的内容有限,只留下一些零星的记录,无法被后人充分利用。

---

① William Page, ed., *The Victoria History of the County of Oxford*, Vol. 2, p. 190.
② Arthur H. Johnson, *The Disappearance of the Small Landowner*, p. 39.
③ Richard Henry Tawney, *The Agrarian Problem in the Sixteenth Century*, pp. 366 – 367.
④ Richard Henry Tawney, *The Agrarian Problem in the Sixteenth Century*, p. 319.

1607年米德兰农民反圈地起义爆发后，斯图亚特王朝詹姆斯一世立即派出一个圈地调查委员会对这一地区展开了调查。1607年8月27日，政府命亨廷顿伯爵、骑士威廉·斯基普威思（Sir William Skipwith）以及乡绅托马斯·斯宾塞（Thomas Spencer）等10人组成圈地调查委员会，调查自1578年以来莱斯特、沃里克、北安普敦、贝德福德、白金汉和亨廷顿6个郡的圈地情况。盖伊对1607年圈地调查报告进行了整理，制作了一个详细的表格，见表4-5。由盖伊制作的表格可知，1578~1607年米德兰6个郡共圈地69758英亩，占这6个郡总面积的2.53%。圈地涉及393个村庄，966座房屋被毁坏，2232人流离失所。

表4-5　1578~1607年米德兰6郡圈地情况一览

郡	郡面积（英亩）	圈地面积（英亩）	圈地所占比例(%)	圈地涉及村庄数（个）	被毁坏的房屋数（座）	被迫流离失所人数（人）
沃里克	576195	5373	0.93	28	88	33
莱斯特	530799	12290	2.32	70	172	120
北安普敦	636244	27335	4.30	118	358	1444
白金汉	477307	7077	1.48	56	80	86
贝德福德	301817	10004	3.32	69	122	259
亨廷顿	233203	7677	3.29	52	146	290
总计	2755565	69758	2.53	393	966	2232

资料来源：Edwin Francis Gay, "Inclosures in England in the Sixteenth Century," *The Quarterly Journal of Economics*, Vol. 17, No. 4, 1903, p. 581。

　　在圈地调查报告的基础上，都铎政府通过司法途径把非法圈地和违反反圈地法令的案件交由法庭裁决。都铎时期，传统的普通法法庭和大法官法庭以及一系列特权法庭共存，形成了多种法庭和谐共荣的特殊局面。都铎政府主要是通过大法官法庭和特权法庭对非法圈地和违反反圈地法令的案件进行起诉。建立大法官法庭是因为普通法有僵化的弊端。14世纪时，由于越来越注重程序问题，普通法逐渐失去早期的灵活性，律师宁肯做出有悖于正义原则的错判，也不愿改变或者违反既定的法律原则和诉讼程序。在这种情况下，受害人直接向"正义之源"——君主请愿，久而久之，为国王收发文件的大法官就承担起灵活判决的任务，发展出解决特别司法问题的法庭。① 一些针对圈地的诉讼案件出现在大法官法庭,以北安普敦郡理查德·奈特利(Sir Richard Knightley)的案件为例,1518年8月11日,亨利八世授权皇家牧师约翰·维希(John Vesey)以及其他3人组成调查委员会,调查自1508年2月14日以来理查德把7所住宅、2间茅舍以及250英亩耕地全都变为牧场的案件。陪审员是乡绅约翰·茅斯沃斯(John Moulesworth)以及其他13人,他们发现理查德最近占有了艾沃顿(Everdon)教区斯诺兹柯比(Snottescombe)村7所住宅、2间茅舍和250英亩土地,每所住宅至少附属20英亩土地。理查德在1508年2月14日占有这些土地和房屋后,把住宅和茅舍推倒使之变为荒地,还把用于种庄稼的耕地变为牧场饲养羊和其他牲畜。理查德的这种做法导致7部耕犁被废弃,过去共有50人居住在上述房屋并且耕种土地,如今他们被迫离开家园。此外,陪审员指出理查德还另外拥有位于普兰顿(Plumpton)庄园的10所住宅和260英亩土地。理查德和他的妻子在1514年10月11日把这10所住宅和260英亩土地用壕沟围圈起来并把它们变为牧场。1515年10月1日,他们毁坏了这10所住宅和其他2间茅舍。11月27日,理查德被大法官法庭起诉,缴纳了100英镑保证金,条件是他必须重建或维修调查报告中所有变为荒地的房屋,并且在下一个圣米迦勒节之前推倒圈地篱笆,把牧场重新转变为耕地。②

此外,违反反圈地法令的案件也频繁出现在大法官法庭。例如,在1539年复活节开庭期间的第一起案件涉及1536年反圈地法令。据1518年圈地调查报告记载,北安普敦郡帕普勒(Papley)庄园因圈地造成人口减少。根据1536年反圈地法令的规定,如果领主不起诉摧毁农舍和变耕地为牧场的圈地者,国王有权获得那些已经把耕地变为牧场的土地上的一半利润,直到所有农舍重建、牧场变回耕地为止。帕普勒庄园被毁坏的房屋并没有重建,因此,法庭命令郡守扣押一半利润作为罚金。③ 又如,在1542年复活节开庭期间,北安普敦郡的约翰·利克(John Leek)违反了

---

① 姜守明等:《英国通史:铸造国家——16—17世纪英国》第3卷,江苏人民出版社,2016,第49~50页。
② Maurice Beresford, *The Lost Villages of England*, pp. 410-411.
③ Maurice Beresford, *The Lost Villages of England*, pp. 111-112.

1534年反圈地法令。① 由于圈地罚金的征收事关财政收入，这些出现在大法官法庭的圈地案件同时也抄录在财政署法庭。

除了大法官法庭之外，特权法庭也受理了不少圈地诉讼案件。以恳请法庭为例，恳请法庭是一个民事特权法庭，1493年从咨议会中独立出来，针对贵族和基层官员操纵陪审团、干扰司法现象而设，主要受理穷人或者涉及君主的民事案件，如圈地、公地使用等。恳请法庭开庭时不用陪审团，仅由恳请主事官根据事实和法律进行裁决。② 农民可以通过恳请法庭起诉圈地的领主，例如，牛津郡阿斯科特（Ascott）村的治安官尼古拉斯·尤斯塔斯（Nicholas Eustace）与该村一位名叫约翰·莱德（John Rede）的农夫在1517年圈地调查期间一起为该村圈地造成的人口减少呈递证据。在1517年圈地调查结束之后，他们二人被残忍的罗伯特·多默（Robert Dormer）和约翰·威尔莫特（John Wilmot）从土地上驱逐。他们二人向恳请法庭起诉，指控多默和威尔莫特："他们要把整个镇区变为牧场，这样一来恳求者和他们邻居的房屋就要被废弃了。"③ 由于资料所限，仅记录了他们二人的证词和指控，法庭最终的判决结果尚不知晓。但从中可以看出农民可以向恳请法庭控告圈地领主，因此该法庭受到农民的欢迎。

星室法庭也受理过类似的案件。星室法庭一个刑事特权法庭，主要受理普通法管辖范围以外或者危及国家安全的重要刑事案件，如非法集会、骚乱、暴动、诽谤、干扰陪审团裁决等。这些案件难以在普通法体系内得到解决，因此交给星室法庭处理。从理论上说，星室法庭以审理刑事案件为主，但只要某些案件与国家安全及政治稳定有联系，它就有权审理。在审理方式上它采用大陆的审问制，而不是普通法的陪审制，就是由法官对被告进行盘问，进而做出判决。④ 一些由圈地引发的冲突危及社会稳定，这种案件交由星室法庭审理。例如，伊丽莎白一世时期就在星室法庭审理过这种案件。⑤ 此外，求恩巡礼平息后，都铎政府在英格

---

① Maurice Beresford, *The Lost Villages of England*, p. 113.
② 姜守明等：《英国通史：铸造国家——16—17世纪英国》第3卷，第39页。
③ Maurice Beresford, *The Lost Villages of England*, p. 119.
④ 姜守明等：《英国通史：铸造国家——16—17世纪英国》第3卷，第39页。
⑤ Richard Henry Tawney, *The Agrarian Problem in the Sixteenth Century*, p. 373.

兰北部创建了地区性特权法庭——北方事务委员会。北方事务委员会时不时勤勉并有效地调查圈占公地或其他土地的行为，对于违法者，通常实施一些有分量的惩罚。①

历次圈地调查委员会的调查表明了政府对于圈地问题的高度关注。尽管圈地调查委员会的工作也存在一些疏漏，但圈地调查报告为政府了解当时的圈地状况提供了依据。在圈地调查报告的基础上，都铎政府通过司法途径把非法圈地和违反反圈地法令的案件交由大法官法庭和特权法庭裁决，在一定程度上保护了农民的利益。

三　反圈地社会舆论的传播

圈地对小农的伤害引起当时一些社会思想家的关注，他们以一种审慎的眼光看待这一社会问题，严厉谴责圈地给小农带来的伤害。他们把自己反对圈地的思想和言论诉诸文字，出版了大量小册子、布道书以及通俗文学作品，一股反对圈地的社会舆论从此兴起。

（一）基督教神学家的反圈地舆论

基督教兴起于巴勒斯坦地区，它是罗马帝国时期人们为摆脱罗马统治者压迫而建立的一种宗教。随着罗马入侵不列颠，基督教传入英国，自此人们的生活方式一直深受其影响，后来虽经历了宗教改革，但基督教神学观念仍一直影响着社会思潮。圈地之所以受到基督教神学家的抵制，很大程度上是由于他们认为圈地是对上帝的冒犯，违背了基督教的公平、友爱等神学观念。反对圈地的基督教神学家主要有休·拉提默、托马斯·贝肯、托马斯·利弗（Thomas Lever）和威廉·廷代尔（William Tyndale），他们从以下几个方面反对圈地。

首先，基督教神学家认为圈地是一种贪婪行为，应当受到谴责。基督教把贪婪视为万恶之源，《摩西十诫》中规定："不可贪恋他人的房屋，也不可贪恋他人的妻子、仆婢、牛驴并他一切所有的。"② 圈地在本质上是一种贪婪的行为，因为圈地者总是想要追求更多的土地和财富。领主圈

---

① Richard Henry Tawney, *The Agrarian Problem in the Sixteenth Century*, p. 367.
② Kenneth Barker, *The NIV Study Bible*, Grand Rapids: Zondervan Publishing House, 1995, p. 115.

地通常伴随着农舍被推倒、耕犁被废弃、佃农流离失所,尤为受到基督教神学家的谴责。对此,基督教神学家托马斯·贝肯把贪婪的领主称为"撒旦之子":"他们霸占他人房屋,侵夺佃户土地,直到吞并整个城镇,使城镇遍布流浪者。"①

领主圈占公地的贪婪行为也受到基督教神学家的谴责。伍斯特主教休·拉提默认为都铎时期发生的几次农民起义都是源于领主贪婪地圈占公地,导致农民无法放牧:"耕地上需要有羊,因为羊粪可以用来施肥,此外还需要其他牲畜,马可以拉车,母牛生产牛奶和奶酪。因此,这些牲畜需要有公共牧场放牧。一旦公共牧场被圈占,就会引发农民起义。所以,领主贪婪圈地是引发农民起义的根本原因。"② 拉提默认为上帝应该惩罚那些贪婪圈地的人:"平民的痛苦传入上帝耳中,地狱之火在为贪婪的人准备着。"③

此外,领主圈占狩猎苑的贪婪行为也受到基督教神学家的抵制。领主圈占狩猎苑的行为给佃农带来了巨大痛苦,这一点可以从萨默塞特公爵的代理人写给他的报告中看出:"围圈狩猎苑给佃农带来了极大的痛苦,因为他们不再有公地放牧自己的牲畜。"④ 对此,16世纪基督教神学家威廉·廷代尔强烈谴责领主圈占狩猎苑的贪婪行为:"那些贪婪的人把两三个佃农的土地据为己有,他们把整个教区变成牧场和狩猎苑。上帝创造土地是让人定居的,而不是用来养羊和野鹿的。"⑤

其次,基督教神学家反对高额的地租和入地费,他们认为这一行为违反了基督教的公平原则。基督教经济伦理的基础是公平,《圣经》中说:"唯愿公平如大水滚滚,公义如江河滔滔。"⑥ 因此,有社会良知的人应当追求经济公平。圈地者故意抬高地租价格,导致16世纪中叶地租上涨,受到基督教神学家的谴责。拉提默亲身体会到地租上涨带给农民的痛苦:"我父亲是一个约曼,他在1497年租了一个农场,每年租金

---

① W. E. Tate, *The English Village Community and the Enclosure Movement*, p. 167.
② John Watkins, *The Sermons and Life of Hugh Latimer*, Vol. I, pp. 230–231.
③ John Watkins, *The Sermons and Life of Hugh Latimer*, Vol. I, p. 229.
④ Eric Kerridge, *Agrarian Problem in the Sixteenth Century and After*, p. 101.
⑤ William Henry Ricketts Curtler, *The Enclosure and Redistribution of Our Land*, p. 83.
⑥ Kenneth Barker, *The NIV Study Bible*, p. 1346.

3~4英镑。他雇了6个人帮他耕地，养了100只羊，我母亲养了30头母牛。父亲送我去上学，否则我现在也没有机会在国王面前布道。我姐姐们出嫁时，父亲给了她们每人5英镑。他对贫穷的邻居很友好，经常向他们施舍财物。然而现在（1549年）农场的租金已上涨到每年16英镑，父亲已经没有能力为他自己以及孩子们做些什么了，甚至连一杯水也施舍不了穷人了。"①

基督教新教神学家托马斯·利弗也认为领主应当以公平的价格把土地租给佃农。他对土地中间商的出现表示极大的愤慨。土地中间商承租领主的土地后，再把土地以更高的价格转租给佃农，从付给领主的租金和转租给佃农的租金差价中获利。土地中间商提高了地租，成为托马斯·利弗谴责的对象："土地中间商使佃农以高价租地，而领主的收入却很少，使他们二者都无法维持体面的生活。在距离伦敦不远的地方，领主租给佃农的地价为每英亩2先令4便士，但由土地中间商经手后，他们转租给佃农的地价为每英亩9先令，甚至19先令。再没有如此罪恶的事了，这简直是敲诈和勒索！"②

最后，基督教神学家认为圈地者违背了基督教友爱原则，损害了其他基督徒的利益，应当受到谴责。基督教最根本的精神是爱，爱的原则有两条：爱人如己；像上帝爱人一样爱他人。"你们要彼此友爱，像我爱你们一样。这就是我的命令。"③ 然而，圈地者从基督教兄弟手中掠夺土地，违背了这种爱的精神。对此，基督教神学家托马斯·贝肯认为圈地者违背了基督教友爱原则，在损害其他基督徒利益的前提下发财致富："他们就像该隐一样，杀死了自己的兄弟亚伯，因此得到所有财富。"④

（二）共同体思想家的反圈地舆论

共同体类似于一个自然实体，每一部分的功能都是使整体变得更好。⑤ 国家就是一个包含各个阶层的共同体，每个阶层虽然功能不同，但

---

① John Watkins, *The Sermons and Life of Hugh Latimer*, Vol. I, pp. 94 – 95.
② William Henry Ricketts Curtler, *The Enclosure and Redistribution of Our Land*, p. 74.
③ Kenneth Barker, *The NIV Study Bible*, p. 1623.
④ W. E. Tate, *The English Village Community and the Enclosure Movement*, p. 143.
⑤ Arthur B. Ferguson, "The Tudor Commonweal and the Sense of Change," *Journal of British Studies*, Vol. 3, No. 1, 1963, p. 12.

一个阶层不能损害另一个阶层的利益。如果一个阶层从另一个阶层中耗尽营养，国家就无法从多余的残留物中获益。① 圈地使共同体的小农阶层利益受损，继而影响到共同体的整体利益。因此，圈地被视为因追逐个人私利而损害共同体利益的行为，受到共同体思想家的抵制。16世纪共同体思想家的主要代表是罗伯特·克劳利（Robert Crowley）和约翰·海尔斯。

罗伯特·克劳利提倡每个人都必须尽最大努力使共同体利益最大化，在他看来，富人和普通大众一样，应当把他们的境况视为上帝的安排，把共同体利益放在首位。然而，圈地使富人把财富建立在穷人的痛苦之上，穷人利益受损继而影响到共同体利益。他在《致富之路》一书中借一位穷人之口谴责了富人圈地不顾穷人死活的行为："他们夺走我们头顶的房舍，攫取我们手中的土地，他们在提高地租的同时还征收巨额的入地费。他们如此欺压我们，我们已经没有活路。"②

约翰·海尔斯是1548年圈地调查委员会成员，他认为圈地源自道德败坏，一些人对财富永不满足，他们只关心自己的利益，而不顾共同体的利益。"除去自私以及对财富过度的渴望，赶走永不满足的贪婪，我们要记住，富人和穷人、贵族和贫民、绅士和农夫都是共同体的一部分。"他在1549年撰写的《辩护》中写道，"每个人必须尽最大努力有益于共同体，贪婪必须连根拔起，因为它会破坏美好的一切"。③

（三）托马斯·莫尔的反圈地舆论

在众多的反对圈地者中，托马斯·莫尔是比较特殊的一位，这是因为他的空想社会主义思想已经超出了同时空众人的社会认知。时任英格兰大法官的莫尔目睹了圈地运动给小农带来的灾难，出于对空想社会主义的追求，他坚决反对圈地。莫尔著的《乌托邦》一书可谓一部对英国圈地运动的血泪控诉史，对当时及后世产生了巨大影响。

---

① Richard Henry Tawney, *The Agrarian Problem in the Sixteenth Century*, pp. 348 – 349.
② David C. Douglas & C. H. Williams, *English Historical Documents*, 1485 – 1558, London and New York: Routledge, 1967, p. 304.
③ Mary Dewar, "The Authorship of the 'Discourse of the Commonweal'," *The Economic History Review*, New Series, Vol. 19, No. 2, 1966, p. 395.

首先，莫尔同情当时为数众多的小农，圈地使小农安居乐业的梦想破灭，他们被驱逐后流离失所，过着悲惨的生活："佃农从土地上被撵走，用一条栏栅把成千上万亩地圈上，有些佃农则在欺诈和暴力手段之下被剥夺了自己的所有，或是受尽冤屈损害而不得不卖掉本人的一切。这些不幸的人在各种逼迫之下非离开家园不可——其中有男的、女的，丈夫、妻子，孤儿、寡妇、携带儿童的父母，以及生活资料少而人口众多的全家，他们离开所熟悉的唯一家乡，却找不到安身的去处。"①

其次，莫尔认为圈地使富人把财富建立在穷人的痛苦之上，违背了人类道德。他认为人人都有过快乐生活的权利，他明确地把追求快乐当作社会的道德准则："我们的全部行为，包括甚至道德行为，最后都是把快乐当作目标和幸福。"② 因此，穷人也应有追求幸福生活的权利。然而，现实却是富人只顾自己利益而不顾他人死活："他们使所有的地耕种不成，把每寸土都围起来做牧场，房屋和城镇给毁掉了，只留下教堂当作羊栏。"③ 失去土地的小农不得不离开家园，成为流民。再加上当时的统治者不但不为失业的农民提供帮助，反而制定出一系列"血腥立法"，规定凡是有劳动能力的流民如果不在规定的时间里找到工作，一律加以严惩："所有健康的人，一旦发现乞食，要被带到附近的市镇或其他最方便的地方，脱光衣服，绑在车后，游街示众，同时鞭打至流血为止。"④ 穷人的这些痛苦都是直接或间接由圈地导致的，因此，莫尔强烈反对圈地。

再次，莫尔在政治上具有一定的保守性，他重视稳定的社会秩序。圈地打破了原来的社会经济结构，失业农民找不到工作被迫乞讨和偷盗，成为社会不稳定的因素："他们除去从事盗窃以致受绞刑外，或是出去沿途讨饭为生外，还有什么别的办法？何况即使讨饭为生，他们也是被当作到处浪荡不务正业的游民抓进监狱，其实他们非常想就业，却找不到雇主。"⑤ "粮食腾贵的结果，家家尽量减少雇佣。这些被解雇的人，不去乞

---

① 〔英〕托马斯·莫尔：《乌托邦》，戴镏龄译，第22页。
② 〔英〕托马斯·莫尔：《乌托邦》，戴镏龄译，第75页。
③ 〔英〕托马斯·莫尔：《乌托邦》，戴镏龄译，第21页。
④ 转引自尹虹《十六、十七世纪前期英国流民问题研究》，第143页。
⑤ 〔英〕托马斯·莫尔：《乌托邦》，戴镏龄译，第22页。

讨，或不去抢劫，还有什么办法呢？"① 出于对社会不稳定的担忧，莫尔坚决反对圈地。

最后，莫尔认为私有制是一切祸害的根源，在私有制下社会没有正义和公平，"如不彻底废除私有制，产品不可能公平分配，人类不可能获得幸福"。② 然而，圈地消除了土地上的共有产权，保障了个人对土地的独占，是一种土地完全私有的行为。圈地以一种"以个人为本位"的精神取代了过去那种互惠共生的传统道德，抹去了集体合作的均平色彩，极大地改变了农民的生活，导致农民之间的贫富差距扩大。对于富裕农民而言，他们圈地后不再受到村庄共同体的制约，开始在承租领主的土地上实行资本主义农场制，面向市场、雇用雇工进行生产，最大限度地追求利润。对于小农而言，由于其持有的土地面积较少，他们主要依靠公共资源，尤其是公地生活，公地是小农家庭经济生活的最低保障。圈地使小农被迫离开公地，沦为完全依赖工资生活的雇工，生活方式发生了很大的变化。绝大多数小农都不能适应生活方式的巨大转变，他们感觉很痛苦。因此，莫尔主张必须彻底废除私有制，制止圈地，人们才能过上幸福的生活。

综上所述，基督教神学家休·拉提默、托马斯·贝肯、托马斯·利弗和威廉·廷代尔从基督教神学思想出发，认为圈地违背了基督教神学观念；罗伯特·克劳利和约翰·海尔斯从共同体思想出发，认为圈地损害了共同体的整体利益；托马斯·莫尔从空想社会主义思想出发，谴责圈地对小农的伤害。在这些反对声音中，休·拉提默和托马斯·利弗曾为爱德华六世布道，托马斯·贝肯曾担任爱德华六世时期护国公萨默塞特公爵的专职牧师，托马斯·莫尔曾担任英格兰大法官，他们的身份以及所处的地位使他们在一定程度上代表了都铎政府的立场。这些反圈地舆论具有强大的舆论导向力，都铎政府通过对这些舆论进行引导，为推行自己的政策服务。反圈地社会舆论在一定程度上抑制了圈地可能造成的社会动荡，有利于维护社会稳定，使英国土地确权朝着一个更加平稳的方向发展。

---

① 〔英〕托马斯·莫尔：《乌托邦》，戴镏龄译，第23页。
② 〔英〕托马斯·莫尔：《乌托邦》，戴镏龄译，第44页。

四 地方政府的治理

英国地方自治历史悠久，自10世纪形成统一的单一制君主制国家起，英国就实行地方自治。12~13世纪普通法专职法院体系建立后，新兴的治安法官及其组成的季审法庭成为地方政府主体，控制了地方司法权和行政管理权。[①] 到了都铎时期，治安法官成为地方政府的权威中心。

治安法官的前身是13世纪的治安维持官，多由郡中骑士担任，其职责是协助郡守维持治安、拘捕罪犯等。1360年，爱德华三世颁布法令（34 Edward Ⅲ, c.1），要求各郡委派1名贵族和3~4名最受尊敬者以及一些精通法律者负责维持治安，他们有权拘捕罪犯，受理控诉。从此，治安维持官获得了司法权，正式转变为治安法官。[②] 同时期的许多欧洲国家，例如西班牙，已经拥有常驻的、训练有素的、带薪的官员来管理地方，但都铎王朝没有这种类型的公务员，其原因在于王权和统治阶层的利益通常是一致的。对此，劳伦斯·斯通认为王权与统治阶层达成"心照不宣的协议"是由于地方特殊主义的稳步发展与中央政府的权力发展同时发生。联合王室和地方寡头的是对国家稳定的渴望，保卫国家反对入侵，镇压叛乱，保护财产和传统权利，默许民众受到他们的保护。[③] 尽管中央政府总是指责地方政府的缺点，但事实上大多数地方政府运行得非常好，在应对饥荒、犯罪以及社会动荡时，中央政府要感谢这群不用给他们薪水的地方行政长官。[④]

治安法官在都铎时期得到了前所未有的发展，在沃尔西时期平均每个郡有25名治安法官，在伊丽莎白一世统治中期每个郡有40名或50名治安法官，1603年每个郡的治安法官人数为40~90人。[⑤] 他们既是王室政

[①] 程汉大：《英国地方自治：法治运行的三个阶段》，《经济社会史评论》2016年第3期。
[②] Frederic William Maitland, *The Constitutional History of England*, Cambridge: Cambridge University Press, 1908, p.206.
[③] Ken Powell and Chris Cook, *English Historical Facts 1485 – 1603*, London: The Macmillan Press, 1977, p.51.
[④] Victor Stater, *The Political History of Tudor and Stuart England*, London and New York: Routledge, 2002, p.53.
[⑤] John Guy, *Tudor England*, Oxford: Oxford University Press, 1988, pp.386 – 387.

府的代理人，也是地方社会的代言人，这种双重身份使他们在英格兰的社会管理中发挥着关键作用。① 在伊丽莎白一世时期，绝大多数人都不会直接和中央政府打交道，而是和地方行政长官打交道。②

治安法官作为地方行政长官，负责主持本地的季审法庭。季审法庭每年召开四次，治安法官在这一法庭上有权对除叛逆罪之外的所有可提起公诉的犯罪进行调查和审理。③ 季审法庭多设在郡内某个大城市的城堡中，正式开庭时全体治安法官都要出席，郡长、警官、代表全郡的陪审团和代表各百户区的陪审团、证人、当事人等也要到场，规模经常在 100 人以上。④ 实际上，正如梅特兰所说，"季审法庭不仅是郡刑事法庭，它还是一个行政方面的会议组织，一个拥有行政管理权力的委员会"。⑤ 治安法官通过季审法庭履行其行政职责，不仅是治安法官的一大特点，也是都铎时期英国地方自治的重要特征——司法主导下的法治型地方自治。司法主导意味着英国地方自治一开始就行进在法治轨道上，并构成了国家法治体系的重要一环。⑥

济贫是治安法官的重要职责之一，都铎时期圈地运动导致流民问题凸显，治安法官的社会济贫任务加重，如何安置失地小农成为亟待解决的问题。领主圈占公地使那些依据"默许和习惯"使用公地的小农不能再像从前那样利用公地上的自然资源，被迫离开土地。他们前往一些公地尚未被圈占的村庄，在公地上搭建茅舍定居作为解决贫困问题的权宜之计。这种做法得到了都铎政府的支持，1589 年伊丽莎白一世颁布法令（31 Elizabeth, c. 7）允许特别贫困的小农在公地上搭建茅舍，并且附属于茅舍的土地不少于 4 英亩。然而，从其他村庄蜂拥而至的小农数量非常多，以至于法令规定的附属于茅舍的土地不少于 4 英亩根本实行不了。面对这种情况，从其他村庄迁移过来的小农开始通过季审法庭寻求援助。他们请求治安法官给他们发放在公地上搭建茅舍的许可证，这种案例经常出现在

---

① 姜守明等：《英国通史：铸造国家——16—17 世纪英国》第 3 卷，第 202 页。
② Ken Powell and Chris Cook, *English Historical Facts 1485 - 1603*, p. 50.
③ Frederic William Maitland, *The Constitutional History of England*, p. 208.
④ 程汉大：《英国地方自治：法治运行的三个阶段》，《经济社会史评论》2016 年第 3 期。
⑤ Frederic William Maitland, *The Constitutional History of England*, p. 233.
⑥ 程汉大：《英国地方自治：法治运行的三个阶段》，《经济社会史评论》2016 年第 3 期。

季审法庭上。①

例如，据 1590 年季审法庭案卷记载，柴郡乡绅拉夫·利夫维奇（Raphe Leftwyche）在 3 年前给予爱德华·维纳布尔斯（Edward Venables）建立一间茅舍的许可证。爱德华是一个非常贫穷的人，他花费巨资搭建了茅舍。然而，1589 年伊丽莎白一世法令反对建立附属土地少于 4 英亩的茅舍。爱德华因为害怕受到法令处罚，出于慎重考虑，在季审法庭请求给他颁发一个许可证。基于同样的原因，据 1592 年季审法庭案卷记载，柴郡乡绅托马斯·曼纳林（Thomas Manwaringe）在三四年前给予贫穷小农拉尔夫·帕林（Ralph Pallyn）建立一间茅舍的许可证。②

此外，一些茅舍被推倒的穷人也在季审法庭上寻求援助。据 1594 年季审法庭案卷记载，乡村劳工罗伯特·斯科拉奇（Robert Scragge）和妻子、孩子居住在一间建立在斯韦特纳姆（Swettenham）荒地上的茅舍里。该茅舍早在 1589 年伊丽莎白一世法令颁布之前就已建立，然而，最近他们的茅舍被推倒。罗伯特和他的妻子以及可怜的孩子没有其他住处，只好住在荒地上的山洞里。出于慎重考虑，罗伯特在季审法庭请求给予他一个在上述荒地搭建茅舍的许可证，以免因被驱逐而四处流浪并寻求新的住处。③ 从上述案例可以看出，治安法官能够根据地方的实际情况，在季审法庭上给失地小农发放在公地上搭建茅舍的许可证，一定程度上维护了地方社会的稳定。

治安法官虽然形式上由国王任命，但实质身份是民不是官。治安法官由一群不领薪水的地方乡绅担任，意味着他们具有相对的独立性。这种独立性反映了都铎时期的地方自治是一种官民共治下以民治为主的地方自治。④ 虽然国王希望治安法官积极执行中央政府下达的反圈地法令，

---

① Richard Henry Tawney, *The Agrarian Problem in the Sixteenth Century*, p. 278.
② "Cheshire Quarter Sessions: 1590s," in *Petitions to the Cheshire Quarter Sessions, 1573 – 1798*, ed. Sharon Howard, British History Online, http://www.british-history.ac.uk/petitions/cheshire/1590s [accessed 22 June 2020].
③ "Cheshire Quarter Sessions: 1590s," in *Petitions to the Cheshire Quarter Sessions, 1573 – 1798*, ed. Sharon Howard, British History Online, http://www.british-history.ac.uk/petitions/cheshire/1590s [accessed 22 June 2020].
④ 程汉大：《英国地方自治：法治运行的三个阶段》，《经济社会史评论》2016 年第 3 期。

但反圈地法令执行到什么程度,往往取决于当地的实际情况和治安法官的个人利益。在米德兰地区,大农—乡绅阶层是圈地的主力,而乡绅又是治安法官的主体,他们往往消极对待反圈地法令。因此,反圈地法令效果有限的原因就在于执行法令的权力集中在治安法官手中,一旦中央与地方利益不一致,政策就很难执行。①1549年凯特起义者抱怨在过去的50年中,当地治安法官从未执行过中央政府的法令。②正如希尔(Christopher Hill)所说:"没有治安法官的合作,任何法令都无法执行,因为他们控制着地方政府。"③

可见,治安法官作为地方社会的实际管理者,他们一方面立足于地方实情,通过季审法庭对穷人进行援助,在一定程度上起到了缓和社会矛盾的作用;另一方面他们具有相对的独立性,能够脱离国王的控制,根据当地实情和个人利益有针对性地执行中央政府的法令。反圈地法令效果欠佳的原因就在于此。

纵观整个都铎王朝,法令、调查委员会和法庭诉讼从未中断过,小册子、布道书以及通俗文学作品中的道德舆论从未消失过,反映出都铎中央政府通过颁布法令、司法诉讼和舆论监督对社会冲突进行了积极调控。然而,都铎中央政府的调控也有一定的局限性,不能过高估计其历史作用。这一时期的反圈地法令存在司法漏洞,只要圈地者承诺重建房屋就能轻而易举地获得中止执行令状(a writ of supersedeas)。以沃里克郡约翰·斯宾塞(John Spencer)的请愿为例,圈地调查委员会发现他的圈地影响了12所房屋、3间茅舍和240英亩土地,造成12部耕犁废弃,60个村民被驱逐。斯宾塞承认他在圈地委员会调查期间持有土地,但人口减少是之前的土地持有者威廉·科普(William Cope)造成的。他声称15处住宅中的4处已经重建,还有2处被他的新庄园住宅以及与庄园住宅相连的4间茅舍所取代,在这4间茅舍里共有40个人被雇用,和之前的12所房屋所居住

---

① Christopher Hill, *The Century of Revolution*, *1603 – 1714*, London and New York: Routledge, 1961, p. 96.
② Richard Henry Tawney, *The Agrarian Problem in the Sixteenth Century*, p. 385.
③ Christopher Hill, *The Century of Revolution*, *1603 – 1714*, p. 70.

的人口一样多。斯宾塞来到国王面前，恳求法令的原谅。① 这样一来，为庄园仆人建造一两间茅舍就能够被视为"新建筑"，继而得到法令的赦免。斯宾塞的做法被其他圈地者纷纷效仿，重建茅舍开始遍布整个村庄。②

圈地者往往采用一些方法蒙蔽法庭调查，例如圈地者在地里放一部耕犁，以此证明这块土地仍然是耕地，从而逃过法庭对变耕地为牧场的处罚；圈地者把土地用儿子和仆人的名字登记，以此证明土地不是集中在他一个人手里，从而逃过法庭对并地的处罚。③ 等调查圈地的风波过去之后，一切又都恢复成原来的状况。

司法漏洞、圈地者蒙蔽法庭调查以及治安法官的消极态度导致反圈地法令的效果有限。都铎政府的调控虽然无法从根本上阻止经济变革洪流的方向，但在实施过程中尽可能地平衡改革与稳定的关系，为土地确权的平稳推进铺平了道路。

第三节　都铎政府对土地确权的认可

土地确权经济效益的显现，再加上议会下院对土地确权的支持，最终促使都铎政府从法律层面对土地确权予以认可。

一　确权经济效益的显现

随着土地产权的明晰，无论是大农—乡绅阶层，还是领主和普通农民，都从土地上获得了更多的收益。经济效益的显现最终促使都铎政府对土地确权予以认可。

圈地促进了土地产权的明晰，使圈地者具有经营土地的自主权，能够有效发挥个人积极性。这样一来，农业不再仅仅作为一种谋生方式，而且成为一种可以获得利润的行业。大农—乡绅阶层圈地之后采用新的土地经营方式，获得了不菲的收入。根据哈里森的记述，"约曼住着豪宅，拥有

---

① Maurice Beresford, *The Lost Villages of England*, p. 128.
② Maurice Beresford, *The Lost Villages of England*, p. 123.
③ William Henry Ricketts Curtler, *The Enclosure and Distribution of Our Land*, p. 92.

价值不菲的家具，橱柜里放着盘子，床上铺着毯子，桌上铺着餐布，此外还有银质的盐罐、高脚酒杯、精美的汤匙等"。① 此外，重新修建与自己身份地位相匹配的住宅也是约曼经济实力提高的表现。例如，16 世纪 70 年代，许多约曼都重新修建了自己的住宅。② 当然，年度收入更能证明约曼的经济实力，例如，1600 年托马斯·威尔森（Sir Thomas Wilson）的著作中记载约曼的年收入可达 300～500 英镑，当时约有 1 万个富裕约曼、6 万个小约曼；1669 年罗伯特·张伯伦（Robert Chamberlayne）认为年收入 40～50 英镑的约曼是很平常的，年收入 100～200 英镑的约曼在一些郡也不少见，肯特郡富裕约曼的年收入高达 1000～1500 英镑。③

羊毛价格高并且便于运输，吸引很多农场主圈地养羊。以乡绅为代表的租地农场主在米德兰地区非常普遍，为了追逐羊毛利润，他们大多圈地养羊。奥尔索普（Althorp）的斯宾塞家族（Spencers）和拉什顿（Rushton）的特瑞山姆家族（Treshams）是北安普敦郡最为出名的两个因圈地养羊而发家致富的家族。约翰·斯宾塞出身于沃里克郡一个牧羊业家庭，起初他租别人的牧场养羊，自 1506 年起他已经非常富裕，能在沃里克和北安普敦交界处购买牧场。他的继承人在牧场面积和饲养数量上都有所扩大或增加。1570～1620 年，斯宾塞家族饲养的牲畜数量多达 14000 头（只）。此外，他们直接与伦敦市场联系。17 世纪初，他们的年收入在 6500～8000 英镑，其中 4000 英镑直接来自他们饲养的牲畜，其余的来自土地投资，其中包括一部分出租出去的土地。④

拉什顿的托马斯·特瑞山姆（Thomas Tresham）是另一个著名的圈地养羊者。1540 年，特瑞山姆在利维顿（Lyveden）庄园围圈了 420 英亩土地，能够放牧 800 只羊。1544 年，他在同一地区又买了一些牧场，能放牧 300 只羊。1547 年，拉什顿庄园［包括派普威尔（Pipewell）庄园在内］和附近的利维顿庄园分别放牧 2800 只和 1000 只羊。特瑞山姆曾于 1538 年在布瑞格斯托克（Brigstock）庄园买了一些土地，围圈了 8

---

① William Henry Ricketts Curtler, *The Enclosure and Redistribution of Our Land*, pp. 71 - 72.
② D. M. Palliser, *The Age of Elizabeth: England under the Later Tudors 1547 - 1603*, p. 155.
③ Mildred Campbell, *The English Yeoman under Elizabeth and the Early Stuarts*, p. 217.
④ Joan Thirsk, *The Agrarian History of England and Wales*, Vol. IV, 1500 - 1640, pp. 290 - 291.

个牧场，共 170 英亩，在 1564 年的统计中这里养羊 200 只。到 1597 年，特瑞山姆家族在拉什顿和派普威尔庄园共养羊 3440 只，在利维顿庄园养羊 2860 只。[①]

除了圈地养羊之外，乡绅还围圈未开垦的土地。他们砍伐森林、开辟荒地、排干沼泽。乡绅把大片林地和沼泽开辟为耕地，尤其是在诺福克荒原和兰开夏平原，他们把从林肯到剑桥的 6 个郡的沼泽地都排干。围圈荒地的收益来自木材、石头和矿藏。例如，萨塞克斯郡劳顿（Laughton）庄园的佩勒姆家族（Pelhams）围圈荒地就是为了获得出售木材的利润。诺丁汉乡绅巴格家族（Bugges）围圈荒地是为了获得煤矿。其他矿藏，例如铁、铅、铜、锡等也同样意味着财富，德比郡的许多乡绅都参与了矿藏开采。[②]

对于领主阶层而言，他们被卷入约曼和乡绅开创的、以市场为导向的资本主义农业，如果不通过圈地增加收入的话就会面临破产。由于原来的习惯地租随着 16 世纪物价的不断上涨已经越来越贬值，领主必须通过圈地获得新的收入。16 世纪的小册子作家菲茨赫伯特在其作品中写了很有意思的一章对打算圈地的领主如何经营提出建议，据他估计，圈地后将会增加 50% 的利润，可以肯定的是圈地领主通常得到的利润比 50% 更多。[③]

就算领主不亲自经营土地，他们也可以通过把土地租给租地农场主的方式获得依据市场价格而定的竞争性地租。根据 1517 年圈地调查报告的记载，圈地后的地租通常是敞田地租的 2~3 倍（见表 4-6）。与圈地用作耕地相比，圈地为牧场的地租更高，根据米德兰 5 个郡的地租情况，圈地牧场每英亩地租比围圈后的耕地增长 39.03%~64.8%（见表 4-7），领主把敞田圈为牧场能获得更高的地租。因此，领主更愿意把分散的条田集中，从而把一整块土地租给租地农场主，以获得更多地租。

[①] John E. Martin, "Sheep and Enclosure in Sixteenth-Century Northamptonshire," *The Agricultural History Review*, Vol. 36, No. 1, 1988, pp. 52–53.

[②] Gordon Edmund Mingay, *The Gentry: The Rise and Fall of a Ruling Class*, p. 43.

[③] W. E. Tate, *The English Village Community and the Enclosure Movement*, p. 155.

表 4-6　1517 年圈地调查报告所记载的圈地地租与敞田地租

郡	教区	敞田耕地每英亩租金（便士）	圈地牧场每英亩租金（便士）	每英亩租金增长百分比(%)*
白金汉郡	伯德斯顿	7	24	209.6
白金汉郡	斯坦顿伯雷	13	20	50.9
北安普敦郡	彼得伯勒	6	20	233.3
北安普敦郡	彼得伯勒	6	19	216.4
北安普敦郡	彼得伯勒	6	24	300
北安普敦郡	彼得伯勒	6	19	216.4
北安普敦郡	彼得伯勒	6	20	233.3
北安普敦郡	彼得伯勒	7	24	242.8
北安普敦郡	彼得伯勒	6	15	150
北安普敦郡	川普斯顿	4	6	33.3
北安普敦郡	艾林顿	8	24	200
北安普敦郡	凯尔克比	7	8	14.2
北安普敦郡	普勒斯顿	13	17	28.3
牛津郡	彻希尔	12	32	172.9
沃里克郡	沃姆雷顿	40	60	50
平均		9.9	22.1	123.2

注：*百分比数据原文如此，可能是原作者计算有误。
资料来源：I. S. Leadam, *The Domesday of Inclosures 1517-1518*, Vol. 1, p. 66。

表 4-7　米德兰 5 个郡圈地后耕地和牧场的租金情况

郡	圈地为耕地每英亩租金（便士）	圈地为牧场每英亩租金（便士）	牧场比耕地每英亩租金增长百分比(%)*
莱斯特	13.50	22.50	64.8
沃里克	12.00	16.75	39.5
北安普敦	7.25	10.25	41.3
白金汉	10.25	14.25	39.02
牛津	7.50	10.50	40

注：*百分比数据原文如此，可能是原作者计算有误。
资料来源：I. S. Leadam, *The Domesday of Inclosures 1517-1518*, Vol. 1, p. 67。

此外，对于一些领主来说，圈地能够弥补他们的财政困难。例如，1608 年林肯郡两个绅士围圈他们位于荒野和悬崖的地产是因为他们急需用钱来补救花费在法律诉讼中的巨额开销。[①]

---

① Joan Thirsk, *English Peasant Farming: The Agrarian History of Lincolnshire from Tudor to Recent Times*, p. 164.

领主阶层中的大贵族也被卷入资本主义农业，他们也是圈地的受益者。爱德华六世时期护国公萨默塞特公爵的农业政策倾向于保护小农利益，反对圈地，引发了上院贵族的不满。无论是在议会还是枢密院，萨默塞特的政策都遭到贵族的强烈反对。① 1517年圈地调查委员会记录了一些圈地者的名字，这些人都是上院贵族，例如诺福克公爵（Lord Norfolk）、什鲁斯伯里伯爵（Earl of Shrewsbury）、白金汉公爵（Duke of Buckingham）、丹伯里勋爵（Lord Danbury）以及威廉·博林（William Bolen）等。萨默塞特公爵的土地政策之所以遭到同僚们的一致反对，主要是因为这些人几乎全都能从圈地中获得利益。沃里克公爵（Lord Warwick）是反对萨默塞特政策的主要人物，他的圈地规模相当大。②

对于国王而言，圈地也给国王带来更多财富，这一点体现在国王能够获得更多税收。中世纪英国的传统税收主要是农业税和商业税。到了都铎时期，农业税（土地税与动产税）逐渐减少，在税收体系中处于从属地位，而商业税中的各项税率则有较大提高。商业税以关税为主体，由于重商主义政策的影响，关税成为都铎王室收入的主要来源。关税既包括对羊毛、皮革和呢绒征收的出口税，也包括对一般商品征收的磅税和吨税，其优点是可以每年征收，并且可以全年征收。自1347年开始，随着英国呢绒出口的增长，国王开始对其征收关税，羊毛以及呢绒的出口关税成为税收的重要组成部分。在亨利七世统治末期，关税变得越来越重要，其数额已远远大于国王对外出租土地以及从土地上获得的其他收入，从而成为王室最主要的收入。③ 此外，1514年都铎政府设置了一种新税，称为补助金（subsidy）。这种补助金与以往的补助金不同，又称为新补助金，征收对象是包括商人在内的全体国民，是在1/15税和1/10税之外对城市和乡村征收的一种综合性财产税。新补助金的征税额很大，一次征收所得为8万英镑左右，不仅是1/15税和1/10税税额的2倍多，而且超过了同时期的商业税税额。新补助金的征收可分城市和乡村两部分，城市基本为工商业

---

① Richard Henry Tawney, *The Agrarian Problem in the Sixteenth Century*, pp. 363 – 364.
② Richard Henry Tawney, *The Agrarian Problem in the Sixteenth Century*, pp. 379 – 380.
③ Frederick C. Dietz, *English Government Finance 1485 – 1558*, London: Frank Cass & Co. Ltd., 1964, p. 22.

所出，特别是呢绒业的发展，所占份额很大。乡村征收物品主要是牲畜、毛皮以及其他手工业品，来自农产品的份额有限。① 作为纳税物品，羊除了本身纳税外，所产羊毛、毛皮等也纳税。因此，在新补助金的征收中来自养羊业的比例很大，可以说养羊业的发展给国王提供了更多税收。

对于普通农民而言，都铎晚期涌现了一批支持并鼓励圈地的文学作品，影响了他们对土地确权的看法。支持土地确权的小册子作家认为圈地是个人完全占有和支配土地，以最有效的方式利用土地，能够提高农耕效率的方式，是一种农业进步，有利于农业的发展。例如，托马斯·塔瑟（Thomas Tusser）认为走遍天涯海角也找不到像英国这么"美好的圈地"，因为它可以生产更多的羊肉、谷物、奶油和奶酪。他于 1573 年出版的《农耕的五个要点》一书中介绍了伊丽莎白一世时期的农业技术，认为圈地产生的收益是敞田的 2 倍。② 再加上富裕农民通过圈地获利的事例给普通农民树立了榜样，普通农民更加积极地参与圈地，16 世纪中叶以后协议圈地的广泛流行就是最好的证明。

二 下院对土地确权的支持

都铎时期，在国王之下行使王国事务管理权力的是咨议会。咨议会由国王控制，成员由其亲自选定，仅对国王本人负责。咨议会职权范围涉及行政、司法和立法、中央和地方管理、内政和外交等许多方面。由于当时议会仍非政府常设机关，宫廷王室与政府长期以来界限不明，所以国务必须有一个专门机构经管。③ 因此，咨议会在国家政治生活中的作用非常重要。自 1534 年起，克伦威尔在亨利八世的授意下逐渐改组咨议会，两年之后，存在了多年的咨议会演变为枢密院。④ 枢密院体制是在都铎王权扩张的情况下得以形成和发展的，加强了王权。亨利八世时期，枢密院不仅是国王的私人顾问委员会，而且是中央政府行政工作的核心机构。伊丽莎白一世时期，无论是国王还是枢密大臣，都把维护国家安全和社会稳定视

---

① 顾銮斋：《中西中古社会赋税结构演变的比较研究》，《世界历史》2003 年第 4 期。
② W. E. Tate, *The English Village Community and the Enclosure Movement*, p. 63.
③ 阎照祥：《英国政治制度史》，人民出版社，1999，第 133 页。
④ 阎照祥：《英国政治制度史》，第 135 页。

为政府工作的重点。

虽然早在14世纪中叶英国就已萌发了"王在议会"的概念，但直到15世纪还只是处于萌芽状态，从爱德华三世到亨利七世的200多年里，在大多数时间里，王权常常凌驾于议会之上，国王和议会还是两个彼此分离的政治实体。自亨利八世宗教改革以来，王权和议会的关系发生了变化，形成了"王在议会"和"三位一体"原则。最早明确表述国王和上下两院"三位一体"原则的是1534年《豁免法》，它宣布该议案是"由现届议会中的最高统治者国王、教俗两界贵族和平民共同行使权力制定的"[①]。这表明国王和上下两院共同组成议会，任何法案都是经过国王和上下两院共同行使权力制定的。

在上下两院的力量对比中，下院的作用逐渐加强。伊丽莎白一世时期尤其重视下院的作用，下院人数由开始的296人增加到462人，占议会人数的56%。[②] 16世纪中叶以后，上院在立法中的地位几乎已无优势可言。[③] 与此同时，下院的立法职能加强。由于下院议员有的直接来自经营者阶层，在他们提案的基础上制定的经济法有更强的可行性，都铎政府越来越多地把有关社会经济的政府提案首先提交下院，听取下院议员的意见，下院成为社会经济议案的创议院。[④]

都铎时期乡绅成为下院议员的主体，形成"乡绅侵占议会"的局面。所谓"乡绅入侵"指的是并非居住在该市的乡绅成为该市议员，以该市市民的名义代表该市参加议会。都铎时期"乡绅入侵"现象非常严重，城市议员中乡绅所占比例在1422年为23%，到伊丽莎白一世时期平均达到66%。整个都铎时期，下院乡绅与市民的比例本应为1:4，但实际情况是4:1。[⑤]

16世纪下半叶，乡绅的实力尤为强大。由于乡绅是圈地的最大受益者，他们强烈反对议会颁布反圈地法令。在下院的抵制下，1563～1597

[①] Geoffrey Rudolph Elton, *The Tudor Constitution*, *Documents and Commentary*, Cambridge: Cambridge University Press, 1982, p. 358.

[②] Geoffrey Rudolph Elton, *The Tudor Constitution*, *Documents and Commentary*, p. 248.

[③] 刘新成：《英国都铎王朝议会研究》，首都师范大学出版社，1995，第234～235页。

[④] 刘新成：《英国都铎王朝议会研究》，第240页。

[⑤] 刘新成：《英国都铎王朝议会研究》，第45页。

年，议会没有颁布过新的反圈地法令。1597年，由于农业歉收引发粮食危机，政府提出反圈地议案。政府的反圈地议案严重损害乡绅的利益，遭到下院大多数议员的反对。在辩论中，伦敦布商杰克曼认为造成粮食歉收的真正原因并不是圈地，而是气候不佳。在法国和威尔士，圈地问题并不严重，但是粮食照样歉收。反圈地法令将会造成毛纺织业的衰落，导致出现更广泛的失业现象。① 在下议员的斗争下，1597年法令仅适用于23个特定郡、怀特岛和彭布鲁克郡，圈地最严重的郡都以各种借口摆脱了法令的束缚。在乡绅的抵制下，都铎晚期反圈地法令的出台非常艰难。

随着经济效益的显现，再加上议会下院对圈地的支持，都铎政府最终承认了土地确权的合法性。1597年，伊丽莎白一世颁布的《反圈地法令》（39 Elizabeth，c.1）承认了圈地的合法性，"庄园领主可以交换土地，无论是耕地、牧场还是草地，无论是领主与佃农交换土地还是佃农在领主的同意之下自由交换土地"。② 虽然在此之前农民已经采用互换条田的方式圈地，但从未有政府宣言或法令对此予以承认。1597年法令的颁布表明政府授权农民互相置换条田以便更合理地耕种，意味着都铎政府正式承认了圈地的合法性，同时也意味着都铎政府对土地确权的认可。

综上所述，都铎王朝正处在英国由封建主义农业社会向资本主义工业社会转型的过程中，这一时期的各种社会问题也更为复杂。其中，土地确权和社会稳定密切相关，并直接影响到国家政权的安全，这对于刚刚结束了中世纪的贵族混战、欧洲强敌环伺的都铎王朝来说尤其重要。因此，土地确权引发的社会冲突成为政府调控的重点对象。

对于依赖公地生活的小农而言，领主对公地确权引起他们的强烈不满，导致农民起义此起彼伏，对社会稳定构成威胁。为此，都铎政府对确权冲突进行调控是非常必要的，其根本动机在于维护社会稳定，遏制土地确权带来的社会动荡。这是都铎政府以国家形式大规模干预经济生活的一次尝试，虽然无法从根本上阻止经济变革洪流的方向，但在实施过程中尽可能地平衡改革与稳定的关系，为土地确权的平稳推进铺平了道路。

---

① 刘新成：《英国都铎王朝议会研究》，第283页。
② *The Statutes of the Realm*, Vol. 4, p. 892.

英国土地确权有两个重要力量，一个是农民和领主，他们渴望打破混合产权的制约，建立一种明晰的土地产权；另一个是国家，对农民乃至领主自发的土地确权行为给予合法承认，并保护和完善，使之成为政策。都铎时期的农民和领主已经迈出了第一步，但需要得到政府的认可才能成为真正意义上的土地确权。产权界定的自发活动能不能及时得到政府的承认，是清楚界定产权的重要因素。得到政府承认，土地确权就有了一个制度性成果；得不到政府承认，确权只是权宜之计，不能长久。都铎时期英国能够确立明晰的土地产权，就是上述两种力量结合在一起的结果。从此以后，英国走上保护有效产权的道路，其结果就是经济的长期增长。

第五章

土地确权与英国社会转型

从封建主义农业社会转向资本主义工业社会，是人类社会迄今所经历的最重要的一次社会转型。在这一过程中，土地产权制度的变革无疑是推动社会转型的重要因素。随着明晰的土地产权制度的确立，英国开启了农业资本主义的新时代，同时也步入了一个多元化的、"以个人为本位"的社会。本章旨在考察土地确权对资本主义农业的影响，探究共同体生活方式的消解及其原因，说明土地产权变革对英国社会转型的推动作用。

第一节 土地确权与资本主义农业的开启

明晰的土地产权为资本主义生产方式的产生提供了保障，资本主义租地农场制得以出现和发展。资本主义租地农场面向市场、雇用雇工、规模化地进行生产，提高了劳动生产率，为英国从封建主义农业社会向资本主义工业社会转型奠定了基础。

一 资本主义农场制的确立

对于资本主义农场，诺斯从新制度经济学角度出发，认为"有效率的经济组织是经济增长的关键：一个有效率的经济组织在西欧的发展正是西方兴起的原因所在"。[1] 所谓有效率的经济组织就是资本主义企业，资本主义农场属于这一范畴。英国最先发展资本主义完全在于它成功发展了

---

[1] 〔美〕道格拉斯·诺思、罗伯特·托马斯：《西方世界的兴起》，厉以平、蔡磊译，第1页。

资本主义农业。因此，英国资本主义的兴起关键在于有效率的农业经济组织的出现，即资本主义农场的出现。资本主义农场制经营方式有三个特点，即规模化经营、面向市场生产和雇用雇工。

（一）规模化经营

在敞田制下，农民的份地以分散的条田形式占有，导致土地既零碎又分散，不能连片种植，严重制约了土地的正常经营。农民的小规模经营使许多先进技术不能采用，制约了农业经济的发展。

随着土地产权的明晰，都铎时期资本主义农场制经营方式在英国农业中所占的比例迅速上升，逐渐取代了敞田制经营方式。如表5-1所示，根据托尼的统计，16世纪英格兰16个庄园中有11个庄园的耕地一半以上是农场制经营，有8个庄园70%以上的土地属于农场制经营，这16个庄园以资本主义农场制方式经营的占58%。可见，在这16个庄园中，一半以上的土地脱离了旧有的生产组织形式，传统的敞田制生产方式被打破，资本主义农场制确立。

表5-1 16世纪英格兰16个庄园中农场主所占耕地在全部耕地中的比例

庄园	（Ⅰ）全部耕地(英亩)	（Ⅱ）农场主所占耕地(英亩)	Ⅱ占Ⅰ的比例(%)*
唐尼顿	1523.5	428	27.8
索尔福德	856	295	34.4
艾斯维顿和菲尔德	1160	484.75	41.0
维顿韦斯顿	715	301	42.0
南牛顿	1365	632	46.3
沃什尔尼	1249	707（领主经营）	56.6
尼弗顿	452	268	59.2
毕什普斯顿	1280	805	62.9
盖姆林盖伊	283.5	199.75	70.3
温特博恩	708.5	532	75.1
毕林哥福德	666	507	76.1
艾文内尔斯	531.75	420.25	79.0
多莫哈姆	960.5	824.5	85.8
艾尔尼	473	428	90.5
勃登斯堡	190	190	100.0
惠德巴勒	469	469	100.0

注：*比例数据原文如此，与实际计算结果略有出入。
资料来源：Richard Henry Tawney, *The Agrarian Problem in the Sixteenth Century*, p.259。

对于租地农场主来说，他们通常实行大规模经营。根据经济学家鲍顿（P. J. Bowden）的计算，只有50英亩及以上的资本主义农场才能获得稳定的收入。鲍顿以1600~1620年一个典型的30英亩农场的收支状况为例，根据他的统计，30英亩大小的农场每年可获得3~5英镑净收入，这种收入如果碰上农业歉收就会丝毫不剩。① 因此，只有50英亩及以上的大农场才是安全的。

对于土地的规模化经营，历史学家大都持肯定态度，例如，著名历史学家汤因比（A. J. Toynbee）就认为敞田制的破坏以及小农场合并成大农场，意味着科学耕作取代了非科学耕作，对农业起了明显的促进作用。② 正是由于租地农场主对获得稳定收入的需要，16世纪大中型农场发展迅速。托尼统计了16世纪英格兰52个庄园中67个农场的规模，如表5-2所示，67个农场中的37个面积在200英亩及以上，17个在350英亩及以上，仅有6个在50英亩以下。由此可见，16世纪资本主义大农场发展迅速。

表5-2　16世纪英格兰52个庄园中67个农场的规模

单位：个

农场面积	诺福克郡16个庄园18个农场	威尔特郡23个庄园31个农场	其他郡13个庄园18个农场	总计52个庄园67个农场
50英亩以下	—	4	2	6
50~99英亩	2	2	3	7
100~149英亩	2	4	3	9
150~199英亩	3	4	1	8
200~249英亩	1	3	3	7
250~299英亩	—	4	2	6
300~349英亩	3	3	1	7
350~399英亩	1	—	—	1
400~449英亩	—	2	—	2
450~499英亩	2	1	3	6

---

① D. M. Palliser, *The Age of Elizabeth: England under the Later Tudors 1547-1603*, p. 187.
② Robert Carson Allen, *Enclosure and the Yeoman: The Agricultural Development of the South Midland, 1450-1850*, pp. 2-3.

续表

农场面积	诺福克郡16个庄园 18个农场	威尔特郡23个庄园 31个农场	其他郡13个庄园 18个农场	总计52个庄园 67个农场
500~549英亩	3	1	—	4
550~599英亩	—	—	—	—
600~649英亩	—	—	—	—
650~699英亩	—	—	—	—
700~749英亩	1	—	—	1
750~799英亩	—	—	—	—
800~849英亩	—	1	—	1
850~900英亩	—	2	—	2

资料来源：Richard Henry Tawney, *The Agrarian Problem in the Sixteenth Century*, p. 212。

土地的规模化经营有利于农业结构的创新。16、17世纪英格兰大多开始推行农牧混合型农业，谷物种植需要牲畜粪便给土壤施肥，运输的不便又使农场主需要种植自己家庭所需要的粮食以及牲畜所需的饲料。[1] 农牧混合型农业需要一定的生产规模。根据托尼对16世纪英格兰50个庄园中的65个租地农场的统计，耕地面积占农场总面积的49.0%，牧场和草地占47.5%（见表5-3）。在英格兰南部和米德兰地区，牧场所占比例甚至比耕地所占比例还要高。这与小农持有的土地形成了巨大的反差。根据托尼对另外16个庄园中习惯佃农地产进行的调查统计，小农土地上耕地面积占庄园总面积的87.7%，牧场和草地占12.2%。[2] 尽管托尼认为这一统计数据并不完全精确，但它至少反映了不同规模土地的农业结构，即大租地农场往往实行农牧混合经营，牧场面积与耕地面积所占比例相当；相比之下，小农持有的土地往往以耕地为主，牧场所占比例较小，仍然保持着以种植业为主的农业结构。究其原因，托尼认为16世纪的小土地持有者主要依靠耕地维生，他们进行农业生产是为了自给自足，饲养牲畜只是农耕的补充。[3] 由此可见，小农的小土地占有以单一的种植业为主，很少实行农牧混合，只有具有一定规模的租地农场才能实行农牧混合。因此，土地的规模化经营有利于农业结构的创新。

---

[1] Joan Thirsk, *The Agrarian History of England and Wales*, Vol. IV, 1500–1640, p. 650.
[2] Richard Henry Tawney, *The Agrarian Problem in the Sixteenth Century*, p. 226.
[3] Richard Henry Tawney, *The Agrarian Problem in the Sixteenth Century*, p. 107.

表 5-3 16 世纪英国租地农场的农业结构

单位：英亩，%

威尔特郡 23 个庄园和多塞特郡 1 个庄园中的 32 个农场					
农场总面积	耕地面积（占比）	牧场面积（占比）	草地面积（占比）	封存地面积（占比）	不确定土地面积（占比）
8812	4390(49.8)	2928(33.2)	754(8.5)	500(5.7)	240(2.7)
诺福克郡和萨福克郡 13 个庄园中的 16 个农场					
农场总面积	耕地面积（占比）	牧场面积（占比）	草地面积（占比）	封存地面积（占比）	不确定土地面积（占比）
4361	2393(55.0)	1707(39.0)	261(6.0)	—	—
南部和米德兰地区其他 13 个主要庄园中的 17 个农场					
农场总面积	耕地面积（占比）	牧场面积（占比）	草地面积（占比）	封存地面积（占比）	不确定土地面积（占比）
3691	1519(41.2)	1536(41.6)	512(13.9)	124(3.3)	—
总计					
	耕地占比	牧场占比	草地占比	封存地占比	不确定土地占比
	49.0	38.0	9.5	4.5	—

资料来源：Richard Henry Tawney, *The Agrarian Problem in the Sixteenth Century*, p. 226。

此外，土地的规模化经营也有利于生产技术的提高。敞田制条田的混杂分布使生产者不能充分地排水和除草。土地的规模化经营使农场主能够改善排水系统，提高土壤质量。[1] 例如，第一代贝德福德伯爵之子威廉·拉塞尔（Sir William Russell）在 1590 年邀请了三个荷兰人来到英格兰，在他位于剑桥郡的舍尼（Thorney）沼泽地产上给予他关于排水的技术建议。[2] 一些农场主引进了新的生产工具，例如双轮犁、独犁、无轮犁、荷兰犁和双垄犁等，还从荷兰等大陆国家引进先进的农业机械，如播种机等。[3] 生产技术的改进有助于农业产量的提高。

（二）面向市场生产

都铎时期英国社会经济发生了重大变化，世界贸易和世界市场揭开了

---

[1] Mark Overton, *Agricultural Revolution in England, The Transformation of the Agrarian Economy 1500 - 1850*, p. 163.
[2] Joan Thirsk, *English Peasant Farming: The Agrarian History of Lincolnshire from Tudor to Recent Times*, p. 108.
[3] 江立华：《英国人口迁移与城市发展：1500~1750》，中国人口出版社，2002，第 43 页。

资本的现代生活史。地理大发现使得世界市场对羊毛的需求增长,城市人口的增加意味着需要为更多的人提供粮食,农产品有了更大的市场。这些因素造成都铎时期市场化程度加深,市场的主导作用越来越大,越来越多的人被卷入市场经济,受到市场规律影响。

租地农场主是农场的直接经营者,他们的经济行为是高度市场导向的,能够迅速适应市场需求的变化。随着市场的发展,对农产品的多样性要求越来越高,农场主需要根据市场需求灵活调整其生产范围。16世纪羊毛与小麦价格的变化反映了当时的市场需求。鲍顿调查了33种羊毛价格,根据他的调查,1490~1610年羊毛价格一直在上涨,其涨幅在16世纪上半叶要比下半叶大。[1] 与羊毛价格相比,小麦价格在16世纪下半叶要比上半叶涨幅大。16世纪40年代末,货币贬值使物价普遍提高,小麦价格急剧上涨,仅比羊毛价格低一点。小麦与羊毛价格在16世纪中叶持平。1490~1552年,羊毛价格更有优势,小麦价格仅有两次高于羊毛。1552~1581年,羊毛价格继续保持其相对优势。然而,自1581年起,小麦价格直线上升,羊毛价格仅有两次超过小麦价格。货币因素和人口增多使小麦价格再次上涨,到16世纪末上涨到惊人的程度。1580~1610年小麦价格三次急剧上涨,很大程度上是因为圈地造成粮食歉收。[2]

农场主具有市场眼光,根据小麦和羊毛市场价格的变化适时调整其经营策略。16世纪上半叶羊毛价格上涨使一些农场主纷纷把耕地变为牧场。在东益格利亚地区,饲养1000只羊的农场主在16世纪20年代末每年可获得80英镑的收入。[3] 北安普敦郡一些农场主也在这一时期大规模养羊,例如,弗斯利(Fawsley)百户区的瓦伦丁·奈特利(Sir Valentine Knightley)养羊2500只;卡特斯比(Catesby)百户区的万利(Mr Oneley)养羊2000只;沃特福德(Watford)百户区的约翰·季福德(Mr John Gyfford)、格林

---

[1] P. J. Bowden, "Movements in Wool Prices, 1490 – 1610," *Bulletin of Economic Research*, Vol. 4, 1952, p. 116.

[2] P. J. Bowden, "Movements in Wool Prices, 1490 – 1610," *Bulletin of Economic Research*, Vol. 4, 1952, p. 123.

[3] Joan Thirsk, *The Agrarian History of England and Wales*, Vol. IV, 1500 – 1640, p. 291.

诺顿（Green's Norton）百户区的希克林（Mr Hickling）和古德温（Mr Goodwyn）以及卡农阿什比（Canon's Ashby）百户区的约翰·柯普（John Coope）养羊数量也不少。① 然而，随着16世纪下半叶小麦价格的大幅上涨，农场主又开始转向种植谷物。

除了根据市场价格调整经营结构之外，农场主还要为16世纪的主要市场提供供给。16世纪的主要市场是伦敦市场、王室市场、军队市场和国际市场。

首先，供应伦敦市场。伦敦是英格兰第一大城市，也是当时欧洲的大城市之一。伦敦拥有英格兰最大的教堂、最大的修道院以及超过100个教区教堂。把威斯敏斯特和郊区包括在内，伦敦拥有最大的港口，是英格兰的商业中心和议会所在地，也是王室及其宫殿所在地，是牛津和剑桥之外仅有的高等教育中心，在16世纪的大部分时间里是唯一的皇家铸币厂所在地。伦敦甚至在宗教上也是首都，坎特伯雷教区并不受它所在城市的控制，而是听命于坎特伯雷大主教位于伦敦南部的官邸兰贝斯宫（Lambeth Palace）以及伦敦圣玛莉里波教堂（St Mary-le-Bow）大主教法庭（Court of Arches）。② 伦敦人口从1520年的6万人增至1603年的20万人，增加了2倍多。在亨利八世时期，伦敦的人口数量就已经是英格兰第二大城市诺里奇的5倍，根据16世纪20年代征收的世俗补助金，伦敦的财富是诺里奇的10倍。与当时欧洲其他城市相比，1550年伦敦在欧洲城市人口排名中仅列第17位，然而，到1600年时已上升至第4位。③ 伦敦人口的增长需要更多的农产品供应。从费希尔（F. J. Fisher）对16世纪伦敦食品市场的研究来看，当时有许多郡为伦敦市场提供食品，例如，伦敦的羊肉来自格洛斯特和北安普敦，水果和啤酒花来自肯特，蔬菜来自埃塞克斯，乳制品来自东盎格利亚，面包来自萨塞克斯、肯特和诺福克，酿啤酒的大麦来自林肯郡。④

---

① John E. Martin, "Sheep and Enclosure in Sixteenth-Century Northamptonshire," *The Agricultural History Review*, Vol. 36, No. 1, 1988, p. 50.
② William George Hoskins, *The Age of Plunder: King Henry's England 1500 – 1547*, p. 209.
③ D. M. Palliser, *The Age of Elizabeth: England under the Later Tudors 1547 – 1603*, p. 213.
④ Joan Thirsk, *The Rural Economy of England, Collected Essays*, p. 65.

由于伦敦食品市场的发展，自16世纪下半叶起，市场导向的牲畜饲养业发展起来，农场主的兴趣集中在生产畜产品上。瑟斯克统计了1480～1609年以每10年为间隔的各类畜产品（包括牛奶、黄油、奶酪、羊毛、羊皮和牛皮）价格指数（见表5-4）。虽然自15世纪80年代到16世纪中叶各类畜产品价格指数在不断上涨，但一直处于波动状态。从16世纪60年代开始，直到17世纪初，各类畜产品价格指数均稳定地大幅度上涨，牛奶价格指数由204上涨到305，黄油价格指数由274上涨到377，奶酪价格指数由200上涨到271，羊毛价格指数由205上涨到348，羊皮价格指数由256上涨到479，牛皮价格指数由258上涨到415。

表5-4 1480～1609年以10年为间隔的各类畜产品价格指数

年代	牛奶	黄油	奶酪	羊毛	羊皮	牛皮
1480～1489	118	99	109	113	130	89
1490～1499	152	97	86	96	93	128
1500～1509	86	99	92	93	100	132
1510～1519	107	91	94	119	126	156
1520～1529	100	92	98	111	108	162
1530～1539	152	97	109	122	125	202
1540～1549	—	138	147	153	124	206
1550～1559	246	210	208	206	126	283
1560～1569	204	274	200	205	256	258
1570～1579	217	275	207	234	283	323
1580～1589	279	294	218	225	303	384
1590～1599	303	334	257	315	422	406
1600～1609	305	377	271	348	479	415

资料来源：Joan Thirsk, *The Agrarian History of England and Wales*, Vol. IV, 1500-1640, p. 861。

农场主生产的肉类、奶酪和兽皮主要供应伦敦市场。16世纪50年代末，埃塞克斯郡的领主威廉（Sir William）的直领地主要用于饲养牛和其他牲畜，然后把这些牲畜卖给伦敦及其他地区的屠夫。16世纪下半叶，大都市对肉类需求量增多，刺激了一些有市场意识的农场主重视饲养牲畜。例如，1565年夏，北安普敦郡的斯宾塞家族把706只阉羊卖给伦敦的屠夫。1577年10月，3071只羊羔和2765只绵羊（包括1800只阉羊）

部分出售给当地屠夫，大部分供应给伦敦屠夫。同一时期拉什顿庄园的托马斯·特瑞山姆也出售了相当数量的绵羊，部分在当地出售，部分出售给伦敦市场。① 与此同时，生产奶制品不再只是农村穷人的生产活动，也开始进入商业经营。农场主开始生产黄油和奶酪，并且意识到奶制品的收益更多。② 东盎格利亚是生产黄油和奶酪的地区，萨福克出产的奶酪主要供应伦敦市场。③ 此外，兽皮价格的上涨使皮革制造业——皮鞋、手套、皮带和马鞍发展起来，成为仅次于呢绒制造业的工业。④ 农场主开始为位于伦敦地区的皮革加工业提供兽皮。

其次，供应王室。每年供应王室的农产品虽然只占一小部分，但非常重要。亨利八世的宫廷每年需要1500头牛、8000只羊、3000夸脱小麦和3500夸脱燕麦。仅在1526年的一次宴会上，国王的厨师就需要120条牛舌、108只鹅、96只兔子、432只鸡和3875枚鸡蛋，更不要提还需要多少羊、鱼和水果了。亨利八世王室一年的花销超过2万英镑，伊丽莎白一世王室一年的花费更多达4万英镑，每年需要4330头牛、8200只羊和4000夸脱小麦。⑤

再次，供应军队。都铎时期供应军队与供应王室的形式相似，提供军需尤为重要。供应军队是断断续续的，有时正因为是断断续续的，因而供应量更大。例如，1524年加来2万名驻军每个月所需要的谷物、啤酒花和木材要消耗2500夸脱小麦、价值1500英镑的面包、5600夸脱麦芽、28千粒重（thousand-weight）啤酒花以及42百粒重（hundred-weight）木材。同一年驻扎在贝里克的2万名驻军需要同样多的物资。1544年国王军队集结了4万名士兵入侵法国，每个月从英格兰南部和东部14个郡购买粮食的花费多达15500英镑。⑥

最后，供应国际市场。农场主在战争时期通过扩大种植面积、增加农产品产量来满足军队需求，一旦战争结束恢复和平，就会产生剩余，需要

---

① Joan Thirsk, *The Agrarian History of England and Wales*, Vol. Ⅳ, 1500 – 1640, p. 644.
② Joan Thirsk, *The Agrarian History of England and Wales*, Vol. Ⅳ, 1500 – 1640, p. 649.
③ Joan Thirsk, *The Agrarian History of England and Wales*, Vol. Ⅳ, 1500 – 1640, p. 528.
④ Joan Thirsk, *The Agrarian History of England and Wales*, Vol. Ⅳ, 1500 – 1640, p. 646.
⑤ Joan Thirsk, *The Agrarian History of England and Wales*, Vol. Ⅳ, 1500 – 1640, pp. 516 –517.
⑥ Joan Thirsk, *The Agrarian History of England and Wales*, Vol. Ⅳ, 1500 – 1640, p. 519.

出口农产品。出口的谷物主要是大麦和小麦。14世纪是谷物出口最繁荣的时期。1300~1399年英格兰各港口平均每年出口谷物866夸脱,在15世纪各港口平均每年出口谷物减少至410夸脱。在1500~1640年,前半个时期各港口平均谷物出口上升至446夸脱,后半个时期各港口平均出口1501夸脱,整个英格兰谷物出口总量为2万夸脱。谷物出口的高峰时期是1570~1600年。①

从市场交易的形式上看,既有现金交易也有期货交易,有正规契约,也有一些口头协议。例如,剑桥的国王学院在1377~1544年与乡村的租地农场主签有正规契约,以此保障对国王学院的小麦、麦芽、泥炭和莎草供给。② 交易地点多种多样,从农舍、粮仓到谷物储藏间都有,这种与市场联系的自由化,是"私人交易的新方法渐渐将习惯交易制度的保护壁垒消解掉"。③

(三) 雇用雇工生产

在领主成为地产主与租地农场主之间形成一种新型租佃关系的同时,还产生了一批靠领取农场主支付的工资为生的农业雇工。租地农场主通过雇用雇工进行农业生产,他们与雇工之间形成一种资本主义雇佣关系。

资本主义租地农场主以一种有别于小农的经营方式来经营地产,他们不再简单地依靠家庭劳动力来经营,而是雇用雇工进行生产。雇用雇工是租地农场经营的基础,在资本与技术都显著落后的时代,劳动密集仍然是租地农场获得高产量的重要方法。英国在不同的年代,有时以谷物业为主,有时以畜牧业为主,有市场意识的农场主的生产范围也跟着变化。在谷物价格相对较高时,农场主圈地种植谷物,需要一定数量的农业雇工,这使得一部分失地小农变成农业雇工,为农场主打工。拥有50英亩及以上土地的农场主,在收获季节需要雇用日工收割庄稼。拥有50~500英亩土地的农场主更需要雇用农业雇工。

---

① Joan Thirsk, *The Agrarian History of England and Wales*, Vol. IV, 1500–1640, p. 524.
② Christopher Dyer, "The Consumer and the Market in the Later Middle Ages," *Economic History Review*, the Second Series, XLII, 3, 1989, p. 321.
③ Joan Thirsk, *The Agrarian History of England and Wales*, Vol. IV, 1500–1640, p. 503.

租地农场上的雇佣劳动形式有两种：长期雇工和短期雇工。长期雇工主要指居住在农场的仆农（servants），他们与雇主一起在农场生活，雇佣合同每年重新签订，工资主要以年或季度计算，他们的工作是一种定期的、有规律的工作。短期雇工主要指日工（day labourers），工资以日计算。长期雇工和短期雇工的工作内容界限分明，以诺福克北部斯蒂夫克村（Stiffkey）大农场主培根（Nathaniel Bacon）的农场为例，仆农负责照料牲畜、犁地、耙地以及运输肥料，他们从黎明到黄昏不间断地工作，是农村劳动力中的精英。与他们相比，日工通常自带工具，主要负责一些季节性工作，例如修筑篱笆、挖沟、打谷、割草以及收割庄稼等。[1]

随着都铎时期物价的上涨，农业雇工的工资也在不断提高，但其提高的程度远远不及货币贬值和物价上涨的程度，这意味着工资的实际购买力下降。以英格兰南部为例，如表5-5所示，在1490~1609年的100多年里，农业雇工的日工资从4便士上涨到8.66便士，但其生活消费指数上涨的幅度更大，从97上涨至439，导致他们工资的实际购买力指数从104降至50。尤其是在16世纪中叶的价格革命期间，这两项指数的波动幅度最大。由此可见，尽管农业雇工的工资在不断上涨，但工资的实际购买力却下降了许多。

表5-5 英格兰南部农业雇工的工资购买力指数

年代	农业雇工日工资（便士）	农业雇工工资率	生活消费	农业雇工工资购买力
1490~1499	4	101	97	104
1500~1509	4	101	104	97
1510~1519	4	101	114	89
1520~1529	4.17	106	133	80
1530~1539	4.33	110	138	80
1540~1549	4.66	118	167	71
1550~1559	6.33	160	271	59
1560~1569	7	177	269	66
1570~1579	8.17	207	298	69

[1] A. Hassell Smith, "Labourers in Late Sixteenth-Century England: A Case Study from North Norfolk," *Continuity and Change*, 4 (1), 1989, p. 17.

续表

年代	农业雇工日工资(便士)	农业雇工工资率	生活消费	农业雇工工资购买力
1580~1589	8	203	354	57
1590~1599	8.66	219	443	49
1600~1609	8.66	219	439	50

资料来源: Joan Thirsk, *The Agrarian History of England and Wales*, Vol. Ⅳ, 1500-1640, pp. 864-865。

租地农场主在向地产主缴纳地租的同时,还要向雇工支付工资。16世纪价格革命的发生给租地农场主带来了"黄金果",雇工工资的实际购买力下降,谷物、羊毛和肉类等农畜产品价格却在不断上涨,租地农场主不费一点力气就增大了自己的货币资本。

土地产权的明晰使租地农场主在其租期内拥有排他的使用权和自主的经营权,他们更愿意以市场为导向、雇用雇工、规模化地进行农业生产。从结果来看,土地产权的明晰促进了农业生产力的发展,开辟了农业资本主义的新时代。

二 农业劳动生产率的提高

自20世纪初开始,国外学界对中世纪以来英国农作物亩产量以及农业生产率的研究接连不断。1923年,米尔顿·怀特列(Milton Whitney)对12~19世纪英国小麦亩产量作了估算,根据他的统计,13世纪小麦亩产量为5.25蒲式耳,14世纪为6.75蒲式耳。此外,怀特列根据1922年农业部年鉴中关于1909~1913年数据的平均值、圣彼得堡国际数据大会中统计的英国1873年亩产量、詹姆斯·凯尔德(Sir James Caird)统计的1850年和1868年英国小麦亩产量以及阿瑟·扬(Arthur Young)统计的1770年英国小麦亩产量,推算出1650年英国小麦亩产量为12蒲式耳。[1]根据怀特列的估算,英国小麦亩产量在17世纪中叶比14世纪有了显著提高。

---

[1] Milton Whitney, "The Yield of Wheat in England during Seven Centuries," *Science*, New Series, Vol. 58, No. 1504, 1923, p. 322.

1935年，班纳特（M. K. Benett）在《英国七个世纪的小麦亩产量》一文中用计量方法统计了英国从中世纪晚期到近代早期七个世纪中小麦产量的变化：1200年时英国小麦亩产量平均约为8蒲式耳，1450年约8.5蒲式耳，在两个半世纪中，平均亩产量增长0.5蒲式耳。1450~1500年，亩产量在50年内增至9蒲式耳。到了1650年，平均亩产量为11蒲式耳。由此可见，在1450年后的两个世纪中，小麦亩产量增长2.5蒲式耳。[①] 1200~1450年的增长幅度与1450~1650年的增长幅度相比，后者增长幅度要远远大于前者，由此可知这一时期小麦产量明显提高。

20世纪中叶，巴斯（Slicher van Bath）对中世纪一直到近代早期西欧国家的农作物产量进行了研究，并对13~17世纪小麦、裸麦、燕麦和大麦这四种农作物种子与产量之间的"收获比例"做了详细的计算。这四种农作物是英国最基本的四个农作物品种，对它们的研究数据可以代表英国整个农业种植业的数据。根据他的研究，英国在1200~1249年，这四种农作物的平均"收获比例"为1:3.7；1250~1499年，这一比例为1:4.7；1500~1699年，这一比例已达到1:7。[②] 巴斯的研究表明，13~15世纪英国农作物亩产量处于平稳增长状态，到了16、17世纪，农作物亩产量迅速提高。

在巴斯之后，马克·欧弗顿（Mark Overton）也对小麦、裸麦、大麦和燕麦这四种农作物的亩产量进行了研究，根据他的统计，1300~1380年，这四种农作物产量均出现了负增长；1380~1600年，除了大麦之外，其余三种农作物亩产量都比1380年有了提高，其中，小麦亩产量从10.5蒲式耳增长至11.7蒲式耳，裸麦亩产量从9.7蒲式耳增长至11.0蒲式耳，燕麦亩产量从11.4蒲式耳增长至15.4蒲式耳。[③]

除了上述四位学者的研究之外，还有一些学者对16世纪英国农作物

[①] 吴于廑：《历史上农耕世界对工业世界的孕育》，《世界历史》1987年第2期。

[②] Carlo M. Cipolla, *Before the Industrial Revolution: European Society and Economy, 1000 - 1700*, London: Methuen, 1976, p. 78.

[③] Mark Overton and Bruce M. S. Campbell, "Production and Productivity in English Agriculture 1086 - 1871," *Histoire et Mesure*, XI - 3/4, 1996, p. 40.

第五章 土地确权与英国社会转型

亩产量进行过研究。德马达莱娜根据巴斯的研究，估算16世纪前半叶英国和荷兰小麦平均收获比例是1∶8.7；① 克里德特（Peter Kriedte）也对英国16世纪农作物种子与产量之间的"收获比例"做了研究，认为英国在1500~1549年、1550~1599年的"收获比例"分别为1∶7.4和1∶7.3；② 按1英亩需2.4蒲式耳种子常规计算，③ 根据巴斯统计的1500~1699年"收获比例"为1∶7计算，得出的结果是每英亩产16.8蒲式耳；德马达莱娜和克里德特所估算的"收获比例"要高于巴斯，因此，亩产量也要高于巴斯。此外，艾伦（Robert Carson Allen）以16世纪遗产清单为依据，估算出1575~1599年牛津郡小麦亩产量为15.0蒲式耳；④ 波梁斯基认为16世纪最高亩产达35.4蒲式耳，每英亩16蒲式耳还是比较普遍的产量。⑤ 富塞尔（George Edwin Fussell）也认为到16世纪晚期英格兰小麦平均亩产大概可达16蒲式耳。⑥

以上几组关于英国近代早期农作物亩产量的数据表明，在16、17世纪，英国农作物亩产量有了显著提高，其增长速度超过了中世纪以来的缓慢发展阶段。那么，在亩产量提高的同时，农业劳动生产率是否也在提高呢？

劳动生产率，即劳动者的具体劳动生产使用价值的效率。劳动生产率通常是用劳动者在单位时间内生产的产品数量来计算的。由于中世纪的农业生产基本是以家庭为单位进行的，家庭人口数量又大抵相等，有较强的可比性，因此我们拟取值单位劳动生产率，也就是说，这里所谓的农业劳动生产率，就是指一个典型的农户在一年内生产出

---

① 〔意〕奇波拉主编《欧洲经济史：十六和十七世纪》第2卷，贝昱、张菁译，商务印书馆，1988，第297页。
② Peter Kriedte, *Peasants, Landlords and Merchant Capitalists: Europe and the World Economy, 1500-1800*, Cambridge: Cambridge University Press, 1983, p. 22.
③ 侯建新：《工业革命前英国农业生产与消费再评析》，《世界历史》2006年第4期。
④ Robert Carson Allen, "Inferring Yields from Probate Inventories," *The Journal of Economic History*, Vol. 48, No. 1, 1988, p. 123.
⑤ 〔苏〕波梁斯基：《外国经济史：资本主义时代》，郭吴新等译，生活·读书·新知三联书店，1963，第46页。
⑥ George Edwin Fussell, *Farming Technique from Prehistoric to Modern Times*, Oxford: Pergamon Press, 1966, p. 94.

多少农产品。① 据侯建新教授统计，13～14 世纪英国一般农户持有地的实际耕种面积约 10 英亩，单位亩产量约为 10.3 蒲式耳，这一时期英国一般农户的劳动生产率为 10.3×10＝103（蒲式耳）；到了 16 世纪，尽管存在或高或低的数据，每英亩产 16 蒲式耳还是一个较为适中的估算，这一时期一般农户持有地的实际耕种面积约 15 英亩，因此，劳动生产率为 16×15＝240（蒲式耳），比 13～14 世纪提高 1 倍以上。②

粮食作物的耕种并不是英国农业生产的全部，英国还是传统的畜牧业大国。英格兰位于北纬 50°～55°，雨量充沛，气候温和潮湿，有大量空旷的白垩地，适宜牧草生长。③ 因此，养羊业在英格兰历史悠久。从 13 世纪末期起，养羊业达到了中世纪早期所不曾有过的发展程度。④ 在以后的几个世纪里，养羊业更是突飞猛进地发展，这一点可以从英国羊只数目的增长得到证明。侯建新教授在波斯坦研究的基础上对 13 世纪末平均每个农户的养羊数量进行了估算，认为 13 世纪末绵羊总数为 1650 万～1980 万只。⑤ 1300 年不列颠人口为 300 万～366 万人，以农村人占 93%，并以每户 4.5 口计⑥，可得知 13 世纪末平均每个农户养羊 22～26 只。⑦ 至于 15、16 世纪农户养羊的存栏情况，托尼的抽样统计具有一

---

① 侯建新：《现代化第一基石——农民个人力量与中世纪晚期社会变迁》，第 45 页。
② 侯建新：《现代化第一基石——农民个人力量与中世纪晚期社会变迁》，第 57～58 页。
③ 侯建新：《现代化第一基石——农民个人力量与中世纪晚期社会变迁》，第 60 页。
④ 〔苏〕波梁斯基：《外国经济史：封建主义时代》，北京大学经济史经济学说史教研室译，生活·读书·新知三联书店，1958，第 249 页。
⑤ 波斯坦根据当时羊毛出口的数量推算出 13 世纪末英格兰绵羊的存栏总数已达到 1500 万～1800 万只。然而，波斯坦是按官方的换算以发育成熟的大绵羊为依据，而实际上出口装包的羊毛也包括羊羔产的，此外，还有不产毛的羊。所以，蒂托批评波斯坦的数字偏低。按羊羔和不产毛的羊约占 10% 的一般经验，绵羊总数应为 1650 万～1980 万只。转引自侯建新《现代化第一基石——农民个人力量与中世纪晚期社会变迁》，第 63 页。
⑥ 克拉潘估计 1085 年时英国人口为 150 万～180 万人，尔后又说，自此到 1300 年英国人口增加了一倍的说法是"近乎正确的意见"，据此我们推算出 1300 年英国的人口数。关于城乡人口比例，克拉潘认为，到百年战争结束时城市人口才勉强有 7%，绝不到 10%，参见〔英〕克拉潘《简明不列颠经济史：从最早时期到一七五〇年》，范定九、王祖廉译，上海译文出版社，1980，第 109～110、111 页。农户平均每户 4.5 口是根据蒂托的计算，转引自侯建新《现代化第一基石——农民个人力量与中世纪晚期社会变迁》，第 63 页。
⑦ 侯建新：《现代化第一基石——农民个人力量与中世纪晚期社会变迁》，第 63 页。

定的代表性。托尼对15世纪英格兰南部农耕地区佃农的养羊数量做了抽样统计，其结论是英格兰南部6个庄园112户佃农共养羊7440只，平均每户养羊66.5只。① 由此可见，15、16世纪平均每个农户的养羊数量比13世纪末有了较大增长。除此之外，英国历史学家查特斯曾对15~17世纪英国全国的羊只数目做过统计，他认为17世纪末的羊只数目比14世纪初增加了3倍多。② 查特斯的研究再次印证了近代早期英国羊只数目的增长。

除了羊只数目之外，羊毛及羊毛制品的产量也反映了英国养羊业的发展状况。正是由于气候、土壤与牧草的适宜，英格兰出产高质量羊毛，质量最好的羊毛是英格兰与威尔士边界的短羊毛（short staple），尤其是在赫里福德郡，除此之外米德兰地区和林肯郡出产的羊毛也是传统的质量上乘的羊毛。③ 由于羊毛比较轻便，运输开支小，根据15世纪末的物价水平，用马车陆路运输同等重量的小麦是运输优质羊毛价格的20~30倍，运输大麦是运输羊毛价格的50~70倍。④ 正是由于羊毛质量好并且便于运输，英格兰成为一个重要的羊毛出口国。

根据波斯坦的研究，14世纪中期，英格兰每年向国外输出3万多袋羊毛，呢绒出口仅为4423匹；1392~1395年，呢绒产量平均每年43000匹，与此同时，羊毛出口降为平均每年1.9万袋；到了15世纪中期，呢绒出口增加到平均每年约5.4万匹，羊毛出口减少到8000袋，此时英格兰已由一个羊毛出口国转变为呢绒出口国。呢绒主要出口到安特卫普和德国北部、斯堪的纳维亚半岛、波罗的海地区。大部分呢绒是通过伦敦出口的。以质量较好的短毛呢绒为例，都铎时期从伦敦出口的短毛呢绒数量逐年上升，如表5-6所示，1500~1502年从伦敦出口的短毛呢绒数量为49214匹，到了1550年出口数量多达132767匹，由于1551年英国政府提高了外汇率，呢绒出口量自60年代起在波动中不断增长，到1606年出口量达到126022匹。

---

① Richard Henry Tawney, *The Agrarian Problem in the Sixteenth Century*, p. 113.
② 毕道村：《英国农业近代化的主要动因》，《历史研究》1994年第5期。
③ D. M. Palliser, *The Age of Elizabeth: England under the Later Tudors 1547-1603*, p. 170.
④ Joan Thirsk, *The Agrarian History of England and Wales*, Vol. IV, 1500-1640, p. 613.

表 5-6　1500~1606 年从伦敦出口的短毛呢绒数量

单位：匹

年份	数量	年份	数量
1500~1502	49214	1552	84968
1503~1505	43884	1559~1561	93812
1506~1508	50373	1562~1564	61188
1509~1511	58447	1565~1567	95128
1512~1514	60644	1568~1570	93681
1515~1517	60524	1571~1573	73204
1518~1520	66159	1574~1576	100024
1521~1523	53660	1577~1579	97728
1524~1526	72910	1580~1582	98002
1527~1529	75431	1583~1585	101214
1530~1532	66049	1586~1588	95087
1533~1535	83043	1589~1591	98806
1536~1538	87231	1592~1594	101678
1539~1541	102660	1598~1600	103032
1542~1544	99362	1601	104023
1545~1547	118642	1602	118584
1550	132767	1603	91985
1551	112710	1606	126022

资料来源：P. J. Bowden, "Movements in Wool Prices, 1490-1610," Bulletin of Economic Research, Vol. 4, 1952, p. 117。

从羊只数目、羊毛以及羊毛制品的产量可以看出，近代早期英国农业生产领域内畜牧业得到了迅速的发展。农产品产量的增长带动了劳动生产率的提高。诺斯等所说的现代意义上的增长，实际上就是劳动生产率的提高，在工业革命前主要是农业劳动生产率的提高。[①] 劳动生产率的提高使英国历史上第一次出现现代意义上的经济增长，即人均产量的增长，被诺斯称为"真正的增长"。[②] 在 1500~1700 年的 200 年里，英国人口、GDP

[①] 侯建新：《社会转型时期的西欧与中国》，第 45 页。
[②] 〔美〕道格拉斯·诺思、罗伯特·托马斯：《西方世界的兴起》，厉以平、蔡磊译，第 1 页。

和人均 GDP 都实现了增长。根据安格斯·麦迪森的统计，1500 年英国的 GDP 为 28.15 亿国际元①，1600 年 GDP 为 60.07 亿国际元，1700 年 GDP 为 107.09 亿国际元。此外，英国人口在 1500 年为 394.2 万人，1600 年为 617 万人，1700 年为 856.5 万人。由此可以算出英国人均 GDP 在 1500 年为 714 国际元，1600 年增至 974 国际元，1700 时已达到 1250 国际元。② 这是史无前例的事情，英国第一次能够持续满足不断增长的人口不断攀升的生活水准，使英国突破了"马尔萨斯人口陷阱"，不仅为养活日益膨胀的城市人口提供了保障，而且释放了更多的劳动力从事工业生产。

由此可见，都铎时期英国农业劳动生产率的提高与农场主采用资本主义农场制生产方式有着密切的联系。这样一来，可以理解英国 16、17 世纪的农业革命与其说是一个技术现象，不如说是改变传统生产方式的结果。

第二节　土地确权与共同体生活方式的消解

"生活方式"原本属于日常用语，自 19 世纪中叶以来才开始作为一个科学概念出现。生活方式主要涉及物质生产活动以外人们的日常生活、政治生活、精神生活等更广阔的领域。与此同时，生活方式也是一个历史范畴，随着社会的变迁，人们的生活方式或早或晚都要发生相应的变化。土地产权的明晰打破了中世纪英格兰农村的日常生活体制，使人们世代以来传统的生活方式发生了巨大变化。

一　共同体习惯的消失

中世纪西欧是一个重视共同体的社会，农民人都有一种共同体的感觉，他们依靠共同体习惯过着集体合作的生活。这种合作的生活方式决定了每个人都是集体的一部分，几乎不存在个人主义。私人土地产权的确立

---

① 以 1990 年国际元作为统计单位。
② 〔英〕安格斯·麦迪森：《世界经济千年史》，伍晓鹰等译，北京大学出版社，2003，第 244 页。

打破了村庄共同体的公共管理和公共利用方式，使得村庄共同体生活方式逐渐消解。

村庄共同体生活方式的消解表现为共同体习惯的消失。在村庄共同体中，公共利益是永恒的，是合作的基础。共同体中的村民们依靠公共资源生活，使他们从小养成遵守共同体规则的习惯，集体合作生产就是最好的体现。在敞田制下，村庄共同体负责对全村土地的使用做出统一的安排，村民必须按照计划行事。除了遵守轮作制规则之外，为了防止春播地和秋播地受到一些迷路的牲畜破坏，每个村民都需要把他紧挨着公共道路的条田的末尾边缘用栅栏围圈起来，每个人的栅栏都与邻居的连接在一起。早在7世纪的《伊尼法典》中就有这样的规定："如果有人没有围圈导致牲畜破坏了庄稼或草地，他需要对其他人进行赔偿。"①

在人力耕种的年代，在村庄共同体共同生产劳作的人们形成了互助合作的习惯。在秋季，一些土地需要犁地播种冬季作物种子，在春季，一些土地需要为四旬斋（即大斋节）播种而犁地。休耕地需要犁两次，第一次是把作物残株和杂草翻入地下，需要在夏天到来之前完成，可以使有机物有时间充分分解；第二次犁地较浅，使空气进入土壤，为播种做准备。中世纪的犁是有犁板和犁刀的轮犁，根据土壤性质不同，由4头、6头甚至8头牛拉犁。很少有人能够同时拥有犁和耕牛，因此他们会合作耕地。通常情况下，一组犁队从一弗隆的一头开始犁地，一直犁到一弗隆的另一头。在共同体习惯的规范下，邻居之间通常组成犁队合作犁地。② 在共同体习惯的规范下，村民们肩并肩地在田里耕作，一起从田地走向村庄，年复一年，日复一日。

互助合作的农耕习俗使一些村庄形成了具有仪式感的团体运动。以威尔特郡为例，该郡南部丘陵地区的典型团体运动是足球，在北部盛产奶酪的农村地区的典型团体运动是各种击球运动。这两种运动在英国其他地区也有很多追随者。足球以及其他类似足球的运动，例如东部诸郡的棒球以及莱斯特郡的踢瓶子游戏在各个村庄共同体都很流行。村庄共同体之间经

---

① C. S. and C. S. Orwin, *The Open Fields*, p. 55.
② Warren O. Ault, *Open-Field Farming in Medieval England*, pp. 20-21.

常组织一些带有仪式感的比赛，通常由整个教区的全体年轻男性作为代表，被认为是对外表达对教区忠诚的方式。① 在有着互助合作农耕习俗的敞田村，这种具有仪式感的团体运动非常流行。

对于价值较高的自然资源，每个村庄也形成了公平合理的分配习惯。以草地为例，在中世纪草地是大自然的恩赐，不是人工的产物。天然草地的数量非常有限，在人造磷肥使用之前开辟额外草地的可能性非常小。干草在冬季是牲畜最好的饲料，对此，霍曼斯教授说："中世纪农业与现代农业的最大区别在于干草的重要性。"② 在中世纪的各种调查中，草地具有非常高的价值，例如在《末日审判书》中，只有草地是以英亩为单位衡量的。③

在一些村庄，草地是共同体所有的，在共同体成员中分配。草地的分配与耕地的分配制度一样。每个农民都持有一些草地，有些草地由分散的条田组成，这些条田与邻居的条田混杂在一起。与耕地上的条田不同的是，草地条田面积更小一些。有记载称草地条田面积为20杆，即1/8英亩。村庄共同体的村民们在草地上集体劳作，每人持有一块条田，他们完成一块土地之后再去另一块土地劳作。④ 另一种分配方式是公平分割草地。每年到了收割干草的时候，共同体把草地以一种平等的方式分割成块状或带状给每个人。例如，莱斯特郡的基布沃斯（Kibworth）村1486年的一条村规民约中记载："所有佃农达成一致意见，在基督圣体节（5月25日）之前公平地分割草地。"⑤ 此外，还有一种分配方式是实行轮换制度或由抽签决定。有些村庄的草地实行轮换制度，每年重新分配，人们享有草地的权利与他们所持有的耕地比例一致。在大多数情况下，草地是采用抽签的方式分配，例如，牛津郡有这样一种分配草地的习俗：为了给每人一个公平机会获得一块好的草地，每个佃农或一组佃农都有自己传统的标记，例如平底锅或弓形物等。四个佃农一组，每人砍一块木头刻上他的

---

① Margaret Spufford, *Contrasting Communities, English Villagers in the Sixteenth and Seventeeth Centuries*, p. 75.
② Warren O. Ault, *Open-Field Farming in Medieval England*, p. 25.
③ W. E. Tate, *The English Village Community and the Enclosure Movement*, p. 32.
④ C. S. and C. S. Orwin, *The Open Fields*, pp. 59 – 60.
⑤ Warren O. Ault, *Open-Field Farming in Medieval England*, p. 26.

标记，然后把木块投入一顶帽子里，由一个男孩抽取，第一个被抽到的人有权选择一块草皮作为他的草地，这一年这块草地归他所有。这种习俗不仅限于牛津郡，几乎每个郡都有类似的习俗。① 又如，萨塞克斯郡采用从一个袋子里抽取小棍的方法；萨默塞特郡采用从一个男孩的帽子里摸取苹果的办法，苹果上标有不同的记号；北安普敦郡把箭劈成几节，每节表示相应的地界。②

在村庄共同体生活中，人们也养成了与邻居共享公共资源的习惯。在收获期至播种期之间，田里只有未被镰刀割掉的残梗或剩穗，还有少许长在田边的青草。对于田里的剩穗，穷人有拾落穗的权利。对此，布莱斯顿写道："习惯允许穷人进入其他人收获之后的土地拾落穗，这一行为不违法。"③ 穷人拾落穗之后，遗留的残株供牲畜放牧。这时，敞田比任何时候都更加具有集体所有的外貌。收获之后的耕地和草地在一年中至少有好几个月对全体村民开放。以草地为例，草地上的第一茬干草属于农民个人，此后全面开放变成公共牧场，供整个村庄共同体的牲畜放牧。草地开放为公共牧场的时间通常在收获节（8月1日）。④

对于依靠公共资源生活的小农来说，公地被圈占后他们无法再像从前那样利用自然资源。公地对小农的生活十分重要，它是小农家庭经济生活的最低保障。小农主要靠公地生活，他们在公地上拥有公共放牧权。例如，在伍斯特郡的菲克汉姆（Feckenham）庄园，小农可以一整年在公地上放牧牲畜，并且不限数量；在北安普敦的那星顿（Nassington）庄园，52个茅舍农经许可可以每次在村庄公地上放牧3头牛和10只羊。⑤ 埃弗里特（Alan Everitt）发现，在1560~1600年，至少3/4的茅舍农拥有一头母牛或小牛，他们通过在公地上放牧补贴生计。茅舍农即使只有一英亩土地，在敞田制经济中也有立足之地。⑥ 这说明小农可以安逸地依靠公地

---

① W. E. Tate, *The English Village Community and the Enclosure Movement*, p. 32.
② 〔英〕亨利·斯坦利·贝内特：《英国庄园生活：1150—1400年农民生活状况研究》，龙秀清、孙立田、赵文君译，第42页。
③ Warren O. Ault, *Open-Field Farming in Medieval England*, p. 31.
④ C. S. and C. S. Orwin, *The Open Fields*, p. 60.
⑤ Joan Thirsk, *The Agrarian History of England and Wales*, Vol. IV, 1500 – 1640, pp. 403 – 404.
⑥ William George Hoskins, *The Age of Plunder: King Henry's England 1500 – 1547*, p. 63.

放牧生活。

小农不仅可以在公地上放牧，而且可以利用公地上的灌木、森林、林下植被和沙石，他们可以用这些资源来修葺房屋、修建栅栏或充当做饭和取暖用的燃料。肯特东部的肯宁顿（Kennington）教区允许小农用沙石建造茅舍；弗尼斯（Furness）教区的卡特梅尔（Cartmel）庄园允许小农砍一些灌木在冬季喂养家畜；兰开夏郡的伯恩利（Burnley）和艾顿希尔（Ightenhill）教区允许小农挖煤；在兰开夏郡和德文郡的泥炭沼泽以及萨里郡和汉普郡的沙地荒原，茅舍农通常可以根据他们的意愿使用草地和蕨类植物；在约克郡的卡特尔沼泽（Cattell Moor），小农全年都可以把燃料背回家。[1]

除此之外，小农还享有在公地上捕猎的权利。在阿克斯霍姆岛（Isle of Axholme），小农有权捕鱼和打猎。在海特费尔德狩猎苑（Hatfield），小农可以在公地上养兔。在很多教区小农都有权捕猎野兔和鸽子，同时还可以从灌木丛中采摘山毛榉坚果，从灌木树篱中采摘山楂和榛子，从荒野中采摘荆棘和杜松果，从任何小块荒地中都可以采摘薄荷、百里香、香蜂草、艾菊和其他草本植物。公地上的所有生物，无论多么微不足道，都可以被节俭的小农充分利用。[2]

尽管小农很穷，但他们能够利用公地上的自然资源相对独立地生活。正如当时一位作家所说："小农生活很幸福，可以不依靠别人的意愿生活。"[3] 他们在公地上放牧、砍伐木材、获取木柴以及捕鱼狩猎等，尤其是对那些无地少地的农民家庭来说，其重要性不言而喻。

私人土地产权的确立打破了村庄共同体遵守规则、互助合作、公平分配、资源共享的习惯，个人土地从此不再参与村庄共同体土地的定期轮作，生产与管理完全由个人支配，价值较高的自然资源也被个人独占，公共资源也不再允许穷人分享。绝大多数小农都不能适应生活方式的巨大转变，他们感觉很痛苦。

最终，随着圈地和私人土地产权的确立，传统的巡行（perambulation）

---

[1] Joan Thirsk, *The Agrarian History of England and Wales*, Vol. Ⅳ, 1500–1640, p. 404.
[2] Joan Thirsk, *The Agrarian History of England and Wales*, Vol. Ⅳ, 1500–1640, p. 405.
[3] Joan Thirsk, *The Agrarian History of England and Wales*, Vol. Ⅳ, 1500–1640, p. 406.

习俗不能再继续维持，共同体认同消失。巡行是一种教区身份的年度认定方式。新的篱笆和圈地消灭了由巡行所维持的地界和社交传统。"由于新的圈地以及各种各样的树篱，"多塞特郡内特尔伯雷（Netherbury）的教区委员在1613年说，"在过去的许多年里，我们在巡行的时候不得不忍受这些树篱和圈地。"朗伯顿（Long Burton）的村民们虽然依然愿意巡行，但他们说："教区的土地都被树篱围圈，我们哪里也去不了。"萨默塞特郡的瑞普顿（Rimpton）教区在1615年时已不再巡行，原因是"教区土地被围圈了"。17世纪初，当梅尔库姆·里吉斯（Melcombe Regis）教区边界的公地被围圈后，巡行就不再进行了。巡行途中的一个习惯停驻点——公共池塘，在内战时已成为一个私人奶牛场。①

二 村民职业的分流

英格兰是一个以村庄共同体为基础的社会，人们生活在相对封闭的共同体中，其中的居民是领主和农民。在土地确权之前农民以务农为主，随着土地确权的开展，农业部门已不能像圈地之前那样容纳大量劳动力，农民必须在农业领域之外谋求生计，他们的职业出现了分流，一部分人开始转向非农产业。

一些失地小农并没有直接背井离乡向城市迁移，而是尽可能地留在农村从事家庭副业和乡村工业。据瑟斯克统计，1500~1640年，英国农村雇佣劳动者大约有60%从事各种工副业，其中北部低地和荒地分别占46%和59%，米德兰平原区占56%，米德兰森林区、萨默塞特郡和赫特福德郡所占比例最大，几乎占了4/5（见表5-7）。这些农村雇工一般从事纺织、木材加工、制陶、制钉以及采矿和冶铁等家庭副业和乡村工业，有些地区，尤其是在赫特福德郡和米德兰森林地区的农村雇工，不只从事一份工作，有时甚至同时在两三个行业中受雇。

---

① Margaret Spufford, *Contrasting Communities, English Villagers in the Sixteenth and Seventeeth Centuries*, p. 80.

表 5-7　1500~1640 年英国农村雇佣劳动者从事各种工副业的比例

单位：%

地区	羊毛纺织	大麻纺织	亚麻纺织	木材行业	其他	工副业人口总比例
北部低地	17	20	20	0	10	46
北部荒地	25	19	9	0	22	59
东莱丁	8	35	14	8	22	68
米德兰平原区	38	0	13	13	13	56
米德兰森林区	41	9	18	36	27	77
赫特福德郡	41	4	26	59	22	78
东部各郡	11	11	0	32	26	58
萨默塞特郡	33	0	11	22	22	78
所有地区	23	15	14	17	19	60

注：根据雇工遗嘱清单，许多雇工尤其是在赫特福德郡和米德兰森林地区，不只从事一份工作，所以最后一栏的百分比与前面几栏中所提供的数字之和并不相等。东部各郡的比例较低是因为许多从事毛纺织业的雇工太贫穷了，以致没有留下任何遗嘱。

资料来源：Joan Thirsk, *The Agrarian History of England and Wales*, Vol. Ⅳ, 1500-1640, p.428。

下面来具体说说这些农民所从事的职业。首先，一些农民开始从事毛纺织业。他们虽然在圈地运动的作用下失去了耕地，但仍保留了自己的宅旁地。例如，茅舍农就拥有附属于茅屋的面积不超过 5 英亩的土地。这些农民一边耕种自己的宅旁地，一边从事家庭副业，主要是毛纺织业。15 世纪毛纺织业为了摆脱城市行会的种种束缚，开始从城市转向农村。16 世纪英国的毛纺织业主要是家内制（domestic system），即生产在农户家中进行。家内制主要分为两种形式：一种形式是农民自己拥有基本生产资料，他们与妻子、儿女一起劳动，每周织造一批呢绒投入市场，周末卖掉，然后用这部分钱买回下周所需的原料及维持其全家生活的必需品；另一种形式是呢绒商人把羊毛发给雇工，雇工在自己家中织布，完成后再将呢绒交给商人。① 对此，布罗代尔曾描述道："农村工匠在自己家里做工，得到家人帮助，同时还保

---

① William James Ashley, "The Early History of the English Woollen Industry," *Publications of the American Economic Association*, Vol. 2, No. 4, 1887, p. 73.

留一片耕地和几头牲畜。羊毛、亚麻、棉花等原料由城里的商人提供,后者在接受成品或半成品时进行检查,并结清加工费用。"[1] 这一制度又被称为非工场的发送制度(putting out system),学者们称其为最初的资本主义工业模式。

自 16 世纪中叶起,英格兰由出口羊毛原料转变为出口呢绒半成品。呢绒是最大的出口货物,也有很大部分是专门为国内市场生产的,给英格兰半数郡提供了就业机会。在毛纺织业里,劳动力有了再分工。从羊毛到呢绒需要经过一系列分离生产步骤——梳毛、纺线、织布、浸泡、漂洗、伸展、晾干、修剪、染色,需要精细的劳动分工,其中大部分步骤可以在家里进行。儿童梳毛,妇女纺线,男人织布并完成最后的工序。有时为了提高生产效率,他们也雇用工人在家中生产。[2]

英格兰至少有 1/4 的农民从事毛纺织业,米德兰地区有将近 1/2。[3] 兰开夏郡、东盎格利亚地区和英格兰西部的毛纺织业帮助了许多无法仅依靠农业维生的贫困农民家庭。例如,英格兰西部的格洛斯特郡毛纺织业发展迅速,一定数量的纺织业是在村庄里进行的,例如西兰斯特(Cirencester)的制衣工厂就是在因圈地推倒的修道院的废墟上建立起来。[4] 此外,赫特福德郡也有许多农民从事纺织,埃塞克斯郡和萨福克郡也是如此。大的毛纺织产业还需要雇用工人生产。16 世纪的英格兰,无论人们走到哪里,都可以在数不胜数的茅舍里听到纺毛车转动的声音,看到纺纱杆不停地旋转。[5] 笛福在他的《漫游记》中描述了当时毛纺织业的生产状况:"在太阳出来、光芒开始发亮时,我们便看到几乎每一屋前都有一个张布架,每个架上都有一块普通的呢绒,或者一块粗哔叽,或者一块夏龙绒。"[6]

---

[1] 〔法〕费尔南·布罗代尔:《15 至 18 世纪的物质文明、经济和资本主义》,顾良、施康强译,生活·读书·新知三联书店,1992,第 668 页。
[2] D. M. Palliser, *The Age of Elizabeth: England under the Later Tudors 1547-1603*, p. 246.
[3] Christopher Clay, *Rural Society Landowners Peasants and Labourers 1500-1750*, Cambridge: Cambridge University Press, 1990, p. 191.
[4] William Page, ed., *The Victoria History of the County of Gloucester*, Vol. 2, Folkestone & London: Dawson of Pall Mall, 1972, p. 156.
[5] Joan Thirsk, *The Agrarian History of England and Wales*, Vol. Ⅳ. 1500-1640, pp. 425-426.
[6] 〔法〕保尔·芒图:《十八世纪产业革命:英国近代大工业初期的概况》,杨人楩等译,第 37 页。

其次，一些农民开始从事乡村工业。从 15 世纪至工业革命前，乡村工业成为英国工业的主要形式。乡村工业的发展无疑为失地小农提供了再就业的机会。这一时期，英国的乡村工业有了很大的发展，涉及木器制作、制陶、冶炼和矿藏开采等各个行业。非农产业的发展是都铎时期的经济特征之一，亨利七世时英国已经进入农业和乡村工业并行发展时期。大部分乡村工业仅需要很少的设备，主要靠手工技艺，能吸收一部分因圈地失去土地的农民。①

在从事乡村工业的农民中，一些农民成为木匠，例如，赫特福德郡每三个农民中有两个木匠，他们通常在冬天做木桩、栅栏等，多塞特郡一些农民制造织布机，汉普郡和萨里郡边界地区的农民雕刻木瓶，萨塞克斯郡出产牧羊人的手杖，肯特郡出产木汤匙，斯塔福德郡出产木盘。② 一些农民开始从事制陶、制钉、煤矿、冶铁等乡村工业，例如，白金汉郡的农民生产陶土和瓷土，斯塔福德、沃里克、约克和兰开夏等郡的农民生产铁钉，康沃尔郡和德文郡的农民开采锡矿，英格兰北部的农民开采煤矿，格洛斯特郡一些农民从事冶铁工作。③

最后，对于那些从农村迁移到城市的农民来说，城市是工商业的中心，制造业、建筑业、交通运输业和商业等众多行业的发展都需要大量劳动力，为失地农民提供了更多就业机会。尤其是在一些繁荣的城市，这里的工匠和手工艺人是欢迎那些没有技术的农村剩余劳动力的。④ 城市特有的经济作用，表现为它所含有职业种类的多样性，城市越大，职业也就越多。

毛纺织业是英国最大的制造业，虽然 15、16 世纪毛纺织业一度向农村转移，但自 16 世纪下半叶开始，城市通过引进技术、改进品种，很快重新获得繁荣。16 世纪 60 年代，不堪忍受西班牙残暴统治的尼德兰新教徒大量涌入英格兰，其中包括一些技艺精湛的工匠，他们带来了先进的织造技术，"新呢绒"日益流行。尼德兰移民最早落脚的东盎格利亚地区成为"新呢绒"的主要产地，尤其是英格兰第二大城市诺里奇成为高档呢

---

① Joan Thirsk, *The Agrarian History of England and Wales*, Vol. IV, 1500–1640, pp. 428–429.
② Joan Thirsk, *The Agrarian History of England and Wales*, Vol. IV, 1500–1640, p. 427.
③ Joan Thirsk, *The Agrarian History of England and Wales*, Vol. IV, 1500–1640, pp. 428–429.
④ Maurice Beresford, *The Lost Villages of England*, p. 76.

绒的生产基地，开启了东盎格利亚毛纺业史上的"诺里奇时代"。① 这种"新呢绒"由毛、麻或毛、丝混纺而成，质轻价廉、品种多样，深受普通百姓欢迎，因而销路广阔，也能够吸引更多人就业。据记载，用84磅羊毛制成一匹旧式呢绒只需14人参与生产，而用同样多的羊毛去织造"新呢绒"则需要40~50人。② 当时一位诺里奇居民称赞这种"新呢绒"工艺给更多人提供了就业机会："除了本市居民能够受到雇佣之外，方圆20英里之内的大量劳动者都能够得到雇佣。"③

城市建筑业也能吸纳一部分农村劳动力。17世纪初，一位伦敦承包商对土地投机者说："建筑业是经济的最主要的促进因素。它比生产食品与衣物的行业为人们提供了更多的就业机会，诸如砌砖匠、木匠、泥瓦匠等属于建筑业的工匠，需要雇佣许多帮工，那些生产砖头、石灰、瓦片等建筑材料的工匠，需要的帮工就更多了……制作室内家具的工匠几乎不计其数。"④ 建筑工匠大多数来自农村，是一些短工和季节工。⑤

服装业作为生产城市人口基本生活必需品的行业，是16、17世纪城市最大的工业部门之一。如表5-8所示，莱斯特、诺里奇和约克的服装业从业者都占到了劳动者总数的16%及以上。皮革业是重要性仅次于纺织业和服装业的行业，1580~1620年，诺丁汉的皮革制造者占城市劳动总人口的34.2%，1558~1603年，柴郡的皮革制造者占城市劳动总人口的23.9%。饮食加工业也是城市重要的手工行业。随着人口增长，粮食、盐、糖的加工工人，面包师、屠夫和啤酒等制造者的人数大增，食品业工人在诺丁汉和约克分别占城市劳动力总数的26.7%和20.1%。此外，从事金属、木器、玻璃、蜡烛、油漆、陶瓷、雕刻等日用器皿和用具的手工业者数量也不少。

---

① William James Ashley, "The Early History of the English Woollen Industry," *Publications of the American Economic Association*, Vol. 2, No. 4, 1887, p. 84.
② William Page, ed., *The Victoria History of the County of Suffolk*, Vol. 2, Folkestone: William Dawson & Sons Ltd., 1975, p. 267.
③ D. M. Palliser, *The Age of Elizabeth: England under the Later Tudors 1547–1603*, p. 259.
④ 江立华：《英国人口迁移与城市发展：1500~1750》，第53页。
⑤ A. Hassell Smith, "Labourers in Late Sixteenth-Century England: A Case Study from North Norfolk," *Continuity and Change*, 4 (1), 1989, p. 25.

表 5-8　英格兰部分城市职业分布（占劳动者总数的比例）

单位：%

行业	柴郡 1558~1603年	赫尔 1580~1589年	莱斯特 1559~1603年	诺里奇 1558~1580年	诺丁汉 1580~1620年	伍斯特 1540~1589年	约克 1550~1600年
纺织业	11.2	2.5	6.6	17.1	3.8	42	6.3
服装业	10.0	9.5	16.4	16.7	6.2	4	16.0
皮革业	23.9	7.5	16.9	12.2	34.2	11	15.3
金属业	11.2	4.5	6.2	5.9	9.1	7	10.6
木材业	4.7	—		2.5	3.2	—	—
建筑业	6.2	1.9	5.9	10.2	5.1	2	8.6
食品业	13.3	8.9	18.6	12.3	26.7	12	20.1
运输业	16.6	56.7	6.7	20.6	7.6	12	14.2
其他	3.0	8.3	22.7	2.7	4.2	9	8.9

资料来源：D. M. Palliser, *The Age of Elizabeth: England under the Later Tudors 1547-1603*, p.243。

由此可见，随着土地确权的推进，耕地上所需要的劳动力减少，失地农民必须在农业领域之外谋求生计。在这种情况下，农民的职业发生了分流，一部分农民开始从事非农产业，为国内市场提供了更加多样化的产品。这种生活方式的变化促进了英格兰从封建主义农业社会向资本主义工业社会转型。

三　村庄布局的改变

人们通常都认为圈地导致人去楼空、村庄荒废，改变了农村的土地面貌。早在都铎时期之前，就有圈地导致人口减少、村庄荒废的记载，最典型的地区就是沃里克郡。沃里克郡牧师劳斯（Rous）早在1459年就在考文垂向议会请愿反对圈地，他把他所处时代沃里克郡各村庄的情况与百户区案卷中记载的内容进行对比，发现斯顿利（Stoneleigh）村在百户区案卷中记载有19块土地，现在只剩下一所房屋；芬海姆（Finham）村以前有12块土地，现在仅剩下4块；克莱费尔德（Cryfield）村以前有12块土地，现在仅有一个农场；最严重的是柴斯特顿（Chesterton）村，该村在百户区案卷记载中有79户家庭，但现在仅剩3户。此外，尤普顿

(Upton)村已经成为完全荒废的村庄，巴彻斯顿（Barcheston）村已经什么都不剩。①

在都铎时期流行的文学作品中，经常出现关于村庄荒废现象的描述。当时的社会舆论对于村庄荒废是非常关注的，其中不乏一些强烈抵制的声音，最著名的就是托马斯·莫尔和休·拉提默。托马斯·莫尔身为亨利八世时期的大法官，严厉抨击了圈地所造成的种种恶果，其中之一便是村庄荒废："（贵族豪绅）把每寸土都围起来做牧场，房屋和城镇给毁掉了，只留下教堂当作羊栏。"② 休·拉提默作为伍斯特主教，在他为爱德华六世所做的一次布道中描述了圈地所造成的村庄荒废："从前很多家庭居住的地方，现在只剩下牧羊人和他的狗。"③ 此外，英格兰多地都在流传这样一首民谣："公地被圈占，村庄被荒废，教堂变羊圈，穷人在哭泣，这就是现在……"④

都铎政府的历次圈地调查报告记载了当时的村庄荒废情况。根据1517年涉及英格兰24个郡的圈地调查报告，圈地涉及1096个村庄，共有1745座农舍被毁，6931名农民无家可归。⑤ 1607年圈地委员会对沃里克、莱斯特、北安普敦、白金汉、贝德福德和亨廷顿这6个圈地较为严重的郡进行调查，结论是圈地涉及393个村庄，共有966座农舍被毁，2232名农民无家可归。⑥ 在这6个郡中，莱斯特、沃里克和北安普敦的村庄荒废情况最为严重。1578~1607年，圈地引发莱斯特67个教区中的51个教区人口减少，至少有195座房屋被摧毁；沃里克郡的34个教区人口减少，至少113所房屋被摧毁；北安普敦郡118个教区中的358所房屋被毁。⑦

---

① William Page, ed., *The Victoria History of the County of Warwick*, Vol. 2, London: Oxford University Press, 1954, pp. 159-160.
② 〔英〕托马斯·莫尔:《乌托邦》，戴镏龄译，第20页。
③ John Watkins, *The Sermons and Life of Hugh Latimer*, Volume I, p. 94.
④ William Henry Ricketts Curtler, *The Enclosure and Redistribution of Our Land*, p. 89.
⑤ Edwin Francis Gay, "Inclosures in England in the Sixteenth Century," *The Quarterly Journal of Economics*, Vol. 17, No. 4, 1903, p. 581.
⑥ Edwin Francis Gay, "Inclosures in England in the Sixteenth Century," *The Quarterly Journal of Economics*, Vol. 17, No. 4, 1903, p. 581.
⑦ John E. Martin, *Feudalism to Capitalism: Peasant and Landlord in English Agrarian Development*, p. 136.

正是因为这一时期村庄荒废现象越来越严重,1597 年,伊丽莎白一世颁布了一条关于重建废弃农舍的法令(39 Elizabeth, c. 1):"废弃 7 年以上的农舍,其中 1/2 必须重建……在过去 7 年中被废弃的农舍必须在原址重建。"① 该法令的目的在于重建农舍、制止村庄荒废,由此可见当时村庄荒废现象的严重程度。

实际上,与其说圈地导致了村庄的荒废,倒不如说圈地改变了土地利用方式,从而改变了村庄的布局。圈地把一个集中拥挤的村庄变成了分散的农场,由此给人一种村庄被废弃、无主的假象。② 圈地之前,教堂、领主的庄园房屋以及佃农的农舍是村庄的主要建筑,农民的房子都密密麻麻地挤在一起,每一所房子都被夹在邻居们的房子中间。③ 圈地之后,有些村庄仅剩下这三者中的一个,有些村庄一个也没有剩下。

在中世纪村庄中,教堂可谓是最坚固的建筑,许多村庄小教堂是唯一的石头建筑,也是村庄里最高的建筑。一些圈地者或出于对宗教的敬畏,或出于对引发众怒的担忧,在圈地后保留了教堂。然而,一些圈地者并不畏惧这些,仍然为了圈地而毁坏教堂。例如,沃里克郡乡绅亨利·史密斯(Henry Smith)因圈地毁坏了教堂,使教徒无法再在教堂中进行神圣的祈祷,荒废的教堂成为牛羊在风雨天气里的庇护所,教堂院落成了平时圈养牛羊的地方。史密斯的行为亵渎了教堂的神圣性,给其他圈地者树立了一个坏榜样。④ 此外,一些圈地者把教堂推倒,从废弃的教堂中拆掉石头用来扩建自己的住宅;一些废弃的教堂成为农场的一部分,例如,在沃里克郡距离斯特顿村不远的圣彼得(St. Peter)教堂,它的中殿、高坛以及南面的走廊都已成为彼得农场的一部分。在几英里之外的蒙克斯·科比(Monks Kirby)村,它的小教堂也成为农场的一部分。⑤ 除了沃里克郡之外,白金汉郡也因圈地毁坏了多座教堂。在菲尔格雷伍(Filgrave)村,1585 年教堂偶尔使用,到了 1636 年,该教堂已片瓦无存;位丁斯扎克利

---

① *The Statutes of the Realm*, Vol. 4, pp. 891 – 893.
② Eric Kerridge, *Agrarian Problem in the Sixteenth Century and After*, pp. 124 – 125.
③ 〔英〕克里斯托弗·戴尔:《转型的时代:中世纪晚期英国的经济与社会》,莫玉梅译,社会科学文献出版社,2010,第 53 页。
④ Maurice Beresford, *The Lost Villages of England*, p. 64.
⑤ Maurice Beresford, *The Lost Villages of England*, p. 65.

(Stewkley) 的利德科特（Lidcote）村在 1323 年还是一个正常的农业村庄，到了 16 世纪庄园宅邸附近的圣伊莱斯（St. Giles）小教堂已变成一个农场；在艾克尼（Ekeney）村，随着 1459 年欧克尼（Okeney）和帕特索（Petsoe）两块采邑的合并，到了 1560 年，这两个教堂都不见了；在夸润顿（Quarrendon）村，教堂完全荒废了。①

在大多数情况下，圈地者把原来的庄园房屋保留下来，将它扩大或重建，作为自己的住宅。② 在白金汉郡的利灵斯顿（Lillingstone）村，乡绅托马斯·达雷尔（Thomas Darrell）在 1493 年围圈了 164 英亩土地，推倒了 8 座佃农房屋和 4 个茅舍，仅剩下庄园房屋。③ 原来的佃农农舍大多没有保留，除了牧羊人和他的农舍之外，其他的佃农农舍都被拆毁。例如，根据 17 世纪上半叶约克郡的教区登记表记载，伊斯特本（Eastburne）村自古以来就由许多住宅组成，这些住宅都有一些附属的院落以及小块田地，一个名叫约翰·赫伦（John Heron）的乡绅摧毁了该村所有房屋，并把这片土地全部变成草地。④ 此外，沃里克郡斯特顿（Stretton）庄园在 1494 年共有 12 所房子和 4 个茅舍，乡绅亨利·史密斯把这些房屋全部推倒，并把村庄土地全部变为饲养牲畜的牧场。⑤

由上述情况可知，圈地者仅保留了庄园房屋作为自己的住宅，教堂和佃农农舍大多被毁坏。然而，圈地者在这些被毁坏的教堂和农舍原址上，建立了采用资本主义生产方式的大农场。因此，所谓的"村庄的荒废"实际上是村庄布局的改变，是把原来的教堂和佃农农舍改造成资本主义农场。在沃里克郡，一些圈地者，例如本尼迪克特·李（Benedict Lee）在希恩科特村（Heathcote）遗址上经营牧场，托马斯·格勒内（Thomas Grene）在富布卢克村（Fulbrook）遗址上经营牧场，最著名的是约翰·斯宾塞把沃里克郡许多荒废的村庄作为牧场。⑥ 除了沃里克郡之

---

① Maurice Beresford, *The Lost Villages of England*, pp. 341–342.
② Maurice Beresford, *The Lost Villages of England*, p. 56.
③ Maurice Beresford, *The Lost Villages of England*, p. 320.
④ Maurice Beresford, *The Lost Villages of England*, p. 326.
⑤ Maurice Beresford, *The Lost Villages of England*, p. 64.
⑥ Christopher Dyer, "Deserted Medieval Villages in the West Midlands," *The Economic History Review*, New Series, Vol. 35, No. 1, 1982, p. 30.

外，北安普敦郡一些大规模的养羊农场正是荒废的村庄所在地，例如弗斯利（Fawsley）百户区、沃特福德（Watford）百户区、格林诺顿（Green's Norton）百户区以及卡农阿什比（Canon's Ashby）百户区，这4个大农场也正是荒废的村庄所在地。①

由此可见，圈地并非导致了村庄的荒废，而是改变了村庄的布局，把原来集中拥挤的核心村庄变成了独立的资本主义农场，意味着村庄共同体生活方式的消解。

综上所述，在英国社会转型的进程中，土地产权制度的变革起了关键作用。土地产权的明晰促使原来自给自足占主导地位的生产方式被规模化经营、面向市场、雇用雇工的资本主义农场制取代。以追求利润为目标的资本主义农场提高了劳动生产率，使英国开启了农业资本主义的新时代。与此同时，中世纪英格兰农村传统的生活体制被打破，人们世代以来传统的生活方式发生了巨大变化。村民的职业出现了分流，村庄的布局也发生了变化。这些迹象表明村庄共同体生活方式已然消解，"以个人为本位"的生活方式开始形成。

---

① John E. Martin, "Sheep and Enclosure in Sixteenth-Century Northamptonshire," *The Agricultural History Review*, Vol. 36, No. 1, 1988, p. 50.

第六章
近代早期法国农村土地确权
——兼与都铎时期英国农村土地确权比较

私人土地产权在英国的确立，既是欧洲资本主义时代的前驱，又是这个时代大的潮流中的一部分。[①] 法国作为欧洲大陆的代表，紧紧追随英国的脚步，也走上了土地确权道路。然而，英法两国的土地确权进程又有很大的差异。把英国土地确权放在整个西欧这一大环境中进行深入剖析，才更能凸显英国土地确权的独特之处。本章旨在考察近代早期法国农村土地确权，在此基础上分析英法两国土地确权进程差异的原因。

第一节 中世纪及近代早期法国农村土地产权

中世纪法国农民土地产权归属模糊，并不享有明晰的私人土地产权。近代早期，在英国的影响下，法国也开启了土地确权进程。

一 中世纪法国农民的土地产权

中世纪法国是典型的封建社会，其基本经济单位是庄园。法兰克高卢的土地被为数众多的领主庄园所分割，这些庄园一般被称为"villae"。庄园土地分为两部分，一部分是领主亲自管理或委托代表管理的面积较大的耕地，叫作领地（domaine）；另一部分是众多的中、小型地块，它们的持有者要向领主提供各种服务，特别是在领地上劳动，这种土地被称为份地

[①] 侯建新主编《欧洲中世纪城市、乡村与文化》，人民出版社，2014，第249页。

（tenure）。一份大地产与许多小地产在同一个组织中共存是领主制的最基本特征。领主地产包括住宅、农田建筑、园地、荒地或森林，但最主要的部分是耕地、牧场和葡萄园。领主地产上的耕地通常分成许多田块，与采地佃农的土地混杂交错。①

领主拥有的土地既多又分散，不可能全都亲自经营。他们把大地产分成几个小的经营单位，分别出租给不同的租户，或者把土地整个转给一个出租人。② 到了16世纪，土地价格上升，租期缩短，租金在每次重订合同时商讨和改动。这时出现了两种新的出租方式：分成制（metayage）和租佃制。③

分成制是指耕种者需要向领主缴纳一定比例的农产品作为地租。从16世纪开始，土地收益分成制成为最受领主欢迎的经营方式，可以避免货币地租经常出现贬值的现象。通过分成制，领土可以分得一部分收获后的农产品作为他应得的利润。例如巴黎地区的于尔普瓦（Hurepoix），在1450~1500年的低地租时期，地主通过分成制通常拿走佃农50%以上的农产品。分成制曾被广泛使用，甚至饲养牲畜也可以用分成制。地主提供一定的生产资料，例如运货的马以及农作物种子等，作为回报，他们获得一定比例的庄稼。④ 分成制佃农通常很穷，所有种子和牲畜一般都由地主提供，但地主经常住在宫廷或城镇里，并不能在他最需要的时候给予帮助。佃农为了省事，通常种些回报率低的作物。⑤

另一种方式是租佃制，即耕种者向地主缴纳货币地租。土地承租人分为两种。一种是小佃农，他们大多是无地少地的农民，为维持个人家庭生活而进行混合耕作，以求自给自足，属于传统经营范围。另一种是大佃农，实际上是租地农场主。租地农场主有很好的必备农具以及很多牲口，

---

① 〔法〕马克·布洛赫：《法国农村史》，余中先等译，第80页。
② 〔法〕马克·布洛赫：《法国农村史》，余中先等译，第165页。
③ 〔法〕G. 勒纳尔、G. 乌勒西：《近代欧洲的生活与劳作（从15—18世纪）》，杨军译，上海三联书店，2012，第186页。
④ Emmanuel Le Roy Ladurie, *The French Peasantry 1450-1660*, Berkeley: University of California Press, 1987, p.79.
⑤ 〔法〕G. 勒纳尔、G. 乌勒西：《近代欧洲的生活与劳作（从15—18世纪）》，杨军译，第186页。

发生自然灾害或价格波动时，他有余钱应付。租地农场主采用资本主义生产方式，尽可能地提高土地产量，追逐更多利润。亨利四世时期，租佃制开始在诺曼底发展。当佛兰德和阿图瓦被并入法国时，这两个省的租佃制已经很完善。由于土壤肥沃，有靠近市场的便利，皮卡第、法兰西岛大区、美因和安茹等地也逐渐有了租佃制。在租佃制中占主导地位的是小佃农，大租佃经营只是其中的一小部分。①

对于租佃制佃农来说，习惯法保护了他们对土地的"占有权"。对此，布洛赫认为："实际上，在许多世纪中，所有有关土地权的诉讼或有关土地收益的诉讼都是以'法定占有'为依据，而从来不是以所有权为依据，也就是说，土地占有的合法性受传统习惯保护。"② 可见，租佃制佃农拥有稳定的土地"占有权"，是最接近私人土地产权的农民群体。

与租佃制佃农相比，分成制佃农不是封建保有制下的习惯佃户，其土地关系不受习惯法保护，完全没有土地产权。③ 直到18世纪中期，在法国的全部耕地中仍只有五分之一采用租佃制，分成制在中部和南部省份占有压倒性优势。④ 由此可知，没有土地产权的分成制佃农是一个数量相当庞大的农民群体。

对于领主来说，他对于自己的采邑拥有领主权，尤其是对于农民的保有地。领主在土地上拥有一些封建特权，例如"死草权"（dead grass）和"独牧权"（the separate herd）。领主利用"死草权"可以在他的直领地上独自使用第二茬草地，并且在佃农土地上有优先使用残株的权利。利用"独牧权"，领主的牲畜可以在村民的牲畜放牧前在整个庄园放牧，不用参与公共放牧。这些封建特权使领主从公共权利中获得好处而不需背负任何负担，引发了佃农的强烈不满。⑤

---

① 许平：《法国农村社会转型研究（19世纪—20世纪初）》，北京大学出版社，2001，第17页。
② 〔法〕马克·布洛赫：《法国农村史》，余中先等译，第147~148页。
③ 侯建新：《大革命前后法国农民土地产权问题——从托克维尔的一个误判谈起》，《史学集刊》2021年第5期。
④ 〔法〕G.勒纳尔、G.乌勒西：《近代欧洲的生活与劳作（从15—18世纪）》，杨军译，第187页。
⑤ Alek A. Rozental, "The Enclosure Movement in France," *American Journal of Economics and Sociology*, Vol. 16, No. 1, 1956, p. 56.

第六章 近代早期法国农村土地确权

与此同时，和英国类似，法国农民的土地权利也受到敞田制的制约。根据布洛赫的描述，法国的敞田分为长形敞地和不规则敞地。布洛赫所描述的长形敞地类似于英国的条田：宽度往往只有长度的 1/20，每块地尽管十分狭长，但在总的地块中却只占很小的面积，哪怕再微不足道的开发者都会拥有相当数量的分散各处的小块土地。① 不规则敞地是指形状不规则、长与宽相差无几、分布不规律的敞地，在土地上像拼图游戏一样分布着。不规则敞地主要分布在南部罗纳河流域、朗格多克、加龙河流域、普瓦图、贝里的大部分农村以及科唐坦。②

与英国一样，法国的敞田制也实行轮作制，通常分为二圃制和三圃制。二圃制主要分布在法国中部的加龙河流域、朗格多克地区、罗纳河流域、中央高原南部直至普瓦图，在其以北，主要是三圃制。③ 轮作制规定个体农民必须服从村庄共同体的集体决策，按照共同的规则耕作。例如，村庄共同体计划种植冬小麦，播种必须在秋天完成，所有村民必须在同一时期休耕。④ 在这种情况下，轮作制一方面是对小农经济的一种保护，另一方面也限制了个体农民使用土地的自由。

敞田制的另一个特点是敞田上附带有众多的公共权利，其中，最重要的公共权利之一是拾穗权（glanage 或 gleaning）。拾穗权是指在收获者收割庄稼之后，穷人可以从土地上收集剩下的作物，这是最古老的公共权利之一。在法国，对它的最早记载出现在 561 年的王室法令中。1554 年，王室法令将它编纂成法规，规定拾穗权被保留给老人、残疾人、儿童以及其他不能从事常规工作的人。⑤ 随着时间的推移，不仅残疾人和妇女有拾穗权，所有土地不加区别地对任何人开放。⑥ 拾穗权仅适用于敞田，在庄稼收割完成后从日出到日落的两天时间，土地的主人不能在此放牧自己的

---

① 〔法〕马克·布洛赫：《法国农村史》，余中先等译，第 55 页。
② 〔法〕马克·布洛赫：《法国农村史》，余中先等译，第 64 页。
③ 〔法〕马克·布洛赫：《法国农村史》，余中先等译，第 46 页。
④ Alek A. Rozental, "The Enclosure Movement in France," *American Journal of Economics and Sociology*, Vol. 16, No. 1, 1956, p. 60.
⑤ Frederic O. Sargent, "The Persistence of Communal Tenure in French Agriculture," *Agricultural History*, Vol. 32, No. 2, 1958, p. 100.
⑥ Alek A. Rozental, "The Enclosure Movement in France," *American Journal of Economics and Sociology*, Vol. 16, No. 1, 1956, p. 62.

牲畜，直到拾穗期结束。①

　　与拾穗权相似的公共权利还有采摘葡萄权（grapillage）和收集干草权（ratelage）。采摘葡萄权是指在葡萄收获完毕后，采摘剩余葡萄的权利。同理，收集干草权是收集在收割过程中所遗漏的干草。与此同时，还有一种类似的公共权利叫作收割残株权（chaumage）。当拾穗完成后，公社里的人们被允许收割地面上的庄稼残株。残株可用来搭盖茅草屋顶，在缺少公共树林的公社，还可用作燃料。收割残株期通常在10月——10月1日到20日。②

　　此外，还有一种非常重要的公共权利——公共放牧权（vaine pâture）③。法国实行公共放牧制度，无论领主直领地还是佃农份地都要遵守一个规定，即整个村庄必须给牲畜留有公共放牧地。公共放牧地包括未被围圈、不在生产过程中以及不准备耕种的土地，例如休耕地、收割完第一茬干草之后的天然牧场、树林以及荒地。在法国大部分地区，在庄稼收获之后的耕地上实行公共放牧非常流行，受到当地习惯的保护。由于没有足够的天然草地，也没有人工饲料去饲养牲畜，从远古时代起，唯一的方法就是把收获之后的耕地开放为公共牧场。④ 农民在收获他的农作物之后以及收割完第一茬干草之后，必须把他的耕地开放。在大部分地区只有第一茬草是属于土地所有者的，村庄共同体和习惯暗示了第二茬草应该交给共同体。⑤ 16世纪时，收获后的耕地和草地必须作为公共牧场这一观点根深蒂固，甚至连开垦曾经是草地的土地都被宣布是非法的。在亨利四世时期，包括国王在内，对牧场的公共使用权是一项无人

---

① Frederic O. Sargent, "The Persistence of Communal Tenure in French Agriculture," *Agricultural History*, Vol. 32, No. 2, 1958, p. 100.
② Frederic O. Sargent, "The Persistence of Communal Tenure in French Agriculture," *Agricultural History*, Vol. 32, No. 2, 1958, p. 101.
③ 即在未围圈的田地上公共放牧的权利。参见 Philip T. Hoffman, "Taxes and Agrarian Life in Early Modern France: Land Sales, 1550 - 1730," *Journal of Economic History*, Vol. XLVI, No. 1, 1986, p. 52。
④ Alek A. Rozental, "The Enclosure Movement in France," *American Journal of Economics and Sociology*, Vol. 16, No. 1, 1956, p. 60.
⑤ Alek A. Rozental, "The Enclosure Movement in France," *American Journal of Economics and Sociology*, Vol. 16, No. 1, 1956, p. 62.

敢于侵犯的权利。①

村庄共同体通常安排一两个羊倌来放牧公社全体成员的牲畜，由村庄共同体为羊倌支付报酬。每个人在公共牧场上被允许放牧的牲畜数量是由他的持有地大小决定的。一个人拥有的土地数量越多，他能够放牧的牲畜数量也越多。根据当地习俗的不同，每块地能够放牧的牲畜数量不同。通常来说，居住在村庄共同体里的每个家庭允许放牧6只羊、1头母牛及其小牛，如果他没有任何土地的话。公共放牧权使农民和农业雇工免于照顾自己的牲畜，也使那些持有土地非常少的农民享有饲养牲畜的优势。与此同时，大土地所有者也因公共放牧为土地提供肥料而受益。②

与公共放牧权有关的另一种公共权利是"过路权"（right of way），指穿过村庄边界放牧牲畜的互惠特权。③ 与之相似的是"共同牧畜权"（droit de parcours），指的是通常相邻的两个教区约定，双方的牲口可以自由地在两边的荒地吃草。④ 根据这两种权利，村庄共同体的村民有权在相邻村庄或教区的边界放牧，个人与他人的土地产权交织在一起。

综上，拾穗权与公共放牧权等公共权利在保护小农经济的同时，也造成了"私权共享"现象，导致农民土地产权归属模糊不清。轮作制要求个体农民与村庄共同体的农业安排保持高度一致，制约了个体农民经营土地的自由。整体而言，除了租佃制佃农拥有稳定的土地"占有权"之外，分成制佃农完全没有土地产权。他们在遭受领主封建特权侵害的同时，还受到轮作制以及拾穗权和公共放牧权等公共权利的制约，总体而言，中世纪的法国土地产权归属模糊，农民并不享有产权归属明晰的私人土地产权。

二 近代早期法国土地产权变革

近代早期法国土地产权变革经历了三个阶段：15～16世纪、18世纪

---

① 〔法〕G. 勒纳尔、G. 乌勒西：《近代欧洲的生活与劳作（从15—18世纪）》，杨军译，第189页。
② Frederic O. Sargent, "The Persistence of Communal Tenure in French Agriculture," *Agricultural History*, Vol. 32, No. 2, 1958, p. 101.
③ Alek A. Rozental, "The Enclosure Movement in France," *American Journal of Economics and Sociology*, Vol. 16, No. 1, 1956, p. 59.
④ 〔法〕G. 勒纳尔、G. 乌勒西：《近代欧洲的生活与劳作（从15—18世纪）》，杨军译，第181页。

下半叶以及大革命时期。15~16世纪圈地揭开了法国土地产权变革的序幕，18世纪下半叶在政府政策的推动下圈地运动开始高涨，最终，大革命的爆发使法国土地产权发生了实质性的变革。

16世纪法国围圈的主要是耕地，目的是保护农作物免受牲畜破坏。以法国西北部的诺曼底为例，据史料记载，诺曼底早在1440年就已存在典型的圈地壕沟和篱笆。据1550~1570年出版的古贝尔维尔（Gouberville）的两本日记记载，诺曼底科唐坦地区的圈地灌木不仅存在了很多年，并且长出了新的灌木。到了1550年，该地的圈地至少已有100年的历史，并一直被其主人规律地维护着。[①] 虽然科唐坦地区16世纪圈地是为了饲养牲畜，但实际上并没有进行专业的饲养。土地主人为牲畜戴上铃铛，把它们赶到沼泽和森林中去放牧，而不是像现在诺曼底地区那样种植肥沃的草场，把牲畜集中起来饲养。[②] 可见，16世纪诺曼底地区圈地主要是为了保护耕地免受牲畜破坏。

无独有偶，法国东南部的北阿尔卑斯山地区，15世纪著名画家康拉德·维茨（Konrad Witz）在15世纪的第二个25年描绘了北阿尔卑斯山地区的农业状况。根据他的画作，日内瓦湖和勃朗峰之间有一片非常壮观的圈地，篱笆把不规则的耕地和草地分开，草地上有成群的牛羊，在篱笆围圈的耕地中间再次划分为个人耕种的条田。[③] 这幅油画向人们揭示了15世纪北阿尔卑斯山地区的圈地，虽然并不清楚圈地者是什么身份，但从画作中可以看出圈地之后仍然按照之前的敞田制进行农业生产。在耕地外围和内侧种植大量树木是为了防止牲畜毁坏庄稼，圈地并没有破坏敞田制，其目的仍然是保护耕地。

类似这种圈地在这一时期的法国北部和南部也曾出现。在法国北部，以莫尔万尼韦奈（Morvan-Nivernais）地区的圈地为例，该地区的圈地引起了路易十一时代一位画家的注意。他于1480年创作了一幅油画，画中的小村庄以教堂为中心，教堂两边都有大片被围圈的土地，其中一些是被围圈的耕地，篱笆是为了保护耕地，防止牲畜破坏；另一些是圈地牧场，

---

① Emmanuel Le Roy Ladurie, *The French Peasantry 1450–1660*, p. 55.
② Emmanuel Le Roy Ladurie, *The French Peasantry 1450–1660*, p. 133.
③ Emmanuel Le Roy Ladurie, *The French Peasantry 1450–1660*, p. 54.

牲畜被饲养在圈地篱笆里。这两种圈地相比,被围圈的耕地占大多数。①在法国西南部,以贝亚恩(Bearn)为例,这里的一些村庄的土地制度类似于苏格兰的"内田"和"外田"制度,一些小块的"内田"被围圈,不是为了个人经营,而是为了防止走失的羊群破坏庄稼。② 这一时期对耕地的圈占仅仅是自然意义上的圈地,目的是更好地保护耕地。

除了圈占耕地之外,一些地区开始尝试废除公共放牧权。例如,法国东南部的普罗旺斯过去一直十分严格地实行着公共放牧制度。自15世纪下半叶开始,反对公共放牧权的呼声越来越强烈。1469年,普罗旺斯地区的三级会议向当时的国王申请:"如同一切个人亲自占有必须使自己获益而不是使他人获益一样,三级会议请求将一切牧场、葡萄园、禁牧林地和其他一切可以圈围的占有地在整年中圈围起来,若有侵犯,责以重罚。"国王恩准此案:"鉴于提案公正无私,人人都应有权占有并支配自己的财产。"③ 除了普罗旺斯之外,朗格多克也于1520~1530年禁止在橄榄树丛和葡萄园放牧。④ 其他地区也纷纷废除了公共放牧制度,萨隆在1463年之前,阿维尼翁在1458年以后,里耶兹在1647年。渐渐地这类事件多了起来,在其他许多地方,公共放牧地原则上虽未取消,但耕作者事实上已被认可获得了保护自己的土地不受公共放牧损害的权利。⑤ 废除公共放牧权的尝试反映了土地的实际耕作者保护个人土地财产权利的渴望,揭开了法国土地产权变革的序幕。

17世纪中叶,法国出现了以自然法为理论武器的古典政治经济学派。该学派致力于研究生产领域中的资本主义生产方式,因重视法国的农业生产被称为"重农学派"。在重农学派看来,当时法国经济问题的症结在于农业的衰退。⑥ 在重农学派的影响下,18世纪下半叶,法国农业改革的呼声越来越强烈,大量倡导农业改革的图书和小册子涌现。贝桑

---

① Emmanuel Le Roy Ladurie, *The French Peasantry 1450 – 1660*, p. 55.
② Alek A. Rozental, "The Enclosure Movement in France," *American Journal of Economics and Sociology*, Vol. 16, No. 1, 1956, p. 64.
③ 〔法〕马克·布洛赫:《法国农村史》,余中先等译,第220~221页。
④ Emmanuel Le Roy Ladurie, *The French Peasantry 1450 – 1660*, p. 133.
⑤ 〔法〕马克·布洛赫:《法国农村史》,余中先等译,第222~223页。
⑥ 何勤华主编《法国法律发达史》,法律出版社,2001,第257页。

松（Besancon）学院开展了一场农业最佳论文比赛，把一等奖颁发给一本赞美圈地的书。农业改革的倡导者认为与其让牲畜漫无目的地随意啃食庄稼地，不如用人工草地或用根块植物作饲料，例如用芜菁来代替农作物收获后可怜的残株。然而，这个方法在当时的敞田制条件下是几乎不可能实行的。另外，敞田制的另一个缺点也被农业改革者攻击。在敞田制下，每个人为了在同一时间放牧牲畜都必须遵守同种同收的规则，因此不可能摆脱冬小麦和春燕麦的惯例。这种强制、沉闷的统一耕作方式阻止了集约耕作，同时也造成 1/3 的土地被闲置，并且随心所欲地放牧牲畜更容易导致其生病。再加上当时的知识分子推崇神圣的私人财产观念，认为公共放牧权和过路权违反了私人财产权利。因此，提倡圈地的呼声在 18 世纪中后期达到了一个高潮。①

18 世纪的最后 25 年，法国政府要员中的许多人都被自由经济和个人主义精神所感染，其中最重要的是贝尔坦（Bertin）和达尼埃尔·特律代纳（de Trudaine）。英国通过圈地初步确立私人土地产权的经验成为法国学习的典范。贝尔坦和特律代纳在了解英国圈地的情况后，于 1766 年对法国的农业状况展开调查。同年，在他们二人的努力下，王室发布了一道宣言："每个教区私人持有的土地的五分之一禁止公共放牧。"该宣言使土地的主人能够围圈 1/5 的土地，使它从公共放牧的负担中解脱出来。然而，遗憾的是，这条法令从未执行过。②

特律代纳去世后，影响农业改革的立法逐渐被以奥梅松（d'Ormesson）为首的财政部接管。奥梅松对各地不同的情况有一个更明智的设想，推行了一系列针对特殊省份的法令并与当地条件相适应。在他的部署下，圈地最先从洛林、贝亚恩和三主教辖地（Three Bishoprics）开始。1767 年 3 月法令允许洛林和巴尔圈地。尽管该省议会反对改革，但经过旷日持久的谈判，圈地法令最终被批准，附带条件是无论何时无地雇工的利益受到伤害，法令都需要做相应的修订。圈地法令在洛林的成效有限，最后所实现

---

① Alek A. Rozental, "The Enclosure Movement in France," *American Journal of Economics and Sociology*, Vol. 16, No. 1, 1956, pp. 60 - 61.

② Alek A. Rozental, "The Enclosure Movement in France," *American Journal of Economics and Sociology*, Vol. 16, No. 1, 1956, pp. 62 - 63.

的仅是一些个体农场主围圈了他们的持有地,过路权仍然被视为神圣的。与洛林相比,贝亚恩的情况较为特殊,这里的村庄与苏格兰相似,内田被围圈不是为了个人利用,而是为了防止游荡的牲畜破坏。1767年法令在贝亚恩被证明是无效的,在平原上圈地不被农民接受,在山坡上的葡萄园被围圈是为了防止牲畜破坏,废除过路权在很多案例中都不能执行。与洛林和贝亚恩相比,三主教辖地对圈地法令的接受程度较高,因为该地区混杂着各种各样的人口,包括许多较少受到农奴制影响的移民。此外,埃诺(Hainaut)、联合省(United Provinces)和佛兰德强烈要求立法能够允许个人圈地并废除过路权。这一方面是因为这几个省的农业在几个世纪以来一直以商品化为导向,另一方面是因为它们接近三主教辖地,受圈地法令的影响较大。①

圈地在法国其他地区进行得不太顺利。例如,勃艮第出于对改革可能引发的强烈反对的担心,把圈地局限在仅允许圈占总持有地的1/4。然而,即使这样温和的法令仍受到地方当局的坚决抵制,他们担心该立法会伤害小农场主,因为允许围圈1/4的土地没有什么经济价值。1770年,圈地法令最终被批准,允许完全圈地。与此同时,还满足了当地官员的另一项要求。由于当地的葡萄园缺乏充足的乡间小路,个体农场主只好让自己的牲畜穿过邻居的牧场通行,他们非常痛恨对过路权的任何侵害。因此,圈地法令并未伤害这种过路权。同样,针对佛朗什-孔泰的1768年法令允许圈地并废除过路权。然而,这一法令遭到当地贵族的反对。当地贵族拥有大量牲畜群,导致该法令既没有被批准也没有被执行。②

虽然立法仅覆盖了少数省份,包括洛林、贝亚恩、三主教辖地、埃诺、联合省、佛兰德、勃艮第和佛朗什-孔泰等,但这些省份包括了实行敞田制的主要地区。所有法令都包括以下三个条款:第一,自由佃农和不自由佃农,无论他们持有地的类型是什么,都可以用他们认为最好的方式围圈耕地、草地和牧场,无论是用树篱、壕沟还是栅栏;第二,被围圈的

---

① Alek A. Rozental, "The Enclosure Movement in France," *American Journal of Economics and Sociology*, Vol. 16, No. 1, 1956, pp. 64–65.
② Alek A. Rozental, "The Enclosure Movement in France," *American Journal of Economics and Sociology*, Vol. 16, No. 1, 1956, p. 65.

土地以后不能被分封，只要土地保持被围圈的状况，它作为牧场仅属于实际耕作者；第三，公共放牧权被废除。虽然并非每个案例都包括这三条，但都在朝这个方向努力。①

奥梅松在1774年去世，不久贝尔坦也辞职，法令的执行变得松散，一方面是由于缺少有经验的领导者，但主要是由于政治的不稳定以及民众对整个政权的不满。尽管奥梅松的所有法令都允许个人圈地，并且不再对所围圈的土地比例强加限制，但没有一个法令能彻底废除公共放牧制度，最大胆的法令也不过是废除村庄共同体之间的过路权而已。② 这一方面是由于传统习惯的强大，另一方面也因为一些地方行政长官为了保证稳定的税收来源，往往倾向于保护公共放牧权。例如，1780年鲁昂（Rouen）的行政长官克罗恩（De Crosne）保留了小克维伊（Petit-Quevilly）和大克维伊（Grand-Quevilly）之间的公共放牧权，尽管小克维伊村民认为公共放牧权的保留降低了生产效率并阻挠了改善排水的计划。克罗恩做此决定的原因是担心如果不保留公共放牧权的话，每个村庄都会出现一些家庭没有能力缴税的情况。③

18世纪下半叶法国政府推行的圈地法令并没有彻底废除公共放牧权，在大多数传统的谷物种植地区，圈地并不成功。以法国东部为例，圈地法令几乎遭到所有人反对。纵横交错的田地以及缺乏穿行田间的道路，注定了任何圈地尝试都会失败，在多年之后仍保留着没有篱笆和栅栏的状态。④ 在法国北部的谷物种植地区也是如此，当英国著名农学家阿瑟·扬1789年渡过英吉利海峡时看到了这样的情境：在亚眠（Amiens）两岸，敞田制农业以及阶梯状条田要比英国任何地方所看到的加起来都多。如果爬上亚眠塔或沙特尔（Chartres）大教堂，能看到这一大片敞田制农业的中心。沙特尔是法国最大的谷物种植地区的中心，它的集市是法国最大的

---

① Alek A. Rozental, "The Enclosure Movement in France," *American Journal of Economics and Sociology*, Vol. 16, No. 1, 1956, p. 66.
② Alek A. Rozental, "The Enclosure Movement in France," *American Journal of Economics and Sociology*, Vol. 16, No. 1, 1956, pp. 66 – 67.
③ Philip T. Hoffman, "Taxes and Agrarian Life in Early Modern France: Land Sales, 1550 – 1730," *Journal of Economic History*, Vol. XLVI, No. 1, 1986, p. 53.
④ Alek A. Rozental, "The Enclosure Movement in France," *American Journal of Economics and Sociology*, Vol. 16, No. 1, 1956, pp. 66 – 67.

谷物市场，这里几乎所有的谷物仍然或最近仍然以敞田制方式种植。因此，在这一辽阔的平原上，条田相互交错，除了靠近城镇的地方之外，圈地很少，并且彼此之间距离很远。①

直到大革命的爆发，法国土地产权才开始发生实质性的变革。旧制度时期法国农民深受各种封建捐税和封建特权的剥削和压榨，他们原本寄希望于重新召开的三级会议，通过陈情书的方式要求废除封建捐税和什一税，取消领主特权，要求特权等级同他们一样纳税，要求获得更多的土地或租用更多的土地。但是1789年5月5日三级会议召开后，他们的要求一条也未得到满足，原来的深切希望变成了一触即发的愤怒。当巴黎传来贵族正在耍阴谋和群众攻陷巴士底狱的消息时，这一触即发的愤怒又变成了遍及各省乡村的骚乱和暴动，一场真正的农民革命开始了。② 农民革命波及埃诺、诺曼底林区和布列塔尼、上阿尔萨斯和弗朗什－孔泰以及马孔等地区：城堡被焚毁，但焚烧得更多的是领主契据。到7月下半月，它演变成一场更为广泛（波及法国半数以上的地区）但已有所变化，乍看起来十分混乱的运动，这就是"大恐慌"。③ 在巴林顿·摩尔看来，农民阶层尽管不是大革命的主要推动力量，但他们帮助大革命取得了最重要的、影响最久远的成就——废除了封建主义。④

1789年8月4日，法国国民制宪会议通过了关于废除什一税、废除特权等级的免税特权及其他封建特权和封建义务的决议，标志着长期剥夺、压榨农民的封建特权和封建制度被农民自己用暴力打翻在地。1793年夏，雅各宾土地法令宣布无条件废除一切封建特权，取消一切封建义务和一切带有封建性的租佃关系。⑤ 此外，该法令还规定没收逃亡贵族的地产，并将其悉数出售，尽可能切割成小块土地，鼓励小农购买。⑥ 这时，

---

① Frederic Seebohm, "French Peasant Proprietorship under the Open Field System of Husbandry," *The Economic Journal*, Vol. 1, No. 1, 1891, p. 61.
② 许平：《法国农村社会转型研究（19世纪—20世纪初）》，第199页。
③ 〔法〕杜比主编《法国史》，吕一民等译，商务印书馆，2018，第814页。
④ 〔美〕巴林顿·摩尔：《专制与民主的社会起源——现代世界形成过程中的地主和农民》，王茁、顾洁译，上海译文出版社，2014，第78页。
⑤ 许平：《法国农村社会转型研究（19世纪—20世纪初）》，第200~201页。
⑥ 侯建新：《大革命前后法国农民土地产权问题——从托克维尔的一个误判谈起》，《史学集刊》2021年第5期。

法国农民才彻底解除了依附于土地的封建义务，挣脱了封建枷锁，数十万无地农民也因此变为小块土地的所有者。① 由此，法国农民获得了土地所有权。这一过程并不像英国那样是一个和平、渐进的过程，而是夹杂着暴力和动荡。

在废除了土地上的封建特权和封建义务之后，国民制宪会议开始尝试废除土地上的公共权利。对此，农业委员会立即采取行动，尽管遭到农民的强烈反对。贫穷的农民要求保留公共权利，例如仍在使用的公共放牧权、拾穗权和收割残株权，并且要求在这些权利被领主侵夺的地方重新恢复这些权利。农民的反对如此激烈，以致农业委员会被迫放缓脚步。1790年6月，农业委员会颁布了第一个法令，反对恢复任何已被废弃的公共权利。一年后，1791年6月法令宣布耕作自由，废除了强制性的轮作制。这一法令在法国农业发展史上具有重要意义，它宣布了自人们定居在这里以来土地就是自由的，并给予土地产权人种他们想种的、想种哪里就种哪里以及他们自己认为合适的时候储存和出售的权利。②

1791年9月28日，国民制宪会议在它解散前颁布了最后一个重要法令。该法令蕴含了重农主义者的经济个人主义信条。该法令在1791年6月法令的基础上进一步宣告了法国土地跟它的人民一样自由，废除了所有非契约的限制，包括农民对作物的选择、储存以及农业技术。③ 此外，该法令进一步扩大了产权人的权利，允许他们围圈自己的耕地和草地，这些土地以前曾是拥有公共放牧权和过路权的敞田。④ 对于那些没有任何土地的穷人，该法令也做了让步，允许他们在公地上放牧6只羊和1头母牛及其小牛。⑤

接下来是关于公地的问题。法国的公地至少在罗马占领时期就已存

---

① 许平：《法国农村社会转型研究（19世纪—20世纪初）》，第200~201页。
② Frederic O. Sargent, "The Persistence of Communal Tenure in French Agriculture," *Agricultural History*, Vol. 32, No. 2, 1958, p. 105.
③ George W. Grantham, "The Persistence of Open-Field Farming in Nineteenth-Century France," *The Journal of Economic History*, Vol. XL, No. 3, 1980, p. 520.
④ Albert Soboul, "The French Rural Community in the Eighteenth and Nineteenth Centuries," *Past & Present*, No. 10, 1956, p. 90.
⑤ Noelle Plack, *Common Land, Wine and the French Revolution: Rural Society and Economy in Southern France, c. 1789–1820*, Farnham & Burlington: Ashgate, 2009, p. 39.

在，被普遍认为自古以来就有，在农村生活中扮演了重要角色。本质上，公地是村庄里或周围被集体所有以及开发利用的土地。在百科全书中，公地被定义为"属于整个村庄共同体的财产，每个居民不能以他们的个人权利处置这一财产"。① 尽管大多数公地在罗马帝国时期就已获得了官方认可，当时是很多村庄共同体形成和巩固的时期，然而，在17、18世纪，公地的起源成为带有浓厚政治寓意的司法辩论关注的焦点。一方面，法学家（juriconsultes）认为公地是古代的遗产，村庄共同体很少拥有"所有权"（title）是因为这些土地自古以来一直是共同体拥有的（possession）。村庄共同体在中世纪一直维持占有，领主占有这些土地，并且为了劝说人们定居在他们的领地上，给予人们公地使用权。与之相比，封建法学家（feudistes）认为在法兰克人入侵高卢时，他们分割了所征服的土地，把公地给予村庄，所以公地最初是领主占有的。在旧制度时期，公地是领主给予的这一观念随着1669年立法通过而获胜。《水和森林法》（Water and Forest Code）恢复了祖传的"挑选权"，这一权利允许领主获得1/3的村庄公地所有权，前提是保留2/3来满足村庄共同体的需要。这一权利在整个18世纪被广泛运用，渴求土地的领主据此抢占部分公地而不顾村庄共同体的利益。1789年潮流转变，法学家认为公地属于村庄共同体的观点胜出，因为革命者希望摧毁领主权利的所有来源。② 革命者认为公地的存在是由于封建制度，农民需要从封建枷锁中解放出来，因此，清理和分割公地非常必要。

对于公地的处理引发了很大争议。在一些地区，贫穷的农民希望分割公地，这样他们就能够耕种他们所享有的份额。例如，在法国南部，朗格多克有一套独特的公地使用制度，对公地的使用根据缴纳财产税的比例，并且包括一个条款允许贫穷的无地农民无偿放牧一些牲畜。这种公地使用制度在1725年3月27日被成文化，允许每个居民每放牧1头（只）牛羊缴纳1里弗尔税。对此，马克·布洛赫认为这一法律有利于富人，他们能

---

① Noelle Plack, *Common Land, Wine and the French Revolution: Rural Society and Economy in Southern France, c. 1789-1820*, p. 8.
② Noelle Plack, *Common Land, Wine and the French Revolution: Rural Society and Economy in Southern France, c. 1789-1820*, p. 9.

够据此不成比例地享有公共牧场，无地农民没有从公共牧场中获得什么。富人主导公共牧场的使用是显然的，不那么富有的居民支持任何使他们有权使用公地的立法，包括分割公地。① 又如，埃纳省（Aisne）居民对立法议会说，"因为人在权利上是平等的"，他们"应该独自享有他们的财产，这些财产一直有一个公共利益，直到现在他们的权利一直因为富人的利益及其对公共权利的损害而得不到保障"。② 然而，在另一些地区，贫穷的农民依靠公地放牧他们为数不多的牲畜，希望它不被分割，而富人不依靠公地放牧，则希望把它投入土地市场。经过大量辩论后，贝利（Bellay）地方政府推荐分割沼泽、荒地和岛屿，仅留下森林和山地未分割。1790 年，地方官员建议两年后出售或分割公地。改革者也寻求妥协，大多数倾向于根据之前所拥有的村庄土地所有权比例分配公地，"那些缴更多税的人应比缴税少的人享有更多的使用权"。③

事实上，大革命时期立法对公地的关注达到了顶峰。大革命时期的三个重要法令都和公地相关。1792 年 8 月 14 日法令命令分割所有公地，它宣称在一年的收获结束后，除了森林之外，公地应在每个村庄共同体的所有公民中分割。然而，该法令并没有详细地说明如何执行。1792 年 8 月 28 日法令废除了领主的"挑选权"，并允许村庄共同体恢复任何被领主占有的公地。④ 1793 年 6 月 10 日法令为 1792 年 8 月 14 日法令提供了管理方法。该法令的运用取决于当地的选择，并且它的说明也非常合理。为了运用这一法令，需要村庄共同体 1/3 年满 21 岁的男女居民投票决定。如果该法令被援引，公地将会在共同体全体居民中按比例分配，无论年龄和性别。通过这种分配方式获得的份地，除了要缴 10 年公共税收之外可以转让并且没有留置权。⑤

---

① Noelle Plack, *Common Land, Wine and the French Revolution: Rural Society and Economy in Southern France, c. 1789–1820*, pp. 31–32.
② David Hunt, "Peasant Movements and Communal Property during the French Revolution," *Theory and Society*, Vol. 17, 1988, p. 272.
③ David Hunt, "Peasant Movements and Communal Property during the French Revolution," *Theory and Society*, Vol. 17, 1988, p. 262.
④ Noelle Plack, *Common Land, Wine and the French Revolution: Rural Society and Economy in Southern France, c. 1789–1820*, p. 10.
⑤ Frederic O. Sargent, "The Persistence of Communal Tenure in French Agriculture," *Agricultural History*, Vol. 32, No. 2, 1958, pp. 105–106.

这种分配方式把之前的领主和不在地业主排除在外，所有地块都以自由保有的形式持有。①

遗憾的是，1793年6月10日法令并没有被广泛运用，在它运用的地方，其结果也大不相同。在阿登高地（Ardennes），它仅对大土地持有者有利。在埃纳省，一些雇工从中获益，但放牧地的损失导致饲养的羊群数量减少。在克勒兹省（Creuse），该法令的运用遭到了激烈的抵抗。在奥德（Aude）省，该法令的运用导致人们尝试耕作每一块贫瘠土地，但不久之后土地就因无法耕作而被放弃。②

反对分割公地的农民认为公共放牧权是"自居住在这里与生俱来的权利，而不是财产权利"。他们在接受补偿之后"很快就忘记了这些补偿，但这些（公地）利益的损失将会一直被想起"。因此，他们营造了一个有害和危险的舆论氛围。农民把公地视为祖传的遗产，大多数人认为他们所拥有的公地权利比村庄共同体里最有实力的地主还要多。③ 农民的抵抗赢得了立法的让步，法令禁止了进一步分割公地。1796年6月9日法令要求废止对公地的分割，1797年5月21日法令禁止进一步转让公地。1804年2月29日法令和1804年10月31日法令禁止分割公地并管理公地的使用。④

从大革命期间颁布的法令可以看出，对于大多数小农和无地农民来说，他们渴望两种互不相容的东西，在希望私人财产能够从封建束缚中解放出来的同时，又渴望保留公地和公共权利。正如1791年9月28日法令一方面说"法国的土地正如居住在这里的人民一样自由"，另一方面保留了公共放牧权和共同牧畜权。在这一历史背景下，法国大革命之后制定的《法国民法典》建立了个人主义的所有权制度，但值得指出的是，个人主义所有权体制的建立是以一定量的公共财产（土地）的存在为前提的。

---

① Peter Jones, "The 'Agrarian Law': Schemes for Land Redistribution during the French Revolution," *Past & Present*, No. 133, 1991, p. 108.
② Frederic O. Sargent, "The Persistence of Communal Tenure in French Agriculture," *Agricultural History*, Vol. 32, No. 2, 1958, pp. 105 – 106.
③ David Hunt, "Peasant Movements and Communal Property during the French Revolution," *Theory and Society*, Vol. 17, 1988, p. 264.
④ Frederic O. Sargent, "The Persistence of Communal Tenure in French Agriculture," *Agricultural History*, Vol. 32, No. 2, 1958, p. 106.

可以说，《法国民法典》确立了个人所有权和公共所有权并存，以个人所有权为核心的所有权体系。①

《法国民法典》第 544 条规定："所有权是最绝对地享有和处分物的权利，但法律或条例禁止的使用除外。"第 545 条规定："非因公益使用之原因并且事先给予公道的补偿，任何人均不受强迫让与其财产所有权。"② 这两条被认为是个人主义所有权制度的奠基性规范，而个人所有权又被法典作为整个私法制度的基础。从此以后，土地所有权被纯化为一种财产权，一种可以为所有权人自决的法律权利。③

虽然《法国民法典》确立了以个人所有权为核心的所有权体系，标志着私人财产所有权在法律上的确立，但在相当长的历史时期内，公共权利依然存在，尚未完全退出历史舞台。拾穗权一直持续到 19 世纪 90 年代，尽管当时拾穗活动已经很少，最终在 20 世纪 30 年代之前消失殆尽。收集残株权和收割干草权一直延续到 1850 年之后才开始衰落。轮作制一直延续到 20 世纪。尽管法律上具有约束力的轮作制在 1791 年被废除，但敞田制农业条件下农作物轮作的同步性优势如此强大，使轮作制一直延续到二战时期。④ 公共放牧权延续的时间更长。根据西伯姆的经历，自 19 世纪早期以来，通过检查村社地图中的谷物种植区，有大量证据显示其划分为条田。地图所附带的条田所有者的名单提供了充分的证据显示条田的交错分布。每一个村社都拥有自己的印刷版使用规则，在当地书店花一两个法郎就能买到，从中可以看出在多大程度上收获后的条田依然实行公共放牧权。西伯姆检查了许多从不同地区获得的使用手册，惊奇地发现对耕地的公共放牧权仍广泛存在。到 19 世纪末，条田的所有者——农民，在自己的谷物收获之后，不敢在自己的谷物残株上放牧，直到习俗规定的整个村庄共同体的牲畜在残株上放牧的日子才可以。⑤ 在一些村庄，公共放

---

① 高富平、吴一鸣：《英美不动产法：兼与大陆法比较》，第 118 页。
② 高富平、吴一鸣：《英美不动产法：兼与大陆法比较》，第 117 页。
③ 高富平、吴一鸣：《英美不动产法：兼与大陆法比较》，第 118 页。
④ George W. Grantham, "The Persistence of Open-Field Farming in Nineteenth-Century France," *The Journal of Economic History*, Vol. XL, No. 3, 1980, p. 522.
⑤ Frederic Seebohm, "French Peasant Proprietorship under the Open Field System of Husbandry," *The Economic Journal*, Vol. 1, No. 1, 1891, p. 61.

牧权一直延续到20世纪60年代中叶。①

轮作制和公共放牧权之所以延续这么长时间，是因为法国大革命立法虽然给予了每一个条田持有者卖出或交换他的条田并根据自己的意愿围圈它们的权利，换言之，立法使条田持有者有权把他自己的条田从敞田制中脱离出来并作为自己排他性的财产根据自己的意愿耕作，但只要条田持有者放弃这样做，他的条田依然要遵从敞田制的使用规则，例如轮作和公共放牧。这些规则是古老的习俗保留下来的，尽管摆脱它们的大门已向农民敞开，但事实上这些习俗在农民心里和习惯上早已根深蒂固，并在每一个村庄被一种共同体感情的强大认可所支持。② 这一点解释了为什么轮作制和公共放牧权延续了这么长时间。

值得注意的是，除了农民的土地权利之外，领主的土地权利也得到了认可。1802年拿破仑上台后，即停止出售逃亡贵族土地，并将尚未出售的土地退还给逃亡贵族，意味着拿破仑调整了大革命时期的土地政策，不仅主张农民的土地权利，对领主土地权利也给予承认。1825年，国王查理十世颁布"关于补偿亡命贵族10亿法郎"的法令，赔偿当年被强行没收土地的贵族和教士，这意味着正式承认农民和贵族都具有相应合法的土地权利。③

综上所述，早在15、16世纪法国已出现圈地，对耕地的圈占仅仅是自然意义上的圈地，目的是保护耕地免遭牲畜破坏，对废除公共放牧权的尝试揭开了土地产权变革的序幕。到了18世纪下半叶，在政府政策的推动下，圈地运动开始高涨。大革命的爆发使法国土地产权发生了实质性的变革，长期剥夺、压榨农民的封建特权和封建制度被农民自己用暴力打翻在地，农民获得了土地所有权。最终，《法国民法典》确立了以个人所有权为核心的所有权体系，农民和领主合法的土地权利都获得了认可。

---

① George W. Grantham, "The Persistence of Open-Field Farming in Nineteenth-Century France," *The Journal of Economic History*, Vol. XL, No. 3, 1980, p. 524.
② Frederic Seebohm, "French Peasant Proprietorship under the Open Field System of Husbandry," *The Economic Journal*, Vol. 1, No. 1, 1891, p. 60.
③ 侯建新：《大革命前后法国农民土地产权问题——从托克维尔的一个误判谈起》，《史学集刊》2021年第5期。

第二节　英法土地确权进程差异的原因分析

纵观法国农村土地确权进程，发现其土地确权在时间、方式以及结果上都与英国迥然不同。英法两国土地确权进程之所以有如此大的差别，主要原因在于两国的农村商品化进程、社会结构以及法律机制的差异。

一　农村商品化进程的差异

与都铎时期英国已确立明晰的土地产权相比，法国的土地确权进程较为迟缓，其原因在于法国农村商品化进程缓慢，主要体现为市场机制不完善、地区之间的市场不融合以及农产品流通不顺利。

首先，市场机制不完善。市场机制是通过市场竞争配置资源的方式，即资源在市场上通过自由竞争与自由交换来实现配置的机制，也是价值规律的实现形式。市场机制是一个有机的整体，它的构成要素主要有价格机制、供求机制和竞争机制等。其中，竞争机制是十分重要的环节。在旧制度时期，由于王室对垄断的保护一直存在，市场的竞争机制不能发挥作用。行会是最典型的例子，随着14、15世纪经济活动的衰退，行会在法国城镇的权力越来越大。行会通过制定垄断性限制使当地市场免受外部竞争的影响，导致的后果是：劳动力的流动性受到限制，进入一个行业即使不是不可能也是困难重重；资本的流动性也同样受到限制；不得违背习俗的烦琐的生产过程条例使创新处处受到抑制或禁止；一些产品的价格是固定的，例如1571年敕令规定各种织物的价格都是固定的，不能反映市场的供求关系。[①] 17世纪，柯尔柏将行会制度置于自己的控制之下，使行会成为普遍适用于贸易结构的模式，不仅适用于城市，也适用于集镇甚至乡间。法国王室以保障地区性垄断权而换取行会缴费的方式强化了行会，实际上是用地区性垄断权换取有保证的收入源。[②] 垄断使市场的竞争机制不能发挥作用，抑制了创新，不利于优胜劣汰，严重阻碍了商品化进程。

[①] 〔美〕道格拉斯·诺思、罗伯特·托马斯：《西方世界的兴起》，厉以平、蔡磊译，第139页。

[②] 〔美〕道格拉斯·C.诺思：《经济史中的结构与变迁》，陈郁等译，第169页。

其次，地区之间的市场不融合。法国王室的财政政策阻挠了广泛市场的形成，各地被国内关税制度人为地分隔孤立，市场区域通常涵盖不了少数大城市和某些港口的近郊以外地区。法国可以看作由 30 多个孤立的市场区所组成的，其中只有巴黎要依靠广大的内地，而其他市场区都是从毗邻地区获取供给的。① 直到 19 世纪前期，法国农产品市场仍然是地方性的小型农产品市场占主导地位，地区性的农产品市场之间没有有机联系，最大的农产品中心市场也主要发挥地区性效应，没有形成贯穿全国的农产品市场机制。②

最后，农产品流通不顺利。从农业生产者个体来看，农民生产的农产品绝大部分自给自足，只有很小一部分进入市场。进入市场的这一小部分农产品的流通极为不顺利，不仅在国内市场流通受到阻碍，而且很少在国际市场流通。

法国气候温和，土壤肥沃，自中世纪以来农业就比较发达。由于气候和耕作制度的不同，法国南部谷物产量低，葡萄产量高，主要用于生产葡萄酒。法国北方则恰恰相反，导致出现北粮南运和南酒北输现象。但即使存在数量有限的北粮南运和南酒北输现象，国内交通的不发达以及国内市场的不融合也阻碍了产品的运输。法国国内的天然水道特别适合运送大宗笨重商品，但是政府对它的维护很不成功，导致天然水道未能充分发挥它的作用。再加上 1770 年之前，法国的乡村道路体系几乎没有什么发展，造成了交通运输的不便。由于法国国内地区之间的市场不融合，葡萄酒在商路上的每个阶段都要停下来缴税，谷物运输更是关卡重重。③

北粮南运和南酒北输只是为了满足地区内或国内范围的自给自足，农产品很少在国际市场流通。旧制度时期法国政府一直采用鼓励工业品出口而抑制农产品出口的政策。由于粮食非常重要而且产量极不稳定，在这个时代，旧的封建或市政规章制度仍有很大影响，其根本精神是反对一切出

---

① 〔美〕道格拉斯·诺思、罗伯特·托马斯：《西方世界的兴起》，厉以平、蔡磊译，第 134 页。
② 许平：《法国农村社会转型研究（19 世纪—20 世纪初）》，第 30 页。
③ 〔法〕G. 勒纳尔、G. 乌勒西：《近代欧洲的生活与劳作（从 15—18 世纪）》，杨军译，第 177 页。

口贸易,尤其是粮食出口。在这种精神主导下,商业受控于严格的限制性政策。由于对饥荒的恐惧,地方官员们努力将粮食留在出产地,只有在粮食出现盈余的情况下才能出口。虽然在1534年和1539年被暂时许可,1601~1625年可以自由出口,但到1664年,粮食出口需缴付极重的关税,达每豪格海22里弗尔。从1693年起,粮食出口被完全禁止,违犯者将受到在船上划桨的惩罚,严重的甚至会被处死。除了在1764年舒瓦瑟尔(Choiseul)主政时的很短一个时期,出口禁令一直延续到旧制度灭亡后。[1]

市场机制不完善、地区之间的市场不融合以及农产品流通不顺利导致法国农村商品化进程缓慢,与之相比,英国农村商品化进程起步较早且发展迅速,主要表现为农民普遍进入市场。英国市场的起源可以追溯到盎格鲁-撒克逊时期。早在《末日审判书》的时代,英格兰各地就已出现少量贸易集镇。[2] 中世纪时期,英国市场主要经历了三个发展阶段:11世纪及以前是"前市场"阶段,由于劳动生产率低,交换的规模极小、频率极低,对农民经济生活几乎没有影响,对领主经济也影响甚微,是典型的自给自足经济时期;12世纪初到13世纪中叶是"领主市场"时期,农民持有地和领主直领地的产量都有了持续的增长,农民的产品一部分开始流入市场,但由于数量有限,未能实现商品交换和货币地租的普遍化,主要的商品交换活动是由领主地产进行的;最后一个阶段是1250~1350年,可称为"农民市场"时期,随着货币地租流行,农民剩余产品积累不断增加,农民相当普遍地进入市场,并且逐渐占据重要位置。据侯建新教授统计,如表6-1所示,这一时期英国农民商品率和储蓄率都比较高,尤其是农民的租金部分(15先令)只占他全部商品生产(44.3先令)的33%,即一个农民要有相当于货币租3倍的农产品在市场出售。[3] 可见,早在13~14世纪,英国农民就已比较普遍地进入市场,商品交换活动成为他们生活中不可分割的部分。

---

[1] 〔法〕G. 勒纳尔、G. 乌勒西:《近代欧洲的生活与劳作(从15—18世纪)》,杨军译,第105~106页。
[2] Joan Thirsk, *The Agrarian History of England and Wales*, Vol. IV, 1500-1640, pp. 466-467.
[3] 侯建新:《现代化第一基石——农民个人力量与中世纪晚期社会变迁》,第229页。

表 6-1　13~14 世纪英国中等农户收支及商品率和储蓄率

收入部分	粮食收入	103 蒲式耳	70 先令
	畜牧收入		21 先令
	打工收入		8.4 先令
	总计	103 蒲式耳	99.4 先令
直接消费部分	口粮消费	54 蒲式耳	27 先令
	种子扣留	31 蒲式耳	21.1 先令
	什一税	10.3 蒲式耳	7 先令
	总计	95.3 蒲式耳	55.1 先令
进入市场部分	穿衣		14.5 先令
	租税		15 先令
	剩余值		14.8 先令
	总计		44.3 先令
商品率		45%（44.3 先令）	
储蓄率		15%（14.8 先令）	

资料来源：参见侯建新《现代化第一基石——农民个人力量与中世纪晚期社会变迁》，第 73 页。

与农民普遍进入市场交换领域相适应的是，13 世纪以后地方市场成倍扩张，显然是为适应农民交换需要而开辟的流通网络。1227~1350 年，仅经国王批准而设立的市场就有 1200 个，还有许多市场是未经国王批准而建立的。至 15 世纪末，英格兰地区共有 780 多个市场，其中 2/3 是乡村市场。相邻的乡村市场彼此交叉开市，保证农民随时都可以用剩余农产品交换货币或其他生活用品。对此，科斯敏斯基认为："它们已经组成了一幅（副）农产品市场的网络，尽管市场规模不大，但却很稳定，或密或疏地分布在整个农村地区……"[1]

到了 16 世纪，英国农民与市场的联系更加紧密。16 世纪城市人口的增加意味着需要为更多的人提供粮食，农产品有了更大的国内市场。新航路的开辟造成了国际市场对呢绒和谷物的需求量增长，英国成为重要的呢绒和谷物出口国。国内和国际市场的发达使英国的农产品无论在国内市场还是国际市场都能够顺利地流通，市场的主导作用越来越大，无论是领主、租地农场主还是雇工都被卷入市场经济，受到市场规律影响，并根据

---

[1] 转引自侯建新《现代化第一基石——农民个人力量与中世纪晚期社会变迁》，第 231 页。

市场价格和供求关系进行生产。可见，都铎时期英国国内和国际市场的发达使农产品能够顺利流通，英国农村商品化进程要比法国迅速得多。英国农村商品化的迅速推进对于农业的实际生产者是一个极大的刺激，他们为了追求更多利润，强烈要求明晰土地产权，实行资本主义农场式经营。总的来看，英国农村商品化进程起步较早且发展迅速对土地确权起到了推动作用，也是英国最早完成农村土地确权的重要原因。

二 社会结构的差异

英法两国土地确权道路最本质的差异在于英国走的是一条和平、渐进的道路，而法国则是采用暴力的方式，造成这种差异的根本原因是英法两国社会结构的不同。

英法两国社会结构的差异首先体现在法国的贵族阶层没有想方设法获得高度的独立，而是变成了国王的附庸。对于土地贵族而言，佩剑贵族势力的衰落与国王权势的集中和扩展是同时发生的。查理七世和路易十一是法国"王权国家主义的创始人和国家经济的促进者"，完成了领土和人民的统一，从而使法国成为一个整体。这个整体不再像封建法国那样，以负责维护习惯法的国王本人所体现的互助感情来维系它的统一，而是用一种现代的方式，借用君王的权威来维系它的统一。君王高踞在一个集权国家之上，拥有自己的行政体系。[1] 在整个16世纪和随后的历史中，国王剥夺了贵族所拥有的众多法定职能，向他们征兵征税，干涉他们的事务，并且迫使他们听从最高法院的裁决。到路易十四统治时期，这些贵族势力被大大削弱，他们不是在凡尔赛养尊处优，就是在外省默默无闻。[2]

除了佩剑贵族之外，17世纪初，还出现了一个和它享有同样特权与世袭权的穿袍贵族。获得穿袍贵族的身份，无疑是靠着钱财。[3] 这些获得贵族身份者是富有的城市资产阶级，他们通过买地而被封为贵族。

---

[1] 〔法〕雷吉娜·佩尔努：《法国资产阶级史：从发端到近代》上册，康新文等译，上海译文出版社，1991，第282~283页。

[2] 〔美〕巴林顿·摩尔：《专制与民主的社会起源——现代世界形成过程中的地主和农民》，王茁、顾洁译，第43页。

[3] 〔法〕雷吉娜·佩尔努：《法国资产阶级史：近代》下册，康新文等译，上海译文出版社，1991，第79页。

第六章 近代早期法国农村土地确权

法国城市资产阶级从15世纪开始对地产产生兴趣。15世纪下半叶，土地价格的贬值，刺激了城市资产阶级买地。1446~1493年，城市定居的艺术家、旅馆老板、律师和商人购买了价值高达6万里弗尔的土地。① 16世纪遍及欧洲的价格革命对直接依靠土地生活的人产生了巨大影响。一些旧贵族在通货膨胀的打击下破产，不得不出售或抵押土地。② 这些旧贵族出售的土地大多被城市资产阶级购得。据有关数据统计，从8世纪到16世纪中叶，领主直领地从占全国土地总量的50%降至33%。领主失去的土地流入城市资产阶级手里，1550年，领主直领地占全国土地总量的1/3，佃农土地占1/3，其余的1/3被城市资产阶级所占有。在城市资产阶级占有的全国1/3土地中，巴黎的资产阶级占有25%。③

除了购买旧贵族的土地之外，城市资产阶级还购买破产农民的土地。土地税（taille）④等封建税收的沉重迫使一些小农破产，他们不得不出售土地。城市资产阶级则抓住这一机会购买破产农民的土地。以里昂南边的一个小集镇圣基尼斯拉瓦尔（Saint-Genis-Laval）为例，在这里，农民的土地被里昂的资产阶级买走，这些购地者是商人和银行家。1388年，里昂市民在圣基尼斯拉瓦尔仅有4.1%的土地，1493年他们在这里的土地也不多，仅12.4%，但到了17世纪末，他们拥有的土地已达33%。⑤

城市资产阶级通过购买土地摇身一变成为贵族。1470年，路易十一宣布，贵族即为采邑的占有者。一时间，涌现出许许多多冒牌贵族，这些人大多是买下一块土地过上了绅士生活，但并没有真正的贵族名号。⑥ 在路易十一时期所形成的群体正是后来的穿袍贵族。富有的城市资产阶级通过买地而被封为贵族的例子不胜枚举。

与此同时，另一些城市资产阶级通过买官成为官僚。查理七世时期，

---

① Emmanuel Le Roy Ladurie, *The French Peasantry 1450-1660*, p.68.
② 〔法〕雷吉娜·佩尔努：《法国资产阶级史：从发端到近代》上册，康新文等译，第372页。
③ Emmanuel Le Roy Ladurie, *The French Peasantry 1450-1660*, p.164.
④ 法国封建时代君主及领主对农民征收的一种土地税和农业收入税。
⑤ Philip T. Hoffman, "Taxes and Agrarian Life in Early Modern France: Land Sales, 1550-1730," *Journal of Economic History*, Vol. XLVI, No.1, 1986, p.38.
⑥ 〔法〕雷吉娜·佩尔努：《法国资产阶级史：从发端到近代》上册，康新文等译，第287页。

王室实现了对财政权的绝对控制。由于15世纪的无政府状态,一切所有权都得不到保障,三级会议将征税权让给了查理七世,以求得君主对维护社会秩序和保护法国免遭英国入侵者掳掠的允诺。查理七世获得征税权后,开始把原先由三级会议投票开征的特种税定为常规税种。在百年战争以后出现的法兰西王国即使正在变为一个民族国家,其经济也并不是一种国家经济,而是由许多地区性和地方性经济组成,王室不得不分门别类地对每个地区征税,完成这项任务要求形成庞大的官僚机构。① 随着王室征税权力的扩大,官僚体制不断扩张,公职开始被出售,不仅大小官职可以出售,许多没有实缺的官职也拿来出售。查理七世统治后期,资产阶级开始贪婪地追求官职,这是当时资产阶级兴盛的明显标志。②

资产阶级追求官职和贵族身份是受了实际利益的诱惑。由于罗马法承认官员和贵族享有免税权,人们一旦有了官职或者贵族姓氏和爵位,便意味着可以免缴赋税。③ 官职和贵族爵位既可以提高名望,又能增加收入,因而成为资产阶级追逐的对象。由于王室对税收的控制是绝对的,由资产阶级组成的庞大的官僚队伍对国王唯命是从,成为依附王权的阶层。对此,布罗代尔认为近代早期商人放弃商业而去追求土地、官职和贵族身份,是一种"资产阶级的变节"。④

资产阶级购买土地成为穿袍贵族后,要么直接地以产品形式,要么间接地以现金形式搜刮农民的收成,并没有像英国的约曼和乡绅那样从事资本主义农场制经营。应当承认的是,16世纪下半叶法国也出现了个别类似于英国的约曼和乡绅那样亲自从事农业生产的人,例如诺曼底的古贝尔维尔老爷,就他的地位和生活方式来说属于贵族,但他却是出身于资产阶级。他自己出卖牛只,亲自监督筑堤、竖立栅栏和挖掘沟渠,亲自"带领家中全体仆役"清除多石的田地中的砾石。⑤ 可能确实存在几个这样的地主,但是显然不能说他们起了什么重要作用。许多大地主、贵族或资产

---

① 〔美〕道格拉斯·C. 诺思:《经济史中的结构与变迁》,陈郁等译,第169页。
② 〔法〕雷吉娜·佩尔努:《法国资产阶级史:从发端到近代》上册,康新文等译,第284页。
③ 〔法〕雷吉娜·佩尔努:《法国资产阶级史:近代》下册,康新文等译,第81页。
④ Philip T. Hoffman, "Taxes and Agrarian Life in Early Modern France: Land Sales, 1550 – 1730," *Journal of Economic History*, Vol. XLVI, No. 1, 1986, p. 39.
⑤ 〔法〕马克·布洛赫:《法国农村史》,余中先等译,第168页。

阶级对田地没有兴趣，也没有在田地上生活的情趣，还不说富人拥有的土地通常非常多又非常分散，以致他们不可能都亲自经营。① 于是，把土地以租佃制和分成制出租出去，从农民那里榨取经济剩余成为他们最好的选择。

在16、17世纪乃至大革命前的法国，贵族获得的利润不是来自市场上出售的农产品，而仍然是来自农民缴付的租金。正像马克·布洛赫观察的那样，领主从庄园领地上获得的财富来自一系列零散土地的小额租金，有些甚至是实物。② 即使是那些代表了法国农村商业发展先进性的贵族，也仍未停止从农民那里榨取更多的财物。以图卢兹为例，当地出售谷物的动机非常强烈，交通运输的改进使人们可以向远离图卢兹的地区出售谷物，而且出售的数量就18世纪的标准来看也是巨大的。图卢兹的贵族们，包括佩剑贵族和穿袍贵族在内，已经成功地适应了自己参与创造的环境，就像精神饱满的英国绅士一样，然而图卢兹的收入中很大一部分还是来自地租。③

对于法国农民而言，他们既要向乡村中的领主缴纳地租、年贡、市场税、土地转移税，又必须为领主服劳役，并到领主开的磨坊里磨面，此外还要缴纳封建国家征集的各种捐税。④ 因此，旧制度后期法国的整体情况是：一边是一批农民在土地上劳作，另一边是贵族要么直接地以产品的形式，要么间接地以现金的形式搜刮农民的收成。⑤ 大革命时期法国农民之所以成为活跃的革命力量，其主要原因不是对土地的热爱，而是包括什一税、地租和土地买卖税在内的"土地奴役"以及这些封建捐税及贵族权利带给农民的巨大痛苦。⑥ 农民革命的成果是废除了长期剥夺、压榨农民的封建特权和封建制度，农民土地所有权是通过暴力方式获得的。

---

① 〔法〕马克·布洛赫：《法国农村史》，余中先等译，第169页。
② 〔美〕巴林顿·摩尔：《专制与民主的社会起源——现代世界形成过程中的地主和农民》，王茁、顾洁译，第42页。
③ 〔美〕巴林顿·摩尔：《专制与民主的社会起源——现代世界形成过程中的地主和农民》，王茁、顾洁译，第52～53页。
④ 许平：《法国农村社会转型研究（19世纪—20世纪初）》，第197~198页。
⑤ 〔美〕巴林顿·摩尔：《专制与民主的社会起源——现代世界形成过程中的地主和农民》，王茁、顾洁译，第55页。
⑥ 许平：《法国农村社会转型研究（19世纪—20世纪初）》，第197页。

与法国相比，英国土地确权是一个和平、渐进的过程。英国农民自发地整合条田是英国圈地运动的重要组成部分。中世纪晚期英国农业劳动生产率、商品率和产品的剩余与积累都有了实质性的提高或增长，农民个体力量已得到比较充分的发展。[①] 在这一历史前提下，普通农民自发地整合分散条田，主要目的是改善耕地，提高效率，他们开创了土地的单独耕作制，从而冲击和破坏了共同体耕作制度。普通农民这样的圈地方式一直延续下来，对敞田制具有基础性的颠覆作用。因此，英国普通农民对于圈地运动的作用绝不可低估，没有农民普遍的基础性的田制改造，圈地运动是不可想象的。[②]

农民群体物质和精神力量的普遍发展使英国农村分化出一批富裕农民，他们以资本主义生产方式经营土地，逐渐成为英国的中产阶层。这一阶层不仅包括富裕农民，也包括乡绅以及投资土地的商人，可称之为"大农—乡绅阶层"。大农—乡绅阶层其实就是农业资本家阶级，早在圈地运动发生之前，大农—乡绅阶层就已通过承租领主直领地和购买小农持有地的方式来扩大自己的耕地和牧场，他们所开创的资本主义农场经济取代了封建领地经济。可以说，大农—乡绅阶层自形成以来一直都是农业现代化的发起者，他们具有市场眼光，追求市场利润。在16世纪这个寸土寸金的时代，他们为攫取土地经营的市场利润而圈地。在法律的规范下，大农—乡绅阶层所采用的协议圈地方式是英国土地确权的主流，他们成为英国土地确权的主导者和推动者。

这个新的融为一体的大农—乡绅阶层使贵族与一般农民之间形成了一个强有力的"中间等级"。这个"中间等级"的出现使上层农民与乡绅、绅士、骑士间相互交叉和渗透，以往壁垒森严的阶级界限变得模糊起来。"中间等级"在社会各个领域中的作用日益明显，在中央和地方都扮演着举足轻重的角色。在政治领域，乡绅也成长为一支不可忽视的力量，"从

[①] 侯建新：《中世纪英国农民个人力量的增长与自然经济的解体》，《历史研究》1987年第3期。

[②] 侯建新：《圈地运动与土地确权——英国16世纪农业变革的实证考察》，《史学月刊》2019年第10期。

这个阶级中,都铎诸王选拔出他们最好的官吏"。① 大量出身于乡绅家庭、受到良好教育的知识分子为都铎政府提供了各级官吏,逐步分享了贵族的政治权力。在政府机构中,如财政部、大法官法庭和枢密院,贵族逐渐放弃了任职的独占权,他们在枢密院中只取得大约半数的职位。在议会中也是如此。正是由于大农—乡绅阶层是土地确权的最大受益者,在下院的抵制下,1563～1597年议会没有颁布过新的反圈地法令,保障了土地确权的顺利推进。

可见,社会结构的差异是造成英法两国走上两种不同土地确权道路的重要原因。英国的独特之处在于贵族与普通农民之间出现了一个强大的中间等级,即大农—乡绅阶层,也可称之为英国的农业资产阶级,他们以资本主义生产方式经营土地,是土地确权的主导者和推动者。相比之下,法国在依附王权的贵族和农民之间并没有出现一个强大的农业资产阶级。新兴的城市资产阶级或是通过买地成为穿袍贵族,或是通过买官成为官僚,最终都依附于王权,并没有成为推动土地确权的主导力量。

三 法律机制的差异

与英国相比,法国私人财产权虽然在法律上予以确立,但公共权利尚未完全退出历史舞台,并没有像英国土地确权那样彻底。造成这一结果的原因主要在于英法两国法律机制的差异。

习惯法作为法国法的主要法律渊源,对法国法的影响一直很大。早在罗马入侵前,高卢地区调整人们之间社会关系的规范是习惯。罗马入侵后,高卢地区适用的法律仍然是部落习惯。② 法兰克王国时期,其法律渊源主要是习惯法。与法兰克王国相同,习惯法仍是法兰西王国时期主要的法律渊源,并且逐步成文化。③

在法国北部,习惯法统治着人们的生活。习惯法具体体现在条文中、法令中、通过调查制定的领主庄园的清单中。不过在大部分情况下,习惯法只停留在口头上。习惯法是一把双刃剑,它时而为领主所利用,时而为

---

① 侯建新:《现代化第一基石——农民个人力量与中世纪晚期社会变迁》,第241页。
② 何勤华主编《法国法律发达史》,第3页。
③ 何勤华主编《法国法律发达史》,第15页。

农民所利用。加洛林王朝时代，当那些公共法院审理诉讼案时，人们可以看到庄园习惯有时被领主用来对付其臣仆，有时被臣民用来对付其领主。这个时期，习惯法在佃农中被广泛地推行，不仅运用于隶农，而且适用于奴隶。习惯法扩张的一个重要影响就是使得采地（无论采地或采地主人的法律地位属于哪一类）基本上成为世代相传之物。法兰克时代，不仅自由人份地实行了土地世袭制度，而且这种传统法被推广到全体佃农，甚至处于奴隶地位的人。① 习惯法如此根深蒂固，以至于农民一直顽固地束缚在旧习惯上，不愿放弃自己继承的土地及其权利，以致像英国农民那样自愿的交换和集中条田几乎从未发生过。除了货币和经济原因，例如抵押土地造成的土地转移，普通的法国农民坚持认为没有任何一块土地比他自己所拥有的那块好。事实上，大多数农民对条田分散分布在村庄的状态很满意。② 这解释了为什么 18 世纪末期以前在法国大部分地区可耕地上的围圈与都铎王朝时期起开始改变了旧英国面貌的那类圈地没有任何相似之处。

只有诺曼底是一个例外，在开放的平地附近，传统习惯上一直允许圈地的存在。从 16 世纪起，耕地的圈占在土壤肥沃的平原地区获得了一个意料不到的大发展。一大批被佩洛特·德·凯隆固执地兼并到布雷特维尔－洛格约斯附近的大块的可耕地都是圈占地、"栅围地"。对此，法理学和法律学倾向于毫无保留地承认封围土地的权利。从 1539 年起，习惯法条文的一位解释权威纪尧姆·勒·鲁伊接受了这一点。1583 年，明确并补充了以往汇编的正式颁布的习惯法特别认可了这一点。③ 但是，习惯法的最早诠释者们还不敢走得如此遥远，对于公共放牧权问题，法律学家还在长时间地犹豫。例如，在 17 世纪，人们看到高等法院撤销了某下级法院的判决，因为该法院同意了一位领主拒绝在其领地上实行有偿公共牧场制的要求。④ 在该案例中，领主拒绝在其领地上实行公共放牧，即使有

---

① 〔法〕马克·布洛赫：《法国农村史》，余中先等译，第 88~89 页。
② Alek A. Rozental, "The Enclosure Movement in France," *American Journal of Economics and Sociology*, Vol. 16, No. 1, 1956, p. 67.
③ 〔法〕马克·布洛赫：《法国农村史》，余中先等译，第 236 页。
④ 〔法〕马克·布洛赫：《法国农村史》，余中先等译，第 236 页。

偿也不行，反映了领主保护其私人土地产权的渴望。该法院支持领主的做法，但高等法院却撤销了这一判决，表明在17世纪诺曼底地区还倾向于保护公共放牧权。

除了习惯法之外，罗马法对法国法也产生了很大的影响。西罗马帝国灭亡以后，在法国南部罗马人居住区适用的仍然是罗马法。13世纪以后，随着查士丁尼《国法大全》的重新发现，罗马法的影响更为扩大，罗马法成为法国南部的基本的法律渊源。① 从法律上说，公共放牧权和共同牧畜权在法国南部受罗马法支配的地区并不存在。在这些地区，产权人在一年中的任何时期都享有完全的和唯一的使用自己土地的权利，无论是耕地、草地还是林地。奥弗涅（Haute-Auvergne）地区的奥里亚克（Aurillac）——这一地区被习惯法和成文法的边界一分为二，1768年，该地区当选的副代表（sub-delegate）宣布共同牧畜权在他的行政区不存在。尽管不存在共同牧畜权，但集体的农业实践活动，例如轮作制，在这一地区仍强制实行，并且遍及吉耶纳（Guyenne）和朗格多克的部分地区。② 可见，在受罗马法支配的法国南部，尽管不存在公共放牧权和共同牧畜权，也难以摆脱敞田制耕作习惯的影响。

以习惯法和罗马法为主要法律渊源的法国法对个人土地所有权的迟缓和犹豫一直持续到大革命时期。在法国大革命时期，罗马法和习惯法作为旧制度的产物，也成了人们仇视的对象，国民制宪会议的代表们屡次要求迅速制定一部"简单的、民主的并适用每一个公民的"民法典。③ 法国大革命之后制定的《法国民法典》建立了个人主义的所有权制度，但值得指出的是，个人主义所有权体制的建立是以一定量的公共财产（土地）的存在为前提的。④

可见，法国习惯法的根深蒂固使农民一直顽固地束缚在旧习惯上。虽然诺曼底是一个例外，但习惯法的最早诠释者们只认可圈地，对于废除公

---

① 何勤华主编《法国法律发达史》，第16页。
② Peter Jones, "Common Rights and Agrarian Individualism in the Southern Massif Central 1750 – 1880," Gwynne Lewis & Colin Lucas, eds., *Beyond the Terror: Essays in French Regional and Social History, 1794–1815*, Cambridge: Cambridge University Press, 1983, p. 123.
③ 何勤华主编《法国法律发达史》，第224页。
④ 高富平、吴一鸣：《英美不动产法：兼与大陆法比较》，第117页。

共放牧权问题一直在犹豫。在受罗马法支配的法国南部，尽管不存在公共放牧权等公共权利，但也难以摆脱敞田制耕作习惯的影响。可见，以习惯法和罗马法为主要法律渊源的法国法在面对社会经济急剧变化时，缺少及时和有效的回应。虽然最终《法国民法典》建立了个人主义的所有权制度，但这是以一定量的公共财产（土地）的存在为前提的，导致了法国私人财产权虽然在法律上予以确立，但公共权利尚未完全退出历史舞台，其变革并没有像英国农村土地确权那样彻底。

与法国法对个人土地所有权的支持较为迟缓和犹豫相比，英国法能够及时回应农民的圈地需求。随着都铎时期英国土地确权的推进，围绕地权的冲突和争议也开始大量涌现。面对各种地权冲突，庄园法庭支持庄园习俗和乡规民约，反对个体农民圈地。面对庄园法庭的打压，圈地农民寻求季审法庭的支持，季审法庭在一定程度上给个体佃农提供了援助。庄园法庭与圈地农民实际需求之间的差异使得大法官法庭出现。大法官法庭试图使庄园习俗与现实需求一致，在法律上认可圈地。这一过程展现了英国法在现实中的妥协与调整，为都铎时期英国农村土地确权的顺利推进创造了条件。

庄园法庭是庄园行政和司法管理的中枢。虽然15、16世纪庄园法庭衰落了，但并不是庄园法庭的所有业务都衰落了，缺席法庭的罚款、习惯土地的转让和保有、庄头和治安官的选举、违反乡规民约的事项等仍是庄园法庭受理的主要业务。[①] 乡规民约对庄园中的农业生活以及佃农的土地权利非常重要，因此，庄园法庭对违反乡规民约的案件尤为重视。对乡规民约的违反包括把树枝放在公共道路上、让牲畜进入庄稼地、非法侵占道路和其他人的土地、开垦土地边界以及圈地等。圈地是乡规民约主要关心的问题。圈地会干扰传统的剩啃权，这项权利是领主和佃农在收获之后和春耕开始的这段时间在敞田上公共放牧，同时也会妨碍东盎格利亚的领主积肥权。

庄园法庭支持乡规民约，反对个体佃农圈地，最典型的是诺福克郡的

[①] Jane Whittle, *The Development of Agrarian Capitalism: Land and Labour in Norfolk 1440–1580*, p. 56.

案例。1529年7月，黑文汉主教庄园的大佃农罗伯特（Robert Bisshop）被处以3便士的罚款，原因是他在领主直领地旁边新圈占了一块土地。庄园法庭命令他在8月10日之前填平圈地沟壑，否则将收回他对领主直领地的租赁权。10月中旬第二次开庭时，罗伯特仍然没有填平圈地，他被处以12便士的罚款。罗伯特的圈地行为不仅损害了领主的领地积肥权和其他佃农的剩啃权，并且他把这块地转变为牧场，这块地"自从人们有记忆以来一直都是耕地"，因此，法庭案卷记载他的行为违反了王室法令。① 然而，庄园法庭并没有建议该圈地重新转化为耕地，而是重复之前的命令：要求罗伯特把圈地沟壑填平，并且在10月25日之前完成。如若不然，将收回他对领主直领地的租赁权，并罚款40先令。②

1532年8月，另一起圈地案例出现在庄园法庭。亨利·马舍姆（Henry Marsham）在罗伯特的圈地旁边新圈占了两块土地，一块2英亩，一块4英亩。这两块地是习惯保有地。亨利被命令推倒圈地，否则他的土地将被永久没收。然而，法庭的注意力主要集中在罗伯特身上。第一，罗伯特拒绝让该庄园贫穷佃农的牲畜在他租赁的领主直领地上放牧。佃农的公共放牧权是习惯规定的，也被写入罗伯特的租地协议中，但他不让这些贫穷佃农在此放牧，极大地损害了这些佃农的公共权利，使他们更加贫穷。第二，罗伯特之前的圈地再次引起注意，他既没有推倒圈地，也不允许其他佃农在这里放牧牲畜。对此，庄园法庭宣布罗伯特对领主直领地的租赁权无效，命令庄头从罗伯特的商品和动产中征收40先令罚款，并且再次命令罗伯特拆除圈地。在1532年10月开庭前，罗伯特和亨利都没有推倒圈地。亨利的6英亩圈地被领主永久性没收。罗伯特已经失去了领主直领地的租赁权并被处以40先令的罚款，此外，他还被处以12便士的罚款，因为他在庄园公地上以及剩啃期间在马舍姆教区土地上放牧超过规定数量的牲畜。③

---

① 1515年反圈地法令规定所有在1515年2月1日之后由耕地转变而成的牧场需要恢复为耕地。
② Jane Whittle, *The Development of Agrarian Capitalism: Land and Labour in Norfolk 1440 - 1580*, pp. 59 - 60.
③ Jane Whittle, *The Development of Agrarian Capitalism: Land and Labour in Norfolk 1440 - 1580*, pp. 61 - 62.

此外，德比郡贝克韦尔（Bakewell）庄园的绅士约翰·夏普（John Sharp）也因圈地出现在庄园法庭。1542年米迦勒节，夏普被控告把公地圈为己有，这一行为违反了庄园习惯。此外，他还被控告围圈了从匹克堡（Castle of the Peak）到该郡王室大道的一部分。夏普拒绝遵守庄园法庭的命令拆除圈地以及恢复该庄园所有佃农的公共放牧权，对此，乔治·弗农（George Vernon）作为庄园法庭的首席法官，命令陪审员们自己拆除圈地并开通王室大道。[①] 可见，庄园法庭支持庄园习惯和乡规民约，反对个体佃农圈地。

面对庄园法庭的一味打压，圈地农民开始寻求季审法庭的支持。1532年，季审法庭和庄园法庭都记载了罗伯特的另一起案例。1532~1533年是现存的诺福克季审法庭记录最早的一年，记载了罗伯特控告马舍姆教区牧师约翰·伯里（John Bury）进入他的土地并毁坏他的篱笆，致使罗伯特自己的牲畜进入他自己的庄稼地，践踏、吃掉和毁坏了价值4英镑的正在生长的庄稼。对此，庄园法庭也有记载。1532年8月庄园法庭记录了罗伯特作为该庄园领主的佃农在诺里奇的季审法庭不公正地起诉约翰·伯里。庄园法庭陪审团认为约翰打破篱笆进入罗伯特的土地并不算犯罪，因为佃农在剩啃期间可以进入彼此的土地放牧牲畜，这一行为并不违反该庄园的乡规民约。[②] 1533年7月，罗伯特仍然没有推倒他自己土地上的圈地。这一次他被命令拆除圈地，否则，将没收他从领主那里保有的所有土地。对此，罗伯特通过获得季审法庭的乡绅阶层的政治支持来保护自己的圈地。他向庄园法庭呈递了一份担保书（warrant），骑士罗杰·汤森德（Roger Townshend）和缙绅埃德蒙·温德姆（Edmund Wyndham）都在此担保书上盖章，以此证明罗伯特对抗约翰·伯里是良好的行为，并由马舍姆教区的两名治安官呈递庄园法庭宣读。庭审记录没有记载这一纠纷最终是如何解决的。罗伯特并没有失去他的习惯土地，可以推测，他可能得到了季审法庭的援助。这一案例证

[①] Roger B. Manning, "Patterns of Violence in Early Tudor Enclosure Riots," *A Quarterly Journal Concerned with British Studies*, Vol. 6, No. 2, 1974, p. 124.

[②] Jane Whittle, *The Development of Agrarian Capitalism: Land and Labour in Norfolk 1440 – 1580*, pp. 60 – 61.

明了季审法庭给予个体佃农援助,当他们对庄园法庭的判决感到委屈时。这与之前的情况形成鲜明对比,之前习惯佃农在遇到这类问题时得不到王室法庭的援助。①

然而,寻求季审法庭的乡绅阶层的政治支持并不是每次都能成功。以诺福克郡的大卡布鲁克(Great Carbrooke)庄园为例,该庄园佃农约翰·佩恩(John Payne)用篱笆围圈了他的3英亩公簿持有地的一部分,引起了其他村民的不满,使他陷入了与其他村民的"分歧和抗争"。出于安全考虑,佩恩寻求季审法庭的乡绅阶层的政治支持,获得了一份来自治安法官的担保书,并把它交给治安官来执行。当治安官把这份担保书交给庄园领主托马斯·卡普戴克爵士(Sir Thomas Cuppldyke)时,领主却大声回复说:"在我的庄园没有这样的担保书,因为我是这里的领主。"领主之所以生气是因为佩恩无视庄园法庭的权威,拒绝出席庄园法庭并且违背法庭让他拆除圈地篱笆的命令,结果是领主集结了七八个仆人拆除了佩恩的圈地篱笆。

伊丽莎白一世时期是英国土地市场的繁荣时期,土地一直被买卖、交换或运用信托的方式重新分配。宗教改革削弱了教会对土地的控制,使土地归属情况更加复杂。随着土地确权的推进,伊丽莎白一世时期的地权纠纷越来越多。在这个土地问题纷繁复杂的时代,人们对更高效地处理土地纠纷的需求是明显的。由于普通法令状制度的机械性和令状体系发展的迟缓,许多权利得不到及时充分的救济。② 于是,大法官法庭较为灵活的程序和司法特征被运用。大法官法庭通常认可现存的圈地,无论是由领主还是由佃农圈占的。伊丽莎白一世早期,黑利(Hely)庄园领主声称佃农违法使用荒地、圈地以及违反庄园习惯。对此,大法官命一个委员会来评估佃农在牧场和荒地所圈占的所有土地,并且为这些圈地规定了固定的年度租金。领主被给予能够继续改善土地的特殊权利,条件是他的活动在法令规定的范围之内并且不侵害佃农使用公地的

---

① Jane Whittle, *The Development of Agrarian Capitalism: Land and Labour in Norfolk 1440 – 1580*, pp. 62 – 63.
② 高富平、吴一鸣:《英美不动产法:兼与大陆法比较》,第77页。

权利。① 大法官法庭的这一做法既认可了佃农圈地，同时也给予领主某些好处，调和了佃农与领主之间的地权纠纷。

大法官法庭接受一种责任，确保"公平"，正如威廉·兰巴德（William Lambarde）所说，"应当世世代代永久延伸"。大法官法庭渴望不遵循权威的印记，并且通过各种实践来证明。在过去，人们毫无疑问地在公地放牧他们的牲畜，但在不同时代，一种习惯（habit）的出现并不意味着这种习惯的持续性如此必要以至于需要建立一种习俗（custom）。因此，公共放牧习惯并非亘古不变的，圈地也有可能成为习惯变通的结果。此后，大法官法庭忍不住关注庄园中发生的事件，尤其对庄园法庭的功能感兴趣。它试图使庄园习俗与现实一致，事实上，它重新改写了习俗，在法律上认可圈地。自此，当佃农寻求帮助时，他们通常不参考庄园的古老习惯，而是根据16世纪60年代中期大法官法庭的判决。

可见，与法国相比，英国庄园法庭强调庄园习俗和乡规民约，反对个体农民圈地，这与农民的圈地需求产生了矛盾。大法官法庭试图使庄园习俗与现实需求一致，这一过程展现了英国法在现实中的妥协与调整。英国法在面对社会经济急剧变化时所做出的及时而有效的回应，为都铎时期英国农村土地确权的顺利推进创造了条件。

综上所述，土地确权并不是英国独有的现象，近代西欧其他国家也发生过土地确权。为了凸显英国土地确权的独特之处，也为了进一步了解英国土地确权的时代背景和历史意义，有必要把英国放在整个西欧这一大环境中去观察。法国作为欧洲大陆的代表，把法国土地确权作为一个典型案例与英国进行对比，在看到它们共同性的同时更能突出英国的独特性。

英法两国土地确权进程差异的主要原因在于两国农村商品化进程、社会结构以及法律机制的不同。在土地确权的时间上，英国农村商品化进程起步较早且发展迅速，使得英国早在都铎时期就已初步确立了私人土地产权；法国则由于农村商品化进程缓慢，直到大革命后才确立了以个人所有权为核心的所有权体系。在土地确权的方式上，英国走的是一条和平、渐

---

① William J. Jones, "A Note on the Demise of Manorial Jurisdiction: The Impact of Chancery," *The American Journal of Legal History*, Vol. 10, No. 4, 1966, p. 315.

进的道路，大农—乡绅阶层所进行的协议圈地是英国土地确权的主流；与之相比，法国农民用暴力推翻了长期剥夺、压榨他们的封建特权和封建制度，从此获得了土地所有权。在土地确权的结果上，英国法能够及时回应农民的圈地需求，使英国强化了"占有权"，废除了共有产权，农民获得了自主经营权；法国法在面对社会经济急剧变化时缺少及时和有效的回应，导致法国私人财产权虽然在法律上予以确立，但公共权利尚未完全退出历史舞台，其变革并没有像英国农村土地确权那样彻底。

结　语

行文至此，本书对都铎时期英国农村土地确权的论述已接近尾声。在此，不妨简要梳理一下本书所研究的内容。中世纪英格兰的土地产权是一种混合产权，既包括封建土地保有制下有限的和有条件的"占有权"，也包括敞田制下的共有产权。随着农民个体力量的成长，他们强烈要求打破敞田制的制约，建立一种新的土地产权。与此同时，出于对竞争性地租的渴望以及对农民圈地确权的不甘，领主也通过圈地消除了土地上的共有产权，退出了直接生产领域，成为根据市场行情获得土地收益的新型地产主。农民和领主自发的土地确权行为最终得到都铎政府的承认，推动了英国从封建主义农业社会向资本主义工业社会转型。

从本书的论述中不难发现，农民是英国农村土地确权的主导者和推动者，他们渴望通过圈地来明确自己的土地权利，这是圈地运动的本质。因此，英国的圈地运动不是一场对农民的暴力掠夺，而是一场农民自发地要求明晰土地产权的运动。在这一过程中，农民个体力量的成长是根本前提。农民个体力量的成长是与以主体权利为核心的法律制度的保障密不可分的。在前资本主义社会里，不存在完全意义上的个人权利，可称之为主体权利。主体权利不仅包括原始的个人权利，还包括团体或集体的权利，例如西欧中世纪的村社权利、市民权利、商人权利，乃至不同封建等级的权利，如相对领主而言的附庸权利，相对王权而言的诸侯的权利。[①]

[①] 侯建新：《社会转型时期的西欧与中国》，第128页。

主体权利观念是西方文明之魂,自12世纪起逐渐浸润了西欧社会的整个机体。西欧的历史中到处都可以发现主体权利及其实践的足迹,即使在农奴制最残酷的条件下,社会的下层也有团结和抵抗的手段。① 每一个庄园,都是领主与农奴为了各自利益而争斗的舞台。他们之间相互抗争,逐渐形成了庄园习惯。由于农奴的斗争,他们的劳役量逐渐确定:服劳役地租时,对每周劳役时间严格限定;缴纳货币地租时,对货币数量严格限定。② 由于对劳役的规定通常十分明确,所以任何想增加劳役量的企图都难以如愿,这就使农民的利益受到了保护,保障了农民个人财富的普遍增长。

以主体权利为核心的法律制度保障了农民个人财富的普遍增长,在此基础上,逐渐形成了一个富裕农民阶层。在物质上,农民的经济实力增强;在精神上,农民告别了卑贱、愚昧的过去,获得了一种对于他们自己的价值的自负之感。③ 在这样一种大环境下,相当一部分农民能积累起资金,买下土地,形成富裕的自耕农阶层。大约在14世纪下半叶,出现了一个富裕农民阶层。没有主体权利,很难想象富裕农民阶层的形成。这些具备了新的观念、新的品质和新的要求的富裕农民是打破混合产权、建立明晰土地产权的主要力量。

除了农民之外,英国领主也参与了农村土地确权。都铎时期英国领主普遍面临严重的财富危机,为了摆脱危机、追求个人财富,领主渴望通过获得竞争性地租来增加收入。富裕农民率先对土地确权更是刺激了领主,因为根据封建土地保有制的理论,无论公地还是条田都是属于领主"所有"的。这种"所有"虽然不同于国王对土地的所有权,但它实质上是一种无限接近于所有权的高台阶的"占有权"。出于对竞争性地租的渴望以及对富裕农民圈地确权的不甘,领主通过圈地消除了土地上的共有产权,成为根据市场行情获得土地收益的新型地产主,促进其土地产权从封建土地保有制和敞田制的混合产权向明

---

① 侯建新:《"主体权利"文本解读及其对西欧历史研究的意义》,《史学理论研究》2006年第1期。
② 侯建新:《社会转型时期的西欧与中国》,第51页。
③ 侯建新:《社会转型时期的西欧与中国》,第115页。

晰的土地产权过渡。

　　有效的产权安排是国家与私人努力共同作用的结果。产权界定的自发活动能不能及时得到政府的承认，是清楚界定产权的重要因素。只有得到政府的承认，土地确权才能获得一个制度性成果，否则只能是权宜之计。最终，都铎政府从法律层面对土地确权予以认可。至此，英国确立了一种明晰的土地产权。明晰的土地产权体现出一种人与土地之间清晰的权利与义务对应的法权关系，从而也明确地界定了权益人主体受益或受损的边界。土地产权的明晰促使原来自给自足占主导地位的生产方式被规模化经营、面向市场、雇用雇工的资本主义农场制取代。以追求利润为目标的资本主义农场提高了劳动生产率，使英国步入市场经济的时代，人们世代以来传统的生活方式发生了巨大变化。共同体习惯逐渐消失，村民的职业出现了分流，村庄的布局也发生了变化。这些迹象表明村庄共同体生活方式已然消解，"以个人为本位"的生活方式开始形成。从封建社会向资本主义社会的转型，实际上也是从一个共同体社会向一个多元化的、"以个人为本位"的社会转型的过程。

　　私人土地产权在英国的确立，既是欧洲资本主义时代的前驱，又是这个时代大的潮流中的一部分。[①] 法国作为欧洲大陆的代表，紧紧追随英国的脚步，近代早期也开启了土地确权进程。由于英法两国农村商品化进程、社会结构以及法律机制的不同，两国的土地确权进程呈现出很大的差异。在土地确权的时间上，英国农村商品化进程起步较早且发展迅速，使得英国早在都铎时期就已初步确立了私人土地产权。法国则由于农村商品化进程缓慢，直到大革命后才确立了以个人所有权为核心的所有权体系。在土地确权的方式上，英国走的是一条和平、渐进的道路，与之相比，法国农民用暴力推翻了长期剥夺、压榨他们的封建特权和封建制度，从此获得了土地所有权。在土地确权的结果上，与英国法能够及时回应农民的圈地需求相比，法国法在面对社会经济急剧变化时缺少及时和有效的回应，导致法国私人财产权虽然在法律上予以确立，但公共权利尚未完全退出历史舞台，其变革并没有

[①] 侯建新主编《欧洲中世纪城市、乡村与文化》，第249页。

像英国农村土地确权那样彻底。

  总而言之，如果说圈地运动是土地确权的载体，那么主体权利就是土地确权的灵魂。正是因为农民拥有主体权利，能够遏制国王和领主的任意掠夺，保障了农民个人财富的普遍增长，才使农民个体力量普遍发展壮大，成为土地确权的主力。最终，都铎政府从法律层面对土地确权予以认可，推动了英国从封建主义农业社会向资本主义工业社会转型。

附　录

附录1　凯特起义者的29条请愿——《请求和要求》[①]

1. 我们恳求陛下：无论何处，凡是已经由议会制定法令，禁止进行圈地的地方，请勿损及那些已经种植了番红花的地方，因为种植者已经投资很多。但今后无论何人，不得再行圈地。

2. 我们向陛下申诉：庄园的领主们曾被征收一些自由租税，但是这些领主竟设法向自由佃农们来征收这笔租税，这是不公道的。

3. 我们恳求陛下：任何庄园领主不得和平民共同享用公地。

4. 我们恳求：从此以后，教士们一概不得购买自由租地或农奴的土地，而且凡是他们在国王亨利七世在位第一年后所买的土地，都应该租赁给世俗人。

5. 我们恳求：苇地和草地，应该按照亨利七世在位第一年时的价格出租。

6. 我们恳求：一切向国王陛下缴纳自由租或他种地租的泽地租户，应仍按照亨利七世在位第一年时的租价交付。

7. 我们恳求：在您王国之内，所有的蒲式耳都有统一的容量，就是说1个蒲式耳等于8加仑。

8. 我们恳求：凡是（不能）对教区居民宣讲和解说圣经的（传教士

[①] Frederic William Russell, *Kett's Rebellion in Norfolk*, pp. 47–56.

们）或牧师们，应被撤去圣俸职。由本教区教民，或本市镇有权授予牧师职的人或领主，另选他人充任。

9. 我们恳求：原先向自由租佃户分摊的城堡保卫费和用作庄园管理人员的禄田的官地、空地的租金，都应当由领主向他的管理人员付给，而不应由佃户负担，因为这些人是替领主征收租金的。

10. 我们恳求：任何一个骑士或乡绅等级以下的人，不得拥有养鸽房，除非按照古来的惯例，他们已经取得了这项权利。

11. 我们恳求：所有自由持有农和公簿持有农，都可以利用公地并从公地上获得收益，而领主则不能利用公地并从公地上获得收益。

12. 我们恳求：在您各郡之中，任何领主的管事不得担任任何公职人员的顾问。如此才能真正为国王服务。因此应由本郡平民每年选出有良心的人，充任该职位。

13. 我们恳求：陛下将所有土地出租权掌握在您自己的手中，使所有的人可以安静地享用他们的公共土地，以及公共土地上的收益。

14. 我们恳求：凡是征收地租过高的公簿租地，可以按照亨利七世在位第一年时的地租付给，并且在佃户死亡时或出售该地时，征收一笔易于偿付的罚款，如一只阉鸡，或一笔象征性的合理（数目）的金钱。

15. 我们恳求：所有教区教士，不得由大人物的传教士或官员兼任，而是必须居住在他们的教区，以便他们教区的居民通过他学习上帝的神道。

16. 我们恳求：不自由的人都应该得到自由，因为上帝用他宝贵的鲜血才换来了所有人的自由。

17. 我们恳求：所有河流都应该自由开放，使一切人都可以享受在那里捕鱼和航行的权利。

18. 我们恳求：您的没收土地管理员和租地管理员，不得为任何人要求任何职位，除非他是由您直接封予领地的，或领有每年超过10英镑收入的地产。

19. 我们恳求：可怜的船夫们或渔夫们，应该得到他们所捕获的海豚、虎鲸或任何大鱼的全部利益，但也不使您的利益受损害。

20. 我们恳求：每个拥有由教区拨给地产的教区牧师或传教士，他的收入每年在 15 英镑或 15 英镑以上的，应由他们自己或由他指定教师，给他们教区中穷人们的子女讲授《教义问答》和《小祈祷书》等书。

21. 我们恳求：任何庄园领主不得自由购买土地，然后又作为公簿持有地出租，以从中取利，而使您的贫苦的居民们纷纷破产。应宣布此种行为是非法的。

22. 我们恳求：凡持有由教区拨给地产的教区牧师或传道士，为了避免在他们之间，以及他们和教区的居民之间的纠纷与诉讼起见，从今以后，不得再向居民征收任何什一税，只准从一个诺布尔①征收 8 个便士。

23. 我们恳求：在（　）② 等级以下的任何人，都不得在他们自由持有地或公簿持有地上饲养兔子，除非他们用篱笆把兔子圈住，以免使大众受到损害。

24. 我们恳求：不管任何等级、阶层或情况的人，今后不能出售任何儿童的监护权。该儿童若活到成年，应有婚姻自由权。国王的监护除外。

25. 我们恳求：凡自己拥有庄园的领主除管理自己的庄园外，不得再担任其他领主的庄园管理人。

26. 我们恳求：任何领主、骑士和乡绅，都不得承租任何为了振兴宗教事业而办的农庄，并从中取利。

27. 我们恳求陛下：请您大赐恩惠，对于那些经您的贫穷的平民所推选出来的委员，或由您或您的枢密院所任命的适当人选，请用国玺任命他们为委员，给予权力，让他们将从您的祖父亨利七世在位第一年所颁布的一切善良的法律、清规、通令和您一切其他会议录加以恢复与改进。这些好的法令，全是被您的治安推事们、郡长们、没收土地管理员们和您其他官员们隐匿不宣的。

28. 我们恳求：有些官员曾经冒犯了陛下和您的平民，致使他们不得不举行此次请愿加以控诉。应命令这些官员拿出钱来，交给那些集合于此地的穷人，每天 4 便士，直到他们离开此地为止。

---

① 诺布尔，货币名，相当于 6 先令 8 便士。
② 原文此处为空白。

29. 我们恳求：任何领主、骑士和乡绅，如果他们一年的土地收入超过 40 英镑，不得在公地上饲养牛羊，除非是为了自己家庭食用。

罗伯特·凯特
托马斯·奥尔德里奇
市长　托马斯·科德

附录 2　都铎时期《反圈地法令》

1. 亨利七世《反圈地法令》（4 Henry Ⅶ, c. 16）

由于怀特岛许多城镇和村庄被摧毁，耕地变为牧场，从前许多人居住的地方现在已无人定居，只剩下牲畜和野兽。如果不尽快改变这种情况，怀特岛将无法防御外敌。针对这种情况，任何一个人无论其身份地位如何，每年土地总收入都不得超过 10 马克。

2. 亨利七世《反圈地法令》（4 Henry Ⅶ, c. 19）

我们的国王注意到村庄荒芜和耕地人口减少越来越严重，耕地变为牧场，给人们带来巨大痛苦。一些过去有 200 人居住的城镇，现在只剩下两三个牧羊人，其他人被迫离开家园。教堂被推倒，不再进行礼拜活动，埋葬死者时也不再祈祷。为了制止这些罪恶，所有持有 20 英亩以上土地并在过去三年里从事农耕的人要继续保留耕地。作为对圈地者的惩罚，在被毁坏的农舍重建之前，圈地者要把土地收入的一半利润上缴给领主。

3. 亨利八世《反圈地法令》（7 Henry Ⅷ, c. 1）

从本届议会召开的第一天起，大部分土地是耕地的教区要保留耕地，被摧毁的农舍要在一年之内建好，自 1515 年 2 月 1 日起变为牧场的土地要重新变为耕地。对圈地者的处罚是把他土地上的一半利润上缴领主，直到他改正错误为止。

4. 亨利八世《反圈地法令》（25 Henry Ⅷ, c. 13）

对于养羊的需求使大量耕地变为牧场，教堂和农舍被拆毁，穷人对此无能为力。羊毛的巨额利润是促使领主圈地的重要原因。有些牧场的羊群数量多达 2.4 万只，有些牧场养羊 2 万只，还有的养羊 1 万只、6000 只、5000 只……针对这种情况，每人养羊不得超过 2000 只，违者处以每只羊每年 3 先令 4 便士的罚金。该罚金一半上缴国王,一半交给检举揭发者,任何人都不得占有两个以上牧场。

5. 亨利八世《反圈地法令》(27 Henry Ⅷ, c. 22)

引用并确认亨利七世《反圈地法令》(4 Henry Ⅶ, c. 19),适用于国王直接控制的土地。国王可以拥有那些已经把耕地变为牧场的土地上的一半利润,直到所有农舍重建、牧场变回耕地为止。

6. 亨利八世《反圈地法令》(27 Henry Ⅷ, c. 28)

亨利八世所授予的修道院土地需要每年在耕地与圈地之间维持相同数量。

7. 爱德华六世《利用沼泽和荒地法令》(3 & 4 Edward Ⅵ, c. 3)

引用并确认《默顿法令》和《威斯敏斯特法令》。如果没有给佃农留下充足公地的话,圈地领主要承担 3 倍赔偿;允许佃农"无害地"小规模"非法蚕食荒地";允许佃农在荒地上建造房屋,但附属于房屋的土地面积不得超过 3 英亩。

8. 爱德华六世《反圈地法令》(5 & 6 Edward Ⅵ, c. 5)

所有教区都要恢复自亨利八世即位以来的耕地,并任命 4 名圈地调查委员调查自亨利八世第一年起的土地使用情况。没有恢复为耕地的土地处以每年每英亩 5 先令的罚金。该法令不适用于:(1) 40 年以上的牧场;(2) 荒地、公地和沼泽地;(3) 合法的养兔场;(4) 由森林转变的牧场;(5) 猎鹿苑;(6) 盐碱地和被洪水淹没的土地;(7) 国王许可的圈地。

9. 玛丽一世《反圈地法令》(2 & 3 Philip and Mary, c. 2)

引用并再次确认 1489 年亨利七世《反圈地法令》(4 Henry Ⅶ, c. 19),适用于拥有 20 英亩土地并在土地上拥有农舍的土地持有者,无论土地是否为耕地。命调查委员会调查自亨利八世 20 年圣乔治节以来的所有由耕地变为牧场的土地,其中不包括经国王许可的圈地以及不涉及公共利益的圈地。变耕地为牧场的罚金固定在每年每英亩 5 先令,其中一半上缴国王,一半交给检举揭发者。没有农舍的佃农可以在每 20 英亩土地上建造一所农舍。

10. 伊丽莎白一世《反圈地法令》(5 Elizabeth, c. 2)

再次确立了亨利七世和亨利八世时期颁布的《反圈地法令》,但废除了爱德华六世和玛丽一世时期颁布的《反圈地法令》，因为这两条法令不够完善并且过于温和，不能产生实际效果。在亨利八世 20 年圣乔治节之前把耕地变为牧场的土地需要在一年内重新转变为耕地，并且永久保留耕地。变耕地为牧场的罚金也从原来的每年每英亩 5 先令提高到 10 先令，法令有效期 30 年。

11. 伊丽莎白一世《保护茅舍农土地持有权和公地权利的法令》（31 Elizabeth，c. 7）

禁止建造附属土地少于 4 英亩的茅舍，违者每月每屋罚款 40 先令；禁止 1 间茅舍里居住多于 1 户家庭，违者每月每屋罚款 10 先令。附属于茅舍的土地以其他方式出租给佃农也需依据一定规则，这些土地必须是耕地，并且有相应的公共放牧权。

12. 伊丽莎白一世《反圈地法令》（39 Elizabeth，c. 1）

该法令序言提到最近几年城镇、教区和村庄都受到不同程度的毁坏和废弃。该法令规定废弃 7 年以上的农舍，其中 1/2 必须重建，并分配 40 英亩土地用于重建农舍。如果这些废弃农舍已经被卖掉的话，购买者需要重建 1/4 的农舍。

在过去 7 年中被废弃的农舍必须在原址重建。如果之前农舍及其附属土地面积少于 40 英亩，那么现在至少要有 20 英亩；如果之前农舍及其附属土地面积多于 40 英亩，那么现在至少要有 40 英亩。

不重建农舍者要处以每年每间房 10 英镑的罚金，重建达不到规定面积者要处以每年每英亩 10 先令的罚金。罚金 1/3 上缴给女王，1/3 上缴给教区，1/3 交给检举揭发者。

该法令同时规定庄园领主可以交换土地，无论是耕地、牧场还是草地，无论是领主与佃农交换土地还是佃农在领主的同意之下自由交换土地，有利于更有效地耕种。

13. 伊丽莎白一世《反圈地法令》（39 Elizabeth，c. 2）

牧场应在 3 年内重新转变为耕地，目前是耕地的土地要维持现状，违法者处以每年每英亩 20 先令的罚金。罚金 1/3 上缴女王，1/3 上缴教区，1/3 交给检举揭发者。该法令在成文法中保持了 266 年，直到 1863 年《成文法修订案》（Statute Law Revision Act）颁布为止。

参考文献

一 英文文献

(一) 英文著作

Adkin, Benaiah W., *Copyhold and Other Land Tenures of England*, London: The Estates Gazette, Ltd., 1911.

Allen, Robert Carson, *Enclosure and the Yeoman: the Agricultural Development of the South Midland, 1450 – 1850*, Oxford: The Clarendon Press, 1992.

Ault, Warren O., *Open-Field Farming in Medieval England*, London: George Allen & Unwin Ltd., 1972.

Barker, Kenneth, *The NIV Study Bible*, Grand Rapids: Zondervan Publishing House, 1995.

Baugh, G. C., *The Victoria History of the County of Shrop*, Vol. 4, London: Oxford University Press, 1989.

Beresford, Maurice, *The Lost Villages of England*, London: The Lutterworth Press, 1998.

Bindoff, Stanley Thomas, *Ket's Rebellion 1549*, London: Historical Association, 1949.

Bindoff, Stanley Thomas, *The House of Commons 1509 – 1588*, London, 1982.

Bland, A. E., P. A. Brown and Richard Henry Tawney, *English Economic History Select Document*, London: G. Bell and Sons, 1914.

Bush, Michael, *The Pilgrims' Complaint: A Study of Popular Thought in the

Early Tudor North, Burlington: Ashgate Publishing Limited, 2009.

Campbell, Mildred, *The English Yeoman under Elizabeth and the Early Stuarts*, New York: Augustus M. Kelley, 1968.

Cipolla, Carlo M., *Before the Industrial Revolution: European Society and Economy, 1000 – 1700*, London: Methuen, 1976.

Clark, Peter and Paul Slack, *English Towns in Transition 1500 – 1700*, Oxford: Oxford University Press, 1976.

Clay, Christopher, *Rural Society Landowners Peasants and Labourers 1500 – 1750*, Cambridge: Cambridge University Press, 1990.

Clayton, Joseph, *Robert Kett and the Norfolk Rising*, London: M. Secker, 1912.

Coke, Edward, *The Second Part of the Institutes of the Laws of England*, New York: Garland Publishing, 1979.

Coleman, Donald Cuthbert, *The Economy of England 1450 – 1750*, Oxford: Oxford University Press, 1977.

Cornwall, Julian, *Revolt of the Peasantry 1549*, London: Routledge & K. Paul, 1977.

Curtler, William Henry Ricketts, *The Enclosure and Distribution of Our Land*, Oxford: The Clarendon Press, 1920.

Dahlman, Carl J., *The Open Field System and Beyond*, Cambridge: Cambridge University Press, 1980.

Dietz, Frederick C., *English Government Finance, 1485 – 1558*, London: Frank Cassand Co. Ltd., 1964.

Digby, Kenelm Edward, *An Introduction to the History of the Law of Real Property with Original Authorities*, London: The Clarendon Press, 1892.

Ditchfield, Peter Hempson and William Page, eds., *The Victoria History of the County of Berkshire*, Vol. 2, London: Archibald Constable and Company Ltd., 1907.

Douglas, David C., ed., *English Historical Documents*, Vol. V, London: Eyre & Spottiswoode Ltd., 1967.

Dyer, Christopher, *Lords and Peasants in a Changing Society : The Estates of the Bishopric of Worcester 680 – 1540*, Cambridge: Cambridge University Press, 1980.

Elton, Geoffrey Rudolph, *The Tudor Constitution, Documents and Commentary*, Cambridge: Cambridge University Press, 1982.

Ernle, Rowland Edmund Prothero, *English Farming : Past and Present*, London & New York: Longmans, Green and Co. , 1932.

Fisher, F. J. , ed. , *Essays in the Economic and Social History of Tudor and Stuart England*, Cambridge: Cambridge University Press, 1961.

Fussell, George Edwin, *Farming Technique from Prehistoric to Modern Times*, Oxford: Pergamon Press, 1966.

Gonner, Edward Carter Kersey, *Common Land and Inclosure*, London: Macmillan, 1912.

Gray, Howard Levi, *English Field System*, Cambridge: Harvard University Press, 1915.

Gunn, Steven, *Early Tudor Government, 1485 – 1558*, New York: Palgrave Macmillan, 1995.

Guy, John, *Tudor England*, Oxford: Oxford University Press, 1988.

Hill, Christopher, *The Century of Revolution, 1603 – 1714*, London and New York: Routledge, 2002.

Hilton, Rodney Howard, *English Peasantry in the Later Middle Ages*, Oxford: The Claredon Press, 1975.

Holdsworth, William, *An Introduction to the Land Law*, Oxford: Oxford University Press, 1927.

Homans, George Caspar, *English Villagers of the Thirteenth Century*, Cambridge: Harveard University Press, 1941.

Hoskins, William George, *The Age of Plunder : King Henry's England 1500 – 1547*, London and New York: Longman, 1976.

Hoskins, William George, *The Midland Peasant : The Economic and Social History of a Leicestershire Village*, Chichester: Phillimore, 2008.

Hoskins, William George, ed. , *The Victoria History of the County of*

Leicester, Vol. 2, London: Oxford University Press, 1954.

Hyams, Paul R., *King, Lords and Peasants in Medieval England: The Common Law of Villeinage*, Oxford: The Clarendon Press, 1980.

Johnson, Arthur H., *The Disappearence of the Small Landowner*, Oxford: The Clarendon Press, 1909.

Jones, William J., *The Elizabethan Court of Chancery*, Oxford: The Clarendon Press, 1967.

Kain, R. J. P., J. Chapman and R. R. Oliver, *The Enclosure Maps of England and Wales 1595 – 1918*, Cambridge: Cambridge University Press, 2004.

Kerridge, Eric, *Agrarian Problem in the Sixteenth Century and After*, London & New York: Routledge, 1969.

Kett, Louisa Marion and George Kett, *The Ketts of Norfolk, a Yeoman Family*, London: Mitchell Hughes and Clarke, 1921.

Kosminsky, E. A., *Studies in the Agrarian History of England in the Thirteenth Century*, Oxford: Basil Blackwell, 1956.

Kriedte, Peter, *Peasants, Landlords and Merchant Capitalists: Europe and the World Economy, 1500 – 1800*, Cambridge: Cambridge University Press, 1983.

Lachmann, Richard, *From Manor to Market: Structural Change in England, 1536 – 1640*, Madison: University of Wisconsin Press, 1987.

Ladurie, Emmanuel Le Roy, *The French Peasantry 1450 – 1660*, Translated by Alan Sheridan, University of California Press, 1987.

Lamond, Elizabeth, ed., *A Discourse of the Common Weal of This Realm of England*, Cambridge: Cambridge University Press, 1929.

Land, Stephen K., *Kett's Rebellion: The Norfolk Rising of 1549*, Ipswich: Boydell Press, 1977.

Leadam, I. S., *The Domesday of Inclosures 1517 – 1518*, 2 Vols, London & New York: Longmans, Green and Co., 1897.

Maitland, Frederic William, *Domesday Book and Beyond*, Cambridge: Cambridge University Press, 1897.

Maitland, Frederic William, *The Constitutional History of England*, Cambridge: Cambridge University Press, 1908.

Maitland, Frederic William, *The Forms of Action at Common Law*, Cambridge: Cambridge University Press, 1936.

Martin, John E., *Feudalism to Capitalism: Peasant and Landlord in English Agrarian Development*, London: Macmillan, 1986.

Milsom, Stroud Francis Charles, *Historical Foundation of the Common Law*, London: Butterworths, 1981.

Mingay, Gordon Edmund, *Parliamentary Enclosure in England, An Introduction to Its Causes, Incidence and Impact 1750 – 1850*, London and New York: Longman, 1997.

Mingay, Gordon Edmund, *The Gentry: The Rise and Fall of a Ruling Class*, London: Longman, 1976.

Nasse, Erwin, *On the Agricultural Community of the Middle Ages and Inclosures of the Sixteenth Century in England*, London & Edinburgh: Williams and Norgate, 1872.

Neeson, J. M., *Commoners: Common Right, Enclosure and Social Change in England, 1700 – 1820*, Cambridge: Cambridge University Press, 1993.

Orwin, C. S., *The Open Fields*, Oxford: The Claredon Press, 1954.

Overton, Mark, *Agricultural Revolution in England: The Transformation of the Agrarian Economy, 1500 – 1800*, Cambridge: Cambridge University Press, 1966.

Page, William, ed., *The Victoria History of the County of Buckingham*, Vol. 2, London: Archibald Constable and Company Ltd., 1908.

Page, William, ed., *The Victoria History of the County of Essex*, Vol. 2, London: Archibald Constable and Company Ltd., 2008.

Page, William, ed., *The Victoria History of the County of Gloucester*, Vol. 2, Folkestone & London: Dawson of Pall Mall, 1972.

Page, William, ed., *The Victoria History of the County of Lincoln*, Vol. 2, Folkestone: William Dawson & Sons Ltd., 1988.

Page, William, ed., *The Victoria History of the County of Rutland*, Vol. 1,

Folkestone: William Dawson & Sons Ltd., 1975.

Page, William, ed., *The Victoria History of the County of Nottingham*, Vol. 2, Folkestone & London: Dawson of Pall Mall, 1970.

Page, William, ed., *The Victoria History of the County of Oxford*, Vol. 2, Folkestone: William Dawson & Sons Ltd., 1987.

Page, William, ed., *The Victoria History of the County of Stafford*, Vol. 1, London: Archibald Constable and Company Ltd., 1908.

Page, William, ed., *The Victoria History of the County of Suffolk*, Vol. 2, Folkestone: William Dawson & Sons Ltd., 1975.

Page, William, ed., *The Victoria History of the County of Sussex*, Vol. 2, Folkestone & London: Dawson of Pall Mall, 1973.

Page, William, ed., *The Victoria History of the County of Warwick*, Vol. 2, London: Oxford University Press, 1954.

Page, William, Granville Proby and S. Inskip Ladds, eds., *The Victoria History of the County of Huntingdon*, Vol. 2, London: The St. Catherine Press, 1932.

Palliser, D. M., *The Age of Elizabeth: England under the later Tudors 1547 – 1603*, London and New York: Longman, 1983.

Plack, Noelle, *Common Land, Wine and the French Revolution: Rural Society and Economy in Southern France, c. 1789 – 1820*, Farnham & Burlington: Ashgate, 2009.

Pollock, Frederick and Frederic William Maitland, *The History of English Law before the Time of Edward I*, Cambridge: Cambridge University Press, 1968.

Pollock, Frederick, *The Land Law*, London: Macmillan & Co., 1896.

Powell, Ken and Chris Cook, *English Historical Facts 1485 – 1603*, London: The Macmillan Press, 1977.

Reynolds, Susan, ed., *The Victoria History of the County of Middlesex*, Vol. 3, London: Oxford University Press, 1962.

Russell, Frederic William, *Kett's Rebellion in Norfolk*, London: Longman, 1856.

Salzman, Louis Francis, ed., *The Victoria History of the County of Northampton*, Vol. 4, Folkestone & London: Dawson of Pall Mall, 1970.

Shagan, Ethan H., *Popular Politics and the English Reformation*, Cambridge: Cambridge University Press, 2003.

Simpson, Alfred William Brian, *A History of the Land Law*, Oxford: The Clarendon Press, 1986.

Slater, Gilbert, *The English Peasantry and the Enclosure of Common Fields*, London: Archibald Constable & Co. Ltd., 1907.

Spufford, Margaret, *Contrasting Communities, English Villagers in the Sixteenth and Seventeeth Centuries*, Cambridge: Cambridge University Press, 1974.

Stater, Victor, *The Political History of Tudor and Stuart England*, London and New York: Routledge, 2002.

Tate, W. E., *The English Village Community and the Enclosure Movement*, London: Victor Gollancz Ltd., 1967.

Tawney, Richard Henry, *The Agrarian Problem in the Sixteenth Century*, New York: Burt Franklin, 1912.

The Statutes of the Realm, Vol. 2, Buffalo and New York: William S. Hein & Co., Inc., 1993.

The Statutes of the Realm, Vol. 3, Buffalo and New York: William S. Hein & Co., Inc., 1993.

The Statutes of the Realm, Vol. 4, Buffalo and New York: William S. Hein & Co., Inc., 1993.

Thirsk, Joan, ed., *The Agrarian History of England and Wales*, Vol. Ⅳ, 1500 – 1640, Cambridge: Cambridge University Press, 1967.

Thirsk, Joan, ed., *The Rural Economy of England: Collected Essays*, London: The Hambledon Press, 1984.

Thirsk, Joan, *English Peasant Farming: The Agrarian History of Lincolnshire from Tudor to Recent Times*, London and New York: Routledge, 2006.

Thirsk, Joan, *Tudor Enclosure*, London: Historical Association, 1959.

Vinogradoff, Paul, *Villainage in England*, Oxford: The Clarendon Press,

1892.

Watkins, John, *The Sermons and Life of Hugh Latimer*, Vol. I, London: Aylott and Son & Paternoster Row, 1824.

Whittaker, Thomas P., *The Ownership, Tenure, and Taxation of Land*, London: Macmillan and Co., 1914.

Wood, Andy, *The 1549 Rebellions and the Making of Early Modern England*, Cambridge: Cambridge University Press, 2007.

Yelling, J. A., *Common Field and Enclosure in England 1450 – 1850*, London: Macmillan, 1977.

（二）英文论文

Hoskins, William George, "The Leicestershire Farmer in the Seventeenth Century," *Agricultural History*, Vol. 25, No. 1, 1951.

Allen, Robert Carson, "Inferring Yields from Probate Inventories," *The Journal of Economic History*, Vol. 48, No. 1, 1988.

Ashley, William James, "The Early History of the English Woollen Industry," *Publications of the American Economic Association*, Vol. 2, No. 4, 1887.

Beer, Barrett L., "London and the Rebellions of 1548 – 1549," *The Journal of British Studies*, Vol. 12, No. 1, 1972.

Birrell, Jean, "Deer and Deer Farming in Medieval England," *The Agricultural History Review*, Vol. 40, No. 2, 1992.

Bowden, P. J., "Movements in Wool Prices, 1490 – 1610," *Bulletin of Economic Research*, Vol. 4, 1952.

Bowen, James P., "From Medieval Deer Park to an Enclosed Agricultural and Developing Industrial Landscape: The Post-Medieval Evolution of Lilleshall Park, Shropshire," *Midland History*, Vol. 38, No. 2, 2013.

Bridbury, Anthony Randolph, "Sixteenth-Century Farming," *The Economic History Review*, New Series, Vol. 27, No. 4, 1974.

Brown, David & Sharman, Frank, "Enclosure: Agreements and Acts," *The Journal of Legal History*, Vol. 15, No. 3, 1994.

Cantor, L. M. and Hatherly, J., "The Medieval Parks of England,"

Geography, Vol. 64, No. 2, 1979.

Chapman, J., "The Chronology of English Enclosure," *The Economic History Review*, New Series, Vol. 37, No. 4, 1984.

Clark, George Norman, "Enclosure by Agreement at Marston, Near Oxford," *English Historical Review*, XLII, 1927.

Dewar, Mary, "The Authorship of the 'Discourse of the Commonweal'," *The Economic History Review*, New Series, Vol. 19, No. 2, 1966.

Dyer, Christopher, "Deserted Medieval Villages in the West Midlands," *The Economic History Review*, New Series, Vol. 35, No. 1, 1982.

Dyer, Christopher, "The Consumer and the Market in the Later Middle Ages," *Economic History Review*, the Second Series, XLII, 3, 1989.

Ferguson, Arthur B., "The Tudor Commonweal and the Sense of Change," *Journal of British Studies*, Vol. 3, No. 1, 1963.

Frazer, Bill, "Common Recollections: Resisting Enclosure 'by Agreement' in Seventeenth-Century England," *International Journal of Historical Archaeology*, Vol. 3, No. 2, 1999.

Gay, Edwin Francis, "Inclosures in England in the Sixteenth Century," *The Quarterly Journal of Economics*, Vol. 17, No. 4, 1903.

Gay, Edwin Francis, "The Midland Revolt and the Inquisitions of Depopulation of 1607," *Transactions of the Royal Historical Society*, New Series, Vol. 18, 1904.

Gould, J. D., "The Inquisition of Depopulation of 1607 in Lincolnshire," *The English Historical Review*, Vol. 67, No. 264, 1952.

Grantham, George W., "The Persistence of Open-Field Farming in Nineteenth-Century France," *The Journal of Economic History*, Vol. XL, No. 3, 1980.

Hoffman, Philip T., "Taxes and Agrarian Life in Early Modern France: Land Sales, 1550–1730," *Journal of Economic History*, Vol. XLVI, No. 1, 1986.

Hoskins, William George, "The Leicestershire Farmer in the Seventeenth Century,"

Hunt, David, "Peasant Movements and Communal Property during the French Revolution," *Theory and Society*, Vol. 17, 1988.

Jones, Peter, "The 'Agrarian Law': Schemes for Land Redistribution during the French Revolution," *Past and Present*, No. 133, 1991.

Jones, William J., "A Note on the Demise of Manorial Jurisdiction: The Impact of Chancery," *The American Journal of Legal History*, Vol. 10, No. 4, 1966.

Kerridge, Eric, "The Movement of Rent, 1540 – 1640," *The Economic History Review*, New Series, Vol. 6, No. 1, 1953.

Kerridge, Eric, "The Returns of the Inquisitions of Depopulation," *The English Historical Review*, Vol. 70, No. 275, 1955.

MacCulloch, Diarmaid, "Kett's Rebellion in Context," *Past and Present*, No. 84, 1979.

Manning, Roger B., "Patterns of Violence in Early Tudor Enclosure Riots," *A Quarterly Journal Concerned with British Studies*, Vol. 6, No. 2, 1974.

Martin, John E., "Sheep and Enclosure in Sixteenth-Century Northamptonshire," *The Agricultural History Review*, Vol. 36, No. 1, 1988.

Overton, Mark and Bruce M. S. Campbell, "Production and Productivity in English Agriculture 1086 – 1871", *Histoire et Mesure*, XI – 3/4, 1996.

Parker, L. A., "The Depopulation Returns for Leicestershire in 1607," *Leicestershire Archaeological Society*, Vol. 23, 1947.

Reed, Michael, "Enclosure in North Buckinghamshire, 1500 – 1750," *The Agricultural History Review*, Vol. 32, No. 2, 1984.

Rozental, Alek A., "The Enclosure Movement in France," *American Journal of Economics and Sociology*, Vol. 16, No. 1, 1956.

Sargent, Frederic O., "The Persistence of Communal Tenure in French Agriculture," *Agricultural History*, Vol. 32, No. 2, 1958.

Seebohm, Frederic, "French Peasant Proprietorship under the Open Field System of Husbandry," *The Economic Journal*, Vol. 1, No. 1, 1891.

Smith, A. Hassell, "Labourers in Late Sixteenth-Century England: A Case Study from North Norfolk," *Continuity and Change*, Vol. 4, No. 1, 1989.

Soboul, Albert, "The French Rural Community in the Eighteenth and Nineteenth Centuries," *Past and Present*, No. 10, 1956.

Tawney, Richard Henry, "The Rise of the Gentry, 1558 – 1640," *The Economic History Review*, Vol. 11, No. 1, 1941.

Thirsk, Joan, "The Common Field," *Past and Present*, No. 29, 1964.

Whitney, Milton, "The Yield of Wheat in England during Seven Centuries," *Science*, New Series, Vol. 58, No. 1504, 1923.

Whittle, Jane, "Leasehold Tenure in England c. 1300 – c. 1600: Its Form and Incidence," *The Development of Leasehold in Northwestern Europe, c. 1200 – 1600*, Edited by Bas J. P. van Bavel and Phillipp R. Schofield, Turnhout: Brepols Publishers, 2008.

Whittle, Jane, "Lords and Tenants in Kett's Rebellion 1549," *Past and Present*, Vol. 207, No. 1, 2010.

Woodward, Donald, "Wage Rates and Living Standards in Pre-Industrial England", *Past and Present*, No. 91, 1981.

Wordie, J. R., "The Chronology of English Enclosure, 1500 – 1914," *The Economic History Review*, New Series, Vol. 36, No. 4, 1983.

Wordie, J. R., "The Chronology of English Enclosure: A Reply," *The Economic History Review*, New Series, Vol. 37, No. 4, 1984.

二 中文文献

(一) 中文著作

陈曦文、王乃耀主编《英国社会转型时期经济发展研究: 16 世纪至 18 世纪中叶》, 首都师范大学出版社, 2002。

陈曦文:《英国 16 世纪经济变革与政策研究》, 首都师范大学出版社, 1995。

程恩富、胡乐明主编《新制度经济学》, 经济日报出版社, 2004。

高富平、吴一鸣:《英美不动产法: 兼与大陆法比较》, 清华大学出版社, 2007。

何勤华主编《法国法律发达史》, 法律出版社, 2001。

侯建新：《社会转型时期的西欧与中国》，高等教育出版社，2005。

侯建新：《现代化第一基石——农民个人力量与中世纪晚期社会变迁》，天津社会科学院出版社，1991。

侯建新：《资本主义起源新论》，生活·读书·新知三联书店，2014。

胡乐明等：《真实世界的经济学：新制度经济学纵览》，当代中国出版社，2002。

黄春高：《分化与突破：14-16世纪英国农民经济》，北京大学出版社，2011。

李红海：《普通法的历史解读——从梅特兰开始》，清华大学出版社，2003。

李明义、段胜辉编著《现代产权经济学》，知识产权出版社，2008。

刘新成：《英国都铎下朝议会研究》，首都师范大学出版社，1995。

鲁鹏编著《实践与理论——制度变迁主要流派》，山东人民出版社，2008。

马克垚：《西欧封建经济形态研究》，人民出版社，1986。

马克垚：《英国封建社会研究》，北京大学出版社，2005。

戚国淦、陈曦文主编《撷英集——英国都铎史研究》，首都师范大学出版社，1994。

钱乘旦、许洁明：《英国通史》，上海社会科学院出版社，2002。

姜守明等：《英国通史：铸造国家——16—17世纪英国》第3卷，江苏人民出版社，2016。

沈汉：《英国土地制度史》，学林出版社，2005。

王晋新：《15—17世纪中英两国农村经济比较研究》，东北师范大学出版社，1996。

王乃耀：《英国都铎时期经济研究——英国都铎时期乡镇经济的发展与资本主义的兴起》，首都师范大学出版社，1997。

王亚平：《西欧法律演变的社会根源》，人民出版社，2009。

咸鸿昌：《英国土地法律史——以保有权为视角的考察》，北京大学出版社，2009。

徐浩、侯建新：《当代西方史学流派》，中国人民大学出版社，2009。

许洁明:《十七世纪的英国社会》,中国社会科学出版社,2004。

许平:《法国农村社会转型研究(19世纪—20世纪初)》,北京大学出版社,2001。

薛波主编《元照英美法词典》,法律出版社,2003。

阎照祥:《英国贵族史》,人民出版社,2000。

阎照祥:《英国政治制度史》,人民出版社,1999。

尹虹:《十六、十七世纪前期英国流民问题研究》,中国社会科学出版社,2003。

赵文洪:《私人财产权利体系的发展:西方市场经济和资本主义的起源问题研究》,中国社会科学出版社,1998。

(二) 中文译著

《不列颠百科全书》,中国大百科全书出版社,2002。

《马克思恩格斯全集》,第2、3、4卷,人民出版社,1995。

《马克思恩格斯全集》,第23、25、26卷,人民出版社,1972。

〔法〕G. 勒纳尔、G. 乌勒西:《近代欧洲的生活与劳作(从15–18世纪)》,杨军译,上海三联书店,2012。

〔法〕P. 布瓦松纳:《中世纪欧洲生活和劳动(五至十五世纪)》,潘源来译,商务印书馆,1985。

〔法〕保尔·芒图:《十八世纪产业革命:英国近代大工业初期的概况》,杨人楩等译,商务印书馆,1983。

〔法〕杜比主编《法国史》,吕一民等译,商务印书馆,2018。

〔法〕费尔南·布罗代尔:《15至18世纪的物质文明、经济和资本主义》,顾良、施康强译,生活·读书·新知三联书店,1992。

〔法〕亨利·勒帕日:《美国新自由主义经济学》,李燕生、王文融译,北京大学出版社,1985。

〔法〕勒内·达维德:《当代主要法律体系》,漆竹生译,上海译文出版社,1984。

〔法〕雷吉娜·佩尔努:《法国资产阶级史》,康新文等译,上海译文出版社,1991。

〔法〕马克·布洛赫:《法国农村史》,余中先等译,商务印书馆，2008。

〔法〕马克·布洛赫：《封建社会》，张绪山译，商务印书馆，2007。

〔古罗马〕塔西佗：《阿古利可拉传 日耳曼尼亚志》，马雍、傅正元译，商务印书馆，1997。

〔美〕R. 科斯、A. 阿尔钦、D. 诺斯等：《财产权利与制度变迁——产权学派与新制度学派译文集》，刘守英等译，上海三联书店、上海人民出版社，1994。

〔美〕巴林顿·摩尔：《专制与民主的社会起源——现代世界形成过程中的地主和农民》，王茁、顾洁译，上海译文出版社，2012。

〔美〕伯尔曼：《法律与革命：西方法律传统的形成》第1卷，贺卫方等译，法律出版社，2008。

〔美〕道格拉斯·C. 诺思：《经济史中的结构与变迁》，陈郁等译，上海三联书店、上海人民出版社，1994。

〔美〕道格拉斯·诺思、罗伯特·托马斯：《西方世界的兴起》，厉以平、蔡磊译，华夏出版社，1989。

〔美〕伊曼纽尔·沃勒斯坦：《现代世界体系：16世纪的资本主义农业与欧洲世界经济体的起源》第1卷，罗荣渠等译，高等教育出版社，1998。

〔苏〕波梁斯基：《外国经济史：封建主义时代》，北京大学经济史经济学说史教研室译，生活·读书·新知三联书店，1958。

〔苏〕波梁斯基：《外国经济史：资本主义时代》，郭吴新等译，生活·读书·新知三联书店，1963。

〔苏〕施脱克马尔：《十六世纪英国简史》，上海外国语学院编译室译，上海人民出版社，1958。

〔英〕R. H. 托尼：《宗教与资本主义的兴起》，赵月瑟译，上海译文出版社，2006。

〔英〕阿萨·勃里格斯：《英国社会史》，陈叔平等译，中国人民大学出版社，1991。

〔英〕爱德华·汤普森：《共有的习惯》，沈汉、王加丰译，上海人民出版社，2002。

〔英〕安格斯·麦迪森：《世界经济千年史》，伍晓鹰等译，北京大学出版社，2003。

〔英〕波斯坦等主编《剑桥欧洲经济史》，郎立华等译，经济科学出版社，2002。

〔英〕亨利·斯坦利·贝内特：《英国庄园生活：1150—1400年农民生活状况研究》，龙秀清、孙立田、赵文君译，上海人民出版社，2005。

〔英〕克拉潘：《简明不列颠经济史：从最早时期到一七五〇年》，范定九、王祖廉译，上海译文出版社，1980。

〔英〕克里斯托弗·戴尔：《转型的时代：中世纪晚期英国的经济与社会》，莫玉梅译，社会科学文献出版社，2010。

〔英〕劳伦斯·斯通：《贵族的危机：1558-1641年》，于民、王俊芳译，上海人民出版社，2011。

〔英〕麦克法兰：《英国个人主义的起源》，管可秾译，商务印书馆，2008。

〔英〕梅特兰：《英格兰宪政史》，李红海译，中国政法大学出版社，2010。

〔英〕密尔松：《普通法的历史基础》，李显冬等译，中国大百科全书出版社，1999。

〔英〕托马斯·莫尔：《乌托邦》，戴镏龄译，商务印书馆，2012。

〔英〕R. H. 希尔顿、H. 法根：《1381年的英国人民起义》，瞿菊农译，生活·读书·新知三联书店，1956。

〔英〕约翰·哈德森：《英国普通法的形成——从诺曼征服到大宪章时期英格兰的法律与社会》，刘四新译，商务印书馆，2006。

(三) 中文论文

毕道村：《英国农业近代化的主要动因》，《历史研究》1994年第5期。

陈曦文：《英国都铎王朝早期的圈地运动试析》，《史学集刊》1984年第2期。

丰华琴：《英国圈地运动与自耕农的消亡》，《殷都学刊》1999年第3期。

耿淡如：《英国圈地运动》，《历史教学》1956 年第 12 期。

顾銮斋：《中西中古社会赋税结构演变的比较研究》，《世界历史》2003 年第 4 期。

顾銮斋：《由私有制形态看英国中古赋税基本理论》，《华东师范大学学报》（哲学社会科学版）2004 年第 4 期。

郭爱民：《土地产权的变革与英国农业革命》，《史学月刊》2003 年第 11 期。

侯建新：《中世纪英国农民个人力量的增长与自然经济的解体》，《历史研究》1987 年第 3 期。

侯建新：《人文的和整体的历史：西方经济—社会史初论》，《世界历史》2002 年第 1 期。

侯建新：《富裕佃农：英国现代化的最早领头羊》，《史学集刊》2006 年第 4 期。

侯建新：《西欧崛起：经济与社会互动的历史及相关学科》，《社会科学战线》2008 年第 4 期。

侯建新：《抵抗权：欧洲封建主义的历史遗产》，《世界历史》2013 年第 2 期。

侯建新：《中世纪英格兰农民的土地产权》，《历史研究》2013 年第 4 期。

侯建新：《圈地运动前英国封建保有地的蜕变》，《世界历史》2018 年第 1 期。

侯建新：《封建地租市场化与英国"圈地"》，《世界历史》2019 年第 4 期。

侯建新：《圈地运动与土地确权——英国 16 世纪农业变革的实证考察》，《史学月刊》2019 年第 10 期。

侯建新：《大革命前后法国农民土地产权问题——从托克维尔的一个误判谈起》，《史学集刊》2021 年第 5 期。

侯建新：《英国近代土地确权立法与实践》，《世界历史》2021 年第 4 期。

侯建新：《自上而下变革：德国农民土地确权》，《经济社会史评论》

2021 年第 3 期。

黄春高:《1350~1640 年英国农民经济的分化》,《首都师范大学学报》(社会科学版) 2004 年第 1 期。

姜守明:《刍议都铎时代的圈地运动》,《湘潭师范学院学报》(社会科学版) 2000 年第 1 期。

孙立田:《英国都铎王朝时期圈地运动考察》,《历史教学》(中学版) 2011 年第 12 期。

王晋新:《都铎王朝对教会地产的剥夺及其意义》,《历史研究》1991 年第 2 期。

王晋新:《试论都铎王朝时期英国土地占有权的变革》,《东北师大学报》(哲学社会科学版) 1991 年第 6 期。

王乃耀:《英国早期圈地运动》,《北京师范学院学报》(社会科学版) 1989 年第 1 期。

王乃耀:《十六世纪英国农业革命》,《史学月刊》1990 年第 2 期。

王乃耀:《试论英国资本原始积累的主要方式——圈地运动》,《北京师范学院学报》(社会科学版) 1992 年第 4 期。

王章辉:《英国农业革命初探》,《世界历史》1990 年第 1 期。

吴于廑:《历史上农耕世界对工业世界的孕育》,《世界历史》1987 年第 2 期。

向荣:《"茶杯里的风暴"?——再论 16 世纪英国的土地问题》,《江汉论坛》1999 年第 6 期。

徐浩:《地主与英国农村现代化的启动》,《历史研究》1999 年第 1 期。

杨晓敏:《圈地运动今昔论》,《河北师范大学学报》(哲学社会科学版) 2013 年第 1 期。

尹虹:《16、17 世纪英国流民产生的原因》,《首都师范大学学报》(社会科学版) 2001 年第 4 期。

后 记

本书的完成，首先要感谢我的博士研究生导师侯建新先生。2011年9月，我有幸入读南京大学，跟随侯老师进行英国史的学习和研究。在与侯老师第一次正式谈话后，我惴惴不安的心终得平复，没想到学术界令人高山仰止的泰斗，竟如此儒雅、和蔼、可亲。读博的四年时间里，侯老师总是鼓励我要坚定学术理想，保持学术热情，真正热爱学术事业；同时，侯老师严谨的治学态度潜移默化地感染了我，让我内心浮躁的尘垢逐渐得以涤净，真正走上求真求实的学术研究道路。由于我在硕士生阶段所学专业并非英国史，为了让我打好英国史的研究基础，侯老师专门列出书目清单并安排我去旁听相关课程。每次课后，侯老师还总是抽出宝贵的时间为我答疑解惑，帮助我解决论文写作中遇到的问题。我的博士学位论文选题正是"圈地"。侯老师认为尽管圈地运动是一个老问题，但圈地所引发的土地产权变革对英国社会转型乃至欧洲文明进程都产生了重要影响，仍很值得研究。题目确定之后，论文的结构和内容经历了数次修改，每次都是在侯老师的悉心指导下完成的。本书就是在我的博士学位论文基础上完成的，对于书中的新增内容以及框架调整，侯老师又提供了很多宝贵建议。在毕业之后的这些年里，侯老师对我的关心丝毫未减，时不时打电话询问我的研究开展情况，鼓励我好好看书，认真做学问。每当我遇到想不明白的问题向侯老师求教，不管多忙，侯老师总是给予耐心的解答。没有侯老师的辛苦付出，我是无论如何都不会有今天这番收获的。在此，我想衷心地对侯老师说一声："谢谢您！"学生定不辜负老师的信任，在学术研究的道路上勇往直前！

其次，要感谢我的硕士研究生导师张倩红老师。2008年，大学刚毕业的我对于学术研究还一无所知，是张老师把我领进学术研究的殿堂。在跟随张老师学习犹太史的三年时间里，我学会了如何查阅英文文献，如何写一篇规范的学术论文。还记得我当时写的第一篇有关罗斯柴尔德家族的小论文，张老师用红笔密密麻麻做满了批注，连标点符号都做出修改，令我铭记至今。张老师多次鼓励我继续攻读博士学位，而在此之前，我从未有过读博的想法。正是张老师给予的鼓励和肯定，才使我下定决心继续前行。在此，我也要说声："谢谢您！"

再次，感谢南京大学历史学院世界史系的各位老师，尤其是陈晓律老师和沈汉老师。陈老师在课堂中对历史研究的真知灼见，激发了我的很多灵感。每当有世界史专业师生聚会活动，陈老师都不忘叫上我，让异乡求学的我感受到大家庭的温暖。沈老师向我提供了一份研究土地制度的详细参考书目，对我的论文写作非常有帮助。对此，我想对这两位老师说一声："谢谢！"此外，还要感谢刘成老师、于文杰老师和刘金源老师，以及2011级世界史的同学们！

同时，也要感谢天津师范大学欧洲文明研究院的各位老师和同学。在我读博期间，为了能让我更好地完成博士学位论文，侯老师特意安排我到天津师范大学读书学习，所以我读博的一大半时间是在天津度过的。欧洲文明研究院丰富的资料储备和浓厚的研究氛围使我可以徜徉于自己的研究领域。感谢欧洲文明研究院各位老师对我的关怀和照顾，让我在一个陌生的地方备感温暖。毕业之后，每次去天津都受到大家的热情款待。在此，要对天津的各位师兄师姐说声"谢谢！"此外，还要感谢2012级的博士生同学们，感谢你们的支持和陪伴。

还要感谢我在牛津大学的导师斯蒂文·冈恩教授（Prof. Steven Gunn）。今年4月初，有幸来到我梦想的学术殿堂——牛津大学。自到牛津以来，斯蒂文给予了我很多帮助。尽管他平时工作繁忙，但总是抽出时间，两三周见一次面，问我最近的研究心得，给我提供一些建议，并帮我找一些有用的资料。斯蒂文还强烈建议我学习古文书学，认为学习近代早期英国历史一定要看得懂手稿，而这对于研究圈地也是极有帮助的。近代早期手稿的学习常常让我感到很沮丧，但是他总是不断鼓励我要坚持。在此，也要对斯蒂文说一声:"Thank you!"

感谢河南师范大学历史文化学院的各位领导和同事。人生的际遇总是这么奇妙,我本科毕业于河南师范大学,兜兜转转一圈又回到母校工作。不知不觉间已在此工作七年有余,深感学院像一个大家庭般温暖。尤其感谢世界史系的各位同事,感谢蔡蕾老师、张建辉老师和贾延宾老师在我出国期间替我承担本科生和研究生的课程,感谢王若茜老师替我承担世界史系的行政工作。

此外,感谢社会科学文献出版社的郭白歌师姐。从申请国家社科基金后期资助开始,一直到本书出版工作的最终完成,师姐不辞劳苦,一遍又一遍地仔细校对,令我非常感动。与此同时,也要感谢负责本书文稿编辑的郭锡超老师。在此,我要对为本书付出辛苦工作的两位编辑老师说声"感谢!"

最后,感谢我最亲爱的家人。感谢父母对我的支持和理解,感谢我的丈夫王林先生和儿子王翊鸣小朋友作为坚强后盾,不断给我前进的力量。尤其要感谢我的奶奶,她一直希望我做一个读书人。虽然奶奶现在已经无法看到本书的出版,但我想,在天堂里的她,一定会为我感到欣慰和自豪的!

于牛津

2022年6月

图书在版编目(CIP)数据

都铎时期英国农村土地确权研究/吉喆著. --北京：社会科学文献出版社，2022.8
国家社科基金后期资助项目
ISBN 978 - 7 - 5228 - 0221 - 3

Ⅰ.①都… Ⅱ.①吉… Ⅲ.①农村 - 土地所有权 - 研究 - 英国 - 1485 - 1603 Ⅳ.①F356.111

中国版本图书馆 CIP 数据核字（2022）第 102255 号

·国家社科基金后期资助项目·
都铎时期英国农村土地确权研究

著　　者/吉　喆
出 版 人/王利民
责任编辑/郭白歌
文稿编辑/郭锡超
责任印制/王京美

出　　版/社会科学文献出版社·国别区域分社（010）59367078
　　　　　地址：北京市北三环中路甲29号院华龙大厦　邮编：100029
　　　　　网址：www.ssap.com.cn
发　　行/社会科学文献出版社（010）59367028
印　　装/三河市龙林印务有限公司

规　　格/开　本：787mm × 1092mm　1/16
　　　　　印　张：20　字　数：315千字
版　　次/2022年8月第1版　2022年8月第1次印刷
书　　号/ISBN 978 - 7 - 5228 - 0221 - 3
定　　价/128.00元

读者服务电话：4008918866

版权所有 翻印必究